JAZZ

JAZZ

JOHN FORDHAM

Un livre Dorling Kindersley

Cet album est dédié à tous les musiciens
et spécialement à Monk, qui disait:
«*Play your own way*».

© 1995 Hurtubise HMH
pour l'édition en langue française au Canada.

Titre original de cet ouvrage: JAZZ
© 1993 John Fordham et Dorling Kindersley limited.
London, pour le texte.
© 1993 Sonny Rollins pour la préface.
© 1995 Les Éditions Hors Collection,
pour la traduction française.
Traduit de l'anglais par Philippe Safavi et Jean-François Kleiner.
Discographie CD par Jean-Claude Zylberstein.

ISBN 2-89428-069-6

Photocomposition: PFC, Dole
Imprimé en Italie

Dépôt légal: 2e trimestre 1995
Bibliothèque nationale du Québec
Bibliothèque nationale du Canada

Sommaire

INTRODUCTION
Préface de Sonny Rollins **6**

L'HISTOIRE DU JAZZ 8

Les sources du jazz **10** • Les débuts **12**
1900-1920 **14** • La Nouvelle-Orléans **16**
Les années 20 **18** • Chicago **20** • Les années 30 **22**
New York **24** • Le swing **26** • Les années 40 **28**
Le bebop **30** • Les années 50 **34** • Le jazz cool **36**
Le hard bop **38** • Les années 60 **40** • Le free jazz **42**
La fusion **44** • 1970-1990 **46** • Le jazz aujourd'hui **48**

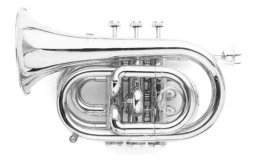

ANATOMIE DES INSTRUMENTS 52

La voix **54** • La trompette **56** • Le trombone **60**
La clarinette **62** • Le saxophone **64** • Les bois **68**
La batterie **70** • Les percussions **74** • Le vibraphone **78**
Les claviers **80** • Les cordes **84** • La guitare **86**
La basse **88** • L'échantillonnage **91**

LES GÉANTS DU JAZZ 92

Scott Joplin **94** • Jelly Roll Morton **95**
Louis Armstrong **96** • Bix Beiderbecke **98**
Sidney Bechet **99** • Duke Ellington **100**
Coleman Hawkins **102** • Billie Holiday **104**
Lester Young **106** • Count Basie **108**
Charles Mingus **109** • Charlie Parker **110**
Dizzy Gillespie **112** • Miles Davis **114**
Thelonious Monk **116** • Art Blakey **117**
Sonny Rollins **118** • John Coltrane **120**
Ornette Coleman **122** • Keith Jarrett **123**

TECHNIQUES 124

Les racines musicales **126** • La mélodie **128**
Le rythme **130** • L'harmonie **132** • L'improvisation **134**
La composition **137**
Enregistrements **140** • Origines de la danse **142**
La danse jazz **144** • La danse club **146**

UNE SÉLECTION
DE DISQUES CLASSIQUES 149

Blues et racines **150** • Ragtime et stride **152**
New Orleans **154**
Chicago. New York **158** • Les voix (1920-1945) **160**
Le swing **162** • Le bebop **166** • Le jazz cool **170**
Le hard bop **174** • Les débuts du funk **178**
Le jazz mainstream **180** • Les voix (1950-1990) **182**
Le free jazz **184**
Big bands postbop **188**
Le jazz modal **190** • Le jazz latin **192** • La fusion **194**
Dans la tradition **196** • Le club-jazz **200**
Freebop et funk **202** • Le worldbeat **206**

Discographie en CD **212**
Index **214** • Remerciements **216**

Préface

C'est avec plaisir que j'ai accepté d'écrire la préface de ce livre substantiel et très complet sur mon sujet préféré : le jazz. Il est grand temps, en effet, de tordre le cou aux conceptions erronées qu'on nous assène trop souvent sur cette forme de musique tout à fait singulière.

Ici, pour la première fois, le lecteur peut avoir une démonstration d'un grand nombre de techniques uniques utilisées dans la création de cette musique magique. Tout le monde y trouvera son compte, du néophyte au connaisseur. Ceux qui découvrent cette musique seront captivés, comme je l'ai été moi-même, par l'incroyable folklore qui l'entoure. Ceux qui en sont déjà férus pourront, en comparant les techniques et les enregistrements, approfondir leurs connaissances et mieux comprendre le jeu de leurs interprètes favoris.

A Harlem, alors que je n'étais encore qu'un gosse et bien avant d'avoir rencontré des amis animés de la même passion, le jazz était devenu une partie de ma vie. Ce n'était pas seulement la musique, si belle qu'elle fût, c'étaient l'authenticité et la générosité qu'elle incarnait – une manière de dessiner des sourires sur les visages et d'insuffler de la chaleur dans les esprits ; une manière d'honorer le talent tout en valorisant l'intuition ; une manière de se persuader que oui, il y a une différence entre le vrai et le faux, l'honnêteté et la malhonnêteté, le bien et le mal. Ne vous y trompez pas : la musique de jazz est une force extraordinaire au service de la paix et de la compréhension entre les nations et les peuples, et notre monde serait bien plus maussade sans elle.

J'aimerais pouvoir vous décrire ce que l'on éprouve réellement en jouant du jazz. Rien n'est comparable à l'exaltation que procure l'improvisation. Parfois, quand je me sens vraiment inspiré, j'ai l'impression que mon cerveau se branche sur pilote automatique, que je suis un simple figurant sur scène et que c'est l'esprit même du jazz qui habite mon corps, choisit à ma place la note juste, la phrase juste, l'idée juste et la meilleure façon de la jouer. C'est une véritable expérience spirituelle !

Ce n'est pas un hasard si le jazz attire aujourd'hui un nombre toujours croissant de jeunes. Au moment où le monde se prépare à entrer dans le siècle nouveau, il est réconfortant de se dire que, peut-être, certains des chefs de demain auront connu et vécu de l'intérieur l'énergie spirituelle du jazz.

Enfin, je prends la liberté de parler au nom de quelques-uns de mes collègues, passés et présents, qui ont dû traverser des périodes très pénibles et endurer de terribles privations pour nous apporter cette musique. Je suis sûr que, comme moi, ils auraient été ou seront enchantés par le livre de John Fordham. A eux tous, et la liste est longue, je dis merci de nous avoir donné le jazz – la musique universelle.

Sonny Rollins.

Introduction

Il y a, dans le classique *Kind of blue* enregistré par Miles Davis, un moment qui a précipité au moins un excellent musicien de ma connaissance dans le choix qui allait façonner sa vie. Les moments de ce genre sont nombreux dans le jazz, mais celui-ci est particulièrement révélateur. Aucun livre ne saurait être aussi éloquent sur la perfection du *timing*, aucune notation même, me semble-t-il, ne saurait en capter l'essence.

Il apparaît, de façon trompeuse, après une douce exposition à la contrebasse du thème de « So What ». A la fin, le solo de Miles Davis commence, sur deux notes seulement, la seconde une octave en-dessous de la première. Le son précédent, obsédant, reste suspendu dans un espace vide pendant une seconde qui semble ne jamais devoir finir. Puis, tandis qu'il s'estompe, le batteur frappe soudainement sa cymbale, un unique coup, qui jaillit comme une flamme dans la pénombre et se délite en échos métalliques au moment où la trompette de Davis se met à swinguer nonchalamment. Un instant qui semble à la fois inévitable et étonnant à chaque nouvelle audition.

C'est le son du jazz.

Un son qui transcende les différences d'âge, de culture, de langage et toute l'histoire de la musique depuis un siècle. Un amalgame de musique africaine et européenne qui n'aurait jamais pu naître, n'aurait jamais pu se développer avec une telle richesse ailleurs que dans le Nouveau Monde. Il a changé notre façon d'écouter la musique, de danser, de parler. Et, bien que le jazz ait mis longtemps (bien trop longtemps pour le malheur de quelques grands artistes du passé) à s'imposer comme l'une des formes d'expression les plus inventives et les plus inspirées de notre siècle, il est aujourd'hui reconnu et aimé sans cesse davantage pour son esprit novateur. L'œuvre de Charlie Parker ou de Thelonius Monk, rejetée ou minimisée de leur temps, est de nos jours revisitée comme une musique classique par des musiciens aussi dissemblables que Prince ou le Kronos String Quartet. Quand, dans les dernières années de sa vie, à plus de soixante-dix ans, le grand batteur Art Blakey a vu de jeunes gens, qui auraient pu être ses petits-enfants, improviser de nouveaux pas de danse sur la musique qu'il jouait depuis quarante ans, il a eu cette formule définitive : « Directement du Créateur à l'artiste, puis au public, un timing au quart de seconde, y a pas d'autre musique comme ça. »

Bien sûr, on ne peut pas découvrir le jazz en lisant un livre. Il faut l'écouter, en direct ou sur disque, pour être touché par son exubérance, sa finesse et son énergie. Mais cette musique a une histoire, et c'est cette histoire, jointe à une approche méthodique de ses divers aspects, qui forme le sujet de *Jazz*. Ce livre ne prétend pas tout expliquer, mais peut être vu plutôt comme une visite guidée. C'est aussi un hommage aux innombrables musiciens qui l'ont inspiré et à tous ceux qui l'ont aidé à voir le jour.

John Fordham

1

L'HISTOIRE DU JAZZ

Bien que le jazz n'ait pas encore un siècle, il a subi
des évolutions telles que ses amateurs ne se reconnaissent
pas toujours dans tous ses aspects. Pourtant, du vieux
blues saccadé des campagnes au swing échevelé des bals
de quat' sous, des ballades romantiques aux langoureuses
et plaintives improvisations, de ses racines sudistes
à ses ramifications à Rio, Paris, Le Cap, Melbourne
ou Bombay, le jazz a été la bande sonore du monde
moderne, le surprenant véhicule de sa spontanéité,
de sa fragilité, de son honnêteté et de sa force.
Le jazz s'est développé en même temps que le cinéma,
l'industrie du disque et la radio – et il a changé
à jamais notre façon de percevoir la tonalité
et le rythme. L'histoire du jazz et du blues, inséparable
de celle des autres formes d'art, est le fil rouge
de la musique du XXᵉ siècle.

Les sources du jazz

Le chant de travail, avec ses rythmes et sa construction en appels et répons, procura des éléments essentiels aux structures du jazz primitif.

Quand l'écrivain F. Scott Fitzgerald a annoncé l'avènement de « l'Age du jazz » dans les années 20, il ne parlait pas seulement de musique. Le mot « jazz », sous sa plume, désignait une nouvelle façon d'être, un comportement. La guerre la plus destructrice de l'histoire venait de prendre fin. L'automobile, le phonographe et la radio transformaient les notions de distance, de loisirs, de communauté et de « liberté ». Trois ans avant le début de la décennie, un groupe de musiciens blancs enthousiastes, qui faisait un véritable tabac au Reisenweber, un restaurant chic de New York, avait gravé le premier disque de jazz, un peu brouillon et inégal mais plein d'entrain : *Livery Stable Blues* et *Original Dixieland One-Step*. Au début, les clients déconcertés avaient dû se faire tirer par la manche pour accepter de danser sur cette musique inconnue mais, deux semaines plus tard, plus rien ne pouvait les arrêter. Le disque s'était vendu à un million d'exemplaires et l'Original Dixieland Jazz Band avait introduit le mot « jazz » dans le vocabulaire des rues et des palais royaux via les bals de Harlem et les élégants salons édouardiens. La nouvelle s'était répandue à travers le monde comme une traînée de poudre.

Mais les membres de l'Original Dixieland

Le blues était une forme variable à la fin du XIX siècle mais, aux alentours de 1915, quand les chansons ci-dessus furent publiées, il était harmoniquement formalisé. Ses timbres, cependant, étaient toujours africains.

Jazz Band n'avaient pas inventé le jazz. Ils l'avaient entendu à La Nouvelle-Orléans. Dans le quartier chaud de Storyville, à l'occasion de parades et de marches funèbres, ils avaient écouté avec étonnement ces sonorités étranges, discordantes et douces-amères, qui empruntaient à la fois à la musique militaire, à la comédie musicale, au chant religieux et au blues rural (élégies ou chansons de travail et de fête). Ça ne ressemblait à rien de ce qu'ils avaient entendu jusqu'alors.

Où, quoi, comment ?

Dès avant que le formidable succès public de l'O.D.J.B. ne popularisât le jazz en 1917, nombre d'Américains l'avaient déjà dans l'oreille, mais par bribes et sans le savoir. Si cette musique n'avait pas encore fait les gros titres, c'est parce que ses ingrédients étaient encore trop disparates. Pour s'imposer, pour acquérir une identité, il lui fallait un nom, un lieu et une date de naissance. En outre, ses adeptes appartenaient à la population noire du sud des États-Unis et non à la bourgeoisie blanche, qui considérait que la bonne musique ne pouvait avoir pour cadre que les salles de concert, non les

bordels. Ainsi le jazz a longtemps germé dans les jardins secrets du Nouveau Monde en attendant son printemps, avant d'éclore enfin à La Nouvelle-Orléans.

Mais, si le jazz n'est pas né un beau jour de 1917 au restaurant Reisenweber, d'où vient-il ? Ses sources sont nombreuses. En vrac : les « goualantes » dans les camps et les rassemblements religieux à la fin du XVIII siècle ; les églises de la ségrégation après la guerre de Sécession ; la vente à bas prix des instruments de musique militaire après la démobilisation ; les chansons de travail sur les voies ferrées, dans les champs de coton, les ports ; les musiciens ambulants ; menuet de la musique européenne transposé dans le ragtime. Ou encore, si l'on veut remonter plus loin, les danses rituelles, avec leurs cris et leurs transes, le langage des tam-tams, avec leur complexité rythmique, le culte des ancêtres, les sociétés secrètes, les cérémonies religieuses.

L'exode

Il s'agissait principalement d'une culture d'Afrique occidentale et non d'Amérique. Le jazz est le produit dramatique de la transplantation brutale d'une civilisation africaine dans une civilisation d'Européens émigrés – une forme hybride née du mélange de deux vieilles civilisations contraintes de s'inventer une identité commune dans le Nouveau Monde.

Le commerce des esclaves a déporté dans les plantations de tabac et de coton des Caraïbes et des Amériques des centaines de milliers de Sénégalais. de Yorubas. de Dahoméens et d'Ashantis. Si chacune de ces ethnies avait des traditions propres. on pouvait en dire autant de celles des planteurs. Les catholiques – portugais. espagnols et français – respectèrent davantage la culture africaine. toutes proportions gardées, que le protestantisme britannique. qui frappa d'interdit la danse et le tam-tam.

Le mélange a été fécond : les rituels catholiques et africains. rejetés avec un même mépris par le protestantisme. se sont imbriqués pour donner naissance aux prédications chantées et rythmiques de type « revival ». à tel point qu'on vit même des esclaves jouer du tambour pour la Saint-Patrick irlandaise – une manière de draper une tradition dans le manteau d'une autre.

Dans le Cuba prérévolutionnaire. la danse africaine survivait bien : rumba. conga. mambo et cha-cha étaient principalement africains. La calypso de la Trinité est d'origine ouest-africaine. Le mariage des cultures française et ouest-africaine en Martinique. avec ses prolongements à La Nouvelle-Orléans. a produit une musique typique et assez semblable au jazz primitif.

Le rythme africain

Au-delà de leurs particularismes. les peuplades déportées dans le Nouveau Monde avaient d'importants traits communs. Dans la musique d'Afrique occidentale. toutes ethnies confondues. le rythme prévalait sur la mélodie et l'harmonie. qui dominaient dans la musique européenne. Toutefois, les principes mélodiques étaient suffisamment compatibles pour que leur fusion s'opérât dans le chant. Les dialectes africains. dans lesquels les intonations et les hauteurs de voix étaient aussi importantes que le vocabulaire dans l'élaboration du sens. introduisirent des subtilités inconnues dans l'art vocal européen – notamment par une utilisation nouvelle de la voix de fausset et une manière plus libre d'infléchir et d'éluder certaines notes. Enfin. le rôle des percussions dans les cérémonies religieuses africaines a permis d'atteindre une sophistication rythmique – triolets légèrement déphasés ou superposés – qui eût été impensable en Occident.

Menuets et tam-tams. cornets de la guerre de Sécession et chants d'esclaves. aucun de ces éléments pris séparément n'aurait pu donner naissance au jazz. Mais. sans leur conjonction. le jazz n'aurait jamais vu le jour.

Quand les moyens manquent, on peut faire de la musique en chantant, en tapant des pieds et des mains. Dans le Sud, la voix, le banjo et les « percussions » corporelles ont permis d'entretenir les traditions musicales africaines.

Les débuts

Il y avait quatre millions d'esclaves noirs en Amérique du Nord au milieu du XIXᵉ siècle quand l'esclavage fut aboli. Bien que ceux-ci eussent été privés jusqu'alors de tout droit civique, leurs traditions, leurs passions, leurs idées avaient, en trois siècles, profondément marqué le Nouveau Monde. Certes, au lendemain de l'abolition, la tolérance des Blancs à l'égard des coutumes importées d'Afrique était surtout pragmatique (il s'agissait de faire tourner l'économie), et donc très restrictive (la discrimination raciale venait relayer l'esclavagisme pour réglementer la hiérarchie sociale), mais les deux communautés vivaient trop près l'une de l'autre pour ne pas s'influencer mutuellement.

L'évangélisation était une justification commode de l'esclavage, qui permettait, disait-on, de révéler la vraie foi aux païens. Dès le début du XVIIIᵉ siècle, des prédicateurs blancs s'assurèrent le concours de disciples noirs, qu'ils engageaient dans l'espoir d'attirer les foules dans leurs réunions publiques. Avec le développe-ment de l'esclavage, toutefois, ces orateurs à succès furent bientôt considérés comme des fauteurs de troubles et on déconseilla leurs prestations. Dans les années 1770, un pasteur devint célèbre sous le nom de Black Harry pour la fougue de ses prêches rythmés, qui rajeunissaient la psalmodie classique par leurs intonations africaines, leur tempo envoûtant et l'emploi d'une technique dite *lining out*, consistant à faire répéter en cadence par les auditeurs les paroles de l'orateur. Héritée d'une pratique anglicane destinée à enseigner oralement les psaumes aux fidèles qui ne savaient pas lire, cette technique faisait écho à la forme africaine des répons et se retrouvera plus tard dans la musique gospel, dans les échanges de riffs entre les sections des big bands et même dans les chorus instrumentaux, intercalés dans les silences de la batterie, qui souvent ponctuent un thème dans les petites formations de bebop.

Les musiques européenne et africaine se fondaient à l'Église et au travail. Les sur-

Les chansons de marin, qui comptent parmi les rares formes de chant de travail communes en Europe, furent teintées de couleurs africanisantes par les matelots noirs de Savannah et de La Nouvelle-Orléans. Elles font partie des ingrédients du jazz.

veillants ne s'opposaient pas aux chants pendant le labeur, parce que ceux-ci avaient un effet positif sur le rendement et l'humeur des ouvriers. La « musique d'art » n'avait aucune signification en Afrique. La musique était partout : on chantait pour courtiser, pour raconter, pour injurier, et il y avait un rythme approprié à chaque tâche, la navigation, le culte, la guerre. La chanson de travail trouvait désormais un parallèle rythmique dans la cadence des marteaux et des pioches. On improvisait des mélodies et des paroles, à l'instar des matelots noirs qui naviguaient au large de Savannah ou de La Nouvelle-Orléans et dont les rengaines mêlaient des thèmes africains à des éléments de music-hall anglais.

Le blues – vérité de l'âme

Les fondamentaux de presque tous les types de jazz et de la plupart des musiques populaires de l'Ouest dérivent du blues. Mais la forme à douze mesures et trois accords, qu'apprennent aujourd'hui tous les guitaristes

Quand les Fisk Jubilee Singers commencèrent à tourner aux États-Unis et au-delà à partir de 1871, ils firent connaître la musique afro-américaine à un plus large public et permirent aux Blancs de mieux comprendre la réalité de la vie des Noirs en Amérique.

en herbe. n'est qu'un développement relativement tardif du blues, mariant le chant afro-américain rural aux harmoniques de la musique religieuse européenne. Avant 1900. les bluesmen ambulants, solistes s'accompagnant d'un banjo ou d'une guitare. se moquaient éperdument du nombre de mesures qui régissaient les changements d'accords. Pour eux, l'harmonie était moins importante que l'émotion première contenue dans leurs phrasés particuliers, leurs vocalises traînantes. leur *falsetto* plaintif venu du *holler* (le salut dans les plantations) et les paroles incisives de leurs chansons. tantôt ironiques, tantôt tragiques, tantôt moqueuses.

Après 1900. des blues écrits. plus construits. devinrent des succès populaires (*St. Louis Blues*, de W. C. Handy. en est l'un des plus fameux) et cette forme connut un boum de courte durée dans les années 20 et au début des années 30, quand l'industrie du disque en pleine expansion s'aperçut qu'il y avait un marché juteux pour ce genre de productions dans les quartiers noirs. Finalement. la Grande Crise marginalisa le blues jusqu'à sa réapparition dans le rock and roll des années 50.

Les « minstrels »

A l'aube du XX⁰ siècle. d'autres ingrédients volatiles tombèrent dans le chaudron d'où allait sortir le jazz, parmi lesquels il faut mentionner le « minstrel show ». le negro spiritual et le ragtime. « Minstrel » (littéralement : ménestrel) est le nom que l'on donnait. à l'origine, à un musicien blanc qui se produisait sur scène, le visage enduit de peinture noire. Ce type de spectacle, très en vogue aux États-Unis dans la seconde moitié du XIX⁰ siècle. trouve ses racines dans le romantisme colonial du « bon sauvage ». Il s'agissait de caricaturer les Noirs en imitant leur comportement. Un des plus célèbres standards en la matière, dont le succès s'étendait jusqu'en Grande-Bretagne. était *Jumpin' Jim Crow*. On y voyait le minstrel blanc Tom Rice. barbouillé de cirage. contrefaire la danse bizarre et saccadée d'un

La carrière professionnelle de maintes vedettes du jazz et du blues des années 20 et des années 30 débuta par les « minstrels shows », qui engendrèrent des succès de danse populaire comme le *cakewalk* et révélèrent de surprenants chanteurs et danseurs. Mais le racisme sous-jacent de cette mode, ainsi que le montrent les partitions ci-contre, incitèrent de nombreux musiciens noirs à s'en détourner à partir de la fin des années 30.

esclave noir invalide. nommé Crow. qu'il avait observé à Louisville. dans le Sud.

L'influence de cette forme d'attraction sur le jazz. en tant que tel. a été minime. mais, avec l'apparition de minstrels noirs à la fin du XIX⁰ siècle. des précurseurs du blues, comme Ma Rainey. Jelly Roll Morton et Clarence Williams, ont commencé à tourner dans le circuit des music-halls ou sous chapiteau. Le cakewalk – originellement une manière de singer les attitudes des aristocrates blancs – constituait le final de la plupart des minstrels shows et devint un des plus gros succès de l'Age du Jazz. Sans en exagérer l'importance, on peut dire que les minstrels shows ont préparé les oreilles des Blancs aux nouvelles idées

La complexité musicale de certains éléments du jazz provient du répertoire européen. Mais la saveur unique de cette musique est un héritage oral des bluesmen qui sillonnaient le Sud à la fin du XIX⁰ siècle et au début du XX⁰ siècle en colportant des chansons dans lesquelles une large place était laissée à l'improvisation.

musicales qui allaient favoriser l'émergence du jazz. Il en va de même pour les spirituals. lentes variations contemplatives sur des thèmes religieux afro-américains qui. grâce à leur compatibilité avec les règles musicales européennes. permirent peu à peu à la musique noire américaine d'être entendue dans les salles de concert du monde entier.

Le ragtime

Enfin vint le ragtime. une nouvelle mode qui prit d'assaut l'Europe et les États-Unis dans la dernière décennie du XIX⁰ siècle. Le ragtime (contraction de *ragged time*, expression parfois interprétée dans le sens du « tempo irrégulier ») est une adaptation pianistique. techniquement complexe. de morceaux de musique légère européenne. fondée sur une main gauche à deux temps servant de soutien rythmique à une main droite qui double le tempo et place les accents *entre* les temps forts de la main gauche et non à l'unisson. Bien que cet emploi du contretemps se retrouve dans la musique cérémonielle vaudou. il est en vérité un prolongement d'une technique de composition déjà présente dans la musique classique occidentale. Le ragtime. généralement plaisant et optimiste. n'avait pas le pouvoir expressif du blues. mais des virtuoses tels que Tom Turpin lui donnèrent une chaleur et un punch remarquables. Sa richesse rythmique. appuyée sur un tempo rudimentaire de marche. deviendra le principe de base des premiers jazz-bands et du style pianistique des années 20 et des années 30 connu sous le nom de *stride*.

1900-1920

Les deux premières décennies du XXe siècle virent l'émergence d'un son nouveau, qui obligea le monde à écouter la musique d'une autre oreille. Ses rythmes et l'expressivité de son phrasé, emprunts de fraîcheur et de dynamisme, venaient d'Afrique. Le monde s'éveilla au « jazz » en 1917, quand furent publiés les premiers disques de l'Original Dixieland Jazz Band, mais la musique elle-même fermentait depuis longtemps. On la trou-

	1900-1902	1903-1904	1905-1906	1907-1908	1909-1910
MUSICIENS ET ORCHESTRES	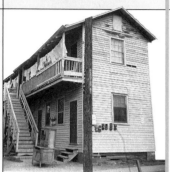 **La maison natale** de Louis Armstrong, un cabanon dans le ghetto de La Nouvelle-Orléans. Le plus grand génie des débuts du jazz a grandi au milieu des bordels et des dancings, s'imprégnant des sonorités du ragtime et du blues.  **Le piano droit** est le vecteur de la musique de salon avant l'apparition de l'industrie du disque. On enseigne régulièrement le pianon classique aux enfants.	 **Jelly Roll Morton**, pianiste et compositeur, affirme avoir personnellement inventé le jazz en étant le premier à adoucir la rythmique du ragtime. **La musique folk noire** commence à être largement connue en Amérique au début du siècle. Les Fisk Jubilee Singers et d'autres popularisent le spiritual, une forme africanisée du cantique.	 **W. C. Handy**, chef d'orchestre et compositeur, formalise le blues pour en faire des chansons à succès. Il transcrit la musique de transmission orale et compose de nouvelles chansons, comme le fameux *St. Louis Blues*.	L'influence de **Buddy Bolden** est déterminante à La Nouvelle-Orléans de 1895 à 1905, mais sa musique inspirée du blues et du ragtime n'a jamais été enregistrée. Bolden sera interné à vie en 1907. **Jelly Roll Morton** colporte ses airs mêlés de ragtime, de chansons populaires et de musique classique légère dans tous les États-Unis.	
LIEUX, ENREGISTREMENTS ET VIE DU SPECTACLE		**Des « spasm » bands** jouent dans les rues de La Nouvelle-Orléans. Des musiciens amateurs ruraux se servent d'instruments de fortune comme ce kazoo confectionné par Tony Sbarbaro, de l'O.D.J.B.	Le **Blue Book** – un annuaire détaillé des bordels musicaux de La Nouvelle-Orléans.	**Les orchestres noirs** de La Nouvelle-Orléans jouent régulièrement des valses, des quadrilles et des ragtimes dans les quartiers noirs et même dans des endroits plus sélects fréquentés par des Blancs.	Les orchestres de danse se produisent souvent **en plein air** (bals, garden-parties, enterrements et parades de rue).
DÉVELOPPEMENTS MUSICAUX	**Les Créoles** apportent la technique classique, **les Cubains** la touche latine.	**La régularité du rythme** est une constante des premières formes de musique afro-américaine – chants de travail, *hollers*, musique d'église, blues. On peut y voir le rôle social de la musique africaine.	**Les polkas** jouées par des orchestres militaires à Congo Square s'africanisent et deviennent des constituants du jazz.	 **L'instrumentation se développe** pour s'adapter aux nouvelles danses : cuivres, batterie, basse et souvent guitare ou violon.	**Les musiciens ruraux** emploient souvent des violons. L'instrument figure également dans les orchestres rag.
FACTEURS HISTORIQUES		**Les migrations** de la population noire introduisent la forme blues à La Nouvelle-Orléans. Elle trouvera son nom au XXe siècle.		Le terme **« hot music »** commence à être utilisé pour désigner la fusion du ragtime et du blues. Le mot « jazz » n'existe pas encore.	**La vogue de la danse** (contact physique, simplicité des pas) commence. Dancings et cabarets sont en pleine expansion.

vait déjà à l'état embryonnaire dans le blues rural et la musique champêtre du Sud, dans le style boogie des pianistes de saloon, dans la rythmique de l'élégant ragtime, dans les fanfares, dans les parades funèbres et chez les « professeurs » de piano de bordel. Ces éléments préexistaient dans de nombreuses parties des États-Unis, mais c'est dans la serre chaude de La Nouvelle-Orléans que les bourgeons ont fini par éclore.

1911-1912

De jeunes Blancs commencent à imiter la musique créée par les Afro-américains.

« Papa » Jack Laine (à gauche), l'un des chefs de fanfare blancs les plus respectés de La Nouvelle-Orléans avec ses Reliance Brass Bands, a parfois six orchestres dans les rues, les jours de fête. Nick La Rocca, de l'O.D.J.B., est un protégé de Laine.

Les bateaux à aubes du Mississippi, dancings et casinos flottants, fournissent un travail régulier aux musiciens.

Le rythme « oom-pah » à deux temps fera place au « swing », à quatre temps.

1913-1914

Scott Joplin, le Roi du Ragtime, dont des compositions telles que *Maple Leaf Rag* et *The Entertainer* furent d'énormes succès au XIXᵉ siècle. A présent aigri et malade, il est obsédé par son immense opéra ragtime *Treemonisha*.

Au **New Orleans Municipal Boys'Home**, le jeune Louis Armstrong apprend à jouer du cornet ci-dessous.

La popularité du ragtime est en baisse, mais il reste la base de nombreux airs de jazz.

L'enregistrement sonore se développe. On commence à écouter la nouvelle musique sur les premiers tourne-disques.

1915-1916

Des orchestres de La Nouvelle-Orléans jouent en Californie et à Broadway. La popularité du jazz s'accroît.

Freddie Keppard, un cornettiste de La Nouvelle-Orléans, s'est produit à Los Angeles. Artiste de ragtime, Keppard a néanmoins une forte expressivité. Craignant d'être plagié, il enregistre peu.

HARLEM

Treemonisha, l'opéra de Scott Joplin, est enfin créé sur scène à Harlem en 1915. Faute de moyens, c'est un échec public. Joplin est ruiné.

Les minstrels shows et le music-hall emploient des artistes de jazz.

1917-1918

Joe « King » Oliver, un cornettiste d'une vingtaine d'années, est l'un des musiciens les plus en vue de La Nouvelle-Orléans. Il joue dans des fanfares et des orchestres de danse.

Coleman Hawkins, ténoriste, se joint à la troupe de la chanteuse Mamie Smith et invente un nouveau style de saxo jazz.

 La musique de jazz est **enregistrée sur celluloïd**. L'O.D.J.B. est le premier orchestre de jazz à figurer dans un film, *The Good for Nothing*.

Les premiers disques de jazz sont déterminants dans le développement de cette musique. Gravés par l'O.D.J.B. (à droite), ce sont des succès immédiats. Ci-contre, la clarinette de Larry Shields.

1919-1920

Kid Ory, le grand tromboniste néo-orléanais, se rend à Los Angeles en 1919 et y forme un orchestre l'année suivante. Le public du jazz s'étend.

Louis Armstrong, avec sa mère et sa sœur. Vers 1919, Armstrong travaille régulièrement sur les bateaux à aubes. C'est là qu'il apprend le métier et devient un musicien complet.

Le **Hammersmith Palais** de Londres accueille l'O.D.J.B. pendant neuf mois. Le groupe fait la tournée des music-halls britanniques.

Les loisirs deviennent respectables. L'industrie du spectacle (cinéma, disque, danse) en pleine expansion s'ouvre sur la musique afro-américaine.

La Nouvelle-Orléans

« L'homme qui souffle le mieux depuis Gabriel ». C'est ainsi que Jelly Roll Morton, tour à tour proxénète. joueur professionnel et manager de boxe mais génie du jazz à plein temps, appelait le trompettiste Buddy Bolden. Malheureusement, on ne connaît l'œuvre de Bolden qu'à travers les enregistrements ou les mémoires écrits des vieux musiciens de La Nouvelle-Orléans qui l'ont côtoyé. Cette figure historique du jazz des origines a passé le plus clair de ses vingt-quatre dernières années dans un asile psychiatrique de Jackson, en Louisiane. où furent gravés les premiers disques de jazz.

Dès 1905. Bolden avait montré la voie. Son orchestre jouait une musique où s'entrecroisaient danses populaires. ragtimes et blues. Son répertoire pour cornet, clarinette, trombone à pistons, guitare. contrebasse et batterie, s'était constitué dans les quartiers pauvres de La Nouvelle-Orléans vers la fin du XIXᵉ siècle. Ses musiciens. issus de la classe ouvrière. improvisaient le plus souvent et jouaient d'oreille, ce qui les détournait de la bourgeoisie blanche et même des créoles, métis descendant des colons français et espagnols, qui jouissaient d'un statut presque petit-bourgeois dans la ville et qui. grâce à leur scolarisation. savaient généralement lire la musique et connaissaient les classiques.

Les créoles rencontrent le blues

Après des décennies de coexistence cosmopolite. la discrimination raciale commença à s'intensifier à La Nouvelle-Orléans dans les années 1890. L'afflux des Blancs vers le Sud chassa la population noire des beaux quartiers et du marché de l'emploi. Des musiciens créoles de bonne éducation s'installèrent à la périphérie de la ville. où un ghetto prenait forme. On se mélangea. Une fusion s'opéra. Les épigones de Buddy Bolden, adeptes des sonorités puissantes, découvrirent les raffinements de la techniques : les créoles découvrirent une musique « impure » – pour leurs oreilles européanisées –. plus rustique. plus bluesy. qui. sous leur influence. allait donner naissance à un son neuf.

Si La Nouvelle-Orléans n'est pas, contrairement à ce que l'on a longtemps affirmé. le seul berceau de jazz. c'est néanmoins dans cette ville que. pour des raisons historiques. le jazz a acquis une identité propre. Au début du XIXᵉ siècle. la population de La Nouvelle-Orléans était à moitié noire et à moitié blanche. Mais, après le rattachement de la Louisiane aux États-Unis en 1803. les colons américains arrivèrent en masse. Dans le même temps. on importa de nouveaux esclaves. qui entretenaient la mémoire des traditions africaines. Jelly Roll Morton resta toute sa vie fidèle aux rites vaudou. qui se pratiquaient dans les quartiers noirs et dont les rythmes variés infléchissaient. dans sa musique. les cadences régulières des marches militaires entendues dans sa jeunesse. A Congo Square. une place de La Nouvelle-Orléans autrefois réservée aux danses des esclaves, des musiciens commencèrent à associer des instruments africains et européens et à interpréter des chants avec répons en patois créole.

En marche

La musique de La Nouvelle-Orléans du XIXᵉ siècle finissant était dominée par les fanfares. comme presque partout aux États-Unis. Cela s'explique en partie par le fait que la démobilisation. après la guerre de Sécession. inonda le marché d'instruments militaires à bas prix. Les cuivres se vendaient comme des petits pains. Ils étaient très prisés dans les parades. les soirées dansantes. les croisières fluviales et les enterrements. Pour les derniers descendants des civilisations ouest-africaines. les funérailles musicales étaient une façon de perpétuer le culte des morts. Les sectes et autres sociétés secrètes faisaient florès, et des amicales de musiciens garantissaient. en échange de cotisations régulières, des obsèques de première classe. avec fanfare. tapage et cortège. De même qu'au Dahomey. où les enterrements étaient considérés comme des fêtes. le recueillement devant la tombe était suivi d'un bruyant retour en ville. C'est à cette occasion que furent créés de futurs standards tels que *Didn't He Ramble* et *When the Saints Go Marching in*.

En 1897. Alderman Sidney Story présida à la création légale d'un quartier réservé à la prostitution. dans les rues South Rampart et Perdido. Ce quartier fut surnommé Storyville jusqu'à sa fermeture en 1917. pour raisons morales. au moment de l'entrée en guerre des États-Unis. Les maisons closes fournirent dès lors des emplois lucratifs à de jeunes pianistes comme Jelly Roll Morton. qui jouaient dans le cadre feutré et parfumé des bordels, tandis que les orchestres de cuivres se produisaient dans les rues ou sur des chariots. L'influence musicale de l'Europe continuait à s'affirmer. Ainsi. *Tiger Rag* de l'Original Dixieland Jazz Band est.

Congo Square, à La Nouvelle-Orléans, était le théâtre de saisissantes reconstitutions de danses africaines.

Dans le jazz des débuts, l'instrumentation reprenait celle des orchestres militaires. Ce clairon de la guerre de Sécession, provenant de l'armée confédérée, a servi à jouer du jazz. Par la suite, le clairon fut remplacé par le cornet, plus modulable.

Dans les divertissements de plein air,
comme ici pour l'ouverture d'un parc, on avait
recours aux minstrels shows et aux fanfares.

à quelques différences près. la reprise d'un vieux quadrille français.

L'instrumentation new-orleans type est par conséquent le résultat d'une évolution très éclectique : les cuivres et les percussions venaient des orchestres militaires. la clarinette des créoles bien éduqués mais déshérités. le banjo et la guitare des « minstrels » et du blues. Les instruments dominants se conformaient plus ou moins aux règles occidentales du contrepoint. mais aucune mélodie n'était considérée comme sacro-sainte et l'on n'hésitait pas à retravailler les thèmes en cours d'exécution. estimant que même les meilleurs morceaux pouvaient être améliorés selon l'inspiration du moment. Le mot « jazz » (qui signifie entrain et enthousiasme dans le langage populaire. mais désigne aussi l'acte sexuel en argot) fut accolé à ce son nouveau. avec sans doute une connotation plus sexuelle que musicale. Il est vrai que ces deux notions n'avaient rien d'incompatible à La Nouvelle-Orléans.

En 1910. Buddy Bolden était enfermé depuis trois ans à la suite d'une crise de délire dans les rues. mais ses adeptes étaient nombreux. Joe « King » Oliver s'était déjà fait un nom dans les meilleurs orchestres de danse de la ville. Louis Daniel Armstrong. fils d'un domestique et d'une prostituée occasionnelle du ghetto. chantait dans les rues et allait bientôt apprendre le cornet dans un foyer pour jeunes délinquants noirs. Le prestigieux professeur de clarinette créole Lorenzo Tio comptait parmi ses élèves un certain Sidney Bechet qui, âgé d'à peine plus de dix ans. courait déjà le cacheton. Jelly Roll Morton élaborait ses propres versions de ragtime depuis 1904. Les cornettistes Freddie Keppard et Bunk Johnson reprenaient à leur compte les méthodes de Bolden. (Ils n'enregistrèrent que beaucoup plus tard. l'un et l'autre. mais Keppard s'était déjà produit sur les côtes est et ouest bien avant le début de l'émigration néo-orléanaise.) Pourtant. au moment même où la nouvelle musique du Sud arrivait à maturité. le centre géographique du jazz se déplaça.

Louis Armstrong était un génie, mais il avait besoin de quelques bases théoriques pour devenir un vrai professionnel. Il apprit le métier à bord des bateaux à aubes, au sein de l'orchestre du Fate Marable.

Les années 20

Le romancier F. Scott Fitzgerald appela les années 20 « L'Age du Jazz ». L'esprit du jazz, son exubérance, sa spontanéité, son honnêteté et sa franchise reflétaient l'assurance grandissante d'une jeune nation. Un nouveau phénomène, l'industrie des loisirs, se développait des deux côtés de l'Atlantique avec la percée du disque, du cinéma et de la radio. Le jazz new-orleans, qui avait éclaté en 1917, enflamma la musique dansante. D'abord art collectif, le

	1920	1921	1922	1923	1924
MUSICIENS ET ORCHESTRES	**Les New Orleans Rythm Kings** naissent de l'association du tromboniste blanc néo-orléanais George Brunies, qui part pour Chicago en 1920, et du trompettiste Paul Mares. **Un orchestre de danse amateur** est formé par le peintre-lettreur Duke Ellington et le batteur du New Jersey Sonny Greer.	**Bessie Smith,** « l'Impératrice du blues », émerge du circuit des minstrels pour devenir la plus grande chanteuse noire du début des années 20.	**King Oliver** invite **Louis Armstrong** à le rejoindre au Chicago's Lincoln Gardens. Le cornet bluesy d'Oliver sert de tremplin aux improvisations de plus en plus imaginatives d'Armstrong. Leur collaboration, au sein du Creole Band, va définir le style new-orleans.	**Sidney Bechet,** le clarinettiste de La Nouvelle-Orléans devenu saxophoniste, est l'autre grand rival d'Armstrong dans l'improvisation. Mais Bechet est un loup solitaire, mal à l'aise dans un orchestre.	**Les Wolverines,** un orchestre de style new-orleans formé par Bix Beiderbecke, un cornettiste dont la sonorité, le phrasé gracieux et l'imagination rappellent Louis Armstrong. **Fletcher Henderson,** un chimiste diplômé, se tourne vers la musique et crée des orchestres. Il en fonde un pour le Roseland Ballroom de Harlem.
LIEUX, ENREGISTREMENTS ET VIE DU SPECTACLE	**A Broadway,** la musique afro-américaine est à l'affiche avec *Shuffle Along* de Eubie Blake et Noble Sissie.	**L'orchestre de Kid Ory** (Ory's Creole Trombone) est le premier orchestre noir de La Nouvelle-Orléans à enregistrer pour le label Sunshine de L.A. Voici son trombone.	**A Kansas City,** on joue un jazz très rythmé, dérivé du blues. L'ancien pianiste de ragtime Bennie Moten forme un sextet significatif.	**Jelly Roll Morton** commence à enregistrer à Chicago. Musique de sextet sophistiquée, solos de piano imaginatifs. **Le King Oliver's Band** grave ses premiers disques.	Le label **Okeh** de la General Phonographic Corporation enregistre Mamie Smith, King Oliver et Louis Armstrong. Clarence Williams en est le directeur artistique à New York.
DÉVELOPPEMENTS MUSICAUX	Le trompettiste **Paul Mares** affirme son style avec son Friars Society Orchestra et les N.O.R.K., dans des airs comme *Tin Roof Blues*.		La chanteuse **Mamie Smith** connaît un succès avec *Crazy Blues*, qui lance la mode du blues et le marché du disque « de race ». Le tube de Paul Whiteman *3 O'Clock in the Morning* annonce le jazz **symphonique.**	**Le saxophone soprano** est encore un instrument méconnu quand le clarinettiste Sidney Bechet décide de l'adopter. Il est moins commode, mais permet des attaques plus franches et son timbre est plus poignant.	**Ethel Waters** et d'autres artistes de variétés de la radio NBC mêlent jazz, blues et chansons populaires. La nouvelle musique gagne du public.
FACTEURS HISTORIQUES	**La prohibition** interdit l'alcool. Le jazz prospère dans les clubs clandestins.	**Les radios commerciales** progressent à partir de 1920, dans le sillage de Westinghouse.		**La Renaissance de Harlem** met à l'honneur des écrivains, des artistes et des musiciens afro-américains.	

jazz fit bientôt la part belle aux solistes, sous l'impulsion de Louis Armstrong, qui entraîna dans son sillage des virtuoses comme Earl Hines, Coleman Hawkins et Sidney Bechet. Les chanteurs de blues connurent une richesse passagère grâce au disque. Les musiciens migrèrent de Chicago à New York, et la musique orchestrale d'Ellington, inspirée du blues, annonça des horizons nouveaux en relançant la vogue éphémère du jazz symphonique semi-classique.

1925

Louis Armstrong travaille avec les **Hot Five** et enregistre des disques qui figureront parmi les grands classiques du jazz. Soliste et vedette du groupe, il élabore un phrasé et un timing qui deviennent des modèles pour tous les musiciens de jazz.

Les N.O.R.K. se disloquent peu après ce concert. Trop figé dans le style new-orleans, l'orchestre n'arrive pas à s'adapter au swing.

ITALIAN HALL · 1020 ESPLANADE AVENUE
SATURDAY, APRIL 18, 1925, 8 P.M.
MUSIC BY THE FAMOUS
NEW ORLEANS RHYTHM KINGS
Played successfully for big audiences in New York and Chicago for the last three years. You have heard their delightful music on OKEH and GENNETT records.

L'enregistrement électrique. Aux débuts, les musiciens jouaient devant un pavillon acoustique branché sur un stylet qui gravait la cire. On utilise désormais des micros.

Louis Armstrong se met à chanter d'une voix rocailleuse entre ses solos de trompette, selon une rythmique imprévisible. **Le « scat »**, chant sans paroles, est déjà présent dans *Heebie Jeebies*.

Publication de *Gatsby le Magnifique,* le célèbre roman de F. Scott Fitzgerald sur les années folles. Il baptise la décennie « Age du Jazz ».

1926

Earl Hines est le premier grand virtuose de piano jazz. Avec lui, la main droite s'affranchit du ragtime pour s'inspirer du phrasé plus libre des solos de cuivres. Technicien remarquable, il contribue à galvaniser de nombreux orchestres de Chicago. **Bix Beiderbecke** et son collègue saxophoniste **Frankie Trumbauer** intègrent l'orchestre de danse sophistiqué de Jean Goldkette.

Le Chicago jazz, comme on l'appellera, se développe entre les mains de jeunes musiciens blancs. C'est une variante énergique et rapide du style new-orleans.

La critique de jazz acquiert ses lettres de noblesse avec Spike Hughes en Grande-Bretagne et Hugues Panassié en France. Des orchestres de jazz new-orleans se constituent en Europe.

La National Broadcasting Company installe un réseau radiophonique interurbain.

1927

Duke Ellington se produit au Cotton Club, à Harlem, et devient rapidement une figure dominante du jazz. Des solistes influents comme le saxophoniste Harry Carney et le clarinettiste Barney Bigard rejoignent l'orchestre.

Paul Whiteman, qui s'est baptisé lui-même le Roi du Jazz, s'aperçoit que le jazz symphonique est trop sage pour le nouveau public et engage des solistes blancs « hot », dont Beiderbecke et Trumbauer.

Avec les **Hot Five** et les premiers **Hot Seven,** Armstrong gagne en audace. Sa trompette est indépendante du matériau original. **Jelly Roll Morton** enregistre avec ses classiques Red Hot Peppers.

Black and Tan Fantasy reflète l'évolution d'Ellington vers un style moins dansant et plus new-orleans. Écrit en collaboration avec Bubber Miley, c'est un chef-d'œuvre.

DUKE ELLINGTON AND HIS COTTON CLUB ORCHESTRA
BLACK AND TAN WITH FREDI WASHINGTON

1928

Le style new-orleans est déjà moribond. **Les orchestres de pointe** utilisent des arrangements plus complexes et ajoutent des saxophones.

Le piano stride, qui dérive du ragtime, est désormais une technique de jazz à part entière, avec ses propres virtuoses comme James P. Johnson et Luckyeth Roberts.

Luis Russel, le chef d'orchestre panaméen, crée une grande formation où figure en vedette le brillant trompettiste Henry « Red » Allen. En 1929, l'orchestre accompagne Louis Armstrong, qui lui restera fidèle dans les années 30.

Louis Armstrong and his hot seven (1927) **COLUMBIA**

Le banjo de **Johnny St. Cyr** est un élément rythmique déterminant dans les premiers classiques d'Armstrong et les sessions des Red Hot Peppers.

La vie nocturne de Chicago est en déclin à cause du gangstérisme – un coup dur pour les musiciens de jazz.

1929

Les **Red Hot Peppers** de Morton apportent de nouvelles idées aux musiciens par l'emploi d'harmonies subtiles et de contre-mélodies. Cependant, ils hésitent à abandonner le style new-orleans, alors qu'Ellington et Fletcher Henderson s'éloignent de l'improvisation collective.

Une dramatisation **cinématographique** du blues montre les musiciens de Fletcher Henderson, et Bessie Smith dans le rôle d'une épouse délaissée.

ST. LOUIS BLUES

Le critique de jazz Robert Donaldson Darrell, qui écrit dans *Phonograph Monthly Review* et *Disques*, analyse en profondeur certains morceaux de jazz, notamment *Black and Tan Fantasy* de Duke Ellington.

Le krach de Wall Street révèle le malaise de l'économie américaine. Les goûts musicaux s'en trouvent changés. On rejette le blues.

Chicago

Les indestructibles classiques enregistrés dans les années 20 par King Oliver, Louis Armstrong, Jelly Roll Morton et Sidney Bechet sont passés à la postérité sous le nom de jazz new-orleans. Ce mot évoque aujourd'hui une musique débridée pour petite formation de cuivres, bois, piano et percussions, et des disques qui « grattent », sur lesquels on a dansé pendant des décennies. Pourtant, ce n'est pas à La Nouvelle-Orléans que ce style s'est véritablement épanoui. C'est dans les brumes de Chicago, à des centaines de kilomètres au nord, que la fleur s'est éclose, et non dans le climat subtropical du delta du Mississippi.

En 1900, les trois quarts de la population noire des États-Unis vivaient dans le Sud rural. Cinquante ans plus tard, ce nombre avait diminué de moitié. Les impératifs de la foudroyante économie américaine en devenir allaient drainer d'énormes flux migratoires vers les hauts fourneaux, les chantiers et les usines du Nord.

Bien que le mot « jazz » fût sur toutes les lèvres depuis 1917, il n'avait pas pour tout le monde la même signification que pour King Oliver ou Jelly Roll Morton. Le public, qui découvrait les loisirs, demandait surtout des airs dansants, frivoles, modernes, avec ce qu'il fallait de soufre et de glèbe pour donner aux étudiants en droit et aux fils de famille l'impression de s'encanailler. Aussi, cinq ans après le formidable succès de *Livery Stable Blues*, l'Original Dixieland Jazz-Band jouait-il plus souvent des foxtrots que du hot jazz.

Cap au Nord

Les musiciens noirs importants, eux, inclinaient plus volontiers vers les rythmes extatiques, les inflexions sensuelles et les blues langoureux qu'on leur commandait dans les

Chicago dans les années 20. La promesse d'une vie nouvelle – surtout pour la population noire du Sud, attirée par l'expansion industrielle de la ville.

Le Creole Bande de **Joe « King » Oliver.** On se pressait pour l'entendre à Lincoln Gardens. Ses rythmes et ses sonorités bluesy avaient un parfum nouveau.

bordels. Après la fermeture de Storyville, ils ne pouvaient s'orienter que vers une cité recelant une même fragilité humaine. Dans les années 20, Chicago était aux mains des gangsters. On y trouvait encore plus de cabarets et de salles de danse que dans le Sud. L'emploi était précaire, mais il y avait de l'argent à se faire. Le jazz new-orleans pouvait s'exprimer dans des lieux comme Lincoln Gardens, la Plantation, le Sunset et le Nest.

Peu après l'arrivée des émigrants, ce fut la prohibition. La législation de 1920 interdisant l'alcool déclencha une explosion de criminalité liée à la contrebande, qui donna naissance à tout un réseau de bars clandestins, les *speakeasies*, hantés par une clientèle de l'ombre qui réclamait de la musique pour lever le coude.

L'Original Dixieland Jazz Band avait délaissé La Nouvelle-Orléans pour Chicago en 1916. Joe « King » Oliver suivit le mouvement deux ans plus tard et forma son fameux ensemble, le Creole Band. Il trouva un travail régulier à Lincoln Gardens et, en 1922, fit venir Louis Armstrong, le jeune trompettiste doué qu'il avait formé dans des orchestres de ragtime.

Depuis le départ de son mentor, quatre ans plus tôt, Armstrong avait considérablement évolué. Il avait remplacé Oliver dans la prestigieuse formation du tromboniste Kid Ory et avait dégauchi son talent brut sur les bateaux à aubes, acquérant progressivement une véritable maîtrise professionnelle. Louis Armstrong avait désormais une imagination mélodique qui se démarquait de celle des héros de son adolescence.

Inventions et dimensions

Le jazz était encore surtout une musique d'ensemble, où l'improvisation était plus une ornementation qu'un moteur, comme elle allait le devenir. Mais la discipline imposée par Oliver assurait une rigueur harmonique qui donnait du muscle et de l'énergie à son orchestre. En invitant Armstrong, il enfreignit sa règle et fit jouer deux cornets de front. Le résultat fut dévastateur. Oliver était un bon trompettiste, mais il collait toujours à la mélodie et au rythme préétabli. Seuls les timbres et les sourdines permettaient des variations.

Armstrong, lui, avait déjà pris l'habitude de doubler le nombre de notes par mesure ou de les étirer et de placer des accentuations imprévisibles. En définitive, sa musique ne s'inspirait plus du bercement régulier du ragtime, mais semblait procéder par flux et reflux successifs. Ses improvisations étaient aussi plus longues, comme des récitatifs, et ses sonorités éclatantes.

Hors du ghetto

Le son porta bien au-delà du ghetto. De jeunes Blancs de la petite bourgeoisie vinrent écouter la nouvelle musique dans les quartiers noirs. Au début, c'était surtout un public du week-end, mais l'orchestre d'Oliver devint si populaire que les propriétaires de Lincoln Gardens organisèrent des nocturnes, *midnight rambles*, spécialement pour les fans blancs tels que Benny Goodman, Bix Beiderbecke et Gene Krupa.

Ceux-ci avaient également des idoles « à domicile », notamment les New-Orleans Rythm Kings, un orchestre blanc influencé à la fois par l'Original Dixieland Jazz-Band et l'orchestre d'Oliver nouvelle manière, avec Armstrong. Les musiciens comme Beiderbecke avaient déjà un son plus policé, moins bluesy, et l'« Austin High School Gang » (avec Benny Goodman, le trompettiste Jimmy Partland, le saxophoniste Bud Freeman et le guitariste Eddie Condon) déve-

On casse les barils en public, pour l'édification populaire. La prohibition amena le gangstérisme et, avec lui, les tripots et les bars clandestins – autant d'aubaines pour les musiciens de jazz.

loppa un jazz ciselé, léger et swingué, intitulé à tort *Chicago style*, qui allait fortement influencer les évolutions à venir.

Le rôle de Chicago dans l'histoire du jazz fut de courte durée, de même que celui de La Nouvelle-Orléans, qui l'avait pourtant porté sur les fonts baptismaux. La nouvelle musique n'avait plus rien de confidentiel. On l'entendait partout. Les premières radios commerciales avaient arrosé les toits de leurs ondes en 1920 et, en deux ans à peine, plus de cinq cents stations s'étaient créées. Dans tout les États-Unis, de jeunes musiciens s'essayaient à ce son révolutionnaire. Dans le même temps, l'administration de Chicago renforça sa lutte contre le banditisme, et les tripots fermèrent les uns après les autres.

L'Amérique, finalement lassée du tchacboum répétitif et suranné du ragtime, s'éveillait à un rythme plus coulé et plus enjoué : le quatre-temps que Jelly Roll Morton jurait avoir inventé vingt ans plus tôt. New York devenait le haut lieu du show-business. A nouveau, le jazz se déplaça.

Les années 30

L e krach de Wall Street et l'effondrement économique qui s'ensuivit n'enterrèrent pas le jazz. Le public de la décennie précédente lui resta fidèle, mais l'essor des ra- dios porta un coup dur à l'industrie du disque, qui subis- sait déjà les effets de la crise. Quand les affaires reprirent, la clientèle demanda une nouvelle musique. Le jazz new-

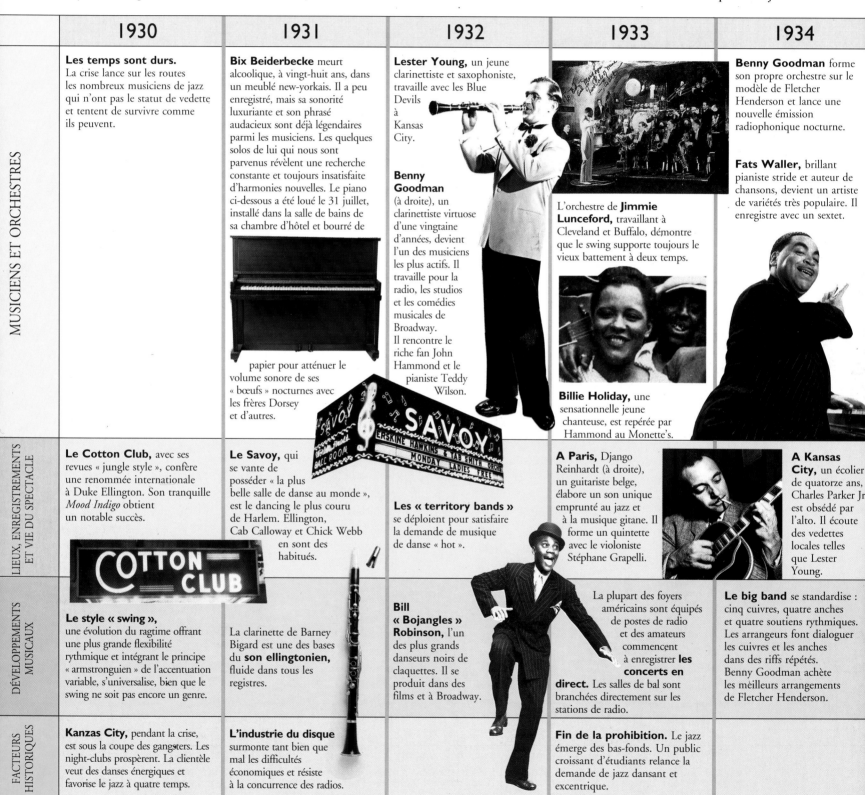

	1930	**1931**	**1932**	**1933**	**1934**
MUSICIENS ET ORCHESTRES	**Les temps sont durs.** La crise lance sur les routes les nombreux musiciens de jazz qui n'ont pas le statut de vedette et tentent de survivre comme ils peuvent.	**Bix Beiderbecke** meurt alcoolique, à vingt-huit ans, dans un meublé new-yorkais. Il a peu enregistré, mais sa sonorité luxuriante et son phrasé audacieux sont déjà légendaires parmi les musiciens. Les quelques solos de lui qui nous sont parvenus révèlent une recherche constante et toujours insatisfaite d'harmonies nouvelles. Le piano ci-dessous a été loué le 31 juillet, installé dans la salle de bains de sa chambre d'hôtel et bourré de papier pour atténuer le volume sonore de ses « bœufs » nocturnes avec les frères Dorsey et d'autres.	**Lester Young,** un jeune clarinettiste et saxophoniste, travaille avec les Blue Devils à Kansas City. **Benny Goodman** (à droite), un clarinettiste virtuose d'une vingtaine d'années, devient l'un des musiciens les plus actifs. Il travaille pour la radio, les studios et les comédies musicales de Broadway. Il rencontre le riche fan John Hammond et le pianiste Teddy Wilson.	L'orchestre de **Jimmie Lunceford,** travaillant à Cleveland et Buffalo, démontre que le swing supporte toujours le vieux battement à deux temps. **Billie Holiday,** une sensationnelle jeune chanteuse, est repérée par Hammond au Monette's.	**Benny Goodman** forme son propre orchestre sur le modèle de Fletcher Henderson et lance une nouvelle émission radiophonique nocturne. **Fats Waller,** brillant pianiste stride et auteur de chansons, devient un artiste de variétés très populaire. Il enregistre avec un sextet.
LIEUX, ENREGISTREMENTS ET VIE DU SPECTACLE	**Le Cotton Club,** avec ses revues « jungle style », confère une renommée internationale à Duke Ellington. Son tranquille *Mood Indigo* obtient un notable succès.	**Le Savoy,** qui se vante de posséder « la plus belle salle de danse au monde », est le dancing le plus couru de Harlem. Ellington, Cab Calloway et Chick Webb en sont des habitués.	Les « **territory bands** » se déploient pour satisfaire la demande de musique de danse « hot ».	**A Paris,** Django Reinhardt (à droite), un guitariste belge, élabore un son unique emprunté au jazz et à la musique gitane. Il forme un quintette avec le violoniste Stéphane Grapelli.	**A Kansas City,** un écolier de quatorze ans, Charles Parker Jr est obsédé par l'alto. Il écoute des vedettes locales telles que Lester Young.
DÉVELOPPEMENTS MUSICAUX	**Le style « swing »,** une évolution du ragtime offrant une plus grande flexibilité rythmique et intégrant le principe « armstronguien » de l'accentuation variable, s'universalise, bien que le swing ne soit pas encore un genre.	La clarinette de Barney Bigard est une des bases du **son ellingtonien,** fluide dans tous les registres.	**Bill « Bojangles » Robinson,** l'un des plus grands danseurs noirs de claquettes. Il se produit dans des films et à Broadway.	La plupart des foyers américains sont équipés de postes de radio et des amateurs commencent à enregistrer **les concerts en direct.** Les salles de bal sont branchées directement sur les stations de radio.	**Le big band** se standardise : cinq cuivres, quatre anches et quatre soutiens rythmiques. Les arrangeurs font dialoguer les cuivres et les anches dans des riffs répétés. Benny Goodman achète les meilleurs arrangements de Fletcher Henderson.
FACTEURS HISTORIQUES	**Kanzas City,** pendant la crise, est sous la coupe des gangsters. Les night-clubs prospèrent. La clientèle veut des danses énergiques et favorise le jazz à quatre temps.	**L'industrie du disque** surmonte tant bien que mal les difficultés économiques et résiste à la concurrence des radios.		**Fin de la prohibition.** Le jazz émerge des bas-fonds. Un public croissant d'étudiants relance la demande de jazz dansant et excentrique.	

orleans, simple avatar du blues, n'avait plus la cote. Le marché changeait. On voulait du neuf, des rythmes balancés et des big bands pour danser. A partir de 1935, les orchestres de swing triomphèrent. Avec eux, vint une moisson de brillants solistes, capables de développer des récitatifs de plus en plus rapides et complexes.

1935

Art Tatum, un musicien aveugle de Toledo, s'impose comme le plus grand pianiste de jazz, grâce à un style stride d'avant-garde qui impressionne autant les musiciens classiques que les jazzmen.

Les **disc jockeys** des radios contribuent au succès de Goodman et lancent l'ère du swing.

Le microphone transforme le chant de jazz en amplifiant les subtiles nuances de la voix humaine.

1936

Le ton cool et l'ample phrasé de **Lester Young** remodèlent le saxo swing. Il rejoint le nouvel orchestre de Basie.

Bill « Count » Basie est le pianiste de l'orchestre de Bennie Moten jusqu'à la mort soudaine de celui-ci. Il reprend le flambeau et forme un nouveau groupe.

Armstrong apparaît dans le **film** *Pennies from Heaven.* Il tend à devenir un artiste de show-biz toutes catégories, avec l'aide de son ambitieux manager, Joe Glaser.

Jimmy Dorsey, un populaire **chef d'orchestre swing,** est un saxophoniste délicat et influent.

Brunswick presents

JIMMY DORSEY AND HIS ORCHESTRA *playing* TANGERINE Fox-trot (Scherzinger, Mercer) (From The Fleet's In) (Vocal chorus by Bob Eberly and Helen O'Connell)

1937

Le chanteur **Cab Calloway** est le chef d'orchestre noir qui remporte les plus gros succès commerciaux. Il a des relations tumultueuses avec un jeune trompettiste à forte tête, Dizzy Gillespie.

Art Tatum fait un tabac au **Three Deuces** de Chicago.

Le marché naissant du **juke-box,** qui explose après la crise, a besoin d'un approvisionnement régulier en chansons populaires.

Le disque 78 tours limite toujours la durée des enregistrements de jazz. On tente de mettre au point des disques à révolution plus lente.

1938

Les orchestres swing de Kansas City permettent à Charlie Parker d'aiguiser sa technique, largement inspirée de Lester Young mais plus rapide et plus aventureuse sur le plan harmonique.

Artie Shaw, un dilettante au talent multiple, est le rival de Bennie Goodman. Son *Begin the Beguine* est un tube.

Carnegie Hall, temple du classique, s'ouvre au jazz avec une série de spirituals et de concerts de swing. Goodman triomphe. Le swing s'impose et devient respectable.

Les labels indépendants, dans le sillage de Commodore, diffusent un jazz moins commercial. De jeunes instrumentistes travaillent les **accords complexes.**

1939

Coleman Hawkins revient après un séjour de cinq ans en Europe et grave *Body and Soul,* une improvisation inspirée basée sur des accords, non sur des variations mélodiques. Un grand moment du jazz.

Billy Strayhorn, auteur et arrangeur, s'associe à Ellington. Leurs styles fusionnent à la perfection.

Le pianiste **Teddy Wilson,** à la fin des années 30, enregistre avec Billie Holiday des disques qui transforment à jamais le chant de jazz.

TEDDY WILSON and his orchestra featuring BILLIE HOLIDAY

Le swing, phénomène désormais majeur, est célébré dans la presse populaire.

La guerre éclate en Europe. Le jazz va devenir un symbole de liberté et de résistance dans les pays occupés.

Swing PHOTO ALBUM 1939

New York

Quand l'Original Dixieland Jazz-Band joua à Broadway, le monde musical dressa l'oreille. C'était New York qui donnait le ton de la mode. Quand l'industrie du spectacle se développa pour satisfaire une population laborieuse qui, s'étourdissant dans le travail, voulait en compensation des distractions aussi étourdissantes, New York en devint le centre naturel. C'est là que s'établirent la plupart des firmes phonographiques et des stations de radio. Tin Pan Alley, surnom d'un quartier situé aux alentours de la 32ᵉ Rue et de Broadway, était le point de ralliement des éditeurs de chansons depuis la fin du siècle précédent.

Mais le Sud noir avait insufflé au jazz un dynamisme, une saveur unique issue du son new-orleans et du blues, que les entrepreneurs du show-biz n'auraient pas pu lui donner. Bien qu'un mouvement s'amorçât vers une forme de « danse de société » centrée sur le couple, la musique de La Nouvelle-Orléans était encore trop sensuelle, trop crue, trop hachée pour un marché de masse, et ses sonorités langoureuses associaient de façon trop explicite au gré de certains la danse et la sexualité.

On chercha d'abord la solution sur la Côte Ouest vers 1915. Un pianiste et arrangeur blanc, Ferde Grofé, familier à la fois des classiques européens et des dancings des bas quartiers, expérimentait de nouvelles techniques symphoniques sur des orchestres de danse, employant des saxophones (instruments alors dépourvus de prestige et plutôt réservés aux revues de cabaret) pour l'exposition des thèmes et créant des contrastes entre les différents pupitres. Paul Whiteman, un jeune chef ambitieux culturellement proche de Grofé, enrichit son orchestre de danse, déjà populaire, des arrangements imaginatifs de Grofé. Le jazz symphonique de Whiteman fut un succès immédiat (il vendit plus de trois millions d'exemplaires de son premier disque en 1922) et, sur sa lancée, l'homme s'intitula lui-même le Roi du jazz.

Il n'y avait pas beaucoup de jazz, au sens néo-orléanais, dans l'orchestre de Whiteman, et ses instrumentistes n'étaient guère enclins à l'improvisation, mais sa musique sonnait comme du jazz, élagué et policé. C'est sur cette base que Whiteman se négocia. Il donna un célèbre concert dans une salle chic de New York, l'Æolian Hall, en février 1924, afin de démontrer combien le jazz avait évolué « depuis ses débuts discordants jusqu'à sa forme mélodieuse actuelle ». George Gershwin présenta sa *Rhapsody in Blue* dans le même spectacle.

Paul Whiteman ne fit pas progresser le jazz, mais sa musique élégante, bien faite, en était suffisamment proche pour en donner le goût au public. Son influence sur la musique de danse à New York fut telle que tous ses concurrents essayèrent de l'imiter. Entre-temps, Fletcher Henderson, un étudiant timide qui venait de réussir ses examens, découvrait qu'un diplôme de chimiste n'aidait en rien un jeune Noir à devenir chimiste. Mettant en pratique les leçons de piano de sa mère, il devint bientôt le pianiste maison de la première compagnie noire de disques, Black Swan. A force de réunir des musiciens indépendants pour des enregistrements avec sa firme, il finit par se retrouver chef d'orchestre malgré lui. Ses premières prestations se situent dans la lignée de Whiteman – des chorus de saxophones lisses et coulés, avec parfois un petit côté ragtime.

La fièvre monte

Henderson et son arrangeur Don Redman améliorèrent l'harmonisation whitemanienne des cuivres et des anches, et l'emploi de voix contrastées, une section derrière l'autre. Henderson s'aperçut également, comme allaient le faire Duke Ellington et Whiteman lui-même, que le public dansant était tout à fait disposé, contrairement à ce qu'on pensait, à s'éloigner du raffinement et de la réserve imposés jusqu'alors. Les chefs commencèrent à engager des improvisateurs pour faire monter la fièvre, en ne leur lâchant toutefois la bride que pour les bœufs de fin de programme.

C'est dans cette optique que Fletcher Henderson fit venir Louis Armstrong à New York en 1924, ce qui allait révolutionner le jazz dans la

Dans les années 20, Fletcher Henderson, chef d'orchestre malgré lui, s'aperçut que le mélange de la dance-music new-yorkaise, feutrée, et du son new-orleans, plus cru, pouvait avoir un effet détonant. L'étincelle fut fournie par Louis Armstrong (troisième en partant de la gauche).

décennie suivante. Duke Ellington, qui s'imposait peu à peu comme le patron d'un orchestre de danse appelé The Washingtonians, engagea « Bubber » Miley, un émule d'Oliver, dans la même optique. Se ralliant à leurs vues et révisant son opinion sur « le jazz discordant des débuts », Whiteman s'attacha Bix Beiderbecke et le saxophoniste Frankie Trumbauer.

La renaissance de Harlem

Tandis que la musique dansante se transformait dans les beaux quartiers, la sous-culture new-yorkaise évoluait aussi. La renaissance de Harlem commença dans les années 20. La poésie, l'art, la musique, la littérature et la philosophie noirs fleurissaient, partiellement encouragés par les idées de perfectibilité de l'esprit humain qui avaient alimenté le renouveau religieux du siècle précédent et les lois sur la Prohibition. Pendant un temps, l'intelligentsia blanche considéra que le peuple noir était mûr pour une élévation spirituelle qui faisait trop souvent défaut au matérialisme protestant.

Les boîtes de nuit de Harlem attirèrent un certain public blanc comme des aimants, et l'orchestre de Duke Ellington au Kentucky Club, puis au Cotton Club, profita amplement de cette nouvelle mode. Sa célèbre *Black and Tan Fantasy* fut composée pour un spectacle de café-théâtre caricaturant le mythe du « bon sauvage ».

Mais la vie de Harlem n'était pas circonscrite dans les night-clubs. Il y avait aussi les salons. Des particuliers engageaient des musiciens chez eux pour animer des réunions mondaines. Les cachets étaient modestes, mais cette pratique créa bientôt un nouveau circuit, tant pour les pianistes de boogie-woogie, descendants des pianistes de saloon du far-west, que pour les maîtres du stride comme Luckyeth Roberts, James P. Johnson et Fats Waller. En 1925, le guitariste et chanteur de blues Huddie « Leadbelly » Leadbetter sortit de prison et commença lui aussi à promener sa guitare dans les salons de Harlem, interprétant des airs puisés dans le répertoire des musiciens ruraux, qui ne connaissaient guère le jazz mais fort bien le blues et les hollers.

L'industrie musicale, toujours à la recherche de nouveaux marchés, détecta une source de profits potentiels dans les quartiers noirs et lança des labels « de race » spécialement destinés aux boutiques noires. Cela dopa la vente du blues, qui prospéra jusqu'au krach de Wall Street. La majestueuse Bessie Smith, véritable diva dont les disques émerveillèrent Leadbelly, rapporta une fortune à la firme Columbia, qui battait de l'aile. De jeunes musiciens comme Louis Armstrong, King Oliver et Sidney Bechet, souvent engagés comme accompagnateurs dans les sessions de blues, trouvèrent là l'occasion de parfaire leur phrasé, leur timing et leur expressivité. Au début des années 30, Duke Ellington, grâce à sa refonte bluesy du jazz symphonique, ravit à Whiteman les faveurs du public.

L'Age du jazz était mort avec la crise économique ; mais l'âge du swing et des big bands allait naître.

Le swing

L'économie américaine, qui roulait à tombeau ouvert, sortit de la route en 1929 et le jazz, resté sur le bas-côté, dut se contenter de faire de l'auto-stop jusqu'en 1935. L'ambitieux et enthousiaste Austin High Band vécut de haricots secs. Sidney Bechet cira des chaussures et travailla comme tailleur avec son ami trompettiste Tommy Ladnier. Dans le Midwest et le Southwest, les *territory bands* se traînaient dans des autocars déglingués et jouaient pour des nèfles. Quelques musiciens noirs de premier plan, comme Louis Armstrong et Duke Ellington, allèrent se produire en Europe. Coleman Hawkins les imita en 1934 et, peu après, l'orchestre de Fletcher Henderson, qui avait tant fait pour introduire le swing armstronguien dans les grandes formations, se disloqua.

Henderson avait confié à son arrangeur Don Redman le maillage de l'orchestration pour capter le concept fuyant qu'était le swing. Le rôle de la trompette d'Armstrong consistait à suggérer des rythmes, autour desquels s'enroulait une ligne mélodique qui, bien qu'improvisée, revenait toujours s'appuyer sur le rythme initial quand il le fallait. Agrandissant l'orchestre, divisé en cuivres, anches et sections rythmiques, Don Redman développa un jeu d'ensemble qui sonnait comme un solo d'Armstrong, et organisa un dialogue coloré entre les cuivres et les anches. Cela conférait à tout l'appareil sonore une énergie qui servait de tremplin aux solistes. Il tournait le dos aux arrangements en demi-teinte, prédigérés et hermétiques à l'improvisation qu'affectionnaient la plupart des orchestres de danse, à l'exception de certaines formations blanches comme celles de Jean Goldkette et Red Nichols qui tentaient de rivaliser avec Henderson.

Redman et Henderson élaborèrent ce style vers 1931, surtout pour le public de Harlem. Duke Ellington, Chick Webb, Earl Hines, Luis Russel et William McKinney n'étaient déjà plus très loin. Si Henderson n'a été que le propagateur des idées de Redman (quoiqu'il y eût aussi sa part), celui-ci les avait lui-même puisées chez Armstrong et,

L'orchestre de Basie avait les meilleurs solistes et les attaques les plus tranchées du genre. Si Goodman a semblé être le Roi du swing, Basie a toujours été le faiseur de rois.

indirectement, chez Paul Whiteman et Ferde Grofé, dont il avait remanié les méthodes orchestrales.

« Stompin' at the Savoy »

La crise économique laissa Henderson dans de grosses difficultés. Son salut vint d'un imprésario et découvreur de talents avisé, John Hammond, qui lui demanda de mettre ses connaissances au service de Benny Goodman, un jeune clarinettiste et chef d'orchestre blanc de formation classique.

Goodman était l'un des douze enfants d'une famille juive d'Europe occidentale. Son père voyait à juste titre, en son exceptionnel don de clarinettiste un moyen de sortir du ghetto. A quatorze ans, Goodman était déjà un pro à temps complet et faisait vivre la famille. Ses modèles étaient les très créatifs frères Dorsey et un orchestre blanc de Detroit qui mêlait les subtilités du son new-yorkais aux accents bluesy du Midwest, le Casa Loma Orchestra. En dépit de la crise, Casa Loma marchait fort dans les campus, ce qui avait fait germer des idées à long terme dans la tête de l'imprésario de Goodman.

Le swing et la danse étaient inséparables. Dans la salle de bal du Savoy, les *lindy-hoppers* encouragèrent l'évolution du swing vers un quatre-quatre régulier, permettant un style de danse fluide et souple.

Le Roi du swing

En août 1935, l'orchestre de Goodman, avec notamment le trompettiste Bunny Berigan et le batteur Gene Krupa, se produisit au Palomar Ballroom de Los Angeles après une tournée infructueuse à travers les États-Unis. Goodman commença par une douce musique dansante devant un public estudiantin peu réceptif. Pour réveiller l'assistance, il se jeta à l'eau et se lança dans l'arrangement hendersonien de *King Porter Stomp* de Jelly Roll Morton – la réunion de La Nouvelle-Orléans et de Harlem via le ghetto juif. Le public réagit au quart de tour. Cette fois, ça y était : le big band jazz, dans le style noir (hot, rapide, vigoureux), était lancé. La percée commerciale fut retentissante et Goodman n'allait pas tarder à être sacré Roi du Swing.

Les radios jouèrent un rôle crucial dans cette explosion. Le swing était dans l'air du temps. Armstrong avait déjà commencé à le populariser, mais l'âge, la race et le talent propre de Goodman furent déterminants. Il était plus jeune que la plupart des pionniers du jazz, il ressemblait à son public, celui des campus, et appuyait ses improvisations sur des bases classiques occidentales qui les rendaient plus accessibles aux jeunes Américains bien élevés.

Cinq ans après son succès en Californie, Goodman était une star internationale qui introduisit le jazz dans le monde de la musique classique avec son fameux concert de 1938 à Carnegie Hall, « Des Spirituals au Swing ». Il fut aussi l'un des initiateurs du mélange des races dans les orchestres en engageant le pianiste Teddy Wilson, le vibraphoniste Lionel Hampton et le guitariste Charlie Christian. Il avait développé cette ouverture d'esprit en écoutant les pionniers du jazz new-orleans à Chicago et en recrutant des musiciens tels que Coleman Hawkins et Billie Holiday pour le compte de John Hammond en 1933.

Des chefs d'orchestres blancs comme Jimmy et Tommy Dorsey, Bob Crosby et Glenn Miller prirent le train en marche – de même que Jimmie Lunceford et Andy Kirk. Mais le modèle goodmanien (lisse, propre et discipliné) ne fut pas le seul bénéficiaire de la vogue du swing. L'impressionnisme riche et coloré de Duke Ellington se laissa également porter par cette vague montante. Mais le style d'Ellington, plus subtil, plus suggestif, ne s'imposerait réellement que dans les années 40, au moment où une nouvelle conjoncture (l'économie de guerre) et la percée du bebop démoderaient la plupart des autres orchestres de jazz.

« Swing, Brother, Swing »

A Kansas City, une musique plus simple, plus bluesy mais plus aventureuse s'épanouissait depuis les années 20, avec notamment l'ensemble de Bennie Moten, qui comptait dans ses rangs le saxophoniste Ben Webster et le pianiste William « Count » Basie. Après la mort de Moten, des suites d'une amygdalectomie, Basie fonda son propre orchestre, en reprenant la plupart des membres et les grandes lignes stylistiques de l'ancien. Son big band rivalisa bientôt avec celui de Goodman sur la scène new-yorkaise, grâce à ses rythmes fluctuants, son aisance et la force de ses extraordinaires solistes, Buck Clayton, Herschel Evans et Lester Young entre autres. Il finit d'ailleurs par influencer le répertoire et le style du Roi du swing lui-même.

Et il en influença bien d'autres. Son batteur Jo Jones, avec son traitement nouveau, plus léger, plus varié, plus musical de la cymbale et de la grosse caisse, ouvrait la voie à une conception différente de la percussion et du rythme. Son quatre-quatre gracieux et dansant offrait aux improvisateurs un soutien rythmique solide mais discret, non martelé, et le toucher personnel de Count Basie (une main gauche épurée accompagnant un discours plus clair de la main droite) servit de modèle à une nouvelle manière, moins flamboyante, de jouer du piano.

Le mouvement bebop allait naître, entre autres facteurs, d'une certaine lassitude des rituels obligés du swing, mais l'apport de Count Basie fut, et est toujours, considéré comme fondamental par les musiciens de toutes générations et de toutes tendances.

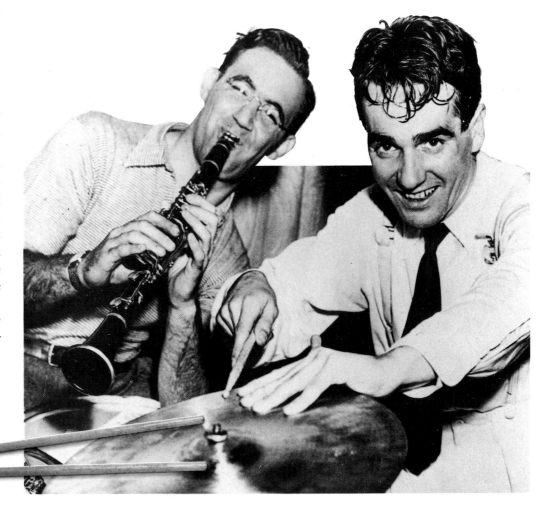

Benny Goodman et Gene Krupa, les stars du swing. Krupa fut à l'origine du solo virtuose, qui reprenait les rudiments de la batterie mais en y ajoutant une formidable vitesse d'exécution. Ses baguettes en portent témoignage.

Les années 40

Le swing, qui avait même conquis Carnegie Hall, semblait insurpassable à la fin des années 30. Mais, en raison de son succès, ce style tendait à devenir répétitif. Lassés, un groupe de jeunes musiciens de big bands, parmi lesquels on trouvait le trompettiste Dizzy Gillespie, le saxophoniste Charlie Parker et le guitariste Charlie Christian, tournèrent la page. Ils étendirent le registre harmonique et introduisirent de la discontinuité dans la pul-

	1940	1941	1942	1943	1944
MUSICIENS ET ORCHESTRES	Le batteur **Kenny Clarke** marque la mesure avec les cymbales, de préférence à la grosse caisse, ce qui lui permet une plus grande souplesse rythmique et une accentuation plus variée.  **Ben Webster,** ténoriste à la sonorité éclatante, rejoint l'orchestre de Duke Ellington qui, dans les années 40, entre dans sa période la plus créative. 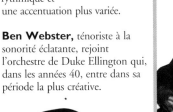	**Charlie Christian,** le guitariste vedette de Goodman, fondateur de la guitare bop et initiateur de l'amplification, joue un rôle clé dans le nouveau mouvement en expérimentant des harmonies inhabituelles. Il meurt jeune.	Les solos de **Charlie Parker** passent du murmure au cri, du blues langoureux au tempo frénétique, de la rugosité à la grâce, en l'espace de quelques chorus.  **Lionel Hampton,** batteur et vibraphoniste spectaculaire, est l'un des musiciens de swing qui s'épanouissent encore. 	Le virtuose **Bud Powell** est le pianiste bop le plus influent. Ses mélodies de la main droite ressemblent à des solos d'instruments à vent. **Earl Hines,** pianiste et chef d'orchestre swing, engage Gillespie et Parker.	Le batteur **Max Roach** donne une dimension mystérieuse à certains enregistrements cruciaux de Charlie Parker. La technique hachée de **Thelonius Monk** et ses compositions dépouillées deviendront des classiques du XXᵉ siècle.
LIEUX, ENREGISTREMENTS ET VIE DU SPECTACLE	**Le Minton's,** un club de la 108ᵉ Rue où les stars du swing adoptent un style plus décontracté et où Kenny Clarke est invité à former un orchestre maison. Il réunit quelques-uns des jeunes musiciens insatisfaits qui vont transformer le jazz. 		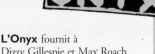 **L'Onyx** fournit à Dizzy Gillespie et Max Roach l'une des premières occasions de jouer du bebop ensemble professionnellement.	A la fin de l'année, **Coleman Hawkins enregistre** à nouveau. Il n'est pas bopper, mais la nouvelle musique attire sa curiosité.	Hawkins réalise **les premiers enregistrements de bop** après l'interdiction. 
DÉVELOPPEMENTS MUSICAUX	**Jimmy Blanton,** le jeune bassiste d'Ellington, transforme le rôle de la basse. Il joue des contremélodies, presque comme un guitariste, derrière les solistes. 	Les boppers **augmentent** les accords de base et improvisent sur les notes hautes. Ross Russell, le biographe de Charlie Parker, appellera cela « surfer sur l'écume des accords ».	**Insuccès commercial** du bebop, mais l'Amérique est sur le pied de guerre et une nouvelle **taxe sur les cabarets** incite les promoteurs à préférer les petites formations – un encouragement pour le bebop.	**Les batteurs de bop** ont un appareillage plus simple, un son plus léger et plus nerveux, utilisant la grosse caisse à	Par contrecoup, le bop provoque une renaissance nostalgique du vieux son new-orleans. Le cornettiste vétéran **Bunk Johnson** fait ses premiers enregistrements.
FACTEURS HISTORIQUES		De jeunes musiciens afro-américains plus politisés commencent à **rejeter les stéréotypes racistes** du show-biz.	**Grève** de l'American Federation of Musicians, pour obtenir un meilleur pourcentage sur les ventes de disques.	 contretemps (par « bombes ») et non plus pour marquer la mesure.	

sation régulière du swing pour créer une musique tendue, fragmentée, ambiguë, qui révolutionna la composition et le style de solo de tous les instruments. Parker en fut le grand prêtre visionnaire, mais le bebop naquit des bouleversements musicaux et socio-économiques induits par la Seconde Guerre mondiale. Les artistes de show-biz afro-américains ne se satisfaisaient plus du rôle qu'on leur faisait jouer. Pendant un temps, le jazz se marginalisa.

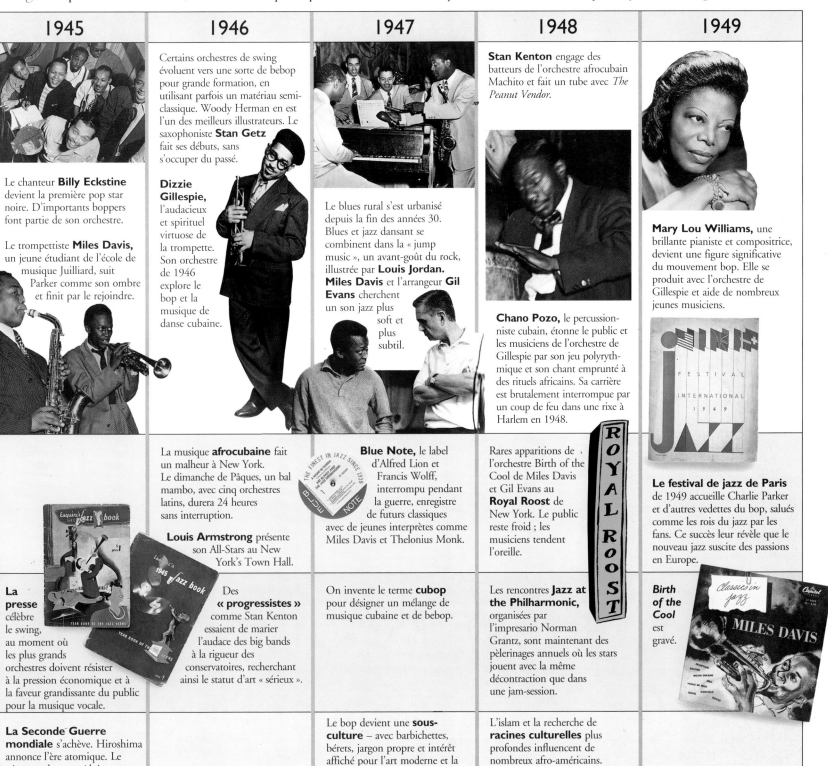

1945

Le chanteur **Billy Eckstine** devient la première pop star noire. D'importants boppers font partie de son orchestre.

Le trompettiste **Miles Davis,** un jeune étudiant de l'école de musique Juilliard, suit Parker comme son ombre et finit par le rejoindre.

La musique **afrocubaine** fait un malheur à New York. Le dimanche de Pâques, un bal mambo, avec cinq orchestres latins, durera 24 heures sans interruption.

Louis Armstrong présente son All-Stars au New York's Town Hall.

La presse célèbre le swing, au moment où les plus grands orchestres doivent résister à la pression économique et à la faveur grandissante du public pour la musique vocale.

La Seconde Guerre mondiale s'achève. Hiroshima annonce l'ère atomique. Le « jazz moderne » séduit une première *beat generation*.

1946

Certains orchestres de swing évoluent vers une sorte de bebop pour grande formation, en utilisant parfois un matériau semi-classique. Woody Herman en est l'un des meilleurs illustrateurs. Le saxophoniste **Stan Getz** fait ses débuts, sans s'occuper du passé.

Dizzie Gillespie, l'audacieux et spirituel virtuose de la trompette. Son orchestre de 1946 explore le bop et la musique de danse cubaine.

Des « progressistes » comme Stan Kenton essaient de marier l'audace des big bands à la rigueur des conservatoires, recherchant ainsi le statut d'art « sérieux ».

1947

Le blues rural s'est urbanisé depuis la fin des années 30. Blues et jazz dansant se combinent dans la « jump music », un avant-goût du rock, illustrée par **Louis Jordan. Miles Davis** et l'arrangeur **Gil Evans** cherchent un son jazz plus soft et plus subtil.

Blue Note, le label d'Alfred Lion et Francis Wolff, interrompu pendant la guerre, enregistre de futurs classiques avec de jeunes interprètes comme Miles Davis et Thelonius Monk.

On invente le terme **cubop** pour désigner un mélange de musique cubaine et de bebop.

Le bop devient une **sous-culture** – avec barbichettes, bérets, jargon propre et intérêt affiché pour l'art moderne et la philosophie existentialiste ; les drogues dures pour certains.

1948

Stan Kenton engage des batteurs de l'orchestre afrocubain Machito et fait un tube avec *The Peanut Vendor.*

Chano Pozo, le percussionniste cubain, étonne le public et les musiciens de l'orchestre de Gillespie par son jeu polyrythmique et son chant emprunté à des rituels africains. Sa carrière est brutalement interrompue par un coup de feu dans une rixe à Harlem en 1948.

Rares apparitions de l'orchestre Birth of the Cool de Miles Davis et Gil Evans au **Royal Roost** de New York. Le public reste froid ; les musiciens tendent l'oreille.

Les rencontres **Jazz at the Philharmonic,** organisées par l'impresario Norman Grantz, sont maintenant des pèlerinages annuels où les stars jouent avec la même décontration que dans une jam-session.

L'islam et la recherche de **racines culturelles** plus profondes influencent de nombreux afro-américains. Quelques musiciens prennent des noms musulmans.

1949

Mary Lou Williams, une brillante pianiste et compositrice, devient une figure significative du mouvement bop. Elle se produit avec l'orchestre de Gillespie et aide de nombreux jeunes musiciens.

Le festival de jazz de Paris de 1949 accueille Charlie Parker et d'autres vedettes du bop, salués comme les rois du jazz par les fans. Ce succès leur révèle que le nouveau jazz suscite des passions en Europe.

Birth of the Cool est gravé.

Le bebop

Si le swing tendait les bras au public, le bebop semblait lui tourner le dos. De nombreux musiciens de swing des années 40 se sentirent personnellement insultés. Tommy Dorsey déclara au magazine *Down Beat* que « le bebop [avait] fait reculer la musique de vingt ans ». Même Louis Armstrong, pourtant plutôt bon enfant, joignit sa voix aux réprobations et parla d'« accords bizarres qui ne veulent rien dire », ajoutant : « On retient pas les mélodies et on peut pas danser dessus. »

Quand les esprits se calmèrent, les musiciens et le public s'aperçurent que le son bebop n'était pas si différent de celui du jazz qu'ils connaissaient. Et aujourd'hui, cinquante ans après, les solos de Charlie Parker se déroulent en fond sonore dans les restaurants et *Round Midnight* de Thelonius Monk peut s'entendre aussi bien dans un supermarché que dans le disque d'un pianiste classique interprétant les grandes compositions du XXᵉ siècle.

Avec le recul, on se rend compte que le bebop s'inscrivait dans une continuité. Il n'était que la reprise, sur un tempo rapide, du rythme quatre-quatre du swing, mais avec une accentuation plus disparate, plus aléatoire et sans le battement régulier de la grosse caisse. On improvisait en fait sur les mêmes accords, les bons vieux accords de Tin Pan Alley, en y ajoutant simplement quelques notes supplémentaires pour enrichir les voix et en les variant plus souvent – un peu à la manière d'un film défilant en accéléré. Le pianiste Art Tatum et le saxophoniste de swing Coleman Hawkins faisaient déjà la même chose depuis longtemps et la musique classique moderne avait largement recours à ce procédé.

Les vecteurs harmoniques du bebop étaient le blues et la structure de type trente-deux mesures avec contre-mélodie de huit mesures telle qu'on la trouvait dans des chansons populaires comme *I Got Rhythm*. Mais le plaisir des pionniers du bebop consistait en partie à déguiser les chansons de façon à les rendre méconnaissables même à leurs amateurs les plus fervents. Quand ils pouvaient piéger une star du swing, qui essayait d'improviser sur *I Got Rhythm*, en introduisant un thème emprunté à une autre chanson dans le passage à huit mesures, ils s'estimaient sur la bonne voie.

Pour que des musiciens comme Art Tatum et Coleman Hawkins, qui comprenaient les fondamentaux du bebop, ou d'autres comme Lester Young, le trompettiste Roy Eldridge, les pianistes Count Basie, Clyde Hart et le batteur Jo Jones se mettent à jouer du bebop, il n'y avait qu'un pas à franchir, mais ce simple pas leur semblait encore un gouffre. En vérité, il fallait l'énergie de nouveaux venus, dont la réputation était encore à faire et qui n'avaient rien à perdre : les jeunes faire-valoir des swingers, qui se retrouvaient aux petites heures de la nuit dans les boîtes new-yorkaises. Aucun d'eux, pas même le grand Charlie « Bird » Parker, n'avait conscience d'inventer le bebop. Ils n'étaient que de jeunes musiciens talentueux et rebelles qui voulaient jouer sans contrainte. Chacun, séparément, apportait quelque chose, mais il leur manquait encore une vue d'ensemble pour comprendre qu'une nouvelle architecture était en train de sortir de terre. C'est la réunion de tous ces fragments qui allait donner naissance au « modern jazz ».

« Straight No Chaser »

Charlie Parker s'imposa comme le plus grand nom du bebop, bien que d'autres musiciens y aient pris une part cruciale. Parker était déjà salué comme un maître du saxophone alto, jouant vite, dans un style dérivé de Lester Young, au sein de l'orchestre swing, tendance bluesy, de Jay McShann. Parker était un autodidacte qui, à l'âge de quinze ans, connaissait à fond son instrument et toutes les harmonies. Quand il entra dans l'orchestre de McShann, il faisait déjà entendre une nouvelle manière d'improviser, libérant le potentiel harmonique des accords pour pouvoir jongler avec plus de notes dans ses solos.

Les changements harmoniques faisaient du bebop une musique ouvertement européanisée – telle que Bach eût pu la concevoir s'il avait connu le blues et la musique africaine. Mais, comme dans toutes les avancées significatives du jazz, le principal apport du bebop est ryth-

« **The Street** » : la 52ᵉ Rue à New York, entre la 5ᵉ Avenue et Broadway, résonne de jazz dans les années 40, dans des clubs comme l'Onyx, le Famous Door et le Three Deuces.

mique. Bien que la musique de La Nouvelle-Orléans et le swing aient utilisé des rythmes déjà connus en Occident, ceux-ci étaient une redécouverte partielle de l'héritage africain, sans l'éloquence des tam-tams ancestraux. Quand le bop se constitua en mouvement, le style de ses percussions tenta de se rapprocher davantage de cette polyrythmie, sous l'impulsion du batteur Kenny Clarke.

Clarke jouait dans l'orchestre swing de Teddy Hill. On trouvait aussi en première ligne un jeune trompettiste nommé John Birks « Dizzy » Gillespie, qui commençait à faire évoluer les harmoniques du swing. Inspiré par le travail de Jo Jones, batteur de Count Basie, Clarke voulait alléger la sonorité des percussions et créer une tension plus intéressante – objectif de tous les musiciens de jazz depuis la naissance de cette musique – en installant un système de renvois entre des idées rythmiques contrastantes. On l'avait surnommé « Klook » ou « Klook-a-mop », onomatopées imitant les accents de sa caisse claire et de sa grosse caisse, qui marquaient la mesure d'une façon nouvelle, dégagée de la pulsion régulière propre au swing.

Son patron, Teddy Hill, finit par le virer en 1940, mais se souvint de lui un an plus tard et lui demanda de réunir une petite formation maison pour un nouveau lieu, le Minton's Play-house, dans la 108e Rue, à Harlem. Hill demanda à Clarke de dénicher des musiciens peu chers, capables de jouer sans trop de cacophonie, pour un public réduit. Clarke saisit l'occasion pour rechercher des interprètes proches de ses idées. Outre Gillespie, il trouva Thelonius Monk, un pianiste « approximatif » mais inventif, influencé par le piano stride et l'Église baptiste, qui employait d'étranges accords dissonants et laissait planer des silences inattendus dans sa musique.

Arriba !

Entre-temps, dans une autre boîte de Harlem appelée Monroe's Uptown House, le saxophoniste alto Charlie Parker faisait le bœuf en échange d'un maigre bakchich sur le prix d'entrée. Quand Kenny Clarke l'entendit jouer, ainsi qu'il le raconta à Ross Russell, le biographe de Parker, il le trouva « deux fois plus rapide que Lester Young et dans des harmonies que Young n'avait jamais abordées ». Parker fut engagé au Minton's et un nouveau répertoire se développa peu à peu. Des stars reconnues du jazz comme Coleman Hawkins, Duke Ellington, Count Basie et même Fats Waller venaient parfois se détendre au Minton's après leurs propres concerts, mais la petite formation assemblée par Clarke se tournait déjà vers d'autres horizons.

Un qualificatif leur fut attribué (qui ne leur plut pas particulièrement au début) : « rebop », puis « bebop ». On considère généralement que, comme pour « Klook-a-mop », le mot n'est qu'une onomatopée imitative, mais le critique de jazz Marshall Stearns a suggéré une autre explication : ce serait une déformation de l'espagnol *arriba*, dont la traduction anglaise, *go !*, était devenu le cri habituel des fans qui voulaient encourager les solistes.

Pour les musiciens de swing, et *a fortiori* pour le public déconcerté, les solistes semblaient toujours attaquer trop tôt ou trop tard, laisser des phrases en suspens n'importe quand et ignorer les règles élémentaires de métrique et de tonalité. Dans le swing, les changements d'accords ou les notes importantes coïncident normalement avec les temps « forts ». Le bebop inverse le système en plaçant des *pianissimo* ou des contretemps.

Charlie Parker avait un sens si aigu du tempo et de la localisation dans la structure d'un air, qu'il pouvait sans problème abandonner le cadre et se lancer dans de longs canevas improvisés avec la certitude de retomber toujours sur ses pieds.

Les improvisations de **Charlie Parker** comptent parmi les plus éblouissants exemples de composition spontanée de la musique du XXe siècle. Impulsif et imprévisible, Parker était un visionnaire qui bouleversa les conventions du timing et du phrasé.

Les instrumentistes à vent du bebop pouvaient se permettre de prendre des risques inouïs avec l'accentuation et la métrique parce qu'ils savaient qu'ils ne travaillaient pas sans filet : les nouveaux batteurs comme Kenny Clarke et Max Roach étaient là pour leur tisser une section rythmique sans faille.

Le son de la rébellion

Le bebop offrait un vocabulaire neuf à l'improvisation de jazz. Autre nouveauté : il était élaboré par une génération d'interprètes noirs très différents, par leur expérience et leur mentalité, des pionniers de La Nouvelle-Orléans. Le swing n'avait pas été seulement une façon de jouer du jazz, il avait fini par devenir une industrie : jamais la musique populaire n'avait suscité de telles

sources de profit – avec toutefois de notables disparités raciales, les Noirs gagnant généralement moitié moins que les Blancs dans les années 30. La tendance à la mixité raciale dans les orchestres n'arrangeait guère les choses : si certains solistes noirs, comme Roy Eldridge, obtenaient de jolis cachets dans les orchestres blancs, ils ne pouvaient cependant pas dîner dans les mêmes restaurants, notamment dans le Sud. Le mécontentement grandissait. Les Afro-Américains, floués par la ségrégation, s'intéressèrent de plus près à l'histoire africaine et à l'islam, surtout à Harlem. Certains musiciens se mirent à porter des boubous ou des djellabas pendant les concerts.

Dizzy Gillespie, s'il ne fut pas *le* génie créateur du bebop, favorisa son développement et le popularisa. Son dynamisme le rendit cher à plusieurs générations de fans, comme le montre cet accueil triomphal que lui réserva New York en 1948, à son retour d'une tournée de deux mois en Europe.

Le Festival de Jazz de Paris de 1949, où se produisirent Charlie Parker et Miles Davis, montrèrent aux Américains que la nouvelle musique était suivie par un large public en dehors des États-Unis.

Le swing posait aussi un problème musical, tant aux jeunes musiciens blancs qu'aux noirs. Des fan-clubs avaient vu le jour un peu partout dans le pays. *Begin the Beguine* d'Artie Shaw, *Stompin' at the Savoy* de Benny Goodman, *Moonlight Serenade* de Glenn Miller étaient des tubes que le public réclamait. Le succès engendrait la répétition, et la répétition devint bientôt du « réchauffé ».

Maints artistes de la nouvelle génération s'en lassèrent. Jaloux du respect qui entourait les autres grandes figures de l'art moderne – Stravinsky, Schoenberg, Picasso, Kandinsky –, ils estimaient que la musique afro-américaine méritait un statut de même ordre. En outre, la Seconde Guerre mondiale avait imprégné le monde intellectuel et artistique de pessimisme, aussi bien aux États-Unis

qu'en Europe, et les fluctuations inquiètes du son bebop, jointes à l'indifférence de ses adeptes à l'égard du show-biz, faisaient écho au bouleversement des valeurs anciennes qui avaient mené l'humanité à la catastrophe. Les hipsters (ancêtres des hippies) se démarquaient de la morale commune, rejetaient en bloc toute forme de respectabilité et cherchaient l'évasion salutaire dans l'improvisation – glorification de l'instant, de l'éphémère – comme dans la boisson et la drogue. L'héroïne devint la compagne traître de nombreux beboppers, blancs ou noirs.

Les avant-gardistes du bebop, cependant, se complurent assez sous leur étiquette underground. Seuls quelques initiés connaissaient la nouvelle musique. Les D.J. des radios vendaient toujours du swing et, entre 1942 et 1944, l'American Federation of Musicians lança un mot d'ordre de grève visant à obtenir de meilleurs pourcentages sur la vente des disques. Absent du marché, le bop s'élabora presque confidentiellement et ne fut révélé au grand public qu'après la levée du mot d'ordre. L'impact en fut d'autant plus important.

Des classiques révolutionnaires

Les enregistrements de cette première vague sont aujourd'hui des classiques. Un orchestre

leur exemple : les trompettistes Fats Navarro et Clifford Brown, les saxophonistes Dexter Gordon, Sonny Rollins ou Sonny Stitt, entre autres.

Des chefs d'orchestre de swing comme le pianiste Earl Hines et le chanteur-trompettiste Billy Erskine, bientôt imités par Woody Herman, furent conquis par le nouveau style et encouragèrent les artistes de bebop, de même que le saxophoniste Coleman Hawkins, qui avait déjà un sens harmonique comparable au leur et qui favorisa l'entrée du bop dans les studios.

Mais la véritable révolution qu'était dans le monde du jazz l'irruption du bebop allait produire par réaction deux mouvements tout à fait fascinants. Ses mélodies labyrinthiques, ses tempos effrénés et sa complexité suscitèrent chez une bonne partie du public, hermétique à la nouvelle vague, un regain d'intérêt pour le bon vieux jazz des origines. C'est ainsi qu'on assista à une renaissance du style new-orleans. Et c'est ainsi que le légendaire cornettiste Bunk Johnson sortit de sa retraite pour réaliser ses premiers enregistrements. Un autre mouvement prit naissance, qui allait faire date. Il s'agissait là plutôt d'une évolution de bebop, orientée vers un son plus doux et une rythmique moins haletante : le jazz « cool ».

réunissant Charlie Parker et Max Roach joua au Three Deuces de New York en 1944 et un autre dirigé par Coleman Hawkins, avec Dizzie Gillespie, enregistra les premiers disques de bebop de l'après-grève. Le succès fut immédiat. En 1945, Parker et Gillespie commencèrent la sensationnelle série d'enregistrements pour petites formations qui produisit *Groovin' High*, *Billie's Bounce*, *Now's the Time* et *Ko-Ko*. Le bebop devint une révolution à la fois musicale et sociale, qui changea non seulement le son du jazz, mais aussi le vocabulaire et la mode. Dizzy Gillespie, qui, lui, ne perdait jamais de vue le show-biz, chercha à drainer un nouveau public et forma, à la fin des années 40, un étourdissant big band intégrant la musique dansante latino-américaine et renouant ainsi avec les racines rythmiques du jazz. La lumineuse inspiration d'un Parker ou d'un Gillespie incita de nombreux musiciens à suivre

Le percussionniste cubain Machito (aux maracas, à droite) et son orchestre lancèrent la vogue du cubop des années 40 et des années 50, quand les musiciens de bebop reconnurent que la polyrythmie africaine avait pénétré les Amériques sous de multiples aspects.

Les années 50

Le jazz se fragmenta dans les années 50. Tandis que le swing avait dominé les années 30 et le bebop la décennie suivante, les années 50 virent tour à tour le swing s'effacer puis, devenu « mainstream », réapparaître au premier plan, tandis que le bebop se scindait en hard bop et jazz cool. Elles virent aussi la réactualisation de la musique afro-américaine archaïque dans deux directions opposées : d'un côté, le rejet de toute structure dans les premières ex-

	1950	1951	1952	1953	1954
MUSICIENS ET ORCHESTRES	 Tournée de **Stan Kenton** à travers les États-Unis (avec un grand orchestre semi-symphonique) : Innovations in Modern Music Orchestra. **Frank Sinatra** ravit à Bing Crosby le titre de chanteur le mieux payé des États-Unis en signant un contrat de plusieurs millions de dollars pour la radio.	 Les méthodes d'improvisation linéaires, en demi-teinte, du pianiste **Lennie Tristano** inspirent l'école cool montante. 	**Le Modern Jazz Quartet** est formé par quatre musiciens de l'orchestre de Dizzy Gillespie, sous la direction du vibraphoniste Milt Jackson. On y trouve le pianiste John Lewis. **Une école de jazz** est fondée à New York par le guru du cool, Lennie Tristano. Parmi les enseignants : Lee Konitz et Warne Marsh. **Chet Baker,** un trompettiste romantique aux sonorités douces. 	 **Gerry Mulligan,** saxo baryton et arrangeur, s'associe avec Chet Baker dans une délicate formation contrapuntique sans piano. Succès commercial. Le nouveau son est baptisé West Coast. **Horace Silver,** pianiste-compositeur, lance un nouveau mouvement, le hard bop – fusion de bebop, rhythm and blues et gospel. 	Le swing et la tessiture d'**Ella Fitzgerald** attirent l'attention. Avec Norman Granz, elle projette une série sur les auteurs de chansons américains. **Les Jazz Messengers,** une coopérative de hard bop, se constituent, avec Horace Silver et le batteur explosif Art Blakey.
LIEUX, ENREGISTREMENTS ET VIE DU SPECTACLE	*Down Beat* célèbre les **cinquante ans de Louis Armstrong,** qui fait son come-back avec un orchestre évoquant sa jeunesse, le All-Stars.	La Côte Ouest des États-Unis **(West Coast)** est le creuset d'une version soft du bebop, dominée par les Blancs. Le nom de cette région restera attaché à toute forme de jazz cool.	Le développement des **disques longue durée** encourage Duke Ellington à composer des suites à plusieurs mouvements. **Un groupe de bop all-star** se forme pour une tournée canadienne. Bird, Dizzy, Mingus, Bud Powell et Max Roach sont enregistrés en direct au Massey Hall de Toronto.	**Bill Haley,** chanteur country, enregistre *Rock Around the Clock,* puis un autre tube, *Shake Rattle and Roll,* écrit par le chanteur de blues Big Joe Turner.	La première **histoire du jazz,** *Hear Me Talkin' to Ya,* reprenant le jargon des musiciens, naît sous la plume des écrivains Nat Hentoff et Nat Shapiro. Hentoff met en lumière le rôle sous-estimé des artistes afro-américains.
DÉVELOPPEMENTS MUSICAUX	L'orchestre de Count Basie, qui domine le swing depuis le milieu des années 30, **se dissout.** Celui de Bennie Goodman interrompt ses tournées et ne se réunit plus qu'épisodiquement.	**Le rock and roll** naît d'un mélange de boogie woogie, rhythm and blues, country music et jump music. Simple et dansant, il a sur la jeunesse des années 50 un effet comparable à celui du swing sur ses aînés des années 30 et domine bientôt le marché musical.	**George Russell,** batteur bop devenu compositeur et théoricien, publie *Lydian Chromatic Concept of Tonal Organization,* une étude complexe sur les gammes et les modes, qui servira de base à une nouvelle forme d'improvisation atonale.	Les jeunes musiciens des années 50 ne sont pas tous bop ou cool. Le cornettiste mélodique **Ruby Braff** (ci-contre) fait toujours du swing au début du « mainstream ». 	**Charlie Parker** meurt à l'âge de 35 ans dans l'appartement de la baronne Pannonica de Koenigswarter, mécène du jazz, une semaine après un concert à Birdland.
FACTEURS HISTORIQUES	L'enregistrement progresse. Le PVC des disques « vinyle » est bon marché et le **microsillon** offre une plus grande liberté aux improvisateurs.	La première **bombe H** est expérimentée sur un atoll du Pacifique. On la dit cent fois plus puissante que celles d'Hiroshima et Nagasaki.			

périences de free jazz, de l'autre la fusion de la musique country blanche et du rhythm and blues dans le rock and roll. Tous ces développements parallèles créèrent dans le monde du jazz des divisions. qui parfois tournèrent au sec-

tarisme, parfois permirent des enrichissements réciproques. Dans le climat de rébellion qui caractérisait la jeunesse, la culture bop, considérée comme subversive par les musiciens eux-mêmes, servit de tremplin à la *beat generation*.

1955

Clifford Brown, un trompettiste lyrique et inventif, joue dans l'un des meilleurs groupes de hard bop avec Roach et Rollins. Sa mort dans un accident de la route, l'année suivante, est cruellement ressentie.

Max Roach, brillant représentant de la batterie « polystrate » et militant actif de la cause noire.

Le Festival de Newport, Rhode Island, prend de l'ampleur sous la direction de George Wain. La spectaculaire prestation de Duke Ellington, l'année suivante, remet son orchestre au premier plan.

Miles Davis adopte la **sourdine Harmon.** 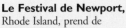 Charlie Parker meurt, à l'âge de trente-cinq ans.

Elvis Presley, l'ancien camionneur de Memphis devenu chanteur de rock and roll, est presque milliardaire à vingt ans.

1956

Le Jazz Workshop (atelier de jazz) de **Charlie Mingus** développe un jazz puissant par des méthodes orales ou écrites.

Miles Davis, après son come-back de Newport, prend le devant de la scène du hard bop avec les albums classiques *Workin'* et *Steamin'*.

Tournée de l'orchestre de Dizzy Gillespie en Iran, Syrie, Grèce, Pakistan, Turquie, puis en Amérique du Sud, sous les auspices du Département d'État, qui fait de Gillespie un **ambassadeur musical,** comme Armstrong avant lui.

Louis Armstrong enregistre quelques nouvelles versions de ses grands succès dans *Satchmo : A Musical Autobiography.* Certaines valent les originaux.

Action pour les **droits civiques** sous la présidence d'Eisenhower. On déploie des troupes pour protéger l'accès des Noirs dans les écoles à Little Rock, Arkansas.

1957

Thelonius Monk, après quelques années de vaches maigres, devient l'un des musiciens de jazz les plus respectés avec une série de grands enregistrements à partir de 1957.

Les débuts new-yorkais de l'organiste **Jimmy Smith** sont suivis par un triomphe à Newport, qui fait de lui une figure de pointe du jazz soul, inspiré par le blues et le gospel.

La carrière discographique de **Cecil Taylor** (commencée en 1956) le signale comme le principal pianiste d'avant-garde. Assimilant des musiciens aussi variés qu'Ellington, Monk, Brubeck et Stravinsky, il produit une musique percutante, dense, parfois atonale.

Sous l'impulsion de Jimmy Smith, **l'orgue Hammond,** d'abord instrument de variétés épisodiquement utilisé par Count Basie et Fats Waller, devient un puissant outil des improvisateurs.

1958

Sonny Rollins, un improvisateur imprévisible et plein d'esprit, enregistre certains de ses plus beaux albums.

Le trompettiste **Lee Morgan,** influencé par Clifford Brown, s'affirme comme un instrumentiste audacieux et se joint aux Jazz Messengers pour trois ans.

Ornette Coleman, considéré comme un génie par les uns, comme un imposteur par les autres, devient le saxophoniste le plus révolutionnaire depuis Charlie Parker.

Sur la route de **Jack Kerouac** est la bible de la beat generation. Rejet du matérialisme, recherche de la quintessence.

1959

Bill Evans est un pianiste très imité après son délicat travail dans *Kind of Blue* et d'autres jolis enregistrements.

Count Basie est une figure majeure du mainstream, mais ses partenaires occasionnels de swing des années 30, Lester Young et Billie Holiday, meurent prématurément.

Jackie McLean, altiste de hard bop, se distingue aussi comme acteur dans *The Connection,* le drame sur la drogue de Jack Gelber.

Le convulsif *Giant Steps* de Coltrane et le contemplatif *Kind of blue* de Miles Davis sont enregistrés la même année : double **évolution du bebop,** la plus grande complexité harmonique et la plus grande simplification structurelle.

La stéréophonie, qui permet une meilleure qualité d'écoute grâce à l'emploi de deux voies, se développe.

Le jazz cool

A la fin des années 40, les boppers se gargarisaient des disques de Charlie Parker. Tous les jeunes musiciens de jazz, de Los Angeles à Londres, Lyon et Leningrad, voulaient jouer comme lui. Parker était le messie. Mais, au début des années 50, quand on était dans le vent, quand on était « hip », on dansait – ou, plutôt, on hochait la tête – sur un style de jazz très différent.

En 1948, le trompettiste Miles Davis avait réuni une formation orchestrale de neuf membres pour une petite série de concerts à New York et enregistré l'année suivante. Ce n'était plus un jazz rapide, explosif et bluesy comme celui de Parker, c'était une musique éthérée, nuageuse, utilisant aussi bien des cors anglais que des instruments de jazz traditionnels et demandant aux solistes un jeu plus mesuré, plus délicat. Les sillons que cette formation subtile et aérienne grava en 1949 et 1950 devinrent célèbres sous le nom de *Birth of the Cool* (naissance du cool). Si Davis s'était lancé dans ce style, c'était en partie parce que sa propre technique de trompette, axée plutôt sur les timbres que sur les rafales de triples croches,

ne convenait pas au bop. C'était aussi parce que, à l'instar du Charlie Parker des dernières années, il avait senti que l'improvisation basée sur les accords des chansons populaires enfermait le jazz dans une forme figée qui interdisait les discours élaborés. Il fallait s'adapter tout de suite ou se taire.

Davis s'attacha le concours du jeune arrangeur canadien Gil Evans, qui avait étudié aussi bien les classiques européens que Duke Ellington et avait exploré une nouvelle palette tonale au sein d'un orchestre de danse méconnu, dirigé par Claude Thornhill. Certains big bands aventureux, comme ceux de Woody Herman et Stan Kenton, penchaient également vers un jazz européanisé, qui favorisait des compositions plus longues, en forme de suites, et empruntait autant à Debussy qu'à Charlie Parker.

Davis voulait aussi des solistes lui ressemblant, qui ne se sentaient pas obligés de jouer comme des mitraillettes pour prouver leur virtuosité. Il jeta son dévolu sur deux saxophonistes blancs, le barytoniste et compositeur Gerry Mulligan et l'altiste Lee Konitz, issus de l'orchestre de Thornhill. Konitz était clairement

influencé par Parker, mais sa personnalité – façonnée sous la houlette du pianiste aveugle Lennie Tristano, musicien solitaire et sans concession – lui permettait de restituer le maître à sa manière, sans l'imiter. Quant à Gerry Mulligan, il était influencé par le seul autre saxophoniste capable de rivaliser encore avec Bird, le poétique et rhapsodique Lester Young.

Vent d'ouest

Ironie du sort : l'avènement du jazz « cool » reléguait au second plan Parker et Young. Tous deux, de plus en plus malades, suivaient une carrière en dents de scie au début des années 50. Pour Parker, c'était un crève-cœur de voir le jazz élégant et intimiste, qu'il avait appelé de ses vœux et aurait aimé jouer lui-même, se développer sans lui. Quant à Young, il put reconnaître son empreinte dans les sonorités de quelques jeunes saxophonistes à succès de l'école cool : Konitz et Mulligan, ainsi que Brew Moore, Art Pepper, Warne Marsh, Paul Desmond, Stan Getz. Mais les deux principales figures du cool naissant étaient Tristano, l'absolutiste, et le sensuel et velouté Miles Davis.

Tristano, travailleur infatigable, ne ressemblait à Davis que sur un point : il voulait modifier la structure des morceaux comme base d'improvisation. Il valorisait avant tout la ligne mélodique et se méfiait des effets faciles, des clichés du blues et des numéros de « trapèze volant » qui infestaient le swing et certaines variations de bop. De même que les jeunes pianistes de jazz avaient essayé d'imiter le saxophone de Parker, les nouveaux saxophonistes disciples de Tristano essayaient à présent de jouer comme des pianistes, cherchant à déployer de longues arabesques libérées des vieilles contraintes métriques et évitant autant que possible les variations de volume sonore. Batteurs et bassistes n'étaient plus là que pour marquer le tempo – finies, les grandes envolées étincelantes d'un Max Roach ou d'un Kenny Clarke. La musique de Tristano était trop cérébrale pour certains mais, en se démarquant de la forme chanson, le pianiste anticipait sur le mouvement free-jazz, qui n'atteindrait la notoriété qu'une décennie plus tard.

La grâce mélodique feutrée de Tristano et les lumineuses harmonies pour petit orchestre de

Enregistrement du fameux **Birth of the Cool** en 1949. Le jeune gourou Miles Davis est à gauche. Lee Konitz (au centre) et Gerry Mulligan (à droite) apportèrent un son plus léger, plus posé que le bop pur et dur, influencé par Lester Young et l'orchestre de danse de Claude Thornhill.

Lennie Tristano, le pianiste-compositeur de Chicago, était au centre des expériences formelles les plus fascinantes du cool. Il changea la forme, l'équilibre et l'intensité de l'improvisation dérivée du bop en évitant les clichés racoleurs.

Miles Davis étaient l'essence de l'école cool, que certains considéraient comme l'accompagnement idéal des désillusions de l'ère atomique et de la guerre froide. Mais on identifie généralement le son cool à la musique qui se faisait durent la même période sur la Côte Ouest – qui bien souvent n'était pas cool du tout, même lorsqu'elle révélait un penchant académique pour le classicisme.

Le groupe de Dave Brubeck, qui allait devenir l'un des jazz-bands les plus prisés du grand public au début des années 60, se livra à de fascinantes expériences sur les formes classiques européennes, mais Brubeck resta néanmoins un pianiste au toucher vigoureux, très jazzy, sans fioritures, et son batteur Joe Morello n'était assurément pas un métronome.

Gerry Mulligan et le trompettiste Chet Baker quant à eux, élaborèrent une manière de bebop calme, conversationnelle, sans piano, qui obtint rapidement un énorme succès commercial, notamment parce que Baker – qui ressemblait à James Dean et proposait un style épuré et romantique, un peu comme du Miles Davis moins angoissant – était aussi un crooner populaire. Si le qualificatif « cool » fut très tôt associé au jazz aéré de Mulligan et Baker, la Côte Est ne fut pas en reste.

A l'autre bout des États-Unis, l'un des groupes de jazz les plus durables et les plus célèbres, le Modern Jazz Quartet, créait au même moment une atmosphère semblable, intimiste, au moyen d'une combinaison unique de musique baroque (son pianiste John Lewis, de formation classique, était amateur de rondos et de fugues) et de blues, grâce aux superbes improvisations du vibraphoniste bop Milt Jackson.

Mucho Calor

Les musiciens qui s'exprimaient sous le soleil californien n'étaient pas tous cool au sens de Baker et Mulligan. Il y avait des instrumentistes enfiévrés, blancs comme l'altiste Art Pepper ou noirs comme Frank Morgan, dont les carrières furent interrompues par des problèmes de drogue, mais qui pouvaient à l'occasion se montrer aussi passionnés que Parker, quoique leur phrasé fût plus fragmenté. Il y avait aussi divers jazz-bands dirigés par le trompettiste Shorty Rogers, avec des improvisateurs issus des orchestres de Stan Kenton (dont Pepper), qui jouaient une musique robuste, décidée, proche du bop, à mi-chemin entre Parker et Birth of the Cool. Le groupe du pianiste Hampton Hawes, avec le saxophoniste Harold Land, jouait un bebop aussi endiablé que dans la 52e Rue. Enfin, le très hot et très bluesy Dexter Gordon était, lui aussi, californien.

Mais le centre de gravité demeurait – et pour deux décennies encore – Miles Davis. Davis avait toujours mêlé le hot et le cool, à la fois dans son jeu personnel et avec ses formations orchestrales. C'est ainsi que, sans paradoxe, après avoir servi de rampe de lancement à la musique cool, il allait être un des fers de lance de la réaction qui s'ensuivrait : le hard bop.

Le trompettiste Chet Baker symbolisa la Côte Ouest – le soleil, la mer, un rêve d'évasion auquel il restera fidèle même dans les plus sombres années de son âge mûr.

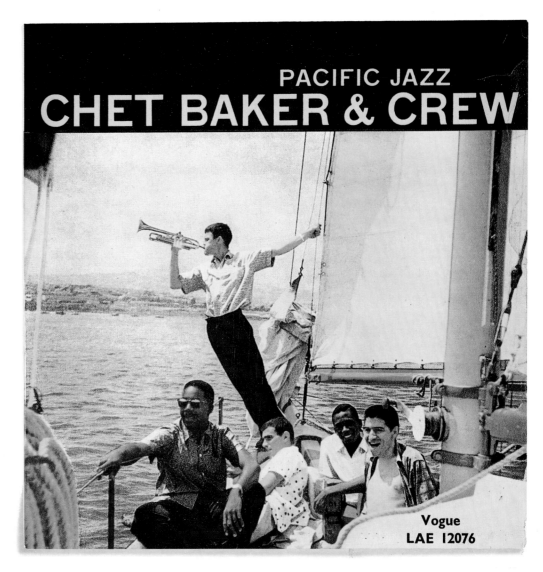

PACIFIC JAZZ
CHET BAKER & CREW
Vogue
LAE 12076

Le hard bop

Alfred Lion (à gauche), cofondateur des disques **Blue Note,** écoute une bande avec les Jazz Messengers Lee Morgan (assis) et Bobby Timmons (debout).

C'est chaque fois la même chose : dès qu'un mouvement se constitue, un autre est déjà prêt à le remplacer. Il n'en fut pas autrement pour le jazz cool dans les années 50. On le considéra d'abord comme le fin du fin. l'expression lyrique et élégante de la jeunesse d'après-guerre, puis. avec le temps. on le trouva compassé. désengagé. froid. sans punch.

La raison de ce revirement : le rock and roll venait de donner un grand coup de balai dans le sentimentalisme et l'émotivité soft qui caractérisaient la musique populaire. alors dominée par les crooners formés à l'école des orchestres de danse.

Quand les D.J. des radios du Sud commencèrent à diffuser *That's All Right Mama* d'Elvis Presley. les standards téléphoniques explosèrent. Le public ne voulait plus entendre que ça. Un garçon blanc de Memphis reprenait à son compte les vieux rythmes des pianistes de boogie et les poignantes intonations des chants de travail d'antan pour déclencher un raz de marée dans le monde musical. délogeant le jazz de son rôle pivot dans la musique pop. Le cool semblait tout à coup tiède à côté des feux d'artifice tirés par les rockers.

De nombreux musiciens de jazz. d'ailleurs, étaient restés réfractaires à la vogue cool. ou du moins peu convaincus par elle, notamment certains boppers comme le pianiste Hampton

Les concerts populaires de **hard bop** redonnèrent de la vigueur au jazz. Après la première vague du bebop, Lee Morgan, Max Roach, Freddie Hubbard, Milt Jackson, entre autres, en simplifièrent les harmonies pour en faire une musique plus directe.

Hawes. dont la vie avait été changée le jour où il avait entendu Charlie Parker en Californie. « Bird improvisait sur *Salt Peanuts* avec une telle force, dit-il, un tel pouvoir d'évocation que je me suis senti devenir un autre homme. remodelé en un instant comme un morceau de glaise. » Clarence Williams avait très certainement dû éprouver une sensation semblable lorsqu'il s'était enfui de chez lui à l'âge de treize ans pour se rendre à La Nouvelle-Orléans après avoir entendu Buddy Bolden pour la première fois.

Feelin' the Spirit

Le déferlement du cool n'avait pas noyé le bop, dont les adeptes progressaient toujours et s'épanouissaient. Le contrebassiste virtuose Charlie Mingus avait fondé sa propre compagnie de disques avec Max Roach pour permettre le développement d'une nouvelle musique. plus hard. Vers le milieu des années 50. il forma une sorte d'atelier expérimental pour mettre au

point un style de composition et d'arrangement basé sur une fusion du bebop, du gospel et du blues. Sonny Rollins. un saxophoniste au son rocailleux qui avait assimilé les influences diverses de Coleman Hawkins. Lester Young et Charlie Parker. travaillait avec Miles Davis et Thelonius Monk. puis avec Max Roach et l'éblouissant Clifford Brown, un disciple de Gillespie. à l'avènement d'un style de bebop musclé et coloré.

Dexter Gordon s'était associé à Wardell Gray dans un duo pour deux ténors. et Art Blakey, un batteur à la caisse claire foudroyante. avait constitué un groupe influencé par le bop et le mélange de blues et de gospel qui inspirait le jeu de son pianiste Horace Silver. Sous le nom de Jazz Messengers. le groupe demeura fidèle au même répertoire jusqu'à la mort de Blakey en 1990.

Ces musiciens refusaient le son cool : ils voulaient perpétuer le vibrato hot et le punch rythmique du jazz d'antan et du chant religieux. Ils étaient trop dispersés au début pour être englobés dans un mouvement bien défini mais, peu à peu, on les catalogua sous l'étiquette « hard bop ». Bien que certains excellents instrumentistes de hard bop fussent blancs (notamment le saxophoniste Joe Farrell et le pianiste Joe Zawinul, futur cofondateur du groupe de fusion Weather Report), la plupart étaient noirs et travaillaient sur la Côte Est, à Philadelphie ou dans des villes industrielles comme Chicago et Detroit.

Sweet Soul Music

Dans le courant de la décennie, tous ces développements acquièrent une cohérence générale et en 1955, après une période d'héroïnomanie, Miles Davis réunit un groupe dans lequel on trouvait deux instrumentistes de Philadelphie (John Coltrane, saxo ténor, et Philly Joe Jones, batterie), un musicien de Detroit (Paul Chambers, basse) et le pianiste texan Red Garland.

La musique de Davis retrouva alors une nervosité qu'elle avait perdue et Coltrane, l'opposé diamétral du trompettiste, s'affirma comme l'un des improvisateurs les plus innovants de cette époque en combinant profondeur d'âme et originalité dans une harmonie bop étendue.

Le chef d'orchestre et compositeur George Russell, auteur d'un traité d'harmonie, *Lydian Chromatic Concept of Tonal Organization*, influa beaucoup sur les recherches de Coltrane et, dans le même esprit, l'atelier de Charlie Mingus développa une structure d'ensemble de plus en plus flexible, qui laissait aux solistes très expressifs du hard bop une liberté ouvrant déjà la voie du free jazz.

Indémodable

Le hard bop connut un regain de popularité dans les années 80, quand les vieux disques de jazz retrouvèrent le chemin des clubs sous l'impulsion de jeunes D.J. tels que Paul Murphy et Gilles Peterson à Londres, sans doute parce que son haut voltage rythmique séduisait une nouvelle génération de danseurs. Le mot « funk » était déjà utilisé par Horace Silver dans les années 50 et la soul music, qui reprend l'inflexion du blues et de la musique religieuse sur un rythme répétitif enfiévré, est une émanation du hard bop.

Des musiciens de bop attirés par le rhythm and blues et l'église noire accélèrent cette évolution. Citons entre autres le saxophoniste Julian « Cannonball » Adderley (auteur de *Sack o' Woe*) et les pianistes Horace Silver (*Song for My Father*), Bobby Timmons (*Moanin'*) et Joe Zawinul (*Mercy, Mercy, Mercy*). La vague montante amena aussi le pianiste virtuose Herbie Hancock, qui avait obtenu un succès populaire avec sa chanson de jazz funk *Watermelon* en 1962, et le trompettiste Lee Morgan, dont le blues dansant *The Sidewinder*, un tube des années 60, allait revenir à la mode vingt ans plus tard.

D'autres musiciens, plus proches du grand public, firent un emploi très créatif du style hard bop – comme le pianiste Ray Charles, les organistes Jimmy Smith et Richard « Groove » Holmes, les pianistes Ramsey Lewis et Les McCann.

Le mouvement hard bop n'a pas toujours échappé au piège des clichés du blues, en raison de sa simplicité rythmique et mélodique souvent répétitive, mais l'invention du disque microsillon de longue durée, vers la même époque, permit à de fulgurants improvisateurs tels que Sonny Rollins et John Coltrane de se livrer à des solos de plus en plus étendus.

Quoi qu'il en soit, le meilleur hard bop aura été perçu par certains comme un antidote du jazz cool, et sa popularité renouvelée met en évidence sa vitalité et l'expressivité de son enracinement dans la musique d'église et le blues.

Le hard bop n'était jamais très loin du blues et du gospel, et l'orgue Hammond évoquait la musique religieuse. Jimmy Smith est l'un des plus expressifs joueurs de Hammond.

Les années 60

Au début des années 60, le jazz ne se définissait que par rapport à la free music ou New Thing : les musiciens qui n'étaient pas « pour » étaient « contre », rarement neutres. L'album d'Ornette Coleman, intitulé simplement *Free Jazz*, était illustré en couverture d'une peinture abstraite, histoire d'annoncer la couleur. Même les formations de Miles Davis, qui n'aimaient pourtant guère le nouveau style, « s'émancipèrent » entre 1960 et 1965. La lutte pour

	1960	1961	1962	1963	1964

MUSICIENS ET ORCHESTRES

Le jeu de **John Coltrane** vers 1960 s'exprime aussi bien dans des ballades comme *Naima* que dans des pièces plus orageuses. Il commence à travailler les harmoniques et le saxo soprano, alors peu usité, notamment dans le grand *My Favorite Things*.

Elvin Jones, originaire du Michigan, devient le batteur le plus admiré de la période pour son travail avec le classique John Coltrane Quartet, formé en 1960.

McCoy Tyner, du Benny Golson's Jazztet, est un autre pilier du quartette de Coltrane. L'énergie percutante de son jeu soutient l'impact torrentiel de Coltrane.

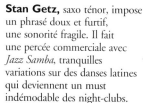

Stan Getz, saxo ténor, impose un phrasé doux et furtif, une sonorité fragile. Il fait une percée commerciale avec *Jazz Samba*, tranquilles variations sur des danses latines qui deviennent un must indémodable des night-clubs.

Yusef Lateef, saxophoniste, flûtiste, compositeur et artiste mystique, enrichit les timbres du jazz avec des instruments d'Asie et du Moyen-Orient.

Charlie Mingus, contrebassiste et compositeur, tente de s'opposer à la tutelle du show-biz. Il se heurte à des difficultés financières.

Eric Dolphy, virtuose de l'alto, architecte d'une nouvelle sophistication pour la flûte, pionnier de la clarinette basse et visionnaire, meurt à trente-six ans après le classique *Out to Lunch*.

Herbie Hancock, prodige du classique devenu pianiste de jazz, et le batteur Tony Williams offrent à Miles Davis une base d'accompagnement sans précédent. La formation de Davis devient plus alerte et plus controversée.

LIEUX, ENREGISTREMENTS ET VIE DU SPECTACLE

Dans *Sketches of Spain*, Miles Davis et Gil Evans s'essaient à la forme concertante : le trompettiste devient l'unique soliste.

On assiste, notamment en Grande-Bretagne, à un **Dixieland revival**, sorte de réactualisation du style new-orleans, version Chicago.

Les Beatles, un jeune groupe de rhythm and blues de Liverpool, sont évincés de la compagnie de disques Decca malgré leur succès dans les clubs. Ils envisagent de produire eux-mêmes un premier album.

James Brown fait un tabac à l'**Apollo** de Harlem, haut lieu de la danse noire. La musique afro-américaine domine la scène du pop.

A Love Supreme de John Coltrane, où le saxophoniste allie virtuosité, rejet graduel de ses premières préoccupations structurelles et engagement politique, inspire les musiciens de rock et de jazz.

DÉVELOPPEMENTS MUSICAUX

Le jazz s'engage pour **les droits civiques.** Témoin cette suite de Max Roach, avec un Coleman Hawkins toujours impérial.

Elvin Jones renouvelle la batterie grâce à des superpositions de frappes.

On improvise sur des gammes, des **modes,** sur de simples touchers (vamps) répétés.

Vogue du **jazz samba.** *Desafinado* puis *Girl from Ipanema* sont des tubes.

Albert Ayler renchérit sur Coleman. Pour lui, **le jazz de l'avenir** doit s'affranchir complètement des gammes et des accords.

Naissance à New York de la Jazz Composers Guild, qui deviendra la **Jazz Composers Orchestra Association** avec Carla Bley et Mike Mantler.

FACTEURS HISTORIQUES

Le **new art** est lié à Ornette Coleman. L'expressionnisme abstrait est présent sur la pochette de *Free Jazz* avec *White Light* de Jackson Pollock.

Déclin des clubs. Le public jeune découvre le rock and roll.

Tensions soviéto-américaines à propos de **Cuba.** On frôle la guerre nucléaire. Le folk et, dans une moindre mesure, le jazz, deviennent des musiques engagées.

Discours de **Martin Luther King** à Washington en août : « J'ai fait un rêve… » En septembre, une bombe tue quatre jeunes filles noires dans une église d'Alabama.

les droits civiques enflammait les États-Unis et la guerre du Viêt-nam qui se prolongeait exacerbait les tensions sociales. La musique, devenue un des vecteurs de la protestation, était de plus en plus engagée. Mais, malgré l'excellence de ses représentants – notamment Ornette Coleman et John Coltrane – le free jazz n'était pas commercial. Les jeunes se tournaient vers le rock et la soul, une tendance qui prépara l'avènement de la « fusion » à la fin de la décennie.

1965

Les albums du chef d'orchestre d'avant-garde **Sun Ra** deviennent des cultes.

Albert Ayler mêle des réminiscences du passé, de vieux sons new-orleans, à ses recherches atonales.

Ornette Coleman, après avoir entendu Ayler, utilise le violon pour créer une nouvelle texture atonale rythmique.

Coltrane pensait également qu'Ayler avait influencé son jeu dans *Ascension,* une free session dans laquelle des instruments à vent ajoutés « crient » en explorant les limites extrêmes de leurs registres.

Naissance de l'**A.A.C.M.** (Association for the Advancement of Creative Musicians). Le free jazz n'est pas populaire, mais les musiciens sont très créatifs.

Malcolm X, leader de la cause noire, est tué. Des émeutes raciales à Watts, Los Angeles, font 34 morts.

1966

Le succès du saxophoniste **Cannonball Adderley,** *Mercy, Mercy, Mercy,* écrit par un jeune pianiste autrichien, Joe Zawinul, renforce le mouvement soul-jazz.

Lee Morgan s'exprime de plus en plus comme soliste, parfois accompagné par le saxophoniste Hank Mobley.

En marge du **soul jazz,** Lee Morgan fait un tube avec *The Sidewinder,* un blues funky dansant.

Le black power fait la une des journaux. Huey Newton et Bobby Seale forment le **Black Panther Party.**

1967

Le polyinstrumentiste **Rahsaan Roland Kirk** joue de plusieurs saxos à la fois devant un public nombreux, bien qu'étant à contre-courant de la mode.

Pharoah Sanders, le nouveau saxophoniste d'avant-garde de Coltrane, chasse sur les terres d'Ayler. Il continuera dans le groupe d'Alice Coltrane après la mort du leader.

La majestueuse **Aretha Franklin,** d'inspiration gospel, est numéro un aux États-Unis avec *Respect,* tandis que le président Johnson crée une commission sur les violences raciales. Énorme succès de *Dance to the Music* de **Sly Stone.**

Miles Davis écoute Sly Stone et Hendrix, et travaille dans un groupe de **jazz rock.** *Down Beat* écrit : « Le jazz, tel que nous le connaissons, est mort. »

Le public britannique s'intéresse à Mike Westbrook, qui mêle **Ellington et le free jazz.**

Le nombre des appelés noirs au Viêt-nam accroît les **tensions raciales.**

1968

Archie Shepp, saxophoniste, dramaturge et acteur, veut faire admettre le jazz comme « la musique classique noire » et considère le free jazz comme synonyme d'engagement politique.

Cecil Taylor déploie sa virtuosité pianistique d'avant-garde en enregistrant des pièces de Mike Mantler avec la Jazz Composers Orchestra Association.

Eubie Blake, pianiste de ragtime, fait un comeback à plus de 80 ans en jouant de la musique de l'époque préjazz.

Des musiciens américains de free jazz travaillent en **Europe.** La France est déstabilisée par les manifestations de mai 68.

Le roi Jones, qui deviendra l'écrivain noir radical Amiri Baraka, donne à sa poésie engagée un contexte musical avec Sun Ra.

Martin Luther King est tué à Memphis. Émeutes dans les villes américaines. Manifestations pour la **paix au Viêt-nam.**

1969

Charlie Haden, ex-bassiste de Coleman, donne un contexte jazz à ses chansons révolutionnaires avec *Liberation Music.* Un succès.

L'Art Ensemble of Chicago enregistre six albums deux mois avant de partir pour la France, où il est remarqué pour ses prestations scéniques et s'impose comme l'un des groupes de free jazz les plus inventifs.

Avec *Bitches Brew,* Miles Davis associe jazz, rock et musique électronique. C'est son best-seller. Le jazz s'ouvre à un public plus jeune. Certains musiciens de Davis forment leurs propres groupes de fusion.

Jimi Hendrix **révolutionne la guitare** avec une musique bluesy aussi sauvage et abstraite que le free jazz. Les guitaristes de jazz s'inspirent de ses effets sonores.

La rock-star **Frank Zappa** travaille avec le violoniste Jean-Luc Ponty sur *Hot Rats,* une œuvre sous-estimée.

Le free jazz

À la fin des années 50, l'écrivain Nat Hentoff rapportait les propos suivants du saxophoniste Ornette Coleman, dans la présentation de son premier album : « Je pense que, un jour, la musique sera beaucoup plus libre. La création musicale est aussi naturelle que l'air que nous respirons. »

Coleman déchira l'horizon du jazz en 1959, comme une comète pour les uns, comme un missile fou pour les autres. Mais il arrivait juste au moment où la preuve était faite qu'il existait une vie après le bebop. Miles Davis venait de collaborer avec le ténoriste John Coltrane et le pianiste Bill Evans dans *Kind of Blue*, une série de méditations sur des modes plutôt que des accords, qui tranchait sur l'énergie haletante du bop. Davis poursuit dans cette voie avec des partenaires sophistiqués tels que Gil Evans et un orchestre dans *Porgy and Bess*, *Sketches of Spain* et d'autres expériences dans lesquelles la trompette se déployait comme une voix de soliste sur une luxueuse texture d'ensemble.

Le jazz de l'avenir

Coltrane poussa beaucoup plus loin les avancées de *Kind of Blue*. Il explora les modes avec une telle intensité que ses notes se fondirent dans une sorte de magma qu'on surnomma « un drapé de sons ». Des compositeurs-arrangeurs comme George Russell et Charlie Mingus élaboraient au même moment une nouvelle musique d'ensemble qui utilisait un jeu modal, des effets sonores impressionnistes, le blues, le gospel et une improvisation libre. Ce faisant, ils résolvaient partiellement un problème difficile : comment ramener un ensemble moderne élargi aux notions organisationnelles qui avaient présidé à la discipline militaire du swing ? Les musiciens aventureux savaient dès la fin des années 50 que la solution se trouvait probablement dans la simplification de la structure sous-jacente. Mais personne n'avait osé aller aussi loin qu'Ornette Coleman.

Dans ses jeunes années, Coleman avait joué du blues texan, du honky tonk et de la musique d'église. Puis, en quelques années, le saxophoniste de rhythm and blues qui animait les dancings de Fort Worth s'était mué en enfant terrible du jazz. Iconoclaste, il fut bientôt salué

par de prestigieuses figures de la musique académique telles que Gunther Schuller et Leonard Bernstein, ou le maestro du Modern Jazz Quartet, John Lewis, comme une nouvelle énergie créatrice de la musique du XXᵉ siècle – et violemment dénoncé par de nombreux critiques et amateurs de jazz de l'époque, qui l'accusaient d'être sourd au lyrisme, de jouer faux, de se moquer du public.

Pourtant, comme cela s'était produit avec le bebop deux décennies auparavant, le style de Coleman finit par se réorganiser pour devenir plus « humain », plus impulsif, plus direct, plus proche de la candeur émotionnelle des premiers bluesmen – avec une palette idiosyncratique de couacs, de dissonances, de vibratos angoissés et suraigus. Il se proposait de réaliser l'impossible, à savoir élargir le champ d'un phrasé de saxophone que l'on croyait indépassable – celui de Parker. Ce qui désorientait

L'appartement d'Archie Shepp, avec un hommage à l'écrivain noir Langston Hughes. Dans les années 60, le mouvement pour les droits civiques et le free jazz se développèrent parallèlement. De nombreux musiciens considérèrent leur héritage africain comme une source de renouveau libérateur dans tous les arts américains.

Le pionnier du synthé Sun Ra plana au-dessus de la nouvelle musique des années 60. Son orchestre était une « communauté créative idiosyncratique », dont le label Saturn et ce recueil de poèmes sont les emblèmes.

les auditeurs, c'était sa manière d'enterrer les accords (après son premier album en 1958, Coleman se passa de pianiste pendant trente ans) et de cultiver un jazz de petite formation, méditatif, haché, dans lequel la ligne mélodique, avec ses clefs, ses harmonies, ses rythmes, évoluait organiquement, chaque instrumentiste reprenant au vol les idées de l'autre. Avec *Something Else !* et *Tomorrow Is the Question*, Coleman devint le premier prophète du mouvement des années 60 connu sous le nom de free jazz. Les résultats furent parfois sublimes mais, le volume sonore et la férocité des attaques tenant souvent lieu de structure, il s'aliéna un grand nombre d'amateurs de jazz et épouvanta l'industrie du disque.

Le temps de la liberté

En Amérique, le free jazz coïncida avec la montée du mouvement pour les droits civiques : c'est en 1957 que le gouvernement américain envoya l'armée escorter les étudiants noirs dans les universités du Sud jusqu'alors ségrégationnistes. Pour beaucoup de musiciens afro-américains du moment, le jazz était un prolongement des revendications de James Baldwin ou Malcolm X : une déclaration d'indépendance et de rejet des valeurs blanches. Le saxophoniste Archie Shepp, également écrivain et polémiste, le rappelait à toute occasion. Cela ne signifiait pas pour autant que tous les musiciens acquis à la cause fussent des adeptes du free jazz. La star de la batterie bop, Max Roach, enregistra *We Insist ! – Freedom Now Suite* (avec un Coleman Hawkins revitalisé) et Sonny Rollins *The Freedom Suite*.

Dans cette conjoncture, l'audace artistique était parallèle à l'engagement politique : Ornette Coleman fit figurer le tableau abstrait de Jackson Pollock *White Light* sur la pochette de son influent *Free Jazz* de 1960. Le quartette de Coltrane, comprenant le pianiste McCoy Tyner, le bassiste Jimmy Garrison et le batteur Elvin Jones, imprima au jazz un élan et un souffle qui influencent aujourd'hui encore les jeunes musiciens de par le monde.

Une musique de feu

Bien que les musiciens free des années 60 aient donné l'impression de s'affranchir des règles musicales, notamment du système bop, ils n'étaient pas indifférents à la musique européenne, même s'ils s'en défendaient. Le pianiste virtuose Cecil Taylor, l'Art Tatum de l'avant-garde, mêlait intimement le jazz et le classique contemporain, mais en déguisant ses influences. Quant au compositeur et instrumentiste « multi-anches » Anthony Braxton, il ne s'inspirait pas seulement de Coltrane et Coleman, mais encore de gourous de la musique moderne tels que John Cage et Karlheinz Stockhausen, et il donnait souvent à ses compositions des titres abstraits évoquant l'algèbre.

Pour imposer le free, les musiciens, au début, ne purent compter que sur eux-mêmes : ils ne bénéficiaient ni du mécennat qui aidait les autres arts contemporains, ni bien sûr du secteur commercial. C'est ainsi que furent lancées l'Association for the Advancement of Creative Musicians (A.A.C.M.) à Chicago, avec le pianiste Muhal Richard Abrams entre autres, et la Jazz Composers Orchestra Association (J.C.O.A.) à New York, avec Cecil Taylor, Carla Bley, Don Cherry et Mike Mantler. Des coopératives semblables virent le jour en Europe. En Grande-Bretagne, le saxophoniste antillais Joe Harriott avait déjà exploré des structures libres, non bop, et la génération qui le suivit se mélangea de plus en plus avec des musiciens de Scandinavie, d'Allemagne et d'Europe de l'Est pour teinter de leurs propres couleurs locales les idées de Coltrane, Coleman et autres. Jan Garbarek, quoique disciple de Coltrane, élabora

ainsi une authentique musique norvégienne. Peter Brotzmann fit de même en Allemagne. En Grande-Bretagne, John Surman adapta les techniques hors registres de Coltrane au saxophone baryton pour produire une musique évoquant l'Angleterre rurale. Briton Evan Parker prolongea les recherches de Coltrane en jouant simultanément des phrases séparées de manière à engendrer des accords et des effets harmoniques jusqu'alors considérés comme impossibles.

Quelques artistes inventifs progressèrent selon des voies parallèles. Miles Davis détestait profondément le free, mais son jazz-band des années 60 (avec le saxophoniste Wayne Shorter, le pianiste Herbie Hancock, le bassiste Ron Carter et le batteur Tony Williams) enregistra quelques-uns des morceaux les plus libres et les plus explicitement émotionnels qu'il eût jamais joués. Sonny Rollins, un homme qui a toujours été plus enclin à se lancer dans des solos spontanés, non prémédités, qu'à suivre étroitement des grilles prédéfinies, travailla avec le trompettiste d'Ornette Coleman, Don Cherry. Et l'Art Ensemble of Chicago, issu de l'A.A.C.M., se livra à des prestations scéniques théâtralisées, de véritables happenings sonores conçus comme des collages qui passaient en revue de nombreux

idiomes jazzistiques et rendaient graphiquement explicite la continuité du développement musical.

Quoi qu'il en soit, le free jazz ne conquit jamais le grand public. On peut même dire qu'il tourna court : son évolution se termina dans une impasse artistique, par manque d'inspiration de certains de ses improvisateurs, qui se réfugièrent dans des solutions de facilité (reproduisant sans cesse les mêmes schémas) et finirent par donner raison à ses détracteurs, qui y voyaient une « émotion » artificielle, dénuée de chaleur, de corps, réservée au seul plaisir des musiciens et d'un public très averti. Mais, par ses audaces, le free jazz ouvrit des portes qui n'ont jamais été complètement refermées depuis. Le public, même le plus réfractaire, se familiarisa avec une nouvelle richesse sonore. Il a considérablement élargi le champ du jazz contemporain et, d'une certaine façon, préparé l'arrivée du jazz fusion.

La musique la plus intuitive d'Ornette Coleman (au centre, à droite) s'appuyait sur un groupe de partenaires réguliers. Ici le batteur de La Nouvelle-Orléans Ed Blackwell, le ténoriste Dewey, fils de l'arrangeur de swing Don Redman, et le bassiste Charlie Haden.

La fusion

Les deux extrêmes du jazz des années 50 et du début des années 60 étaient, d'un côté, le cool avec ses tempo et ses mélodies sophistiquées et, de l'autre, une nouvelle musique hot, le free, qui semblait n'avoir aucune règle. Mais, si ces deux tendances paraissaient plus proches de la « musique d'art » que du show-bizness, la connexion historique entre le jazz et la danse n'avait pas été rompue dans les années 50. Elle avait simplement été oubliée par les critiques.

Il ne faut pas croire que les prophètes de la New Thing arrivaient d'une autre galaxie. Ornette Coleman et John Coltrane avaient appris leur art dans des orchestres de blues et fait leurs premières armes dans des dancings et des bars. Les big bands de Ray Charles ou le pianiste Horace Silver avaient montré que des liens puissants unissaient le blues, le gospel et le hard bop. Les joueurs d'orgue Hammond, comme Jimmy Smith et Jimmy McGriff, étaient les descendants modernes des pianistes de boogie-woogie, à mi-chemin entre le jazz et le rhythm and blues, et le saxophoniste Eddie « Clean-head » Vinson était toujours aussi bluesy qu'un guitariste.

Le jazz funky n'était pas seulement un phénomène américain. La Grande-Bretagne de la fin des années 50 donna naissance à des bluesmen de talent qui puisaient souvent leur inspiration dans le jazz. John McLaughlin débuta dans un groupe de rhythm and blues dirigé par Graham Bond et des vedettes britanniques de rock comme Jack Bruce et Ginger Baker se firent les dents sur la scène jazzistique londonienne.

Jazz Carnival

Même le jazz cool avait fusionné avec la musique de danse. Le gracieux saxophoniste Stan Getz avait collaboré avec un groupe de musiciens brésiliens quand la vogue de la bossa nova était à son apogée. La fusion existait bien avant de devenir un genre à part entière.

En 1965, les jeunes fans de rock considéraient le jazz comme une musique surannée, d'une autre époque, c'est-à-dire ringarde. Ils voulaient du neuf – une nouvelle musique, une nouvelle mode, une nouvelle politique, une nouvelle morale. Une forme de rock plus complexe, plus instrumentale, plus improvisée, commença à drainer des dizaines de milliers d'auditeurs enthousiastes. De gigantesques festivals entretenaient le rêve d'une communauté de la jeunesse, avec ses propres valeurs, son propre langage, sans frontières. Aux États-Unis, les tensions raciales et la

Miles Davis domina la première vague de fusion. En écoutant la soul noire américaine et des musiques électroniques comme celles de Stockhausen, il aida à réorienter le jazz.

guerre du Viêt-nam intensifiaient la contestation. Le jazz déclinait au box-office. Les disques se vendaient de moins en moins. Même Miles Davis en pâtissait, et les patrons de Columbia se mirent à le pousser du coude pour qu'il diversifie ses centres d'intérêt. Mais ce n'est pas seulement pour des raisons économiques que de nombreux musiciens de jazz se tournèrent vers le rock. La plupart d'entre eux demeuraient d'authentiques amateurs de jazz, mais la nouvelle palette sonore du rock les attirait. Le synthétiseur Moog fut utilisé par des improvisateurs de jazz dès le milieu des années 60. Ray Charles avait joué du piano électrique en 1959 et ses sonorités séduisaient des instrumentistes comme Herbie Hancock. Les guitaristes qui avaient entendu Jimi Hendrix ne pouvaient plus se contenter de jouer à la manière de Wes Montgomery ou Jim Hall. Les contrebassistes se mirent à la guitare basse.

L'heure du funk

Le jazz-rock, ou fusion – mélange de bop, de rhythm and blues et de funk dont les racines étaient Motown, Stax, James Brown, Sly Stone –, prenait le devant de la scène. Le vocabulaire du marketing bannissait le mot « jazz », qui n'était plus « vendeur ». Le vibraphoniste Gary Burton élabora une remarquable technique de distorsion des notes à la manière des guitaristes de blues et commença à jouer un mélange de jazz et de country blues à la fin des années 60, avec les créatifs jeunes guitaristes Larry Coryell, Pat Metheny et John Scofield. Un autre vibraphoniste, Roy Ayers, s'inscrivit dans un contexte funk afro. Le saxophoniste Yusef Lateef, un artiste à l'esprit ouvert qui s'était longtemps inspiré de la musique des autres cultures, explora le jazz funk avec beaucoup d'imagination, ainsi que le trompettiste Randy Brecker et son frère, le saxophoniste virtuose Mike. Le professeur Donald Byrd de l'University of Southern California, ancien trompettiste vedette de Blue Note, collaborant avec des étudiants comme les frères Mizell, Larry et Fonce, introduisit le funk jazzy dans les discothèques avec *Black Byrd*, gros succès commercial, et *Places and Spaces*. Il favorisa ainsi de jeunes musiciens comme le pianiste Patrice Rushen et ses élèves les Blackbyrds, qui occupèrent le maché du 45 tours avec des singles tels que *Do It Fluid*.

Mais, une fois de plus, la figure la plus charismatique, le grand prédicateur de ce nouvel évangile fut Miles Davis. Le groupe qu'il dirigeait avec Herbie Hancock, Wayne Shorter, Tony Williams et Ron Carter avait poussé l'improvisation jusqu'aux limites du free jazz, sans jamais les outrepasser, conservant toujours une unité structurelle et rythmique. Désormais, Miles Davis s'immergeait dans la musique de Sly Stone et Jimi Hendrix. Avec l'audace qui le caractérisait, il utilisa les ressources des sensationnels solistes de son groupe pour tester les possibilités de l'électronique sur un matériel symphonique issu des recherches de Gil Evans. *In a Silent Way* et *Filles de Kilimanjaro* marquent un tournant dans la carrière de Miles Davis, qui devint un best-seller du fusion. *Bitches Brew* fut suivi par des évolutions plus difficiles à cataloguer, à la limite du disco – où l'électronique dépersonnalisait le timbre unique de sa trompette, qui finissait par sonner presque comme une guitare – et qui semblait inaugurer le hip hop et le rap des années 80 et 90.

Survivances

Les épigones de Davis se lancèrent dans des expériences personnelles. Wayne Shorter et le « claviste » Joe Zawinul formèrent Weather Report, un groupe de fusion qui joua d'enthousiasmantes compositions originales. Le pianiste

Armando « Chick » Corea apporta la vivacité de la musique latino-américaine à son groupe de fusion et combina avec succès les carrières de musicien de jazz acoustique, de compositeur original et de funk-star dans les années 70 et 80.

Chick Corea fonda Return to Forever, un groupe latino exubérant, qui commença par une musique légère et délicate, puis se tourna de plus en plus vers le hard rock dans les années 70. Tony Williams, le fantastique jeune batteur de Davis, réunit le groupe Lifetime, hard mais plus abstrait, avec le guitariste John McLaughlin et le bassiste Jack Bruce. Une fusion plus cool, plus romantique fut incarnée par Pat Metheny, qui prouva que le synthétiseur pouvait étendre l'éloquence de la guitare sans cesser d'évoquer le jeune routard ébouriffé faisant du stop avec sa guitare sur le dos. Gil Evans, le génie de l'instrumentation de jazz à qui l'on devait le chef-d'œuvre de la fin des années 40 qu'était *Birth of the Cool*, donna quelques sessions de fusion inégales mais souvent captivantes, allant même jusqu'à arranger pour orchestre quelques-uns des morceaux les plus célèbres du génial guitariste de rock Jimi Hendrix.

Certains musiciens de jazz restèrent sur la route de la fusion jusqu'à ce qu'elle se fonde dans le pop – comme le guitariste George Benson, l'un des plus fins improvisateurs depuis Wes Montgomery. Benson se cantonna dans un jazz plus confidentiel après son album de 1976, *Breezin'*, qui surprit par ses improvisations vocales mêlant un funk soft à des réminiscences de Nat King Cole. La fusion finit par pâtir de son propre succès : morceaux de bravoure techniques et formules répétitives figeaient l'improvisation. Mais elle transforma durablement le jazz qui, dans les années 80, put s'affranchir définitivement de ses inhibitions et de son sectarisme. Le mouvement, coïncidant avec une évolution similaire dans le monde du rock de plus en plus concerné par la « world music », allait donner naissance à une nouvelle vitalité dans les années 90.

Fondé sur la collaboration du « claviste » Joe Zawinul et du saxophoniste Wayne Shorter, Weather Report fut à la fois populaire et novateur. Pendant 15 ans, il produisit des classiques du funk et des rythmes latins colorés par une improvisation collective.

1970-1990

Le rock connut un tel élan créateur dans les années 60 et 70 que presque toute la musique mondiale en fut affectée – y compris le jazz, qui avait les mêmes racines. Les synthétiseurs, la basse électrique, les claviers et l'amplification massive devinrent les outils habituels des innombrables groupes de jazz-rock des années 70. Cependant, de nombreux musiciens, qui n'appréciaient guère la répétitivité de la musique commerciale et trouvaient la fu-

	1970-1971	1972-1973	1974-1975	1976-1977	1978-1979

MUSICIENS ET ORCHESTRES

1970-1971

Le pianiste **Chick Corea** quitte Miles Davis avec le bassiste Dave Holland et forme le groupe de free jazz Circle, où figure le poly-instrumentiste Anthony Braxton.

Louis Armstrong meurt à New York le 6 juillet 1971. Le monde entier lui rend hommage, à la fois comme artiste de variétés populaire et comme géant du jazz.

1972-1973

Le Mahavishnu Orchestra du guitariste britannique **John McLaughlin** mêle rythmes rock, improvisations longues, thèmes dramatiques et musique indienne.

Freddie Hubbard, un trompettiste de bop, montre que la fusion est commerciale.

1974-1975

Keith Jarrett, ex-collaborateur de Miles Davis, rejette la musique électronique et donne des solos de piano délicats, s'inspirant de la musique classique, de la country et de Bill Evans. Il révèle également ses talents de compositeur.

Miles Davis abandonne la musique. Il est malade, sa créativité s'épuise.

Wayne Shorter, un grand saxophoniste, s'efface dans Weather Report, mais impose un style samba dans *Native Dancer.*

1976-1977

Betty Carter, la très créative vocaliste de bop, refuse des projets commerciaux dans les années 60 et 70. Sa prestation dans *Don't Call Me Man* la remet en selle.

1978-1979

Scott Hamilton, un ténoriste de style swing, travaille avec Benny Goodman et commence une série de jolis enregistrements qui le placent sur le devant de la scène du mainstream.

Herbie Hancock, la même année (1978), donne de subtils duos de pianos avec Chick Corea et utilise le synthétiseur vocal Vocoder dans *I Thought It Was You,* un énorme succès.

LIEUX, ENREGISTREMENTS ET VIE DU SPECTACLE

De petits labels comme **Black Jazz** et **Strata East** lient la fusion et le jazz engagé aux questions sociales noires.

La bande musicale du film *L'Arnaque,* empruntée à Scott Joplin, avec Paul Newman et Robert Redford, ravive le goût populaire pour le ragtime.

Keith Jarrett enregistre *The Köln Concert* sans accompagnement. Jamais un disque de piano ne s'était aussi bien vendu. Son jazz raffiné fait de lui une star internationale et dope son label allemand ECM.

Le guitariste **George Benson** fait entendre une voix à la Nat King Cole dans son disque à succès de jazz-soul *Breezin'.* Un jazz de compromis.

Le **Pat Metheny Group** de 1978 est un bestseller. Le guitariste prodige, natif du Missouri, brillant étudiant, montre que la fusion peut être romantique, subtile, variée et avoir des thèmes qui durent.

DÉVELOPPEMENTS MUSICAUX

Les musiciens qui ont travaillé avec **Miles Davis** (à gauche) étendent son influence au jazz-rock : avec Weather Report de Joe Zawinul et Wayne Shorter, Lifetime de Tony Williams et le Mahavishnu Orchestra.

Le bop classique connaît un regain d'intérêt avec le come-back, après des problèmes de narcotiques, du saxophoniste de la Côte Ouest Art Pepper.

Le disco règne sur les pistes de danse.

Le ténoriste de hard bop dexter Gordon (à gauche) **retourne à New York** après 13 ans en Europe et fait un tabac au Village Vanguard.

Gil Scott-Heron, un parrain du rap, poète et auteur de chansons de jazz, mêle la spontanéité à un art du récit fracassant, parlant du racisme, de la drogue et de l'injustice.

FACTEURS HISTORIQUES

Fin de l'engagement américain au **Viêt-nam.** L'Occident est déconsidéré. De nombreux musiciens se défient du système qui les fait vivre.

Elvis Presley, le « king » du rock and roll, meurt à 42 ans. Le montant de ses gains est estimé à 1 milliard de dollars.

sion mal adaptée à la recherche de nuances, continuèrent à explorer les autres formes de jazz – swing, bop, free. Ils revinrent sous le feu des projecteurs lorsque de jeunes interprètes élaborèrent de subtiles alliances de jazz, funk et latino qui déclassèrent la première fusion, désormais lourde et prétentieuse. Le bop, en raison de sa souplesse, fut remis à l'honneur et la « world music » – un compromis entre les cultures jazz et non jazz – enrichit le paysage sonore.

1980-1981

Jack DeJohnette, batteur-pianiste et pionnier de la fusion entre la world music, le free, le jazz pur et le funk. Son Special Edition commence une série d'enregistrements classiques.

L'originalité de **Carla Bley** est un mélange d'irrespect, de théâtralité et d'un peu de kitsch. Elle propose des tangos et du gospel sur quelques jolis disques du début des années 80.

Miles Davis revient avec *Man with A Horn* et une prestation au Kool Jazz Festival en 1981. Son comeback semble dicté par des impératifs commerciaux.

Après avoir introduit des rythmes brésiliens dans la fusion des années 70, **Airto Moreira** et sa femme **Flora Purim** restent très influents.

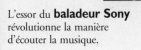
L'essor du **baladeur Sony** révolutionne la manière d'écouter la musique.

1982-1983

Wynton Marsalis, le trompettiste prodige de La Nouvelle-Orléans, joue en solo à vingt et un ans après d'éblouissants débuts avec Art Blakey et Herbie Hancock. Le saxophoniste norvégien **Jan Garbarek** mélange jazz et folklore d'Europe du Nord.

Le **Kool Jazz Festival** de 1982 présente la jeune génération post-bop – avec notamment les frères Marsalis et le chanteur Bobby McFerrin. Fait sans précédent, Wynton Marsalis reçoit un Grammy jazz et classique la même année.

1984-1985

Pat Metheny travaille avec David Bowie *(This Is Not America)* ainsi qu'avec Ornette Coleman en quintette pour l'album de free jazz *Song X.*

Au Danemark, le **Sonning Award** jusque-là réservé aux musiciens classiques, est décerné à Miles Davis, qui enregistre un rare album orchestral, *Aura,* avec des musiciens danois.

Pionnier de la world music, **Don Cherry** travaille aussi avec Lou Reed et Ian Dury, et fait des disques de jazz et de reggae.

1986-1987

Pharoah Sanders, controversé au temps du free jazz, devient une vedette des dancings grâce à son alliage de sonorités dures, de bons thèmes et de rythmes hypnotiques.

Courtney Pine, un jeune ténoriste, est à l'origine d'un grand regain d'intérêt pour le jazz en Grande-Bretagne, surtout chez les jeunes.

Mike Brecker, saxophoniste méconnu, fait ses débuts dans le disque comme leader après vingt ans de carrière.

Les grands labels font **des rééditions massives** et signent avec de jeunes artistes pour profiter du renouveau populaire du jazz en Amérique et en Europe.

Le « classic bop » est de retour, bien que le commercial jazz funk se vende toujours. On cherche une musique plus exigeante avec **M-Base** (toujours funky) et l'artiste de collage jazz hardcore **John Zorn,** qui fait « zapper » les styles.

Le disque compact fait une percée sur le marché mondial du disque.

1988-1989

John Scofield, ex-guitariste de Miles Davis, propose un séduisant mélange de bop, de sonorités à la Hendrix et de swing.

Greg Osby, Steve Coleman et la chanteuse Cassandra Wilson font partie du groupe M-Base. Osby joue un alto bop rapide sur des rythmes hip-hop.

Clint Eastwood réalise son vieux rêve de faire un film sur le jazz – une biographie de Charlie Parker, *Bird.* La bande son reprend les solos du grand saxophoniste, mixés avec un nouvel accompagnement.

A l'heure de la house music, le label britannique **Acid Jazz** soude un phrasé de jazz et des sons d'ensemble pour soutenir des rythmes de danse, ce qui produit par exemple les Brand New Heavies.

ACID JAZZ

Le jazz aujourd'hui

En 1990, le magazine *Time* publiait en couverture une photo de Wynton Marsalis, avec cette légende : « Le nouvel âge du Jazz ». Le *Time* prenait le train en marche : en réalité, la chose était dans l'air depuis le début des années 80, certains diraient même depuis 1979, lorsque le club Village Vanguard avait été pris d'assaut par les fans du saxophoniste de bop Dexter Gordon, de retour à New York. Mais, pour beaucoup, cette renaissance du jazz était une vraie nouvelle. Après un long purgatoire, le jazz, qui avait été tellement déconsidéré par l'industrie du disque, se relevait de sa tombe.

Nuançons toutefois : le jazz était encore loin d'avoir retrouvé le statut qui avait été le sien pendant le premier « Age du Jazz » – aucun jazzman n'ayant encore assez de succès pour empêcher Madonna ou Michael Jackson de dormir sur leurs deux oreilles ou pour espérer être couronné comme Paul Whiteman soixante ans plus tôt. Mais le jazz avait indéniablement étendu sa zone d'influence au-delà du domaine musical, bien que ce ne fût plus du tout dans le sens où l'entendait Scott Fitzgerald. Le mot, particulièrement en Europe, était utilisé pour qualifier des lignes de vêtements, des parfums, des modèles d'automobiles. Le jazz était chic, c'était presque devenu une estampille mondaine.

La renaissance

En dépit de la méfiance de certains, qui doutaient de la sincérité de cet engouement inattendu, cette musique était de plus en plus appréciée. La vente des disques reprenait. Les vieux amateurs ressortaient leurs collections et les jeunes convertis cherchaient de nouvelles idoles parmi les virtuoses frais émoulus des écoles de jazz. Ce regain d'enthousiasme offrit

un bain de jouence à des vétérans tels que Dexter Gordon, Art Blakey, Horace Silver et Johnny Griffin, dont les carrières s'essoufflaient.

Pendant que s'opérait ce renouveau, la scène musicale internationale changeait. La décennie 80 fut celle de la « world music », rendue possible par la pénétration des réseaux de communication tout autour du globe, qui favorisait la compréhension entre les peuples, entre les cultures occidentales et non occidentales. Pour la première fois, le jazz était considéré comme un langage vraiment international : on avait enfin surmonté les préjugés idiots selon lesquels certaines nations pouvaient swinguer et d'autres non. Des jazzmen russes firent des tournées aux États-

Joe Henderson rappela, dans les années 80, que le jazz « classique » n'était pas seulement une façon d'égrener les notes. Improvisateur très personnel, il se montra souvent imprévisible dans la durée et la dynamique de ses solos, qui rejetaient toujours les clichés.

Dans des clubs comme le Dingwalls de Londres, les D.J. mêlaient le jazz modal à la musique latine et au rap. Ils firent réentendre Roy Ayers ou Mark Murphy et imposèrent de nouveaux talents comme Steve Williamson.

Unis ; des Américains jouèrent avec des Européens ; des Australiens, des Japonais, des Sud-Africains, des Bulgares prouvèrent qu'ils avaient parfaitement assimilé le vocabulaire musical inventé à Harlem et Kansas City. Le saxophoniste scandinave Jan Garbarek adapta avec une remarquable sensibilité le son coltranien au folklore d'Europe septentrionale. Sans cesse, de nouveaux venus faisaient progresser la techique pour entraîner les innovations de Parker et Coltrane vers des horizons inexplorés.

Le retour des guerriers

Le bebop fut le principal bénéficiaire du grand come-back. Dénoncé au début des années 40 comme de l'antijazz, voire de l'antimusique, il était désormais considéré comme le jazz par excellence. Le monde des clubs de la 52e Rue et la révolution du « modern jazz » de l'après-guerre furent réinventés avec bonheur et succès dans des films de semi-fiction comme *Bird* de Clint Eastwood (consacré à Charlie Parker) et *Autour de minuit* de Bertrand Tavernier, dans lequel Dexter Gordon interprétait un personnage à la Lester Young, qui s'inspirait en fait de l'histoire du pianiste Bud Powell.

Ce nouvel intérêt pour le jazz, qui remettait le bebop sur le devant de la scène, prouvait que des musiciens qu'on croyait finis avaient continué à peaufiner leur style pendant leur traversée du désert. Citons notam-

ment Joe Henderson, un des rares saxophonistes au jeu proche de celui de Sonny Rollins. Le trompettiste Woody Shaw, un vieux maître du bop, avait travaillé à Paris avec l'un des fondateurs de l'idiome, le batteur Kenny Clarke. A l'instar de Freddie Hubbard, qui revenait au jazz pur et dur après un long flirt avec la fusion, Shaw avait une technique brillante, une sonorité chaude et une imagination d'improvisateur qui lui permettait de voir plus loin que les quatre mesures suivantes. Son désir d'élargir les frontières du bop était aussi une caractéristique du groupe conduit par le ténoriste George Adams et le pianiste Don Pullen, de prolifiques anciens collaborateurs de Mingus, qui animèrent, de 1979 à 1989, un ensemble bénéficiant du soutien rythmique d'un autre compagnon de légende de Mingus, le batteur Dannie Richmond. Le groupe Adams-Pullen concocta un mélange détonnant de free, de blues, de bop et de swing jusqu'à la mort de Richmond.

Le saxophoniste Mike Brecker qui, pendant des années, avait apporté sa touche personnelle et inimitable dans les disques des autres, attendit d'avoir trente-huit ans pour enregistrer un premier album en son nom propre, en 1987, à la tête d'un groupe spectaculaire mêlant bop et étincelles coltraniennes, dans lequel figurait le guitariste Pat Metheny.

Outre sa réputation dans la fusion lyrique, Metheny était l'un des improvisateurs bop les plus doués de sa génération, ainsi qu'il l'avait prouvé dans un formidable trio avec le batteur Roy Haynes et le bassiste Dave Holland.

Quant à McCoy Tyner, un instrumentiste à la forte personnalité qui avait fait ses classes auprès de Coltrane, resta également très actif durant cette période, notamment dans un big band très swingué et imaginatif.

D'autres pianistes – Joanne Brackeen, Steve Kuhn, Geri Allen et Keith Jarrett – suivirent des routes indépendantes. Allen se tailla une renommée de virtuose, mêlant la richesse sonore d'un Bill Evans à une sécheresse rationaliste et parfois à la truculence d'un Monk. Jarrett demeura l'un des plus remarquables phénomènes de l'époque. Sur la lancée de son énorme succès de 1975 avec *The Köln Concert*, il continua à attirer un public considérable vers une musique acous-

tique. Ce fut pour lui une phase de grande productivité, tant en solo qu'en petite formation avec le Standards Trio.

A pleins gaz

Le public ne se composait pas seulement d'auditeurs âgés ou de connaisseurs raffinés. Les danseurs adolescents et les D.J. de toutes les villes du monde découvraient les disques de hard bop des années 50 et 60. Dans les night-clubs, on écoutait volontiers du jazz classique – même des disques rares empruntés à des labels des années 70 tels que Black Jazz, Strata East et Flying Dutchman. On mélangeait des standards avec du funk, du rap et des rythmes latins.

Même Art Blakey revivait, grâce à une intuition sûre qui lui permettait de renouveler constamment son personnel en y faisant figurer de jeunes stars montantes. Depuis 1980, le trompettiste Wynton Marsalis et son frère Brandford, saxophoniste, jouaient avec ses Jazz Messengers.

Wynton Marsalis était le fer de lance d'un groupe qui allait être catalogué comme néo-

Wynton Marsalis était si influent dans les années 80 que la couverture du *Time* le présentant comme le gourou d'un nouvel âge du Jazz ne fut pas une surprise.

Au milieu des années 80, de jeunes musiciens londoniens formèrent le puissant orchestre des Loose Tubes. Leurs pièces, souvent dues au pianiste et compositeur Django Bates, empruntaient au jazz, au funk et à la musique européenne.

classique. La recherche de ses racines musicales l'obséda pendant toutes les années 80. Brillant technicien, à l'aise en musique classique comme en jazz, il passa la décennie à explorer le jazz, depuis le new-orleans jusqu'au bop avec un détour par Miles Davis, en s'inspirant de l'approche mingusienne du groupe. Il développa également l'écriture pour ensemble.

Si Marsalis cherchait sa voie en visitant virtuellement toutes les formes de jazz, d'autres préféraient limiter leurs sources. Le style mainstream, qui, dans les années 50, désignait le swing façon Basie, mélangeait à présent le swing à d'autres idiomes. Le saxophoniste Scott Hamilton et les trompettistes Ruby Braff et Warren Vache en étaient des représentants lyriques doués d'une grande aisance rythmique. Quelques instrumentistes plus jeunes, également inspirés par le passé mais de manière moins académique, formèrent des ensembles très entraînants et théâtraux, parmi lesquels il faut citer le Dirty Dozen Brass Band, un octet exubérant qui proposait un assortiment de musiques funk, bop et cajun dans des proportions imprévisibles.

A côté de jeunes Américains tels que le trompettiste prodige Roy Hargrove, un musicien sûr et accompli, les Harper Brothers ou l'excellent Wallace Roney, d'inspiration davisienne, un vigoureux mouvement néo-bop se développa hors des États-Unis.

La Grande-Bretagne produisit un saxophoniste d'une remarquable maîtrise technique en la personne de Courtney Pine – dont le travail conjuguait Coltrane, la musique populaire africaine et le reggae de la patrie de ses ancêtres – ainsi qu'Andy Sheppard, un autre saxophoniste, moins technique mais très original du point de vue mélodique.

Il y eut aussi le pianiste londonien Julian Joseph, qui cultivait le style d'Herbie Hancock. Pine et Sheppard s'exprimaient également dans des big bands où s'entrecroisaient des influences de Charlie Mingus, des éléments de free jazz et des références locales.

Pour autant la fusion, qui avait triomphé dans les années 70, n'avait pas disparu. Parfois critiquée pour sa rigidité qui gênait l'improvisation et sacrifiait la rythmique typiquement jazzy à un battement hard inexorable, la fusion s'imprégnait de plus en plus des techniques du jazz acoustique.

Miles Ahead

La grande nouvelle du début des années 80 fut le retour annoncé de Miles Davis, après une interruption de cinq ans pour raisons de santé et lassitude créatrice. Davis semblait hésitant et sa musique était ostensiblement « ciblée » sur les stations de radio noires. Mais, bien que son pouvoir d'électriser un public avec une simple note eût un peu diminué, *Time After Time* de Cindy Lauper dans son *You're Under Arrest* de 1985 démontrait que Davis avait retrouvé une grande partie de son ancien lyrisme. Dans le

même disque, le guitariste John Scofield combinait des mélodies bop avec un battement funky et une ligne de basse qui contenaient la promesse d'un jazz revitalisé. Scofield devint l'un des plus intéressants guitaristes-compositeurs de cette période : *Time on My Hands* de 1990 fut l'un des disques les plus importants de la décennie.

Weather Report, le plus durable et le plus musical des groupes de fusion, se démantela en 1985. Son saxophoniste de pointe, Wayne Shorter, continua sa carrière dans des formations à son image, dans lesquelles son jeu mus-

L'album de **Miles Davis**, *Doo-Bop*, achevé après sa mort en 1991, était un mélange inégal mais fascinant de solos de trompette jazz, de sampler et de rythmes hip-hop.

clé et son art de la composition firent merveille. Le pianiste Chick Corea commença à partager son temps entre des groupes acoustiques et des groupes électriques, et la star du saxo soul David Sanborn enregistra l'album jazzy *Another Hand*, se démarquant du style plus pop qui l'avait caractérisé jusqu'alors.

Tous ces musiciens semblaient avoir consolidé la musique des années 70. Miles Davis, lui, malgré ses problèmes de santé, continuait à regarder vers l'avenir. Son dernier disque, posthume, *Doo Bop*, reflète les rythmes dansants du hip-hop et les accents insistants, emphatiques, du rap. Malgré une certaine autosatisfaction par moments, les solos de Davis demeuraient aussi jazzy que ceux qu'il avait enregistrés vingt-cinq ans plus tôt et proposaient une voie possible pour le jazz contemporain.

Quelque chose d'autre

De jeunes musiciens, comme les membres du collectif new-yorkais M-Base, cherchaient également des points de jonction entre le jazz traditionnel et la nouvelle dance-music noire américaine. Le saxophoniste Steve Coleman, un bopper dévastateur qui citait aussi bien James Brown que Charlie Parker quand on l'interrogeait sur ses influences, forma le groupe Five Elements et développa une musique dans laquelle les schémas rythmiques changeants empruntés au funk semblaient remplacer les vieilles notions de la mélodie. Gary Thomas et Greg Osby, deux autres saxophonistes de M-Base, explorèrent un champ semblable, Osby puisant son inspiration parmi les jeunes musiciens de hip-hop et de dance-jazz qui élaboraient leur propre son à Londres. Cassandra Wilson, une chanteuse à la voix souple et au timbre puissant, imprégnée de l'atmosphère de New York, inspirée par le funk et Betty Carter, fut une vedette internationale de premier plan, dans la lignée M-Base des années 80. Quant à Betty Carter elle-même, à présent la doyenne des vocalistes de jazz depuis la mort de Sarah Vaughan et la maladie d'Ella Fitzgerald, elle continua ses tournées à travers le monde avec un spectacle poignant qui rappelait Billie Holiday.

Les évolutions des années 80 ne faisaient pas l'unanimité ; pour beaucoup, cette musique que l'on continuait à appeler jazz n'en était plus en réalité. En fait, la musique improvisée qu'avaient engendrée les années 60 et 70 permettait à de nombreux musiciens jazzy de faire entendre une voix personnelle dans des cultures différentes. En Europe, une nouvelle sophistication se développa. Des musiciens venus de tous pays jouaient ensemble dans des formations à géométrie variable. Le pianiste Cecil Taylor, un des génies de l'avant-garde américaine, travailla fructueusement en Europe avec des musiciens locaux. A New York, le compositeur John Zorn développa une musique impossible à cataloguer, mais significativement motivée par le monde musical européen. Zorn se fiait aux improvisateurs et son éclectisme le rendait réceptif aussi bien au pop japonais qu'à Bobby McFerrin ou au reggae, voire au hard punk. Les années 80 avaient brisé les frontières et aboli le sectarisme chez les jeunes musiciens.

Cassandra Wilson est une figure marquante du chant de jazz. Influencée par Abbey Lincoln et Betty Carter, elle met sa puissance, son caractère et son swing au service des standards et du funk.

Anatomie des Instruments

Si l'étude de la musique classique occidentale exige
des musiciens qu'ils se débarrassent de leurs particularités
culturelles, le jazz, lui, demande qu'on les cultive.
En effet, de par leur nature, les airs s'adaptent
à la personnalité de leur interprète. Un bon jazzman
a un « son » caractéristique, comme une signature
ou le timbre d'une voix. En empruntant leurs instruments
aux fanfares militaires, au cirque, aux troupes de variétés
itinérantes, parfois aux orchestres symphoniques et
à la technologie informatique, les musiciens de jazz
ont hérité d'un savoir-faire ancestral qu'ils ont enrichi
de techniques de leur cru. Dans les pages qui suivent,
de grands instrumentistes dévoilent les secrets de leur art
et démontrent que, si le jazz paraît souvent si aérien
et immatériel, il répond à des règles rigoureuses.

La voix

La voix humaine est le plus ancien des instruments de musique. Pendant des millénaires, le chant a fait partie intégrante des rituels religieux, de la chasse, du travail, de la garde des enfants et du jeu. De nombreux musiciens, quelle que soit leur discipline, puisent avant tout leur inspiration dans le son de cet « instrument à vent » originel. Les voix, notamment les voix africaines, sont à la base de l'éloquence si particulière des tonalités du jazz. Les notes en suspens entre les tons « purs » de la musique classique occidentale sont nées en Afrique. Quant à la forme « question-réponse » des différentes sections des orchestres de swing, elle est l'écho des *work songs*, messages d'encouragement ou de désespoir qu'échangeaient les esclaves noirs dans les plantations américaines. Le jazz n'ayant pas de méthodologie établie, les chanteurs ont érigé leurs propres règles, au gré de leur imagination et de leur anatomie. La manière de chanter des Noirs américains, tous styles confondus, a radicalement transformé la musique du XXe siècle.

Chaque chanteur a un « visage interne » formé par le canal nasal et vocal qui produit un son unique

Cleveland Watkiss

DES STARS ET DES STYLES

Avec ses improvisations sur les sonorités explosives et percutantes des onomatopées du scat, **Louis Armstrong** est l'incarnation même du chanteur de jazz créant son propre son. Son timbre âpre s'écartait des normes vocales européennes, mais sa voix était d'une expressivité inouïe. Parmi les grandes chanteuses de blues, il faut citer la truculente **Ma Raimey** et la majestueuse **Bessie Smith**. **Ethel Waters** a montré tout le caractère et la couleur qu'on pouvait donner aux chansons populaires, mais **Billie Holliday** était la chanteuse de blues par excellence. Avec sa petite voix sensible, dont la souplesse et les capacités d'improvisation n'avaient rien à envier au saxophone, elle savait rendre sublime l'air le plus banal. Les big bands ont amené le swing détendu et contagieux d'**Ella Fitzgerald** ainsi que celui, résolu et lyrique, de **Sarah Vaughan** et de **Billy Eckstine**. Puis vinrent les chanteurs de be-bop, virtuoses et désincarnés, dont les voix imitent les instruments : **Carmen McRay**, **Anita O'Day**, **Betty Carter** (aujourd'hui devenue une chanteuse de l'envergure de Billie Holliday) et le trio **Lambert, Hendrocks and Ross** dont le groupe **Manhattan Transfer** est le digne successeur. **Leon Thomas** et, plus récemment, **Al Jarreau** et **Bobby McFerrin** ont introduit le scat, les effets sonores et la chanson populaire dans le jazz fusion, le soul et le funk, tout comme **Jean Carn**, **Dee Dee Bridgewater**, **Marlena Shaw** et **Ricky Lee Jones**.

La production du son

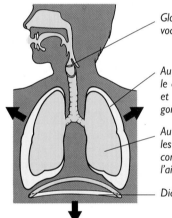

Glotte et cordes vocales

Au cours de l'inspiration, le diaphragme s'abaisse et les poumons se gonflent

Au cours de l'expiration, les poumons se contractent, expulsant l'air vers le haut

Diaphragme

La colonne d'air vibrant, qui produit le son, prend naissance dans la poitrine, sous l'effet de soufflet du muscle du diaphragme situé sous les poumons. Le registre grave requiert une longue colonne d'air, faisant vibrer la cage thoracique. Les tonalités aiguës, nécessitant une colonne d'air plus courte, font vibrer la gorge et le visage. Le souffle part des poumons et passe par le larynx : une « anche » cartilagineuse constituée de deux feuillets musculaires – les cordes vocales – et d'un orifice central, la glotte. Les ondes sonores émanant de la gorge sont soumises à différentes pressions selon la position de la langue sur le palais et les dents, la forme des lèvres et le volume d'air émis par la bouche ou le nez.

Les chanteurs professionnels apprennent à abaisser leur centre de gravité et à faire partir le son du plus bas possible. Cleveland Watkiss déclare qu'il « respire avec les orteils »

Un son modulable

Le son de la voix n'est pas pur comme celui d'un diapason. Il est constitué d'un ton fondamental, déterminé par l'anatomie du chanteur, et d'une série d'harmoniques. La taille des cordes vocales conditionne la fréquence des vibrations sonores ou l'étendue de la voix : une voix moyenne couvre environ deux octaves, même si certains chanteurs dépassent largement cette limite. Les différences de tension des cordes vocales, d'ouverture de la glotte et de pression d'air venant des poumons modifient la hauteur de la voix. Les harmoniques, vibrations dont la fréquence est supérieure au ton fondamental, sont difficiles à atteindre mais confèrent au chant son expressivité et son timbre. Les harmoniques des chanteurs lyriques sont des multiples entiers du ton fondamental. La tonalité particulière des chanteurs de jazz et de blues, plus âpre, personnelle et parlée, est due à un rapport irrégulier de demi-tons harmoniques et de dissonances.

La voix de tête : en serrant la gorge et les dents, le chanteur produit un son plat et épuré, propre à des styles aussi différents que le soul-jazz ou le flamenco. Comme bon nombre de ses contemporains, Stevie Wonder chante avec une voix de tête, influencé autant par le soul que par le scat, un style vocal inspiré du bop qui consiste à imiter des instruments avec la voix en modelant ses lèvres.

Les chanteurs de jazz ont renoué avec la pratique ancestrale consistant à utiliser le corps comme un instrument de musique. Bobby McFerrin imite toutes sortes d'instruments, dont le tambour qu'il reproduit en se frappant la poitrine. Des chanteurs tels que Leon Thomas et le Britannique Phil Minton utilisent le iodlé, style vocal consistant à passer sans transition de la voix de poitrine à la voix de tête.

La projection de la voix, bouche ouverte, le son provenant de la poitrine, était une technique utilisée par les chanteurs de blues avant le microphone. Les professeurs de chants se sont aperçus que les difficultés rencontrées par leurs élèves venaient souvent d'une trop grande concentration sur la poitrine. Les nouvelles méthodes empruntées aux arts martiaux font appel à une respiration plus profonde.

L'amplification

Avant l'apparition du microphone, les chanteurs de foire et de music-hall devaient forcer leur voix pour se faire entendre. Le microphone allait révolutionner le jazz vocal. Le système de sonorisation permit de mettre en valeur les nuances imperceptibles dans un grand espace, au point que la redéfinition de la dynamique vocale devint pratiquement un art à part entière. Les microphones sont eux aussi équipés de diaphragmes qui vibrent au contact des ondes sonores, les transformant en impulsions électriques qui sont amplifiées avant d'être reconverties en vibrations dans des haut-parleurs. Depuis les années 30, la technologie des amplificateurs a fait du chemin : aujourd'hui, le naturel et les subtilités du timbre d'un chanteur peuvent être restitués fidèlement dans une grande salle avec pratiquement autant de netteté que s'il se produisait dans un petit espace. Cette sensibilité est essentielle pour les concerts de jazz.

Il existe des microphones de différentes sensibilités permettant de moduler l'ambiance que l'on cherche à reproduire

Aujourd'hui, **le microphone est devenu un instrument** au même titre que la voix. La distance à laquelle il est tenu, ses changements de position pendant l'émission d'une note, selon qu'il est plaqué contre la poitrine ou effleuré du bout des lèvres, tout cela influence le timbre d'une voix. Sans le microphone, Billie Holliday n'aurait pas pu conférer cette sensation d'intimité qui habitait chacune de ses chansons. Il lui a permis de jouer subtilement avec les nuances de sa voix qui a profondément modifié la façon de chanter le jazz.

La trompette

Les premières trompettes étaient façonnées dans des cornes animales évidées. Lorsque les instruments en métal apparurent, le principe demeura pratiquement le même. La trompette moderne est constituée d'un long tube de cuivre replié sur lui-même. Plus on souffle fort, plus les harmoniques sont élevés (les sons secondaires, à peine audibles, superposés au son fondamental). Le corps étroit de l'instrument et son embouchure creuse produisent un son typique, éclatant et pénétrant. Aux États-Unis, la fin de la guerre de Sécession et la démobilisation se traduisirent par un afflux de trompettes bon marché dans les États du Sud. Elles apparurent dans les fanfares, les orchestres d'enterrement, les orchestres de danse et les ensembles de jazz. La sonorité particulière de la trompette convenait parfaitement aux musiciens autodidactes qui improvisaient, chacun avec « sa méthode », échangeant entre eux leurs idées et inventant sans cesse de nouvelles règles. Le résultat est une trompette de jazz dont la palette s'étend de la puissance torride d'un Louis Armstrong à l'intensité déchirante d'un Miles Davis.

Claude Deppa

Trompette de poche

Cornet à pistons

La trompette

Le ton fondamental de la trompette standard utilisée en jazz est *si bémol*. Le clairon, précurseur de la trompette, a un registre plus étendu depuis qu'on lui a ajouté des pistons et qu'on a rallongé son tube. Le cornet à pistons était couramment utilisé aux débuts du jazz. Relativement plus facile à jouer que la trompette, il était très en vogue dans les orchestres du XIXᵉ siècle où il la remplaçait parfois. Le bugle a un son plus velouté et moelleux qui en fait souvent l'instrument secondaire du trompettiste, bien que certains musiciens comme Art Farmer s'y soient spécialisés.

Piston

Cylindre monté sur un ressort

Ouvertures

Bugle

Embouchure en forme de tasse

Support du pouce pour tenir la coulisse

Coulisse d'accords

Trompette

Clefs à eau pour évacuer la salive

Charles « Buddy » Bolden, un des premiers cornettistes de jazz, avait un son puissant et une forte tonalité bluesy. **Joe « King » Oliver**, initia **Louis Armstrong** qui révolutionna le style de l'époque, basé sur les rythmes blues, n'hésitant pas à s'écarter du tempo et mettant l'accent sur la logique narrative du morceau. Dans les années 20, **Bix Beiderbecke** développa un style plus élégant, métallique et détaché. **Henry « Red » Allen** se hissa pratiquement au niveau technique d'Armstrong, avec un extraordinaire répertoire de trilles, de growls et d'effets vocaux. Le trompettiste de swing **Roy Eldridge**, d'une dextérité et d'une rapidité inouïes, fut l'instigateur du be-bop pétaradant et virtuose de **Dizzy Gillespie**, dont le jeu se rapprochait de celui d'un saxophone. Mort trop jeune, **Clifford Brown** était un maître du bop plein de grâce. Le jazz d'après-guerre fut dominé par la trompette sensuelle et contemplative de **Miles Davis**. Aujourd'hui, **Wynton Marsalis**, un technicien hors pair, est capable de se couler dans pratiquement tous les styles.

Registre : le cornet est conçu pour une tonalité de *si* bémol, les notes se jouant un ton en dessous des notes écrites. Son registre s'étend du *mi* immédiatement inférieur au *do* central au second *si* bémol de la clef de *sol*. La trompette et la trompette de poche couvrent la même étendue. Grâce à leur technique, de nombreux trompettistes actuels étirent ce registre vers le haut.

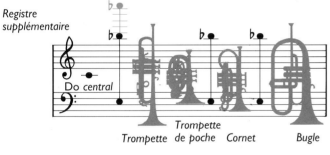

Registre
supplémentaire

Do *central*

Trompette
Trompette de poche Cornet Bugle

Positionnement des lèvres

On désigne par le terme « emboucher » la manière de placer ses lèvres par rapport à l'embouchure. Pour faire vibrer la colonne d'air, les clarinettistes et les saxophonistes disposent d'une anche, mais pour la plupart des autres instruments à vents, ce sont les lèvres qui font office de double anche naturelle. Les muscles labiaux sont entraînés à produire des timbres et des notes sans s'épuiser ni se blesser.

Émission d'une note

Pour tous les instruments à vent, le musicien doit chercher à créer une colonne d'air « continue » qui vibre au niveau de l'embouchure. Le souffle doit donc partir du bas des poumons et s'étendre jusqu'au pavillon. Une bonne maîtrise de la respiration requiert un diaphragme puissant – le muscle plat et large situé sous les poumons – et un vaste plexus solaire laissant le plus de place possible à l'expansion des poumons. L'émission d'une note claire et « propre » dépend du soutien ferme de la colonne d'air. Le trompettiste peut produire sept notes de base (*do, ré, do, mi, ré, si* bémol, *do*) en changeant simplement la position de ses lèvres sur l'embouchure, toutes les autres notes étant produites en actionnant les pistons. En relâchant le premier piston, la note fondamentale descend au *si* bémol. Dans la pratique, chaque abaissement successif de la note fondamentale fausse la justesse de l'instrument, et le trompettiste doit constamment la rétablir à l'aide de la coulisse d'accords et de la position de ses lèvres.

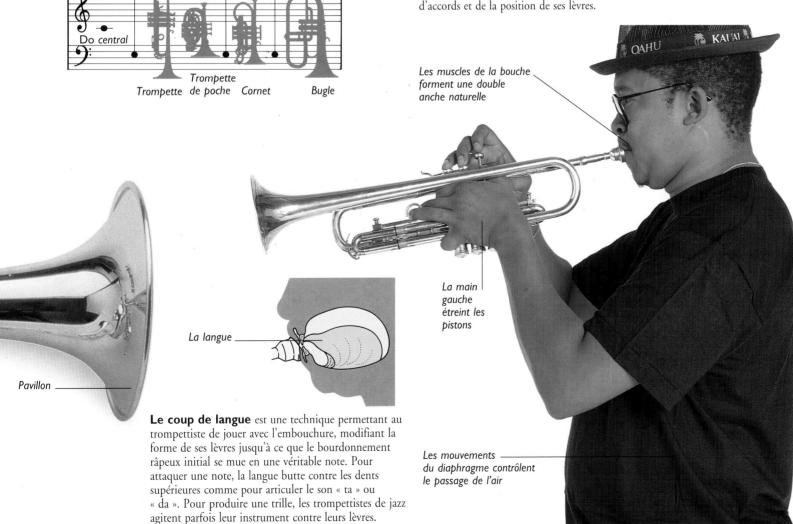

Les muscles de la bouche forment une double anche naturelle

La main gauche étreint les pistons

Pavillon

La langue

Le coup de langue est une technique permettant au trompettiste de jouer avec l'embouchure, modifiant la forme de ses lèvres jusqu'à ce que le bourdonnement râpeux initial se mue en une véritable note. Pour attaquer une note, la langue butte contre les dents supérieures comme pour articuler le son « ta » ou « da ». Pour produire une trille, les trompettistes de jazz agitent parfois leur instrument contre leurs lèvres.

Les mouvements du diaphragme contrôlent le passage de l'air

Les pistons

Le deuxième piston est pressé

Circulation de l'air dans l'instrument

La seconde coulisse ouverte laisse passer l'air

Position usuelle des pistons : en pressant le piston n° 2 (ci-dessus), on libère la seconde petite coulisse, ce qui abaisse toutes les notes de base d'un demi-ton. En faisant travailler ses muscles labiaux, le trompettiste peut alors produire la série suivante : *si, fa* dièse, *si, ré* dièse, *fa* dièse, *la, si.*

Les trois pistons sont à demi abaissés

En relâchant partiellement les trois pistons, la colonne d'air se diffuse

Ouverture partielle des pistons (demi-pistons) : en modifiant la position des lèvres, les demi-pistons étranglent la colonne d'air, produisant une note ambiguë et glissée. En relâchant les pistons jusqu'à leur ouverture maximale, on obtient des effets spéciaux. (le glissando et le vibrato).

Extension du tube

Pour que la trompette soit un instrument parfait et toujours juste, il faudrait qu'à chaque pression des pistons corresponde une extension du tube, ce qui est matériellement impossible. Les trompettistes doivent donc constamment faire quelques ajustements en changeant la position de leurs lèvres et altérant légèrement la longueur de la première et la troisième coulisse. C'est aussi un moyen d'accorder leur instrument aux autres cuivres de l'orchestre.

L'annulaire tire légèrement sur la coulisse d'accords

La trompette de poche

C'est en fait une trompette condensée. Elle a la même étendue que sa grande sœur mais son corps est nettement plus enroulé sur lui-même. Certains musiciens apprécient son côté pratique, « portable », et sa sonorité compacte et étouffée. L'intrépide Don Cherry, « musicien du monde » et ancien partenaire du saxophoniste Ornette Coleman, en a fait depuis longtemps son instrument de prédilection avec lequel il produit un son immédiatement reconnaissable : effervescent, légèrement abstrait et proche de la voix.

Les sourdines

Les sourdines entravent le mouvement des ondes sonores dans les cuivres. Dans les faits, elles accentuent certains harmoniques et en atténuent d'autres. Les musiciens de jazz ont expérimenté toutes sortes de sourdines, allant d'une main dans le pavillon (une technique utilisée aussi pour certains cuivres classiques), au chapeau melon ou à la chope de bière comme King Oliver. Oliver a été l'un des premiers à utiliser abondamment la sourdine, inspirant Bubber Milley, trompettiste de Duke Ellington et l'un des plus célèbres spécialistes de la sourdine. Avec le be-bop et ses suites, les sourdines ont été quasiment délaissées, excepté pour les reprises d'airs anciens et certains effets du free jazz. Le recours fréquent à la sourdine Harmon dans le modern jazz est à l'origine du son inimitable et indéfinissable de Miles Davis.

La sourdine plunger a donné à la trompette de jazz une de ses sonorités les plus terreuses et proches de la voix humaine. A l'origine, les trompettistes ont emprunté la ventouse en caoutchouc d'un déboucheur d'évier. On la tient devant le pavillon en variant son degré de fermeture pour produire l'effet wah-wah.

Sourdine plunger

Sourdine bol

Sourdine velvet

Sourdine Harmon

La sourdine bol (ou « cup ») est conique, son bout évasé accueillant une extension en forme de coupe, souvent tapissée de feutre. Elle réduit le volume et le son éclatant de la trompette en lui donnant une sonorité plus douce et langoureuse. La partie en coupe étant mobile, on peut régler sa distance par rapport au pavillon.

La sourdine velvet (ou « bucket ») produit le son le plus velouté et paisible que l'on puisse obtenir avec une trompette. Cylindrique, elle se fixe sur le pavillon avec des clips. Le son émis par la trompette pénètre dans la partie ouverte de la sourdine où les ondes sonores sont amorties par une matière absorbante.

La technique wah-wah, telle qu'elle était utilisée par King Oliver, est en grande partie à l'origine de la réputation de la trompette « parlante »

Pour sortir de la trompette, les vibrations sonores doivent emprunter un trou au centre de la sourdine. Un tube coulissant peut, être glissé pour varier le son

Cette sourdine donne à la trompette une sonorité détendue et en demi-teinte

La sourdine Harmon, inventée en 1865, est un tube en métal épousant la forme du pavillon et muni d'un bouchon en liège. Selon qu'elle est plus ou moins enfoncée dans le pavillon, elle émet une sonorité lointaine et aérienne caractéristique. Miles Davis l'utilisait fréquemment.

Le trombone

À l'origine, la sonorité puissante et majestueuse du trombone a été introduite dans les orchestres de jazz New Orleans pour lier le phrasé des autres cuivres et parfois pour servir de basse. Les big bands lui ont accordé à la fois un rôle de soutien et de soliste, sa flexibilité tonale permettant des effets sonores spectaculaires. Avec l'arrivée du rythme haché du be-bop, le langoureux trombone a dû s'adapter, à l'instar de tous les autres instruments. Les trombonistes ont alors développé de remarquables techniques pour imiter les saxophones et les trompettes. À l'ère du free jazz, certains musiciens ont retrouvé la couleur tonale et la fluidité du trombone d'avant le bop, allant même jusqu'à créer des multiphonies pour jouer des accords, chantant une note tout en jouant une autre. Les jeunes trombonistes de ces dernières années allient le savoir-faire du bop avec les différents timbres des styles précédents.

Fayyaz Virgi

DES STARS ET DES STYLES

Kid Ory et **George Brunies** perfectionnèrent le rôle de soutien du trombone. Avec le swing des années 30, il prit une couleur plus aérienne, illustrée par **Jimmy Harrison**. **Jack Teagarden** lui conféra humour et grâce et **Tricky Sam Nanton**, tromboniste de Duke Ellington, un son guttural bluesy. **Tommy Dorsey** le fit swinguer avec une intonation impeccable. **Bill Harris**, et le be-bopper **J. J. Johnson** lui donnèrent une vélocité et une clarté de saxophone. Le free jazz retrouva des sonorités plus terreuses avec **Roswell Rudd** et **Grachan Moncur**, tandis que **Albert Mangelsdorff** s'accompagne lui-même, harmonisant à l'aide de multiphonies.

Le trombone à coulisse

Le trombone descend de la saqueboute, un instrument apparu au XVe siècle. Sa coulisse télescopique permet de modifier son étendue. Le corps, d'une longueur invariable, est replié en forme de U, ce qui divise par deux la distance que doit parcourir le bras du musicien. La coulisse joue le rôle des pistons sur les autres cuivres et permet des glissandos à la tonalité indéterminée, parfaits pour le jazz.

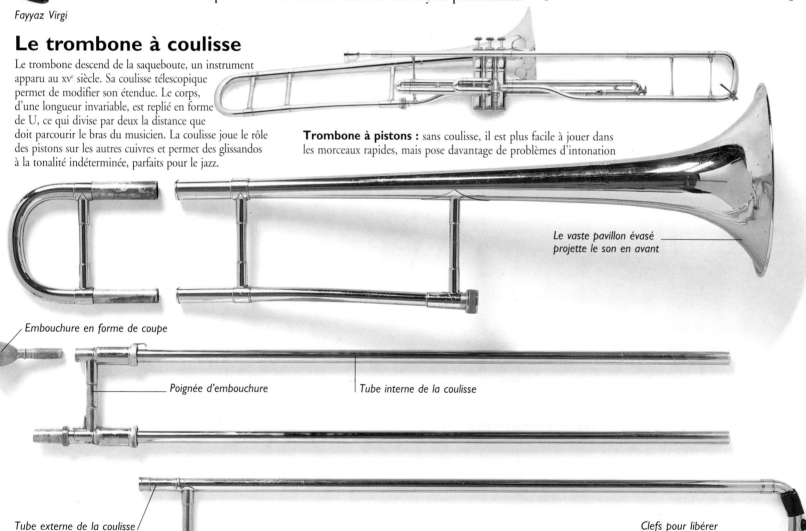

Trombone à pistons : sans coulisse, il est plus facile à jouer dans les morceaux rapides, mais pose davantage de problèmes d'intonation

Le vaste pavillon évasé projette le son en avant

Embouchure en forme de coupe

Poignée d'embouchure

Tube interne de la coulisse

Tube externe de la coulisse

Clefs pour libérer la condensation

Trombone à coulisse   *Trombone à pistons*

Do central

Registre : le trombone le plus utilisé aujourd'hui est le trombone ténor en *si* bémol, avec un registre allant du *mi* en dessous de la portée de basse au *fa* une octave au-dessus du *do* central. Le trombone basse présente quelques variations, dont des pistons qui élargissent encore son étendue. Le vrai trombone basse peut descendre jusqu'au troisième *do* sous le *do* central, avec des tons en dessous du *fa* pour les sons soutenus.

Émission d'une note

Comme chez les trompettistes, le son est formé par la vibration des lèvres au moment où la colonne d'air est propulsée du bas des poumons à travers l'embouchure. Par conséquent, une excellente maîtrise des muscles labiaux est aussi importante qu'un souffle régulier et profond. Le bassin de l'embouchure du trombone est plus profond que celui de la trompette. Il en existe plusieurs types adaptés à différentes morphologies et à des styles de jeu divers. Les nuances de profondeur, d'incurvation et d'épaisseur sont minimes mais néanmoins sensibles.

Positionnement des lèvres

Le terme « emboucher » désigne la manière de placer ses lèvres et ses dents contre l'embouchure. La meilleure façon d'emboucher un trombone consiste à avancer la mâchoire inférieure de sorte que les dents supérieures et inférieures soient alignées. Les lèvres sont froncées comme pour siffler et presque fermées, esquissant un léger sourire (ci-dessus). Plus l'ouverture de la bouche est grande et le souffle dirigé directement vers le fond du bassinet, plus les notes sont graves.

Pour les notes aiguës, les lèvres se resserrent et le souffle est orienté vers le menton, heurtant le bord inférieur du bassinet. La bouche ne doit pas être écrasée contre l'embouchure. Comme le trompettiste, le tromboniste attaque la note en émettant un « ta », sa langue claquant contre les dents supérieures (coup de langue). Les coups de langue binaire (« ta-ka ») et tertiaire (« ta-ka-ta ») permettent les successions rapides de notes.

La coulisse permet sept positions principales, chacune espacée d'une dizaine de centimètres. Chaque position produit une note fondamentale, à partir de laquelle le tromboniste peut en jouer sept autres liées aux harmoniques supérieures en altérant la position de ses lèvres sur l'embouchure, élargissant l'étendue de plus de deux octaves. Le fait de jouer debout évite les crampes des muscles respiratoires et du diaphragme. En outre, cela offre une bonne prise sur le trombone sans qu'il soit pesant. Les trombonistes s'entraînent à jouer doucement en faisant glisser l'instrument entre leurs doigts. Si le souffle est trop puissant, le trombone s'écarte des lèvres.

1   2   3   4   5   6   7

Les sourdines

La sourdine plunger, en forme de coupe, est tenue devant le pavillon. Elle produit une sonorité proche de la voix humaine, riche en nuances. Tricky Sam Nanton, le tromboniste de Duke Ellington, l'utilisait en conjonction avec une sourdine sèche pour trompette.

Les trombonistes fixent généralement la sourdine bol *(straight mute)* à un demi-centimètre environ du pavillon. Elle adoucit et épaissit le son. Il en existe en métal et en fibre qui offrent d'autres variations de timbre.

Sourdine plunger

Sourdine bol

Les sourdines modifient le timbre de l'instrument en altérant les harmoniques

La clarinette

La clarinette disparut des orchestres de jazz vers la fin des années 40, quand le be-bop consacra l'avènement du saxophone. Jusqu'alors, sa sonorité automnale et fragile, ses phrasés fluides et sa capacité à évoquer tout aussi bien la mélancolie que les lamentations extatiques en avaient fait l'instrument de prédilection des ensembles New Orleans et des grands orchestres de swing. Dans les premiers temps du jazz, les clarinettistes étaient souvent des créoles noirs, dotés d'un grand sens harmonique et ayant hérité des techniques classiques françaises. Ils savaient tisser avec une grande dextérité des lignes souples de soutien autour des cuivres. Plus tard, d'autres clarinettistes introduisirent le timbre terreux du blues, contrebalançant l'élégance créole. La sonorité profonde et envoûtante de la clarinette basse a connu un regain de popularité à partir des années 60.

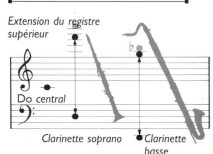

Jimmy Giuffre

Anche

Clarinette soprano

Clarinette basse

DES STARS ET DES STYLES

Le légendaire **Lorenzo Tio** transmit son art à **Sidney Bechet** et **Barney Bigard**. Les débuts du jazz furent marqués le sinueux **Jimmie Noone** et le mélancolique **Johnny Dodds**. **Omer Simeon** avait sa place dans les orchestres de Jerry Roll Morton et de Duke Ellington. Aux virtuoses du swing **Jimmy Dorsey**, **Benny Goodman** et **Artie Shaw**, le jazz mainstream préféra le laconisme de **Pee Wee Russell**, tandis que le cool jazz fut dominé par **Jimmy Giuffre**. **Eric Dolphy** donna à la clarinette basse une grande expressivité émotionnelle.

La clarinette soprano en *si bémol* est le modèle le plus utilisé dans les ensembles de jazz. Instrument à anche simple, son corps est composé de plusieurs segments en bois ou en plastique. Elle est dotée de quatre registres correspondant aux clefs de Boehm, le système le plus répandu aujourd'hui.

Bouchon de liège isolant les différents segments du corps

Ces clefs sont actionnées par l'auriculaire

La clarinette basse a une sonorité chaleureuse et rugueuse qui donne une texture particulière à la musique de jazz (illustrée par Harry Carney, clarinettiste de Duke Ellington). Dans les années 60, l'extraordinaire virtuosité d'Eric Dolphy a fait accéder cet instrument au rang de soliste particulièrement expressif.

Position

Le maître clarinettiste Jimmy Giuffre tient son instrument en serrant fermement le bec entre ses lèvres. Son timbre subtil en demi-teinte se distingue nettement de celui des autres clarinettistes.

Extension du registre supérieur

Do central

Clarinette soprano *Clarinette basse*

Registre : le registre aigu de la clarinette soprano en *mi* bémol peut être étendu à l'aide de techniques complexes. La clarinette basse en *si* bémol sonne une octave plus bas.

Pavillon métallique

Le corps incurvé est caractéristique des instruments graves

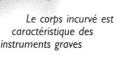

Positionnement des lèvres

La manière de placer ses lèvres et le type de anche utilisé jouent un rôle déterminant dans la production du son (voir page 57). La technique la plus courante consiste à rentrer davantage la lèvre inférieure en recouvrant les dents.

Une autre technique consiste à serrer et rentrer pareillement les lèvres supérieure et inférieure en avançant légèrement le menton. Généralement, les solistes choisissent d'emblée l'une ou l'autre méthode et s'y tiennent tout au long de leur carrière.

La clarinette basse se joue avec une anche en plastique et les deux lèvres rentrées. La note jouée ci-dessus est le *mi* bémol du registre le plus grave. Elle demande un souffle puissant.

*Mi bémol, deux octaves au-*dessus. Pour les notes aiguës, le volume d'air doit être réduit et les lèvres serrées pour réduire l'ouverture de la bouche. La mâchoire inférieure est projetée en avant.

Émission d'une note

La longue colonne d'air étroite de la clarinette basse nécessite un souffle puissant, notamment pour soutenir les notes graves. Le clarinettiste doit alors contracter son diaphragme et gonfler sa cage thoracique.

Le doigté

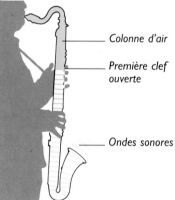

Colonne d'air

Première clef ouverte

Ondes sonores

Lorsque le clarinettiste commence à souffler dans son instrument, **la colonne d'air** se met à vibrer et crée une onde sonore. Une fois que celle-ci atteint la première clef ouverte, l'air se disperse. La longueur de la colonne d'air détermine la hauteur de la note : plus elle est courte, plus la note est aiguë. Ci-contre, John Surman émet la note plus haute de la clarinette basse, le deuxième *sol* au-dessus du *do* central.

Mi, *en utilisant tous les doigts*

Mi, *en ouvrant une clef d'octave*

Comme tous les instruments à anche, la clarinette soprano offre la possibilité de produire une même note avec différentes combinaisons de doigtés et de techniques de souffle. Cela permet des changements de timbres sur une même note. A gauche, Jimmy Giuffre émet un *mi* avec le doigté habituel. A droite, le *mi* avec le « doigté factice » qui donne à la note une couleur plus lointaine et délicate.

Une clef supplémentaire, dans la partie inférieure de la clarinette basse, permet d'accroître son étendue au grave, et de produire des notes aussi résonnantes que celles de la contrebasse. C'est là une des caractéristiques qui en ont fait un instrument privilégié du jazz expérimental et « impressionniste ».

John Surman joue un mi bémol grave

Le saxophone

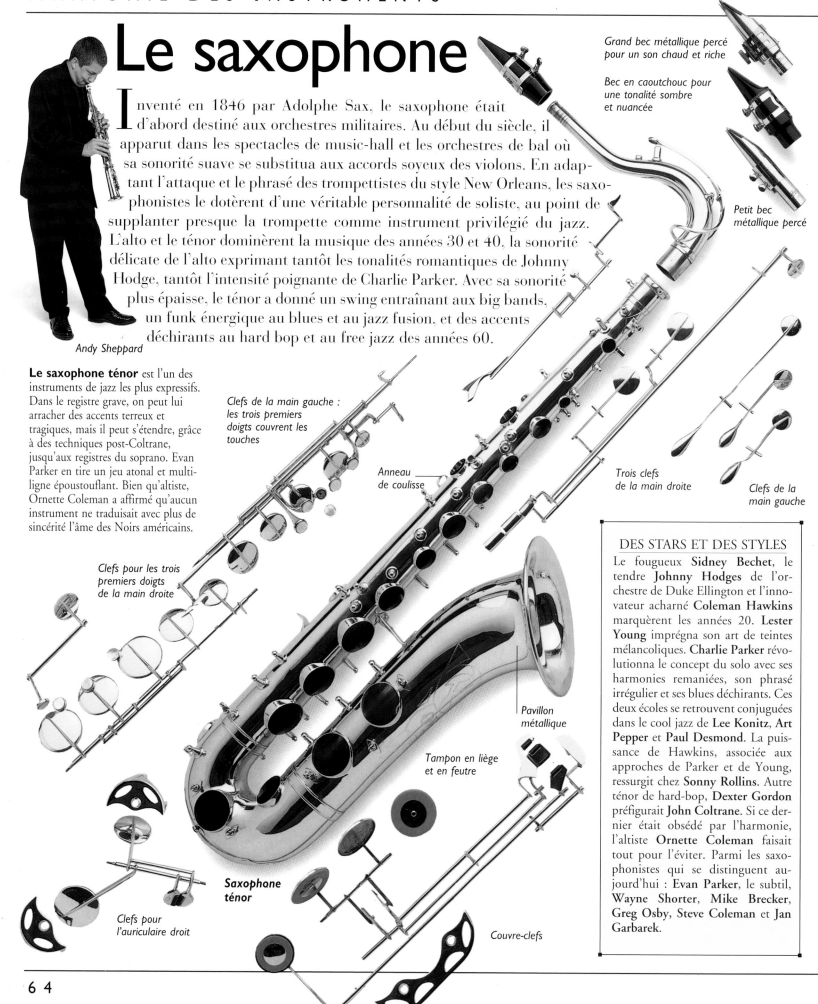

Inventé en 1846 par Adolphe Sax, le saxophone était d'abord destiné aux orchestres militaires. Au début du siècle, il apparut dans les spectacles de music-hall et les orchestres de bal où sa sonorité suave se substitua aux accords soyeux des violons. En adaptant l'attaque et le phrasé des trompettistes du style New Orleans, les saxophonistes le dotèrent d'une véritable personnalité de soliste, au point de supplanter presque la trompette comme instrument privilégié du jazz. L'alto et le ténor dominèrent la musique des années 30 et 40, la sonorité délicate de l'alto exprimant tantôt les tonalités romantiques de Johnny Hodge, tantôt l'intensité poignante de Charlie Parker. Avec sa sonorité plus épaisse, le ténor a donné un swing entraînant aux big bands, un funk énergique au blues et au jazz fusion, et des accents déchirants au hard bop et au free jazz des années 60.

Andy Sheppard

Grand bec métallique percé pour un son chaud et riche

Bec en caoutchouc pour une tonalité sombre et nuancée

Petit bec métallique percé

Le saxophone ténor est l'un des instruments de jazz les plus expressifs. Dans le registre grave, on peut lui arracher des accents terreux et tragiques, mais il peut s'étendre, grâce à des techniques post-Coltrane, jusqu'aux registres du soprano. Evan Parker en tire un jeu atonal et multiligne époustouflant. Bien qu'altiste, Ornette Coleman a affirmé qu'aucun instrument ne traduisait avec plus de sincérité l'âme des Noirs américains.

Clefs de la main gauche : les trois premiers doigts couvrent les touches

Anneau de coulisse

Trois clefs de la main droite

Clefs de la main gauche

Clefs pour les trois premiers doigts de la main droite

Pavillon métallique

Tampon en liège et en feutre

Saxophone ténor

Clefs pour l'auriculaire droit

Couvre-clefs

DES STARS ET DES STYLES

Le fougueux **Sidney Bechet**, le tendre **Johnny Hodges** de l'orchestre de Duke Ellington et l'innovateur acharné **Coleman Hawkins** marquèrent les années 20. **Lester Young** imprégna son art de teintes mélancoliques. **Charlie Parker** révolutionna le concept du solo avec ses harmonies remaniées, son phrasé irrégulier et ses blues déchirants. Ces deux écoles se retrouvent conjuguées dans le cool jazz de **Lee Konitz**, **Art Pepper** et **Paul Desmond**. La puissance de Hawkins, associée aux approches de Parker et de Young, ressurgit chez **Sonny Rollins**. Autre ténor de hard-bop, **Dexter Gordon** préfigurait **John Coltrane**. Si ce dernier était obsédé par l'harmonie, l'altiste **Ornette Coleman** faisait tout pour l'éviter. Parmi les saxophonistes qui se distinguent aujourd'hui : **Evan Parker**, le subtil, **Wayne Shorter**, **Mike Brecker**, **Greg Osby**, **Steve Coleman** et **Jan Garbarek**.

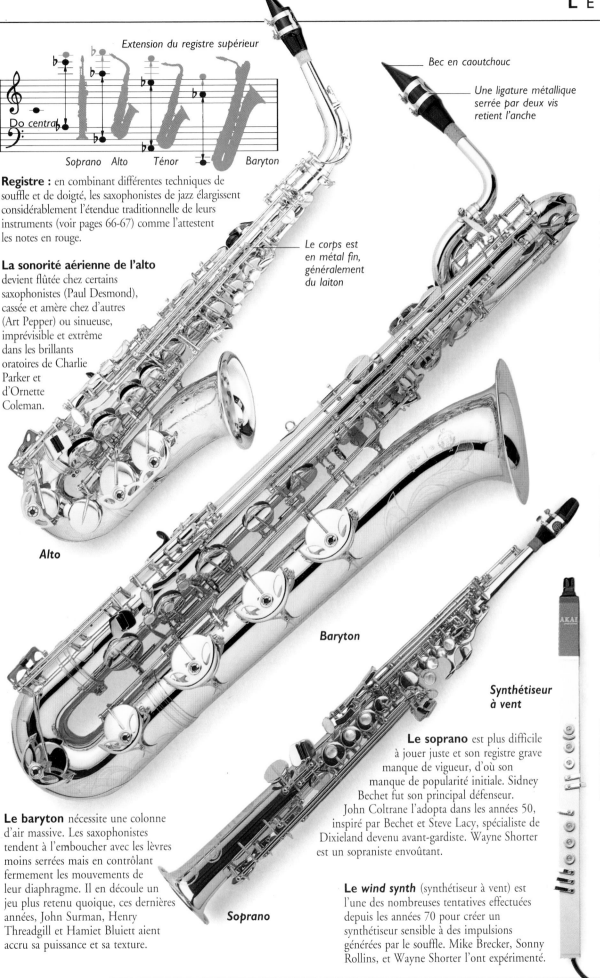

Extension du registre supérieur

Do central

Soprano   Alto   Ténor   Baryton

Registre : en combinant différentes techniques de souffle et de doigté, les saxophonistes de jazz élargissent considérablement l'étendue traditionnelle de leurs instruments (voir pages 66-67) comme l'attestent les notes en rouge.

La sonorité aérienne de l'alto
devient flûtée chez certains saxophonistes (Paul Desmond), cassée et amère chez d'autres (Art Pepper) ou sinueuse, imprévisible et extrême dans les brillants oratoires de Charlie Parker et d'Ornette Coleman.

Le corps est en métal fin, généralement du laiton

Alto

Baryton

Le baryton nécessite une colonne d'air massive. Les saxophonistes tendent à l'emboucher avec les lèvres moins serrées mais en contrôlant fermement les mouvements de leur diaphragme. Il en découle un jeu plus retenu quoique, ces dernières années, John Surman, Henry Threadgill et Hamiet Bluiett aient accru sa puissance et sa texture.

Soprano

Bec en caoutchouc

Une ligature métallique serrée par deux vis retient l'anche

Synthétiseur à vent

Le soprano est plus difficile à jouer juste et son registre grave manque de vigueur, d'où son manque de popularité initiale. Sidney Bechet fut son principal défenseur. John Coltrane l'adopta dans les années 50, inspiré par Bechet et Steve Lacy, spécialiste de Dixieland devenu avant-gardiste. Wayne Shorter est un sopraniste envoûtant.

Le *wind synth* (synthétiseur à vent) est l'une des nombreuses tentatives effectuées depuis les années 70 pour créer un synthétiseur sensible à des impulsions générées par le souffle. Mike Brecker, Sonny Rollins, et Wayne Shorter l'ont expérimenté.

L'anche

Elle est en jonc ou en plastique. Sous l'action de l'air, elle vibre contre la paroi interne du bec, déterminant le volume et le timbre du son.

Quand l'anche est trop dure
(ce qui gêne le passage de l'air), elle peut être limée avec un couteau. Les anches limées de façon irrégulière réduisent la projection du son.

Quand l'anche est devenue trop molle (ou trop mince) et adhère à la paroi interne (ce qui diminue le son) on peut couper son extrémité.

L'humidification de l'anche prévient les couacs. Il est préférable de la laisser tremper avant de se servir de l'instrument. En cas d'urgence, on peut l'humecter avec la salive.

Bonne anche, limée de façon régulière, plus épaisse au centre

Anche irrégulière, plus épaisse sur un côté

Position des lèvres

Il existe deux méthodes. Dans la première, illustrée ci-dessus sur un saxophone ténor, les deux lèvres sont rentrées sur les dents. Coltrane appréciait cette technique à l'ancienne empruntée à la clarinette. La tenue du saxophone dans la bouche est relativement lâche (voir page 57) ce qui lui donne une vaste étendue tonale.

La seconde méthode consiste à rentrer davantage la lèvre supérieure, celle-ci étant plus tendue que l'inférieure. C'est la technique de Sonny Rollins, mais le choix de l'une ou l'autre méthode est affaire de goût.

L'embouchure du soprano demande davantage de tension musculaire des lèvres que l'alto et le ténor. Chaque saxophoniste adopte son style personnel. Ci-dessus, Andy Sheppard joue un *fa* dièse du registre médian.

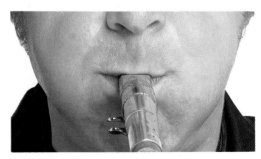

Le baryton s'embouche de manière plus relâchée que les autres saxophones. La colonne d'air dans l'instrument étant plus grande, les lèvres sont plus ouvertes et moins tendues, sauf pour le registre suraigu.

La respiration circulaire

Comme pour le chant, le phrasé et la forme d'un solo avec un instrument à vent peuvent être rompus par un manque de souffle. Outre un bon contrôle du diaphragme, les saxophonistes ont mis au point des techniques de respiration circulaire (ou de souffle continu) afin de jouer de longues phrases sans les entrecouper de silences. Ils inspirent par le nez tout en remplissant leurs joues d'air, une pratique qui demande un long entraînement.

Quand il pratique la respiration circulaire, John Surman imagine qu'il va chercher son souffle jusque dans ses genoux

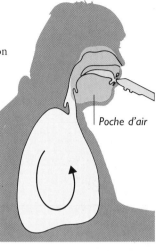

Poche d'air

Pour avoir une respiration continue, le saxophoniste inspire en gonflant sa poitrine et son ventre. Au cours de l'expiration, il forme une poche d'air dans ses joues et son cou. C'est cet air de réserve qui est soufflé dans l'instrument tandis que le musicien prend simultanément une nouvelle inspiration profonde. Rahsaan Roland Kirk et Pharoah Sanders ont adopté cette technique.

La posture

A la longue, une mauvaise posture peut entraîner des troubles musculaires. Andy Sheppard affirme qu'il parvient mieux à s'exprimer en jouant légèrement penché en avant avec une épaule voûtée.

Le doigté

Jean Toussaint joue un la avec le doigté normal

La main droite ne touche pas les clefs

Comme pour la clarinette et les bois, les notes du saxophone peuvent être jouées avec un doigté « correct » ou « factice », ce dernier permettant des effets intéressants dans une musique qui ne se soucie pas de pureté tonale. Ci-dessus, le doigté correct pour jouer un *la*.

La fermeture de certaines clefs inférieures produit un harmonique

Avec le doigté « factice », un jeu expert des muscles labiaux et l'obturation des clefs du bas du saxophone donnent un *la* avec des harmoniques différents et un timbre plus indirect. L'alternance des deux doigtés produit un effet « wah-wah ». Cette technique permet également d'élargir le registre aigu.

Les harmoniques

Pour produire une note normale, on embouche le saxophone avec la technique conventionnelle. Avec un courant d'air régulier et une mâchoire relativement lâche, le son est rond et stable.

On obtient l'harmonique (un son aigu, comme sifflé) avec le même doigté mais en augmentant la pression d'air, en serrant davantage les lèvres et en avançant le menton. Ces notes sont difficiles à tenir mais permettent des effets spéciaux fort utiles.

Les effets spéciaux

En claquant les clefs d'un coup sec, doigts écartés, on obtient un effet percutant et bluesy. Toutefois, c'est une technique difficile à maîtriser car elle ralentit le doigté. Sonny Rollins y est passé maître et le fait avec une rapidité inouïe.

Hérité du music-hall, **le slap-tonguing** est encore utilisé occasionnellement. La langue crée un effet de ventouse en plaquant l'anche contre le bec, puis elle se retire brusquement en produisant un claquement sec. Andy Sheppard l'utilise dans ses solos.

Les bois

Lindsay Cooper

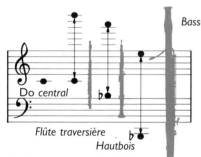

S i bon nombre d'orchestres de jazz s'agrandirent au cours de la première moitié du siècle, pratiquement aucun ne modifia le pupitre traditionnel des vents. C'était comme si certains instruments étaient indissociables des grands classiques européens au point que les jazzmen ne pouvaient s'en emparer sans compromettre leur vitalité et leur indépendance vis-à-vis des règles formelles de la musique. Ce n'est qu'après la Seconde Guerre mondiale que ces inhibitions commencèrent à tomber. Le hautbois et le basson avaient déjà apporté leur parfum musqué et romantique aux compositions d'avant-guerre, mais ils ne commencèrent à se faire entendre en solos qu'à partir des années 50. Les flûtes firent leur apparition à la même époque, généralement comme instrument secondaire des saxophonistes. Avec le swing mainstream et les styles plus décontractés de la côte ouest, les flûtistes montrèrent qu'ils pouvaient eux aussi faire des attaques percutantes et improviser avec candeur sans perdre leur délicatesse traditionnelle.

DES STARS ET DES STYLES

Le hautbois et le basson figurent rarement en solos, bien que **Yusef Lateef** les utilisent tous deux. **Paul McCandles** est un hautboïste expressif et **Lindsay Cooper** une pionnière du mélange des genres. La flûte traversière est entrée dans le jazz avec **Jerome Richardson** et **Frank Wess**. **Bud Shank** a pris la relève et Yusef Lateef y a ajouté un parfum d'Orient. **Herbie Mann** a enregistré le disque culte *Memphis Underground*. **Eric Dolphin** jouait en demi-teinte. **Sahib Shihab** a popularisé le quintoiement que **Rahsaan Roland Kirk** a porté à son apogée.

Basson

Do central

Flûte traversière

Hautbois

Registre : à eux trois, la flûte traversière, le hautbois (soprano) et le basson couvrent une étendue considérable, celle du basson commençant en dessous de la clef de *fa*.

Le basson est un instrument à anche double, avec un long tube légèrement conique. Son timbre varie considérablement du riche et râpeux dans le grave au léger et mélancolique dans le médium.

Double anche en bambou

Hautbois

Basson

Nâgasvaram

Le hautbois, instrument à double anche, doit son nom à son corps en bois et à sa sonorité brillante et tranchante. Son système de clefs a été progressivement augmenté. Selon le calibre et la taille des anches de l'instrument, son timbre varie considérablement.

Le nâgasvaram, surtout utilisé en jazz par le saxophoniste Charlie Mariano, a une double anche et un son aigu. Il occupe un rôle central dans le répertoire classique de l'Inde du sud.

La flûte traversière se joue, comme son nom l'indique, latéralement. Les doigts courent horizontalement le long de l'instrument. Elle est constituée de trois segments, le troisième supportant le mécanisme des clefs qui élargit le registre grave.

Plaque d'embouchure **Flûte traversière** *Clefs*

Les anches

L'hautboïste et le bassoniste envient le saxophoniste car, contrairement à lui, ils doivent consacrer beaucoup de temps à l'entretien de leurs anches. L'anche double en bambou des bois est petite et fragile. Une modification infime de son écartement entraîne des altérations non négligeables du son. De nombreux instrumentistes taillent leurs anches sur mesure pour leur timbre particulier et leur type de musique. Les deux languettes sont retenues par un lien en plastique, autrefois du coton laqué.

Émission d'une note

Les hautboïstes sont plus exposés que d'autres aux thromboses coronariennes. La mince colonne d'air et l'écartement réduit des lèvres nécessaires pour jouer de cet instrument impliquent une plus grande pression de souffle que pour le basson. En revanche, un passage d'air limité signifie qu'on peut jouer de longs passages sans respirer.

L'écrivain Sacheverell Sitwell a décrit le son du basson comme « la voix d'un dieu marin ». Son corps en bois replié sur lui-même mesure plus de 2,5 m de long.

L'anche double du basson, comme celle de tous les bois, fait aussi office d'embouchure. Les dents ne pouvant pas être directement en contact avec elle, contrairement au cas du saxophone, les lèvres sont légèrement rentrées et serrées.

Dans le cas du hautbois, les muscles latéraux de la bouche sont plus contractés et les lèvres plus serrées. La sonorité claire du hautbois nécessite de jouer la bouche presque fermée. Il est difficile à jouer vite et juste.

Les sons de la flûte traversière, contrairement à ceux des autres bois, sont obtenus par l'une des techniques instrumentales les plus anciennes : en soufflant sur le bord d'une embouchure sans anche pour faire vibrer la colonne d'air.

Chanter et souffler simultanément. Des flûtistes tels que Sahib Shihab et le grand multi-instrumentaliste Rahsaan Roland Kirk ont développé cette technique du quintoiement. Les notes chantées et jouées sont généralement espacées d'une octave, les harmoniques produisant une sonorité âpre et étouffée. Les bruits de claquements faits avec les lèvres donnent à la flûte une qualité emphatique très différente de son intonation habituelle.

Pour accéder au registre aigu de la flûte traversière, la colonne d'air doit être raccourcie en ouvrant les clefs de tonalité ou en soufflant plus fort.

Un microphone amplifie le son

Eddie Parker

Le doigté

Au XIXᵉ siècle, le flûtiste allemand Théobald Boehm inventa un système de clefs pour faciliter le jeu de la flûte et augmenter son étendue. Les flûtes ont une sonorité fragile et aérienne qu'aucun autre instrument ne peut restituer. Cette qualité envoûtante a été préservée par le système Boehm qui a ensuite été appliqué au hautbois, au basson et à la clarinette, les améliorant tous.

Clef

Le doigté jazz du hautbois est le même que pour la musique classique. Le musicien obtient des variations de timbre et d'expression par le phrasé.

Clef utilisée le plus souvent par le pouce

Le mécanisme des clefs sur le basson est compliqué et l'instrument reste difficile à manier, notamment pour les phrasés rapides, ce qui a limité son utilisation en jazz. A lui seul, le pouce droit doit couvrir dix clefs différentes situées dans la partie inférieure de l'instrument.

La batterie

Mark Mondesir

Depuis toujours, les tambours sont associés à la guerre et aux danses rituelles. Ils constituent les battements de cœur du jazz. La musique importée en Amérique par les Noirs a donné au rythme la place prépondérante que la mélodie et l'harmonie occupaient en Occident. Bien que la subtilité des tambours ouest-africains ne soit réapparue que tardivement dans le jazz, il n'y a pas loin entre l'expressivité des tamtams « parlants » d'Afrique et le jeu complexe, spectaculaire et polyrythmique d'un Max Roach ou d'un Elvin Jones. Les premiers accords de jazz furent étayés par la grosse caisse des fanfares. Puis, peu à peu, les batteurs enrichirent leur jeu d'accompagnement des solistes. Bientôt, le tempo régulier et dansant du swing se mua en contretemps provocant du bebop. L'avant-garde des années 60 substitua un flux et reflux de textures percutantes aux pulsations claires et entraînantes de la cymbale. Les percussionnistes firent leur apparition aux côtés des batteurs et, dès le début des années 90, les sections rythmiques maîtrisaient des styles d'une virtuosité éblouissante qui mariaient le bop, le free jazz, le funk, le hip hop et les rythmes latins.

DES STARS ET DES STYLES

Warren « Baby » Dodds et **Zutty Singleton** utilisaient des wood-blocks ou des caisses claires pour la ponctuation, et des cymbales pour l'emphase. **Dave Tough**, **Gene Krupa**, **Cozy Cole** et **Jo Jones** développèrent les quatre temps égaux du swing. Le batteur de Fletcher Henderson, **Walter Johnson**, inventa un style enlevé avec une alternance de coups à la *high-hat*. Krupa conçut le spectaculaire solo de batterie et **Buddy Rich** fut son disciple le plus célèbre. Les batteurs de bop **Kenny Clarke**, **Max Roach** et **Art Blakey** amplifièrent le Cha-bada par une ponctuation irrégulière sur les autres éléments, **Elvin Jones**, **Tony Williams**, **Jack DeJohnette**, **Jeff Watts** et **Tony Oxley**, en arrivent au point où la notion du temps est constamment réinterprétée. Les batteurs de cool jazz comme **Shelly Manne**, **Joe Morello** et **Paul Motian** conjuguent subtilité et précision.

Baguette

Mailloche

Balai de fils d'acier

Le simdrums, ou « synthétiseur de batterie », est constitué d'un jeu de tampons qui complète parfois la batterie, voire la remplace. Chaque tampon est programmé pour produire un son déterminé qui peut être modifié par une console centrale ou des boutons réglables sur le tampon. Bien qu'électroniques, les effets sont obtenus de façon traditionnelle en frappant à l'aide de baguettes. Cet instrument a été adopté par les batteurs de jazz dans les années 70.

Le maniement des baguettes

Le jazz ayant recours à des figures rapides exécutées sur la cymbale, les baguettes sont devenues de plus en plus légères. Elles sont généralement en bois, les batteurs appréciant rarement les matières synthétiques. La plupart des morceaux de batterie étant des enchaînements de sons secs et des rythmes de cymbales réguliers et sifflants, il est important d'avoir des baguettes légères et solides que l'on peut balancer aisément entre les doigts et la paume. Pour obtenir des effets plus marqués, on utilise parfois les mailloches classiques à tête en feutre, en bois, en plastique ou en balles de coton. Pour un accompagnement en douceur, le batteur a plutôt recours à des balais métalliques avec lesquels il caresse la surface des tambours ou fait retentir un léger crépitement sur les cymbales.

Tenues fermement, les baguettes ont une plus grande force de frappe et soulignent davantage le tempo. La façon de tenir les baguettes détermine la qualité du son, selon que le batteur souhaite marquer des pulsations claires et résonnantes ou donner l'impression d'un rythme lâche et flottant.

Une légère pression de l'index, du majeur et du pouce suffit à marquer un tempo léger et aérien sur la cymbale ride (voir page suivante). Avec la vitesse, la baguette semble se plier comme si elle était flexible.

La batterie

L'invention au XIXe siècle de la pédale a permis au batteur de jouer simultanément de la grosse caisse, de la caisse claire et de la cymbale high hat (petite sœur de la double cymbale Charleston). Toutefois, les premières batteries de jazz n'étaient qu'un rassemblement de simples instruments de fanfare à peine modifiés, dont une grosse caisse sur laquelle était fixée une cymbale turque, des wood-blocks (pièces de bois creuses), des cloches de vache et souvent un tom chinois. A mesure que les techniques ont évolué et que le jeu de la batterie est devenu plus rapide et léger, la taille des instruments a diminué et leur sonorité s'est affinée.

La cymbale ride s'est imposée dans les orchestres de jazz à partir du swing, marquant le rythme à trois temps, régulier et frémissant, connu sous le nom de « cha-bada ».

Cymbale ride

La cymbale ride est fixée à la grosse caisse

Tom

Tom

Cymbale high hat

Caisse claire

Sac de baguettes

Cymbale posée au sol

Grosse caisse

Quand la pédale est pressée, les deux cymbales se referment

La grosse caisse se joue en frappant la membrane avec un battant recouvert de feutre et actionné par une pédale. Sa sonorité profonde et pénétrante a occupé une place proéminente dans les orchestres de swing et a joué un rôle important dans le rock. Dans les styles récents de jazz, elle sert plutôt à offrir une variété d'accents.

Notions de base

Les principes fondamentaux
de batterie ont été mis au point sur
la caisse claire dans les années 30 et
codifiés sous le nom de *rudiments*. Ils
incluent les simples roulements et des
combinaisons frappées par les deux
baguettes à la fois pour créer un vaste
répertoire d'effets sonores.
La figure la plus simple est le
roulement, un son régulier produit par
une alternance de coups de la main
droite et de la main gauche : « ta-ta-ta-
ta ». Elle peut être difficile à exécuter,
quoique certains virtuoses, notamment
Buddy Rich, l'aient accélérée au point
de rendre les différents coups
pratiquement indissociables.

Les variations du roulement de base
comprennent :

● le double roulement *(double roll)* où,
en alternant des doubles coups d'abord
avec la main droite puis avec la
gauche, la batteur crée un effet « tata-
tata-tata-tata ».

● le fla *(flam)*, une technique très
prisée où le batteur alterne les coups
légers et accentués de sorte que les sons
se chevauchent : « tTa-tTa ». Le
premier son très bref est appelé la *grace
note*.

● le moulin *(paradiddle)* consiste à
frapper quatre notes identiques en
commençant avec la main droite
(D.G.D.D.) puis à rejouer la même
combinaison avec la main gauche
(G.D.G.G.) créant l'effet « tatatata,
tatatata ».

Posture

Un jeu de batterie détendu, fluide et musical qui s'étale sur des
heures, nuit après nuit, requiert une énergie bien dosée. La plupart
des batteurs se tiennent droits mais décontractés, à une distance de
leurs instruments leur permettant de fléchir librement les poignets
sans forcer, éventuellement les coudes près du corps. Cependant,
chacun choisit la posture qui lui convient le mieux : Jack
DeJohnette frappe les cymbales bras tendus, Buddy Rich est penché
sur sa batterie comme sur un vélo de course.

*Mark Mondesir se tient droit et
décontracté. Il installe sa batterie de
manière à pouvoir jouer n'importe quelle
combinaison sans avoir à tendre les bras*

Rim shots

Les coups frappés sur la bordure
métallique des tambours (« rim shots »)
sont apparus dans le swing des années 30,
quand les batteurs ont commencé à
diversifier leurs combinaisons
d'accompagnement. La baguette est
frappée à plat en touchant à la fois le bord
et la membrane de la caisse. Ou encore,
une baguette posée sur la membrane est
frappée avec l'autre baguette.

*Rim shot en
frappant le rebord
de la caisse*

*Une baguette
frappe l'autre, posée
sur la membrane*

Les différents styles de batterie

C'est le mélange imprévisible de tempo soutenu et de rythmes irréguliers qui donne cette impression d'énergie entraînante et anarchique. Dans la musique sud-américaine, le soul jazz, le funk, le jazz-rock et le ragtime, le tempo est généralement divisé en croches, jointes en paires d'une valeur plus ou moins identique. Dans le jazz New Orleans, le swing, le bop et le jazz modal, les croches sont le plus souvent rassemblées en triolets irréguliers.

Le tempo du be-bop, aujourd'hui souvent appelé « jazz direct », utilise fréquemment des variations sur la figure ternaire répétitive « cha-bada, cha-bada », exécutée avec la main droite sur la cymbale ride, et une ponctuation contrastante et irrégulière sur la caisse claire, les toms et la grosse caisse.

La main droite joue la cymbale ride

En frappant la cymbale ride de la main gauche, le batteur garde la main droite libre pour les autres éléments

Sac de baguettes

La structure rythmique de base du jazz fusion s'est développée dans les années 60 à partir d'un mélange hybride de rythmes latin, rock et jazzy. Le jeu de la batterie tend à se faire plus dense, exploitant constamment l'ensemble des éléments, souvent avec un flux régulier de doubles croches sur les cymbales tandis que la caisse claire souligne les « temps faibles », soit les deuxième et quatrième temps de la mesure.

La caisse claire marque le deuxième et le quatrième temps

Le soutien rythmique du style Motown et du funk des années 60 et 70 a considérablement influencé le modern jazz. Mark Mondesir considère qu'un bon batteur de funk doit comprendre le jazz. Le batteur maintient un tempo constant sur les toms et la caisse claire.

Les percussions

Nana Vasconcelos

Lorsque le batteur cubain Chano Pozo rejoignit l'orchestre de Dizzie Gillespie en 1947, il époustoufla le public new-yorkais en chantant pendant trente minutes en dialecte ouest-africain tout en déversant sur un conga un déluge de rythmes multiples aux couleurs éclatantes. Dès le début du siècle, Jelly Roll Morton avait remarqué à quel point les rythmes latins étaient plus proches de l'Afrique que les pulsations hybrides nord-américaines (il appelait le rythme caractéristique BA-ba, ba-BA, ba-ba, BA-ba la « nuance espagnole »). Aujourd'hui, des instruments sud-américains, caraïbes, asiatiques et africains se sont joints au pupitre des percussions de jazzmen toujours en quête de nouvelles sonorités.

DES STARS ET DES STYLES

La tendance lancée dans les années 40 par **Chano Pozo** est toujours d'actualité. Les chefs d'orchestre **Machito** et **Tito Puentes** donnèrent le ton. Le congaïste **Mongo Santamaria** (qui fit un tabac avec *Watermelon Man* de Herbie Hancock) inspira de nombreux percussionnistes des années 60. Le jazz fusion fut l'occasion de nombreuses retrouvailles, notamment celle des rythmes brésiliens d'**Airto Moreira**. **Trilok Gurtu** mêle jazz et techniques indiennes. L'éclectique **Nana Vasconcelos** travaille avec des orchestres classiques, des ensembles de jazz, des fanfares et des danseurs de break.

Baguette recourbée

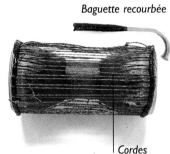

Cordes

Le tam-tam africain (ou tambour d'aisselle) a un corps résonnant cintré, lacé de cordes dans sa longueur. Instrument traditionnel disposant d'une grande gamme tonale, ses sonorités évoquent le langage parlé (d'où le terme « tambour parlant »). On en joue en frappant la membrane avec une baguette recourbée. En pressant les cordes, on peut modifier la tonalité de la note.

La cuica est un tambour à friction brésilien. Une petite baguette fixée au centre est frottée avec un chiffon humide tandis que l'autre main appuie sur la peau pour en modifier la tension et produire une sorte de gémissement souvent utilisé en jazz fusion.

Hochet et baguette

Caillou

Le berimbao est un instrument traditionnel brésilien dont le nom évoque la sonorité. Il ressemble à un arc tendu avec un fil d'acier et, à une extrémité, une calebasse faisant caisse de résonance. Il se joue avec une pierre, une pièce de monnaie, un hochet ou une baguette. Airto Moreira a répandu son utilisation dans le jazz fusion.

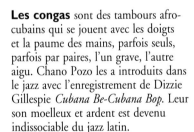

Les congas sont des tambours afrocubains qui se jouent avec les doigts et la paume des mains, parfois seuls, parfois par paires, l'un grave, l'autre aigu. Chano Pozo les a introduits dans le jazz avec l'enregistrement de Dizzie Gillespie *Cubana Be-Cubana Bop*. Leur son moelleux et ardent est devenu indissociable du jazz latin.

Baguettes liées par du ruban adhésif

Le tablâ, instrument de percussion de la musique classique indienne, est de plus en plus utilisé en jazz et dans la musique improvisée. Sa sonorité creuse et réverbérante se prête fort bien aux rythmes de jazz entre les mains de percussionnistes tels que Trilok Gurtu. Le son est obtenu en frappant le centre du tambour, puis est soutenu en exerçant une pression de la paume. Le tablâ se joue souvent accompagné d'une petite timbale.

L'uduh, emprunté aux ustensiles de cuisines des villages du Ghana, fluidifie le son généralement haché des percussions avec sa sonorité chaude et apaisante.

Les woodblocks : Nana Vasconcelos y joue avec des mailloches ou des brosses.

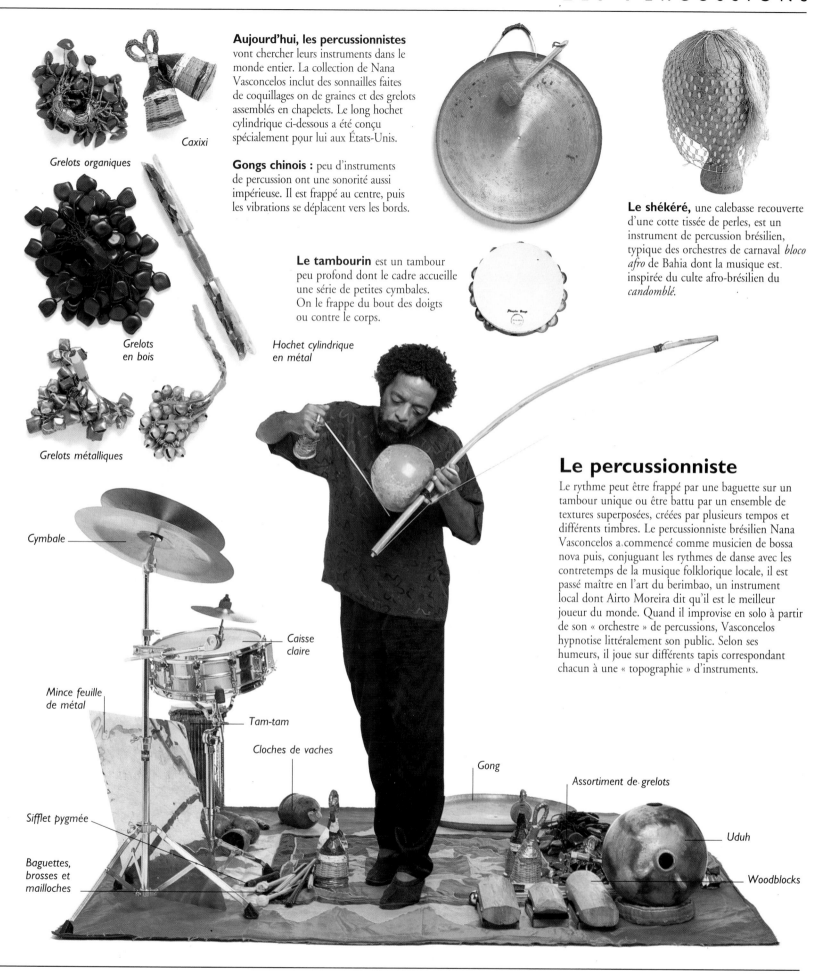

Aujourd'hui, les percussionnistes vont chercher leurs instruments dans le monde entier. La collection de Nana Vasconcelos inclut des sonnailles faites de coquillages on de graines et des grelots assemblés en chapelets. Le long hochet cylindrique ci-dessous a été conçu spécialement pour lui aux États-Unis.

Gongs chinois : peu d'instruments de percussion ont une sonorité aussi impérieuse. Il est frappé au centre, puis les vibrations se déplacent vers les bords.

Le tambourin est un tambour peu profond dont le cadre accueille une série de petites cymbales. On le frappe du bout des doigts ou contre le corps.

Le shékéré, une calebasse recouverte d'une cotte tissée de perles, est un instrument de percussion brésilien, typique des orchestres de carnaval *bloco afro* de Bahia dont la musique est. inspirée du culte afro-brésilien du *candomblé.*

Caxixi

Grelots organiques

Grelots en bois

Grelots métalliques

Hochet cylindrique en métal

Le percussionniste

Le rythme peut être frappé par une baguette sur un tambour unique ou être battu par un ensemble de textures superposées, créées par plusieurs tempos et différents timbres. Le percussionniste brésilien Nana Vasconcelos a commencé comme musicien de bossa nova puis, conjuguant les rythmes de danse avec les contretemps de la musique folklorique locale, il est passé maître en l'art du berimbao, un instrument local dont Airto Moreira dit qu'il est le meilleur joueur du monde. Quand il improvise en solo à partir de son « orchestre » de percussions, Vasconcelos hypnotise littéralement son public. Selon ses humeurs, il joue sur différents tapis correspondant chacun à une « topographie » d'instruments.

Cymbale

Caisse claire

Mince feuille de métal

Tam-tam

Sifflet pygmée

Cloches de vaches

Gong

Assortiment de grelots

Baguettes, brosses et mailloches

Uduh

Woodblocks

La main et le bras
pressent les cordes

Le tam-tam

Autrefois destinés à transmettre des messages, les tam-tams étaient construits sur la côte est comme sur la côte ouest de l'Afrique ainsi que dans certaines régions d'Asie du Sud-Est. D'une grande expressivité, ils imitent les intonations du langage parlé. Les cordes sont pressées sous l'aisselle et pincées avec les doigts, tandis que la peau est frappée avec une baguette pour obtenir une grande variété de sonorités et d'effets.

En coinçant le tambour entre le coude et le genou, Nana Vasconcelos garde la paume et les doigts libres pour jouer. En retenant et en lâchant alternativement le tambour sous le bras, le son est plus percutant

Lâcher et resserrer les cordes sous le bras modifie le son

La musique corporelle

Lorsqu'on a demandé au pianiste sud-africain Abdullah Ibrahim quelle était la première musique qu'il avait entendue, il a répondu : « les battements de mon cœur ». Le corps humain est l'instrument de percussion le plus fondamental. Seul sur scène, Nana Vasconcelos va souvent puiser son inspiration à la source même des percussions et du chant qu'il complète par la danse, la pantomime et le théâtre musical. Toutefois, si son art est toujours étroitement lié à la musique traditionnelle brésilienne, avec son mélange de rythmes légers et fluides et les sonorités puissantes de l'Amazonie, il a

découvert, comme beaucoup d'autres chanteurs et percussionnistes inventifs, que la musique pouvait également être jouée sans autres instruments que ceux que la nature lui avait donnés. Pendant des millénaires, les rituels religieux et les danses collectives ont été rythmés par des claquements de mains et des martèlements de pieds. De fait, les rythmes multiples et subtils de ces « instruments corporels » étaient parfois le seul mode d'expression des esclaves noirs en Amérique où les tambours étaient interdits en raison de leurs connotations subversives.

Les timbres et les textures contrastés des tambours peuvent être reproduits en frappant les membres et la poitrine. Nana Vasconcelos les associe à des sifflements et des sons chantés, tout en projetant sa voix comme un ventriloque.

Une séquence commence parfois par un claquement de mains

La voix est projetée

Une tape sonore sur les côtes et l'épaule

Une claque sur le haut de la cuisse

Le mime, la voix et la danse sont indissociables

Sonnailles et hochets

En Amérique latine, des instruments sans tonalité particulière produisent des résonances toutes aussi vitales à l'énergie vibrante de la musique que les instruments conventionnels. Les percussionnistes utilisent un large éventail de sonnailles et de hochets, certains en matières naturelles (à l'origine, les maracas étaient des calebasses creuses remplies de graines).

Bien qu'incapables de produire une « mélodie » dans le sens européen du terme, ils peuvent évoquer une série d'humeurs, d'effets et de contrastes aussi variés que ceux des instruments classiques : un bruissement de feuilles agitées par le vent, des craquements de pas approchant dans le sous-bois ou encore le fracas des vagues déferlant sur le rivage.

Le gong

Les gongs sont très présents dans la musique et les rituels d'Asie du Sud-Est. Leur sonorité est si puissante et emphatique qu'ils servent surtout à produire un effet isolé dans la musique improvisée, quoique certaines musiques asiatiques utilisent des gongs de timbres différents qui se jouent en groupe. Le martèlement rapide du gong imite un roulement de tonnerre.

Vasconcelos fredonne dans les vibrations du bord supérieur du gong

Certaines sonnailles produisent un son doux et caressant

Clochettes mélodieuses et aériennes

Des hochets et sonnailles font monter la tension dramatique

Un hochet métallique crée une clameur joyeuse

Les woodblocks

Une technique improvisée : souffler dans la calebasse

Le berimbao

Le berimbao a été introduit au Brésil par les esclaves bantous. Lorsque le fil métallique vibre, la calebasse creuse pressée contre la poitrine du musicien fait caisse de résonance. La musique qui accompagne le *capoeira*, l'art martial brésilien, a développé quatre rythmes spécifiques pour l'instrument, normalement joués sur quatre berimbaos différents. Nana Vasconcelos les joue simultanément sur un seul instrument, ajoutant quelques techniques de son cru, comme passer une baguette autour de l'orifice de la calebasse ou souffler à l'intérieur.

Selon leur épaisseur, les pièces de bois creuses émettent une sonorité différente. Les matières utilisées pour les frapper, qu'il s'agisse de baguettes ou de petits marteaux, font ressortir d'autres qualités. L'improvisation ci-dessus associe le timbre clair des woodblocks au son fluide et moelleux de l'uduh, joué avec la paume de la main.

La technique traditionnelle du berimbao

Glisser une pierre le long de la corde fait ployer la note

La baguette et le hochet de la main droite battent d'autres rythmes

Le vibraphone

Avec sa sonorité légèrement métallique, sa tonalité fixe et son vibrato moelleux, le vibraphone semblait peu adapté au jazz. Pourtant, en tant qu'instrument à percussion au potentiel mélodique équivalent à celui du piano, il s'y prête mieux qu'on aurait pu le penser et d'ingénieux jazzmen ont su l'exploiter avec tempérament et sentiment. Apparu aux États-Unis en 1916, le vibraphone a intégré les orchestres de jazz dans les années 30, généralement comme instrument secondaire (pour sa sonorité nouvelle).

Le saxophoniste Adrian Rollini l'adopta, suivi par Lionel Hampton qui avait commencé sa carrière comme batteur. Cependant, son timbre chatoyant et délicat n'est pas sa seule vertu. Avec le swing, il a prouvé qu'il était capable d'attaques audacieuses. Les be-boppers lui ont fait jouer des blues poignants et ont créé des phrasés complexes sans rien perdre de sa sonorité cristalline.

*Orphy
Robinson*

DES STARS ET DES STYLES
Lionel Hampton jouait avec l'énergie d'un batteur. **Red Norvo** savait transmettre un lyrisme nuancé. **Milt Jackson** avait un doigté bluesy et des attaques funky. **Teddy Charles** et **Terry Gibbs** jouaient du bop, **Cal Tjader** un jazz latin, **Gary Burton** du jazz fusion, tandis que **Bobby Hutcherson** et **Walt Dickerson** sont proches de Coltrane.

Comment on en joue

Le vibraphone est constitué d'un jeu de lattes de métal suspendues horizontalement sur des cordes et placées comme des touches de piano pour couvrir trois octaves. Chaque latte repose un tube résonateur vertical qui fonctionne comme un tuyau d'orgue lorsqu'elle frappée par une mailloche. Cette résonance peut être soumise à un vibrato modulable. Comme au piano, une pédale permet de prolonger les notes.

Le son diffère selon que la tête de mailloche est en caoutchouc ou en fil

Le vibraphoniste britannique Orphy Robinson a redonné à l'instrument une vigueur proche de celle de la batterie, trouvant son inspiration dans le funk et la musique africaine

Une palette pivotante est placée sous la lame à l'intérieur du tube résonateur. Sa vitesse de rotation détermine l'intensité de l'effet de vibrato caractéristique.

Une courroie de ventilateur actionnée par un moteur silencieux fait pivoter les palettes. Le musicien peut régler la vitesse de rotation ou couper le moteur pour ne plus avoir de vibrato, laissant les palettes verticales et les tubes ouverts.

La pédale contrôle la durée du son, comme au piano

Styles de jeu

Le vibraphone offre des qualités de son très variées, tantôt des accents si légers et langoureux qu'on en oublie qu'il s'agit d'un instrument à percussion, tantôt des phrases puissantes et emphatiques dans la lignée du swing endiablé de Lionel Hampton. Les musiciens de jazz tendant désormais à se libérer du joug des cuivres et des anches traditionnels, la sonorité particulière du vibraphone en fait un instrument de plus en plus attirant.

Pour les phrasés rapides et improvisés proches du bop, on utilise le plus souvent deux mailloches. La qualité du son dépend non seulement du type de mailloches et du degré de vibrato, mais aussi du point d'impact sur les lames. Frappées aux extrémités, elles produisent un son dur et étouffé ; plus près du centre, un son ample et rond.

Les accords se jouent avec quatre mailloches. Les vibraphonistes confirmés effectuent des séquences d'accords à une vitesse hallucinante. Celles-ci se sont développées à mesure que le vibraphone a pris une place plus importante dans le jazz, enrichissant ses fines tonalités aériennes et élargissant la gamme de ses harmoniques subtils.

Les notes « traînées », une technique délicate, produisent un effet de liaison bluesy qui rappelle la guitare. Depuis les années 60, l'Américain Gary Burton utilise une méthode qui consiste à frapper la lame juste au-dessus de la corde avec une petite mailloche à tête dure qu'il traîne ensuite sur toute la longueur de la lame.

La marimba

« Marimba » est le nom africain du xylophone. Sous sa forme la plus répandue, elle présente de nombreux points communs avec le vibraphone. Ses lattes sont en bois et des tubes de bambou ou des calebasses font office de résonateur. Bien que sa sonorité soit moins riche que celle du vibraphone, son timbre chaleureux a séduit plus d'un vibraphoniste. Il en existe différents modèles (certains s'attachent autour de la taille, d'autres sont immenses). La marimba est couramment utilisée en Amérique centrale.

Les clefs étant toutes situées sur un même plan, on joue avec une mailloche dans chaque main, ou deux par main pour les accords

La pédale permet de prolonger une phrase mélodique

Cette mailloche moyennement dure recouverte de fil peut être utilisée indifféremment pour la marimba et le vibraphone

Les techniques de jeu sur la marimba et le vibraphone sont très similaires. La marimba d'orchestre a en moyenne une étendue de trois octaves et demie. Comme pour le vibraphone, le timbre varie en fonction du matériel utilisé pour la tête de mailloche et la partie de la lame qui est frappée.

Les claviers

Instrument à tonalité fixe, dépourvu du cri envoûtant des cuivres, le piano est l'outil principal du compositeur de jazz et constitue un orchestre miniature. Après avoir traduit la force brute des premiers blues et du boogie, il rythma la démarche élégante du ragtime. Le jazz l'entraîna ensuite dans la foulée entraînante du stride des années 30, atteignant son apogée avec Art Tatum, dont les deux mains entraient en communion tonitruante. Puis le be-bop imposa à tous les instruments une sonorité « cuivrée », repoussant toujours plus loin les limites harmoniques. Les pianistes suivirent le mouvement avec un jeu rapide de la main droite tandis que la gauche esquissait des accords espacés et fragmentaires. Le funk et le free-jazz amenèrent des styles pianistiques plus percutants et plus denses.

Bien que les orgues électroniques aient élargi le registre des claviers à partir des années 60, les virtuoses du piano acoustique sont toujours autant appréciés. Beaucoup jouent du be-bop, mais un regain d'intérêt pour les styles passés a ressuscité un grand nombre des techniques de clavier orchestral à deux mains des décennies précédentes.

Julian Joseph

Le piano à queue et le piano droit continuent d'être l'instrument principal des pianistes·de jazz. Leur étendue est de sept octaves. Les touches actionnent des marteaux qui percutent des cordes, produisant le son. Capables d'émettre un grand nombre de notes à la fois, ils accompagnent parfaitement un soliste.

L'orgue Hammond, très prisé des musiciens de soul jazz des années 50 pour ses basses résonnantes, ses aigus perçants et son effet « wah-wah » soutenu. Sa conception remonte à 1935 (Fats Waller l'a utilisé en 1939). Un réflecteur pivotant inséré dans le haut-parleur Leslie (à gauche) produit l'effet de vibrato.

Les pédales contrôlent le volume et la durée du son

Grand piano à queue de concert

Le haut-parleur lui donne sa tonalité caractéristique

Orgue Hammond B3

Le Fender Rhodes, commercialisé en 1965, fut le premier orgue électrique couramment utilisé en jazz. Comme dans le piano, des marteaux percutent des câbles, mais ceux-ci sont reliés à des lames résonnantes qui complètent et enrichissent les vibrations. En outre, les marteaux sont en caoutchouc. L'orgue produit un son carillonnant caractéristique que Herbie Hancock, Joe Zawinul et Chick Corea ont su exploiter avec créativité.

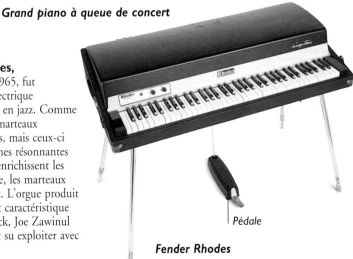

Pédale

Fender Rhodes

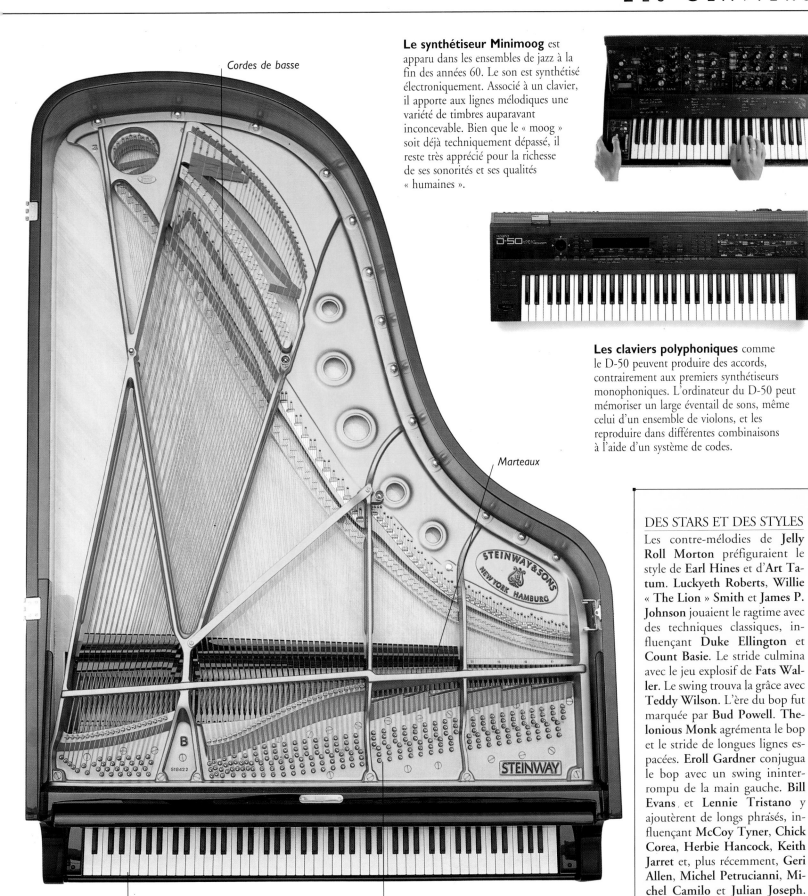

Cordes de basse

Le synthétiseur Minimoog est apparu dans les ensembles de jazz à la fin des années 60. Le son est synthétisé électroniquement. Associé à un clavier, il apporte aux lignes mélodiques une variété de timbres auparavant inconcevable. Bien que le « moog » soit déjà techniquement dépassé, il reste très apprécié pour la richesse de ses sonorités et ses qualités « humaines ».

Les claviers polyphoniques comme le D-50 peuvent produire des accords, contrairement aux premiers synthétiseurs monophoniques. L'ordinateur du D-50 peut mémoriser un large éventail de sons, même celui d'un ensemble de violons, et les reproduire dans différentes combinaisons à l'aide d'un système de codes.

Marteaux

Clefs d'accordement

Clavier

DES STARS ET DES STYLES

Les contre-mélodies de **Jelly Roll Morton** préfiguraient le style de **Earl Hines** et d'**Art Tatum**. Luckyeth Roberts, Willie « The Lion » Smith et James P. Johnson jouaient le ragtime avec des techniques classiques, influençant **Duke Ellington** et **Count Basie**. Le stride culmina avec le jeu explosif de **Fats Waller**. Le swing trouva la grâce avec **Teddy Wilson**. L'ère du bop fut marquée par **Bud Powell**. **Thelonious Monk** agrémenta le bop et le stride de longues lignes espacées. **Eroll Gardner** conjugua le bop avec un swing ininterrompu de la main gauche. **Bill Evans** et **Lennie Tristano** y ajoutèrent de longs phrasés, influençant **McCoy Tyner, Chick Corea, Herbie Hancock, Keith Jarret** et, plus récemment, **Geri Allen, Michel Petrucianni, Michel Camilo** et **Julian Joseph**. Dans le style « free », **Cecil Taylor** est envoûtant.

Styles de jeu

Le stride piano – jusqu'à ce que les pianistes de jazz commencent à tisser de longs enchaînements de notes pour faire écho à un solo de cuivre – associait un répertoire de trilles, d'accords et de figures rapide de la main droite à une alternance de notes de basses et d'accords de la main gauche. Les basses correspondent aux « temps forts » (le premier et troisième), les accords aux temps faibles (le deuxième et le quatrième).

Figure de stride pour la main gauche

La main couvre plus d'une octave par accord

La main gauche effectue en permanence un mouvement de va-et-vient

Le boogie-woogie et le blues
faisaient appel à un style pianistique plus simple et direct que le ragtime et le stride, ces derniers nécessitant une grande technique. La « marche » est une séquence régulière et répétitive de brèves basses égales. La main droite fait se chevaucher des blanches et des noires pour imiter le glissando des cuivres, ponctuant son jeu de courtes suites et d'accords.

La main gauche joue deux séries égales de doubles croches, commençant et s'achevant à l'octave

La main droite reste en retrait

La main gauche répète le motif de marche

Accords rapides de la main gauche

Suites de longues phrases mélodiques

Les solistes de be-bop aimant s'écarter des harmonies fondamentales, les pianistes les ont suivis en rendant les figures de la main gauche moins systématiques. En outre, la contrebasse assumant le rôle de marqueur rythmique, les pianistes purent disposer plus librement de leur main gauche. Au piano, le style bop se distingue par des accords piqués de la main gauche tandis que la main droite improvise une ligne mélodique.

Partie de la mélodie jouée à gauche

Rares accords de la main gauche

Des pianistes comme Herbie Hancock utilisent un travail d'accords et un vaste vocabulaire harmonique très proche de la tradition classique européenne. Les deux mains, également créatives sur les touches, nécessitent une grande virtuosité. Grand pianiste de jazz, Hancock a également créé quelques-uns des morceaux de funk les plus marquants.

L'accord dissonant utilisant de nombreuses notes est typique de ce style qui monopolise les deux mains

Les harmonies sont colorées et complexes

La pédale

La pédale du piano souligne les contrastes et les nuances du jazz. Ici, la pédale dite « forte » est pressée au moment où les mains viennent de jouer un accord. Le son s'attarde, bien que les touches n'aient été appuyées que brièvement.

Les mains se soulèvent après avoir joué un accord

La pédale droite est pressée pour prolonger le son

Julian Joseph montre un jeu plus pianistique

Les claviers électriques

A partir des années 50, le recours de plus en plus fréquent à l'amplification a profondément transformé le piano acoustique. Le jazz ayant été longtemps considéré comme une musique secondaire, le pianistes devaient souvent jouer sur des pianos mal accordés, d'où le grand succès des claviers électriques portables. Ils n'ont jamais remplacé les pianos acoustiques, mais ils sont appréciés pour leurs qualités intrinsèques.

Jason Rebello

La main gauche règle le modulateur

Les claviers analogiques

La technologie analogique connut une vogue dans les années 70, mais elle ne permettait ni de mémoriser ni de numériser les sons. Le clavier Moog, par exemple, ne peut jouer qu'une seule note à la fois, et le musicien doit manipuler toute une série de filtres, de modulateurs et de mixeurs pour modifier ses qualités sonores.

Sur le clavier Moog, Jason Rebello « arrondit » les notes jouées de la main droite à l'aide de l'un des trois oscillateurs. Sa sonorité unique n'étant pas parfaite, le Moog a une qualité « humaine » qui convient aux solos.

Les claviers numériques

Dans les années 80, la technologie numérique a révolutionné les synthétiseurs. Les sons peuvent désormais être décomposés en éléments de base et stockés sous un code informatique. Leur enchaînement en successions rapides produit des ondes sonores qui offrent des possibilités immenses. Les musiciens peuvent saisir de nouveaux sons, et transporter ainsi leur « propre palette » de timbres sur une disquette.

En programmant les synthétiseurs numériques, les musiciens inscrivent des qualités particulières sur des sons. Un timbre est constitué de facteurs déterminés : le volume d'un son par rapport aux autres, son attaque, l'ampleur avec laquelle il commence et meurt. Ci-dessus, Jason Rebello crée un son et sélectionne un numéro de code pour le stocker.

Modulateur de ton

Le modulateur de timbre permet au musicien de faire un glissando. La portée de l'ondulation peut aller jusqu'à l'octave, mais la note « glissée » étant déjà devenue un cliché musical, notamment en jazz-fusion, les musiciens actuels l'utilisent avec parcimonie.

La pédale du D-50 sert à modifier le volume et à sélectionner les filtres pour modifier un son. Elle peut aussi moduler le timbre quand le musicien a les mains occupées à jouer un solo sur un clavier et des accords sur un autre.

Les cordes

Considérés comme pièces maîtresses des orchestres symphoniques et d'une délicatesse facilement étouffée par les cuivres, les instruments à cordes sont restés en marge du jazz. Toutefois, quelques innovateurs surent les utiliser avec créativité dès les premiers temps du swing, et ils occupaient une place non négligeable dans les grands ensembles de ragtime et les orchestres de danse. Les années 20 et 30 virent apparaître des violonistes solistes au swing endiablé (Joe Venuti, Stuff Smith ou Stéphane Grapelli) dont les techniques alliaient le phrasé coulé du classique au ton rustique du blues. Ils expérimentèrent de nouveaux styles audacieux, jouant même avec le dos de l'archet pour étendre les accords. Avec le jazz fusion, les amplificateurs et l'électronique renforcèrent l'impact du violon. Le violoncelle connut une brève période de popularité avec le bop grâce à ses lignes de basse rapides. Aujourd'hui, il sert surtout d'instrument de texture dans les improvisations de free jazz. L'ouverture des frontières musicales a vu d'autre part l'apparition en jazz d'instruments de la musique classique africaine et indienne comme la kora.

Johnny Van Derrick

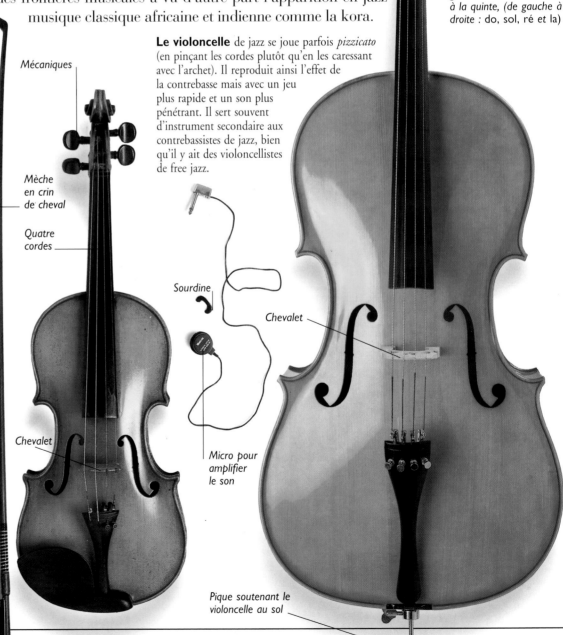

Cordes en acier

Les quatre cordes sont généralement accordées à la quinte, (de gauche à droite : do, sol, ré et la)

Le violoncelle de jazz se joue parfois *pizzicato* (en pinçant les cordes plutôt qu'en les caressant avec l'archet). Il reproduit ainsi l'effet de la contrebasse mais avec un jeu plus rapide et un son plus pénétrant. Il sert souvent d'instrument secondaire aux contrebassistes de jazz, bien qu'il y ait des violoncellistes de free jazz.

Mécaniques

Mèche en crin de cheval

Quatre cordes

Sourdine

Chevalet

Chevalet

Micro pour amplifier le son

Pique soutenant le violoncelle au sol

DES STARS ET DES STYLES

Joe Venuti, **Stuff Smith** et **Stéphane Grapelli** furent les précurseurs du violon de jazz. Dans les années 70, **Jean-Luc Ponty** repoussa encore les limites du violon. **Zbigniew Seifert** avait un style passionné à la Coltrane. **Didier Lockwood** est son digne successeur. Chez les violonistes de free jazz **Leroy Jenkins**, **Billy Bang** et **John Blake** s'entremêlent. L'Indien **L. Shankar** marie l'Orient et l'Occident.

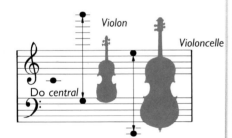

Violon

Violoncelle

Do central

Registre : certains violonistes ont élargi le registre grave avec des violons à cinq ou six cordes.

Le violon soprano a dominé la musique symphonique dès le XVIIe siècle. Les jazzmen ont inventé des techniques de jeu autrefois inconcevables. Le style du violoniste de jazz Stéphane Grapelli est encore celui qui se rapproche le plus des méthodes classiques. Avec l'amplification et l'électronique, les cordes en boyaux ont été remplacées par de l'acier et le corps en bois par du plastique.

La kora est un instrument lyrique de la musique traditionnelle ouest-africaine. Munie de 21 cordes, sa caisse de résonance est constituée d'une demi-calebasse. Sa sonorité délicate et mélodieuse rappelle la harpe. Tunde Jegede a étudié avec l'un des derniers grands maîtres de Kora, le Gambien Amadu Jobarteh. Il conjugue la musique traditionnelle africaine avec le jazz et la musique classique occidentale.

Le violon

L'attaque est plus forte quand on prend la note avec la pointe de l'archet

Anneaux d'accord en corde

21 cordes en deux rangées

Chaque violoniste invente son propre doigté et ses coups d'archet pour obtenir des phrases plus hachées, des harmonies inhabituelles et des effets de percussions. Pour le style étouffé illustré ci-contre, on joue avec la pointe de l'archet loin du chevalet. Stuff Smith obtenait une sonorité plus dure en jouant plus près du chevalet. De nombreux improvisateurs de free jazz utilisent des coups d'archet brusques et rapides.

Joe Venturi fut le premier à avoir l'idée de glisser le corps du violon entre la mèche et la baguette de l'archet afin de jouer des accords plus complexes. Le son ainsi obtenu n'est pas pur mais a une qualité plus sauvage et impérieuse.

Le violoncelle

De nombreux contrebassistes de jazz ont adopté le violoncelle, plus petit et à la sonorité plus aiguë, pour accroître leur souplesse dans les morceaux rapides ou contraster les accompagnements de solo. Toutefois, il reste moins utilisé en jazz que le violon ou les nouveaux instruments qui offrent les mêmes possibilités sous une forme plus adaptable (comme la basse électrique à six cordes de Eberhard Weber). Des mélanges audacieux de styles, notamment dans la musique libre improvisée, ont néanmoins su utiliser le violoncelle avec créativité.

La kora

Tunde Jegede a adapté l'instrument aux ensembles de jazz. La kora est accordée aux autres instruments en poussant vers le haut du manche les anneaux qui retiennent les cordes. Les deux rangs de cordes sont pincés, comme sur la harpe. La musique traditionnelle pour laquelle la kora a été conçue ne connaît pas d'accords, mais Tunde Jegede a développé un style particulier pour les incorporer.

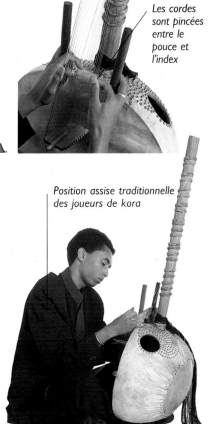

Les cordes sont pincées entre le pouce et l'index

Position assise traditionnelle des joueurs de kora

Peau de veau tendue sur une demi-calebasse

La guitare

La guitare, qui a remplacé le banjo des premiers ensembles du jazz, est longtemps restée un instrument d'accompagnement rythmique. Freddie Green, guitariste de Count Basie, a patienté quarante ans avant de jouer un solo. Dans les années 30, les amplificateurs élargirent les possibilités de la guitare, lui permettant enfin de faire entendre sa voix au-dessus du rugissement des cuivres, ce qui n'a pas empêché le gitan belge Django Reinhardt d'émerveiller le monde du jazz avec sa guitare acoustique. Avec l'arrivée du be-bop dans les années 40, le solo de guitare électrique a occupé le devant de la scène, égalant le phrasé mélodique du saxophoniste comme la main droite volubile du pianiste. Sous l'influence des rockers des années 60 comme Jimi Hendrix, la guitare de jazz s'est faite plus agressive et plus rauque.

Tony Rémy

DES STARS ET DES STYLES

Le visionnaire **Charlie Christian** expérimenta les premières guitares électriques. Les solos de **Django Reinhardt** étaient des modèles de concision joyeuse. Le bop vit apparaître **Barney Kessell, Tal Farlow, Jim Hall** et **Wes Montgomery**. L'influence de **Jimi Hendrix** donna le jour au style musclé et dissonant de **John Scofield**. Le pop jazz éclate avec **Pat Metheny**. L'atonalité du free-jazz transparaît chez **Bill Frisell** et **Sonny Sharrock**.

La guitare à deux manches, l'un avec douze cordes, l'autre avec six, connut un franc succès avec le jazz fusion. John McLaughin en jouait admirablement.

Chevalet

Tables de frettes

La Gibson, guitare semi-acoustique à caisse bombée, fut très appréciée en jazz pour son jeu souple et rapide et l'ampleur de sa sonorité. Son utilisation par Wes Montgomery en convainquit beaucoup d'autres.

La guitare acoustique, à caisse ample, offre une sonorité que beaucoup préfèrent, même à une époque habituée aux sons sophistiqués produits électroniquement. C'est sans doute pour cela qu'elle figure encore souvent dans les ensembles électriques. Des microphones sont parfois placés directement dans la caisse, ou fixés sur le corps.

Ouïe

Frettes aiguës   Repères de frettes

Registre : le registre aigu peut être élargi avec un dispositif rendant les frettes les plus aiguës accessibles.

Do central

Guitare acoustique   Semi-acoustique   Électrique à double-manche

Émission d'une note

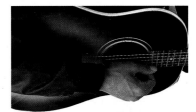

Un médiator flexible, tenu entre le pouce et l'index, produit un son plus moelleux et plus souple. La plupart des guitaristes de jazz jouent au médiator, mais certains préfèrent pincer les cordes entre les doigts.

En ne laissant qu'un petit bout de médiator dépasser entre les doigts, on obtient un timbre sec et claquant souvent utilisé comme effet sonore.

Le son diffère considérablement selon l'endroit où les cordes sont grattées. Les cordes sont plus tendues au niveau de leur point d'ancrage au chevalet. Frappées à ce niveau, elles donnent un son dur, clair et métallique.

En grattant les cordes au-dessus de l'ouïe, on obtient une sonorité plus chaleureuse et plus ample, typique de la guitare d'accompagnement rythmique. On peut l'adoucir encore en jouant au plus près de la table de frettes.

Les accords

Accord majeur en si bémol

Accord en si bémol avec une 11ᵉ note supplémentaire

Accord en si bémol augmenté avec une 13ᵉ note

Les accords de blues et de jazz traditionnel étaient simples, mais les nuances harmoniques du be-bop entraînèrent des harmonies plus complexes et profondes. Ce n'était pas qu'ils étaient difficiles à jouer mais les changements d'accords étaient plus fréquents, comme dans toutes les formes de bop. Pour passer facilement d'une phrase mélodique improvisée à un accord, les guitaristes marquent les basses avec le pouce plutôt qu'avec l'index.

Aigus et chatoyants, les harmoniques produisent un effet sonore délicat. La main gauche joue normalement, mais l'index droit recouvre en partie la 12ᵉ frette. Le majeur droit recourbé gratte la corde comme un médiator.

Effets spéciaux

Les notes « glissées » sont l'une des techniques de base du blues : le timbre de la note est altéré pour produire un effet de glissando. Les styles post-bop étant nettement influencés par le blues, cet effet est encore couramment utilisé. Un doigt coince la corde et l'étire sur la table de frettes pendant que la note est jouée.

La corde est poussée vers le haut

La main droite joue une autre note

Le tapping consiste à déplacer le doigt sur la table de frettes après avoir pressé une note tout en jouant une autre de la main droite. Avant qu'Eddie Van Halen et Stanley Jordan n'inventent cette technique, les guitaristes qui jouaient avec un médiator devaient s'en tenir à une seule ligne mélodique.

L'index frôle la corde

La basse

On oublie facilement le murmure régulier et entraînant de la contrebasse... jusqu'à ce qu'il s'arrête. Alors, un terrible vide semble s'ouvrir sous la musique. La basse donne de l'épaisseur et de la couleur au registre grave. En outre, c'est souvent elle qui marque le rythme. Les rythmes de ragtime obligèrent les contrebassistes à souligner les temps forts de la mesure, bien que certaines formes de jazz des années 20 aient étendu ce rôle à un tempo plus régulier.

Dans les années 40, les bassistes imposèrent un style enlevé, contre-mélodique et volubile, qui aboutit à la basse rapide, proche de la guitare, telle qu'on la connaît aujourd'hui. Certains musiciens ne se résolurent jamais à abandonner l'ampleur et la profondeur de la contrebasse, et sa sonorité mesurée et chaude survécut dans certains ensembles. Dans les années 70, de nombreux contrebassistes optèrent pour la guitare basse. Les plus doués comprirent vite qu'il s'agissait là d'un instrument à part entière, avec son propre son et ses exigences.

Alec Dankworth

DES STARS ET DES STYLES

Dans les années 20 et 30, **Pops Foster** et **John Kirby** établissaient une ponctuation harmonique et rythmique. Le contrebassiste de Count Basie, **Walter Page**, développa le tempo 4/4 régulier. **Jimmy Blanton**, le contrebassiste de Duke Ellington, jouait des contre-mélodies rapides. Puis vinrent **Oscar Pettiford** et **Ray Brown**, avec une sonorité puissante et un grand sens de l'improvisation. Vers la fin des années 50, **Scott LaFaro** intensifia le style volubile. Le grand **Charlie Mingus** et ses disciples – **Charlie Haden** et le virtuose européen **Eberhard Weber** – retrouvèrent un style résonnant, expressif et délibéré. Le jazz funk a révélé **Stanley Clarke** ainsi que **Steve Swallow** et de **Jaco Pastorius**.

Registre : la contrebasse est le plus grave des violons, sonnant une octave en dessous des notes écrites. La basse électrique couvre la même étendue, une octave en dessous du registre grave de la guitare classique à six cordes. Certaines contrebasses ont cinq cordes, la plus grave étant accordée au troisième *si* ou *do* sous le *do* central.

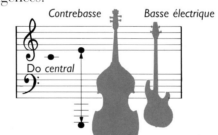

Contrebasse   *Basse électrique*

Do central

Leo Fender a inventé la guitare basse électrique en 1951 pour offrir aux contrebassistes des orchestres de danse itinérants un instrument plus facile à transporter. Le premier musicien de jazz à enregistrer avec une guitare basse fut Monk Montgomery, frère de Wes, en 1953. Dans les années 60 et 70, l'instrument s'est considérablement répandu, même dans les grands orchestres.

Basse électrique

| *Tête taillée*

Touches de contrôle
*pour modifier
la tonalité et le volume*

Cinq cordes

Les guitares basses ne sonnent jamais complètement comme la contrebasse et certains musiciens ont inventé un vocabulaire qui leur est propre. Steve Swallow a fait construire son propre instrument. Il est taillé sur mesure, avec un équipement électronique adapté à son timbre doux et chantant et une forme facilitant des legatos et des glissandos d'un lyrisme et d'une grâce incomparables.

Guitare-basse de Steve Swallow

La contrebasse

Pour élargir au maximum sa sonorité, la contrebasse a une vaste caisse de résonance et des cordes épaisses en acier. Sous sa forme d'avant-guerre, celles-ci étaient en boyaux avec un chevalet haut qui limitait les possibilités du registre aigu. Pour les jeux plus rapides introduits par le bop, le chevalet fut abaissé pour rapprocher les cordes du corps de l'instrument, et les contrebassistes peuvent désormais exploiter l'ensemble de son étendue.

L'Amplification se développa dans les années 50, avec l'emploi des cordes métalliques. Des micros fixés au chevalet permettent d'amplifier le son sans trahir la sonorité naturelle de l'instrument.

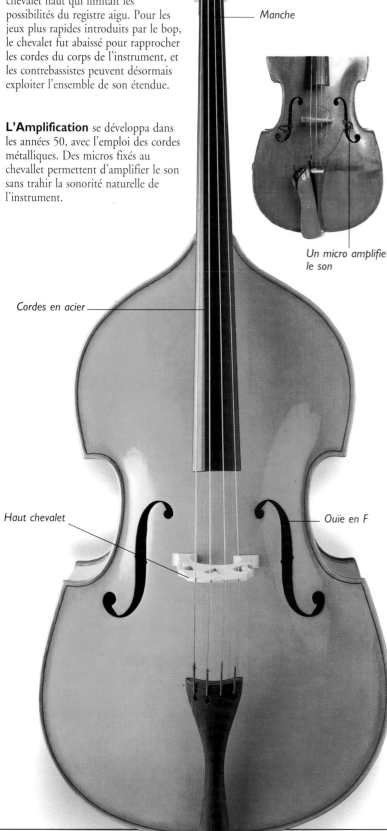

Manche

Un micro amplifie le son

Cordes en acier

Haut chevalet

Ouïe en F

Le doigté

La position classique (à droite) en joignant l'index et l'annulaire gauches. La main est arrondie comme pour tenir une balle. Cette technique est utilisée pour jouer près de la tête. Pour émettre une note sonore, il faut exercer une forte pression des doigts.

La position ouverte (à gauche), avec l'index et l'annulaire écartés, est un doigté emprunté à la guitare basse. Elle est utilisée pour jouer près du chevalet avec un doigt sur chaque demi-ton. Cela augmente le nombre de notes accessibles sans avoir à trop déplacer la main.

Dans les ballades (à droite), la ligne de basse est plus espacée et les notes sont plus rondes et résonnantes. La main droite s'éloigne du chevalet pour adoucir les sonorités et les doigts en crochets pincent la corde plus vigoureusement, prolongeant la note.

Les aigus (à gauche) ne peuvent être atteints qu'en posant le bras gauche sur la tranche de l'instrument et en étirant les doigts. Dans cette position, l'auriculaire est trop court pour être efficace et le pouce le remplace. Il faut beaucoup d'habileté et de force dans les doigts pour jouer juste dans cette position.

Les accords

Tous les morceaux de jazz actuels ne requièrent pas un style contre-mélodique rapide. Dans les airs lents, le contrebassiste joue parfois des arpèges ou des accords, ou gratte parfois les cordes comme un guitariste pour annoncer le thème ou varier les solos. Les doubles et triples « stop-time » sont parfois utilisés, surtout dans les ensembles sans piano. L'exemple ci-contre montre un accord dominant avec la fondamentale, les septième et dixième notes jouées simultanément.

La basse rythmique

Quand le contrebassiste de Count Basie, Walter Page, passa du recours occasionnel aux quatre temps égaux à une pulsation régulière de basse pour soutenir l'orchestre, il créa un des sons qui allaient être définitivement associés au jazz. La « basse rythmique » demande un grand sens du rythme de la part du contrebassiste qui doit marquer les temps sans perdre le tranchant de ses notes. Dans le swing et le bop, notamment pendant les improvisations, le bassiste doit parfois soutenir de longs solos par un 4/4 constant et rapide. Lorsque le bop exigea encore davantage de dextérité de la part des contrebassistes, ces derniers se mirent à jouer les phrases rapides en pinçant les cordes avec deux ou trois doigts à la fois plutôt qu'avec l'index seul.

L'archet

Leur rôle de métronome a inévitablement incité les contrebassistes à trouver des méthodes efficaces pour jouer pizzicato. Mais le jeu d'archet permet de mettre en valeur les sonorités suaves et émouvantes de l'instrument, particulièrement dans les longs passages hors tempo et les lentes introductions « impressionnistes ». Les contrebassistes actuels se doivent de maîtriser les techniques d'archet.

La basse électrique

Le pouce tape la corde

Les doigts plaquent brusquement les touches

Le slapping (« le tapé ») a été introduit en jazz avec le soul et le funk et popularisé par Stanley Clarke. Le son élastique, « rebondissant » est produit en tapant la corde avec le pouce tout en plaquant brusquement les doigts de l'autre main sur les touches. Les premiers temps, la basse électrique n'a été adoptée par les jazzmen que comme substitut sonore et portable de l'imposante contrebasse, mais les musiciens de jazz, de rock et de soul lui ont vite découvert des possibilités inédites, tel le slapping.

Les harmoniques sont produits comme sur la guitare, en effleurant la corde au-dessus de la frette et en la pinçant normalement de l'autre main. Les virtuoses parviennent à glisser des harmoniques dans un solo rapide sans une pause.

Les pull-offs complètent le slapping. La sonorité lisse de la technique de basse standard a vite incité les bassistes à chercher plus de mordant et de vigueur. Le doigt qui presse le manche se retire aussitôt que la note est jouée, produisant un son abrupt, rappelant celui du tambour.

L'échantillonnage

Dans la ballade du guitariste Pat Metheney *Antonia*, le mystérieux son d'accordéon ne vient pas d'un instrument, mais de toute une série de notes identiques produite par un saxophone ténor et le registre aigu d'une contrebasse jouée avec un archet, le tout mixé par la technique de l'échantillonnage électronique des sons (« le sampling »). La technologie a ouvert aux musiciens de nouveaux horizons depuis que les premiers synthétiseurs ont été agrémentés de processus informatiques capables de mémoriser et de reproduire des sons en actionnant de simples touches. Grâce à l'échantillonnage, les sons d'instruments de toutes sortes peuvent être numérisés, stockés et remixés. Ces techniques sont utilisées pour toutes les nouvelles musiques, mais particulièrement pour fusionner le jazz et le rap.

Le groupe Urban Species avec l'ingénieur Paul Borg

48 pistes   *Écran d'ordinateur*

L'AKAI S1000 est un échantillonneur numérique stéréo. Les sons sont enregistrés sur un programme informatique.

Table de mixage Solid State Logic à 48 pistes. A chaque piste correspond une série de fonctions permettant de diminuer ou d'augmenter le son et de varier les effets. Au centre, l'ordinateur est programmé pour gérer toutes les pistes, pour que l'ingénieur n'ait pas besoin de 48 mains.

Mise en boucle

Pendant une séance d'enregistrement, le groupe de hip-hop britannique Urban Species utilise des échantillons et des sons « live ». Ils ont récemment travaillé avec Flora Purim. Chaque air est mis en boucle sur la table de mixage Technics, puis enregistré dans l'AKAI S1000 qui échantillonne les variations d'ondes sonores plusieurs milliers de fois par seconde, les stockant sous un code numérique. Une fois tous les ingrédients saisis, le D-J les ordonne et les mixe avec l'ordinateur.

Mixage

L'écran d'ordinateur indique ce qui est en train de se passer dans le programme

L'ingénieur Paul Borg règle une piste

Chaque piste porte un nom

Pistes   *Numéros des mesures*

Tempo

L'écran ci-dessus affiche les différentes pistes échantillonnées pour le morceau d'Urban Species *Got to Have it*. La ligne du haut indique les mesures, la colonne de gauche les composantes du son : cuivres, riffs de piano, voix, etc. Les autres colonnes indiquent les échantillons, leur ordre de passage dans la bande-son, leur entrée et leur sortie. L'ingénieur manipule tous ces éléments à partir de la console.

LES GÉANTS DU JAZZ

Aucun musicien, pas même Louis Armstrong,
ne peut se targuer d'avoir, à lui seul, créé le jazz
ou d'en avoir assumé toutes les évolutions.
Certains, par leur talent exceptionnel, ont joué
un rôle plus important que d'autres dans
l'enrichissement de la palette sonore.

Sur les vingt « géants » dont l'histoire est
contée ici, cinq seulement ont commencé
par être compositeurs ; tous, sauf un,
sont d'abord des improvisateurs. A part
Scott Joplin, ils sont les pionniers d'un art
différent, l'art de la composition spontanée.
Bien que tous ces maîtres aient contribué
à façonner le rêve d'un jazz idéal, intemporel, ils étaient
tous des artistes de leur temps, à l'écoute de leur époque,
dans laquelle ils puisaient leur inspiration. Nombre
d'entre eux furent confrontés à la moquerie,
à l'indifférence, au racisme, à la fourberie. Mais la vitalité
de leur musique résiste encore et résistera toujours
à l'odeur de soufre qui leur colle souvent à la peau.

Scott Joplin

Le nom de Scott Joplin n'est pas toujours à sa place dans les livres de jazz. Sa musique est antérieure au jazz proprement dit ; elle n'est pas improvisée, mais très classique dans sa forme. Joplin se considérait comme le pendant noir américain de Chopin ou Strauss : le compositeur de la musique d'un nouveau monde et d'un nouveau siècle, mêlant ses propres expériences à l'héritage européen. Mais sa vie tourmentée le range parmi les pionniers de cette musique. Le style dont il est le représentant le plus audacieux – le ragtime – est un des ingrédients essentiels du creuset d'où allait émerger le jazz.

Le roi du piano

Joplin, fils d'un ancien esclave, est né au Texas en 1868. Pianiste prodige, il rêvait de devenir concertiste classique et son éducation musicale fut financée par sa mère, femme de ménage. Quand elle mourut, le jeune Joplin, encore adolescent, voyagea dans le Midwest, étudia, se produisit en public, jouant même pour l'Exposition universelle de 1894, et s'inscrivit au George R. Smith College for Negroes à Sedalia, Missouri. Il commença à écrire des chansons et se tailla rapidement une jolie réputation. En 1900, il s'installa à St. Louis pour travailler avec l'éditeur John Stark (qui restera l'un des plus fidèles amis de sa vie) et s'essaya à des compositions plus ambitieuses, des ballets et des opéras. Ce sont cependant ses œuvres courtes qui lui assurèrent le succès : son *Maple Leaf Rag* se vendit à un million d'exemplaires – une première dans l'histoire de la musique populaire. Des classiques comme *The Entertainer* lui valurent le titre de Roi du Ragtime.

Le paradis noir

Le ragtime avait déjà acquis ses premières lettres de noblesse sous les doigts de pianistes tels que Tom Turpin et James Scott, mais l'ambition de Joplin allait bien au-delà. La patrie du ragtime se trouvait dans le Sud et le Midwest ; les saloons et les bordels étaient ses foyers. Joplin, lui, rêvait de l'imposer dans des lieux plus prestigieux, les salles de concert, les opéras ; il ne se satisfaisait pas d'être un simple musicien d'« ambiance », de fond sonore. Une agence de droits d'auteur perdit l'unique copie de son premier opéra, *A Guest of Honor*, (qui ne fut jamais retrouvée) et le compositeur consacra ses dernières années à l'élaboration de *Treemonisha*, un grand opéra en trois actes, imparfait et parfois naïf mais extrêmement ambitieux, que son biographe, Rudi Blesh, décrivit comme « la légende d'un paradis noir ». Treemonisha, une héroïne mystique, est considérée par maints commentateurs comme un hommage à la mère bien-aimée de Joplin.

L'industrie musicale, qui avait exploité les rags populaires de Joplin comme une manne commerciale, ne voulut pas entendre parler de son opéra, qui mêlait dangereusement une forme d'art prisée par la petite-bourgeoisie blanche à la subversion de la prise de conscience politique du peuple noir. Personne n'accepta de le produire. En désespoir de cause, Joplin le créa lui-même à Harlem en 1915, seul au piano, sans accompagnement, sans décors, sans costumes, sans éclairages. Ce fut un flop, qui détruisit les rêves de Joplin. *Treemonisha* fut recréé longtemps après, en 1972, à Broadway. L'œuvre suscita cette fois un intérêt considérable et donna même lieu à une édition discographique en 1976. Près de soixante ans après sa mort – due à la syphilis – dans un hôpital psychiatrique, à l'âge de 49 ans, Scott Joplin reçut le prix Pulitzer pour sa contribution à la musique américaine.

Un rouleau de piano de *Maple Leaf Rag*. La partition de cette composition de Joplin se vendit à 75 000 exemplaires en 1899 et fit la réputation de son auteur.

Scott Joplin n'était pas un musicien de jazz, mais sa musique fut un ingrédient essentiel dans le creuset. La vogue du ragtime vers 1900 obligea la plupart des orchestres de danse à l'intégrer dans leur répertoire et de brillants improvisateurs tels que Louis Armstrong et Jelly Roll Morton purent l'infléchir progressivement vers le swing.

SCOTT JOPLIN
Texas, 24 novembre 1868 – New York, 1er avril 1917

Principaux enregistrements
Maple Leaf Rag, Swipsey Cake-walk, Easy Winners, Elite Syncopations, The Entertainer, *Treemonisha*

Principaux partenaires
John Stark, Texas Medley Quartet, sa seconde épouse Lottie Stokes

Principaux styles
Ragtime, forme syncopée de piano européen, annonçant le jazz afro-américain, avec un battement régulier à deux temps de la main gauche et une accentuation plus fleurie de la main droite transformant les temps forts en temps faibles.

Jelly Roll Morton

Jelly Roll Morton affirmait que le jazz était son invention. C'est assurément faux, mais son rôle fut si important dans cet avènement qu'on peut lui pardonner cette prétention. En aidant le ragtime à swinguer et en libérant l'improvisateur, il fut une figure dominante du proto-jazz.

Ferdinand Morton était le fils d'un bâtisseur créole noir, tromboniste à ses heures, F. P. La Menthe. Le départ de son père et le triste mariage de sa mère, fan d'opéra, livra le gosse à lui-même. Il n'eut plus qu'une idée en tête : se faire respecter – d'où une certaine vanité qui lui valut la méfiance de nombre de ses contemporains. Dans ses années de jeunesse, il essaya de gagner sa vie de multiples façons, comme proxénète, acteur de vaudeville, éditeur de musique, directeur de maison de jeux et manager de boxe. Mais c'était avant tout un musicien doué et sophistiqué.

Réinterpréter le ragtime

L'environnement naturel de Morton était le quartier Storyville de la Nouvelle-Orléans. Il avait appris la batterie dans son enfance, puis l'harmonica et la guitare, mais ce fut comme pianiste qu'il trouva du travail dans les maisons closes de Storyville. En 1923, il se joignit à l'exode vers Chicago et commença à enregistrer quelques-uns des plus beaux échantillons du jazz primitif, à la fois comme soliste et comme chef des Red Hot Peppers, l'un des groupes les plus novateurs de l'histoire de la musique. S'il fut d'abord influencé par le ragtime, il se démarqua très tôt des autres pianistes de l'époque. Morton improvisait, et sa conception du ragtime différait considérablement de celle d'un Joplin, par exemple, qui voulait en faire un art nègre classique. Lui, il recherchait la spontanéité. Il bouleversa la métrique régulière du ragtime et étendit l'instrumentation néo-orléanaise orthodoxe jusqu'à des groupes harmoniques, telles les « sections de clarinettes » des Red Hot Peppers. Considérant l'ensemble de jazz comme une palette de sons contrastants, Jelly Roll Morton inaugura des techniques qui allaient contribuer plus tard à l'avènement du jazz orchestral.

Avec le temps, Morton fut relégué à l'arrière-plan : le swing des années 30, alliant le charme désuet et rustique du style new-orleans à une musique de danse plus « chic », se développa sans lui. Dans un moment d'héroïsme désespéré resté célèbre, il interrompit un orchestre de swing réputé en plein milieu d'une interprétation de son *King Porter Stomp* et monta sur scène pour montrer au public comment il fallait le jouer. Pendant la crise des années 30, Morton gagna son pain tant bien que mal comme musicien d'orchestre et retrouva un vague

FERDINAND LEMOTT ou
LA MENTHE « Jelly Roll Morton »
*La Nouvelle-Orléans, 20 octobre 1885 –
Los Angeles, 10 juillet 1941*

Principaux enregistrements
1923 : œuvres pour piano avec King Porter Stomp ; *1926 :* Red Hot Peppers *avec* The Pearls, Sidewalk Blues ; *1938 : enregistrements pour la Bibliothèque du Congrès*

Principaux partenaires
Omer Simeon, Kid Ory, Baby Dodds

Principaux styles
Ragtime, blues, musique hispanique, minstrel songs *et* spirituals → *tous les ingrédients qui allaient se fondre dans le jazz.*

statut de vedette grâce aux inlassables efforts de l'universitaire Alan Lomax, qui rassembla une collection des œuvres et enregistrements de Morton pour la Bibliothèque du Congrès. Morton enregistra à nouveau, notamment dans les fameuses « Bluebird sessions » de Sidney Bechet. Il mourut dans l'indifférence, voire le mépris, de ceux qui avaient assimilé les idées de l'artiste mais rejeté la vanité de l'homme. Il est à présent considéré comme une pierre angulaire du jazz et un géant de la musique afro-américaine.

Partition de
The Naked Dance de Morton.

Les Red Hot Peppers
de Jelly Roll Morton (au piano), représentants classiques du style new-orleans en 1926.

Louis Armstrong

LOUIS DANIEL ARMSTRONG
« Satchelmouth, Satchmo, Pops,
Dippermouth »
*La Nouvelle-Orléans, vers 1898 –
New York, 6 juillet 1971*

Principaux enregistrements
*Hot Five et Hot Seven bands, 1925-1928,
notamment* West End Blues,
Potato Head Blues, Cornet Chop Suey,
Weather Bird, Heebie Jeebies

Principaux partenaires
*Joe « King » Oliver, Lil Hardin Armstrong,
Kid Ory, Earl Hines, Fletcher Henderson,
Jack Teagarden*

Principaux styles
*A grandi avec un ensemble de jazz new-orleans,
où il a créé un style de solo dominant.
A employé des variations rythmiques et
des structures de composition jusqu'alors
impensables en improvisation. A popularisé
un chant sans paroles, dit « scat », dans lequel
la voix fait écho aux cuivres.*

Pendant près de cinquante ans, Louis Armstrong domina le monde du jazz, d'abord, puis le monde du show-buziness en général comme le musicien de jazz le plus populaire. Il alliait une formidable audace de conception à un swing extraordinaire et à une technique révolutionnaire qui donnaient à sa musique un pathos véritablement dramatique. Mais, quand on lui parlait de ces étonnantes qualités qui le caractérisaient. Armstrong restait sur la réserve. Sa pianiste et seconde épouse dans les années 20, Lil Hardin, confia : « Il ne croyait pas en lui-même. J'étais obligée de lui tenir l'échelle en le regardant monter. »

Comme beaucoup de musiciens new-orleans, Louis Armstrong fut attiré vers le jazz en l'entendant au coin des rues, par les fenêtres ouvertes, aux enterrements et dans les parades. Il n'avait pas d'éducation musicale, étant le fils d'un domestique et d'une prostituée occasionnelle appelée Maryann, il fut élevé dans la pauvreté par sa grand-mère après la désertion de son père Willie, qui l'abandonna à sa naissance. Mais, bien que le jeune Louis se vêtît de haillons et fît souvent les poubelles, son génie n'avait besoin que d'une étincelle pour s'embraser.

La légende veut que Louis, adolescent, ait été envoyé dans un foyer pour jeunes délinquants après avoir tiré un coup de revolver dans la rue pour fêter le nouvel an en 1913. Des études ultérieures permettent de penser qu'il s'agissait en réalité de délits plus sérieux. Quoi qu'il en soit, le foyer fut pour lui un tremplin. Il avait déjà montré à son entourage qu'il avait de l'oreille en chantant dans les rues pour quelques nickels avec une chorale d'amateurs. Dorénavant, il put exercer ses talents sur un cornet, apprendre les rudiments de la musique et se familiariser avec les marches, les rags et les ballades de l'époque. A sa libération, son choix était fait : il voulait être musicien.

St. Louis Blues

Dans les mauvais lieux, les dancings et les bordels de Storyville, les musiciens travaillaient jour et nuit. Pour un jeune talent,

Le King Oliver's Creole Band
en 1923. Premiers enregistrements. Armstrong joue avec une sourdine et le bassiste Bill Johnson joue du banjo parce que la basse faisait sauter le stylet graveur.

les occasions de se faire connaître étaient légion. Armstrong rencontra bientôt les musiciens les plus célèbres de la ville, notamment le trompettiste bluesy Joe « King » Oliver et le tromboniste Kid Ory. Oliver se lia d'amitié avec le jeune Armstrong – qui, selon certains observateurs, voyait en lui le père dont il avait été privé – et ce parrainage lui ouvrit de nombreuses portes. Quand Oliver partit pour Chicago en 1918, Armstrong se joignit à Kid Ory, se maria (une première expérience éphémère), fit son apprentissage artistique à bord des bateaux à aubes du Mississippi et, en 1922, franchit le pas qui allait transformer sa carrière et favoriser le développement du jazz en tant qu'art spontané.

A cette époque, King Oliver travaillait dans un dancing de Chicago, le Lincoln Gardens, où son Creole Band faisait sensation. Oliver invita Armstrong à le rejoindre et leur association obtint un triomphe. Le nouveau venu de 22 ans jouait plus fort, avec plus d'invention, plus de liberté, et apportait un sang neuf au monde du jazz naissant. Oliver et Armstrong prirent le chemin des studios en 1923 et l'on raconte que le son du jeune homme était si dominant que celui-ci devait se tenir à quatre mètres derrière les autres pour mainte-

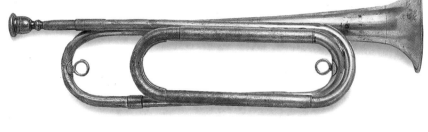

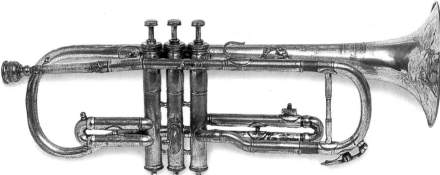

Le clairon dont jouait Louis Armstrong en 1913 au foyer pour jeunes délinquants de La Nouvelle-Orléans. En nommant le jeune Louis « clairon » de l'institution, l'éducateur Peter Davis changea le monde de la musique sans le savoir.

Ces encoches furent pratiquées dans l'embouchure de son cornet par Armstrong lui-même pour adapter celle-ci à sa façon particulière d'emboucher.

Le cornet avec lequel Peter Davis enseigna la musique à Armstrong fut offert au jeune homme à son départ du foyer. Il le rendit à l'institution dès qu'il eut assez d'argent pour en acheter un neuf et l'instrument permit à d'autres jeunes gens d'apprendre à leur tour la musique.

Dans les années 30, Armstrong était une célébrité et les cadeaux pleuvaient sur lui. Cet embout plaqué or en est un exemple.

nir la balance de l'orchestre. Mais cela ne signifie pas qu'Armstrong essayât de tirer la couverture à lui. Le jazz now-orleans était une musique d'ensemble, qui laissait peu de place aux solistes, et le tempérament d'Armstrong allait changer progressivement cette habitude.

Les années d'or

Convaincue que le talent de son mari avait besoin d'une scène plus vaste pour s'épanouir, Lil Hardin le poussa à quitter Oliver pour rejoindre le prestigieux orchestre mondain de Fletcher Henderson à New York. Armstrong transforma cet orchestre de danse policé en un ensemble de jazz inventif, qui allait jouer un rôle crucial dans l'évolution du swing.

En 1925, il devint lui-même chef d'orchestre et, jusqu'à la fin des années 20, réalisa une série d'enregistrements qui, par leur qualité et leur variété, resteront des classiques éternels. Non seulement ces sessions produisirent un jazz d'une force et d'une subtilité émotionnelle sans précédent, avec une poignante intensité rythmique, mais encore elles révélèrent les talents vocaux d'Armstrong.

La renommée d'Armstrong ne cessa de s'accroître au cours des années 30. Son im-

presario et mentor, Joe Glaser, et l'industrie américaine du disque l'encouragèrent à se lancer dans une carrière de chanteur de music-hall – ce qui était loin de lui déplaire, dans la mesure où il semble avoir toujours recherché l'affection du public. Il se sépara de Lil Hardin en 1931 et se remaria deux fois par la suite. Il se produisit à Broadway, fut le premier noir américain à tenir des rôles de premier plan dans des films, continua à cultiver et à faire admirer son art de l'improvisation et devint l'une des plus grandes vedettes mondiales de variétés avec des tubes comme *Hello Dolly* et *What a Wonderful World*. Des ennuis de santé l'obligèrent à renoncer à la trompette dans les dix dernières années de sa vie, mais sa mort en 1971 fit la une des journaux dans le monde entier.

Louis Armstrong – surnommé Satchmo – fut la plus célèbre de toutes les stars du jazz, il apparut dans près de 50 films et ses tournées mondiales lui valurent le titre d'Ambassador Satch.

Bix Beiderbecke

Quand le trompettiste de 28 ans Bix Beiderbecke revint dans son foyer familial à Davenport, sur le point de mourir d'alcoolisme et de pneumonie, il trouva les disques qu'il avait envoyés à ses parents dans un placard, toujours dans leur emballage. Pour eux, Leon Bismarck Beiderbecke était un garçon privilégié qui avait mal tourné, avait eu de mauvaises fréquentations et renié les valeurs de son milieu. Or, bien que sa famille fût restée aveugle aux mérites de sa courte vie, il était devenu le premier grand jazzman blanc et, pour maints auditeurs, il demeure inégalé dans son genre.

Beiderbecke développa une sonorité puissante, très différente du son bluesy guttural commun aux joueurs de cuivres de son temps. Il est souvent considéré comme le premier instrumentiste « cool » de l'histoire du jazz – précurseur d'un style qui n'allait réellement s'affirmer que dans les années 50. Son style ne se caractérisait pas seulement par sa sonorité, mais aussi par sa narrativité. Beiderbecke s'inspira des techniques d'Armstrong pour construire un solo en faisant contraster les phrasés et en variant les accents, de manière à créer une atmosphère intimiste.

La mère de Beiderbecke était une pianiste classique et le garçon était un musicien né, capable de jouer d'oreille ce qu'il entendait. Adolescent au début de la vogue du jazz, il fut captivé par la sonorité du cornet de Nick La Rocca dans l'Original Dixieland Jazz Band (qui enregistra pratiquement les seuls disques de jazz disponibles de 1917 à 1923).

Déjà contrariés par l'esprit indépendant et rebelle de leur rejeton, les parents de Beiderbecke envoyèrent celui-ci à la Lake Forest Military Academy près de Chicago. Là, il prit l'habitude de faire le mur après l'extinction des feux pour aller s'encanailler en ville et écouter, avec d'autres amateurs de jazz, les New Orleans Rhythm Kings. Il fut renvoyé de l'école en 1922 et, en 1924, il dirigeait son propre groupe. Il entendit Louis Armstrong sur les bateaux à aubes en provenance de La Nouvelle-Orléans et de St. Louis, et l'extension du marché de la danse, sans cesse à la re-

LEON BISMARCK BEIDERBECKE
« Bix »
Iowa, 10 mars 1903 –
New York, 7 août 1931

Principaux enregistrements
Singing the Blues, I'm Coming Virginia,
At the Jazz Band Ball, *1927 ;*
In a Mist *(d'après Debussy)*

Principaux partenaires
Frankie Trumbauer, Jean Goldkette,
Paul Whiteman

Principaux styles
Variations « cool » sur musique new-orleans.
Sonorité nostalgique, intimisme lyrique.

Si la courte vie de Beiderbecke donne matière à la légende, la sonorité pure et carillonnante de sa trompette donne matière à l'inspiration. Partout, les musiciens ont voulu l'imiter.

Le cornet de Bix, « The Triumph ».

Bix Beiderbecke portait ces manchettes quand, luttant contre la pneumonie, il se produisit en concert à l'Université Princeton. Cette maladie lui fut fatale.

cherche de nouveaux orchestres, permit à son groupe, les Wolverines, de se produire au Roseland Ballroom de New York. Sans égaler bien sûr Armstrong, qui triomphait avec King Oliver, Beiderbecke devint vite une véritable attraction.

Son partenaire le plus célèbre fut son ami Frankie Trumbauer, un saxophoniste doté d'une brillante technique et d'une sonorité remarquable. Il eut aussi de fructueuses associations avec les chefs d'orchestre Jean Goldkette (également producteur) et Paul Whiteman, qui ne méritait certes pas le titre de Roi du jazz mais conduisait néanmoins un ensemble imaginatif, semi-classique, très organisé et très populaire.

Beiderbecke travailla avec Whiteman jusqu'à la fin de sa vie et, malgré le peu de liberté que celui-ci laissait à l'improvisation, put faire entendre quelques brefs mais mémorables échantillons de son génie scintillant. Atteint de problèmes respiratoires et de crises de délire éthylique, il mourut à 28 ans dans un meublé du Queens, à New York. Le nom de Beiderbecke n'apparut que deux fois dans la presse au cours de sa carrière, mais les musiciens et les fans du monde entier ont été inspirés par son jeu.

Sidney Bechet

SIDNEY BECHET
*La Nouvelle-Orléans, 14 mai 1897 –
Paris, 14 mai 1959*

Principaux enregistrements
Sweetie Dear, *1932 ;* Blues in the Air,
Summertime, *1939 ;* Strange Fruit,
1941 ; Shag, Petite Fleur

Principaux partenaires
*Louis Armstrong, Clarence Williams,
Duke Ellington, Will Marion Cook,
Tommy Ladnier*

Principaux styles
*Ancré dans le new-orleans et le blues.
A développé le saxophone.
Tonalité et timing uniques.*

Ce qu'Armstrong fut au cornet et à la trompette, Bechet le fut à la clarinette, puis au saxophone. Comme Armstrong, il trouva seul sa façon de jouer, puis l'élabora avec un feu et un panache tout à fait originaux qui l'ont toujours rendu difficile à cataloguer. Tous les premiers musiciens de jazz fondèrent leurs improvisations sur la rythmique rigide du ragtime et l'alternance temps fort/temps faible. Bechet s'en écarta, puis balaya ces archaïsmes avec une maestria indémodable. Comme de nombreux aspirants clarinettistes de La Nouvelle-Orléans, Bechet fut initié par un membre de la famille créole Tio – Lorenzo Tio –, l'un des maîtres de la clari-

nette préjazz les plus respectés. Bechet venait d'une famille créole relativement aisée, mais c'était un incurable vagabond et, dès sa prime adolescence, il travaillait régulièrement dans des groupes locaux. En 1917, il intégra le Southern Syncopated Orchestra dirigé par le compositeur noir Will Marion Cook, un ensemble situé à mi-chemin entre le ragtime orchestral écrit et la musique classique légère. Bechet vint en Europe avec l'orchestre, et le maestro classique suisse Ernest Ansermet parla de lui en ces termes : « Un extraordinaire virtuose de la clarinette... un artiste de génie. » Bechet avait 22 ans.

Cette tournée européenne fut un catalyseur pour le jazz. Bechet découvrit le saxo soprano grâce à une boutique de musique de Soho, à Londres. Il retourna aux États-Unis pour enregistrer et développer une identité jazzistique en accord avec celle d'Armstrong, puis commença à travailler avec des artistes de premier plan, tels que Duke Ellington et James P. Johnson. Mais Bechet n'était pas un musicien d'orchestre : il préférait les petites formations, où son improvisation pouvait mieux s'exprimer. A partir de 1923, il joua avec les Blue Five de Clarence Williams. Pianiste, minstrel et producteur, Williams avait d'excellentes relations, qui permirent à son groupe d'accompagner des chanteurs de blues dans des séances d'enregistrement où le saxophoniste put donner libre cours à son lumineux talent. Au début des années 30, Bechet forma les New Orleans Feetwarmers avec le trompet-

tiste Tommy Ladnier. Malgré la classe de ses partenaires, Bechet en devint vite une star, mais la Grande Crise faillit mettre fin à sa carrière. Il travailla comme tailleur avec Ladnier jusqu'à ce que la nouvelle compagnie Blue Note lui propose d'enregistrer *Summertime*. Le succès du disque le sortit de sa semi-retraite. En 1949, il figura dans le légendaire festival de jazz de Paris, avec Charlie Parker. Son succès en France fut tel qu'il y passa le reste de sa vie.

L'autobiograhie erratique de Bechet fut un autoportrait romantique.

« Est-ce que tous ces vieux swinguent comme ça ? » demanda John Coltrane à propos de Sidney Bechet. Bechet jouait du saxo soprano avec la même force que la trompette de Louis Armstrong, étonnant pareillement les musiciens de jazz et les maîtres classiques, et créa un vocabulaire indestructible pour le saxophone. La France finit par adopter Bechet.

Le soprano, instrument exigeant, fut rarement utilisé par les saxophonistes avant les années 50. Bechet le maîtrisa dès 1925. Ceci est son instrument personnel.

Duke Ellington

Il n'apprit son art ni dans un conservatoire ni grâce à de riches mécènes, mais à la tête d'un orchestre de Harlem. En fait de mécènes, il n'eut que le peuple de la rue. Mais il suffit d'écouter sa merveilleuse musique pour comprendre qu'il fut et demeura incontestablement l'un des plus remarquables compositeurs de l'Amérique du XXᵉ siècle. Ellington fut l'un des plus expressifs explorateurs de la palette sonore de l'orchestre de jazz, des mélodies et des rythmes propres à cette musique, et de la personnalité des solistes. Il sut abolir la frontière entre beaux-arts et art populaire. Bien qu'il ait écrit ou coécrit des milliers de pièces en un demi-siècle prolifique, le Duke ne composait pas devant un piano, mais griffonnait fébrilement ses grandes œuvres dans des aéroports ou sur la banquette arrière des voitures qui le menaient de par le monde. Certaines

pièces d'Ellington comptent parmi les plus fameux standards du siècle, mais cela ne suffit pas à expliquer son génie. Il est difficile de faire la part des choses entre son apport strictement personnel, sur le papier, et la contribution de ses collaborateurs, tels Billy Strayhorn, Johnny Hodges et Juan Tizol. Ellington était un compositeur du XXᵉ siècle et, à ce titre, il a transformé la manière de composer. La vitalité et la couleur de son œuvre montrent qu'il était plus un musicien d'instinct, réfléchissant vite et multipliant les solutions, qu'un contemplatif. Il aimait improviser, tester ses idées devant ses collaborateurs, les remanier, assimiler les suggestions, jusqu'à ce qu'on ne sût plus qui avait inventé quoi. Mais, sans Ellington, l'alchimiste, rien ne se serait produit.

Les pionniers de la musique new-orleans étaient souvent issus de milieux ouvriers, mais

ceux d'entre eux qui développèrent le jazz orchestral venaient de la petite-bourgeoisie noire naissante. L'enfance de Duke Ellington fut fondée sur des principes victoriens ; son père était un cocher ambitieux devenu valet qui, à force de travailler pour les riches, se mit à rêver d'une vie meilleure et transmit ses aspirations à son fils ; sa mère, Daisy Kennedy, était la fille d'un capitaine de police et « une vraie lady victorienne », aux dires de Ruth, la sœur de Duke. Daisy adorait son fils. C'est peut-être d'elle que lui viennent son élocution sophistiquée, son souci de l'élégance vestimentaire et la conscience de sa propre valeur dont il a toujours fait montre et qui lui valurent son célèbre surnom. Mais le garçon ne fut pas tout de suite à la hauteur des espoirs qu'on fondait sur lui.

Dans la jungle de Harlem

Duke Ellington se maria jeune et eut un fils (Mercer, avec Edna Thompson) en 1919. Bon artiste commercial, il commença comme peintre-lettreur, mais préférait l'atmosphère des clubs et des dancings. Bien que limité au piano, il était capable de tenir sa partie dans les ragtimes et les airs de danse, et forma un groupe avec des amis qui allait bientôt prendre le nom de Washingtonians. Quand Ellington apprit que certains musiciens de danse faisaient fortune à New York, les Washingtonians déménagèrent leur quartier général et connurent une réussite assez rapide en profitant de la vague montante de la renaissance de Harlem. Mais l'orchestre resta sans originalité et rythmiquement conservateur jusqu'à l'arrivée de deux jazzmen « hot », le trompettiste James « Bubber » Miley, un admirateur de King Oliver, et l'impulsif et passionné saxophoniste Sidney Bechet. Ils transformèrent l'orchestre avec le tromboniste « Tricky Sam » Nanton, spécialiste de la sourdine et grand « propagateur » du message néo-orléanais. Un engagement permanent de cinq ans au Cotton Club développa le sens conceptuel d'Ellington

L'ensemble de Duke Ellington se transforma au cours de ses années au Cotton Club. D'abord orchestre de danse teinté de sonorités new-orleans, il devint un jazz band unique et influent, construisant des poèmes sonores miniatures à partir du blues et de la musique « hot ».

Les proches d'Ellington racontent qu'il apporta un soin tout particulier à la suite qu'il écrivit pour la reine Elizabeth II après leur rencontre en Angleterre en 1959. Un seul exemplaire fut pressé, pour l'usage personnel de la reine, et les bandes devaient rester secrètes jusqu'après la mort d'Ellington. Cette suite était un hommage, mais sans obséquiosité – Ellington n'ayant jamais douté de son propre statut royal dans le monde de la musique.

Ellington était un bourreau de travail. Constamment en tournée, il écrivait des fragments de musique, que ses interprètes devaient développer dans les avions, les trains, les aéroports ou à l'arrière d'une voiture conduite par son saxophoniste-chauffeur Harry Carney.

Après la tournée de ses débuts en 1933, Ellington devint l'enfant chéri du public européen.

et sa compréhension de la couleur sonore, aidé en cela par les compositeurs semi-classiques Will Vodery et Will Marion Cook. Durant les années au Cotton Club, de premiers standards tels que *The Mooch*, *Rockin in Rhythm* et *Mood Indigo* changèrent le jazz. Mais l'Ellington Orchestra prouva à maintes reprises qu'il était aussi capable de relever le défi commercial du swing dans les années 30 et excella particulièrement dans la ballade « d'atmosphère », grâce notamment à un soliste d'exception, le plus sensible et le plus subtilement émotionnel de tous les saxophonistes, Johnny Hodges.

Diminuendo et crescendo

Dans les années 40, un âge d'or musical pour l'orchestre, Ellington réinventa le jazz, comme en témoignent les superbes morceaux que sont *Concerto for Cootie*, *Warm Valley*, *Harlem Air shaft* et *Take the A Train*. Il appliqua des schémas rythmiques et des changements de clefs proches de la musique classique à un matériau qui ne pouvait venir que du jazz. En outre, la section rythmique d'El-

lington était renforcée par un bassiste révolutionnaire, Jimmy Blanton (hélas mort trop tôt).

Au début des années 50, l'orchestre connut une brève traversée du désert, notamment à cause du départ de Johnny Hodges, mais il connut un tumultueux comeback au Newport Jazz Festival de 1956, où le ténoriste Paul Gonsalves donna 27 chorus successifs d'un fameux « Diminuendo and Crescendo in Blue ». Renouant avec le succès, Ellington se remit à l'écriture et enregistra de nouveau. Le microsillon autorisait désormais de plus longues compositions. *Such Sweet Thunder*, dédié à Shakespeare, mêla de la musique classique au jazz. Plusieurs pièces de longue durée s'inspirèrent de ses incessants voyages. Enfin, vers la fin de sa vie, il s'essaya à la musique religieuse. Ellington resta actif jusqu'à plus de 70 ans, reçut d'innombrables récompenses, se produisit à la Maison Blanche et fit connaître au monde entier la culture américaine dans ce qu'elle avait de plus audacieux et de plus créatif. Son fils Mercer prit les commandes de l'orchestre après sa mort en 1974.

EDWARD KENNEDY ELLINGTON « Duke »

Principaux enregistrements
Sophisticated Lady,
In a Sentimental Mood,
Take the A Train, Creole Love Call,
Mood Indigo, Caravan,
I Got It Bad and That Ain't Good,
Ko-Ko

Principaux partenaires
Sonny Greer, Barney Bigard, « Bubber » Miley, Billy Strayhorn, Johnny Hodges, Harry Carney

Principaux styles
Avant Ellington, les musiciens de jazz écrivaient des chansons et concevaient un arrangement orchestral pour les habiller. Ellington dépassa la forme chanson en élaborant une pensée symphonique immédiatement adaptée au jazz et au blues. Cette vision élargie des formes jazzistiques était révolutionnaire. Il composait en ayant d'avance à l'esprit ses solistes favoris.

Coleman Hawkins

Le saxophone ténor est un tel symbole du jazz qu'on a du mal à faire le lien entre sa sonorité rugueuse et naïve des années 20 – quand la clarinette, la trompette et le trombone triomphaient – et l'élégance maîtrisée d'un Lester Young, d'un Ben Webster, d'un Chu Berry ou d'un Don Bayas dix ans plus tard. Ce lien entre le vilain canard et le gracieux oiseau qu'il est devenu, c'est Coleman Hawkins.

Hawkins reçut un saxo ténor pour son neuvième anniversaire. Il jouait déjà du piano et du violoncelle et, à 12 ans, se produisait dans des bals. Au lycée, il apprit l'harmonie et la compo-

Le travail de pionnier
d'Hawkins prépara le terrain du saxo ténor moderne pour Sonny Rollins, John Coltrane et les jeunes instrumentistes d'aujourd'hui.

HENRI SELMER PARIS INSTRUMENTS MUSIQUE

sition et, à 16 ans, il jouait dans l'orchestre d'un théâtre de Kansas City. Engagé par les Jazz Hounds, le groupe ambulant de la populaire chanteuse Mamie Smith, il fut baptisé Saxophone Boy. Le style d'Hawkins en 1922 était encore très éloigné de celui d'Armstrong et de Bechet, mais il avait une assez belle sonorité, savait déchiffrer à vue et commençait à manifester quelques talents d'improvisateur.

En 1923, Fletcher Henserson, qui cherchait des instrumentistes pour des séances de démonstration devant un éditeur de musique, entendit Hawkins et sut l'apprécier en dépit du peu de fiabilité des formations qui accompagnaient le jeune artiste. Avec l'orchestre de Fletcher Henderson, Hawkins enregistra son premier solo substantiel dans *Dicty Blues*, une jolie prestation quoiqu'assez faible

dans sa construction. L'orchestre d'Henderson continua à enregistrer jusqu'en janvier 1924 et devint l'un des jazz bands noirs les plus recherchés. Cette même année 1924, Hawkins perdit un « tournoi musical » face à Sidney Bechet, qui le poursuivit au fil des rues dans la nuit en faisant hurler son soprano. Il abandonna les effets de « langue claquée » (typiques du saxo ténor de variétés) et développa une sonorité riche et pleine en s'inspirant des attaques franches d'Armstrong.

Bean A Re-Bop

Les méthodes d'Armstrong influencèrent grandement Hawkins dans son approche du swing et du solo (bien qu'il eût le sentiment que le trompettiste usurpait son rôle dans l'orchestre), mais le saxophoniste commença à baser son improvisation sur sa connaissance des accords plutôt que sur la mélodie seule. En cela, Hawkins s'apparentait au pianiste Art Tatum et anticipait sur le bebop. Le soutien rythmique de la musique new-orleans et swing demandait un battement régulier. Via Tatum, Hawkins comprit qu'il pouvait voltiger au-dessus de cette base stricte sans perdre le rythme. Il se mit à jouer des passages rapides en doublant le tempo et en surajoutant de complexes arpèges ornementaux et des triolets. Il transforma aussi la façon de jouer la ballade au ténor – notamment dans une extraordinaire interprétation de *One Hour* avec les Mound City Blue Blowers en 1929.

Au milieu des années 30, toujours individualiste, Hawkins se rendit en Europe comme soliste – « pour un mois environ », dit-il à Henderson. En fait, le voyage dura six ans. Il joua en Grande-Bretagne, en Hollande, en Suisse et en France, où il collabora avec le guitariste Django Reinhardt à Paris. Sa technique impeccable et la fascination qu'il exerçait sur son public intriguaient ses collègues. En Grande-Bretagne, aiguillonné par un article d'Hawkins dans *Melody Maker* proclamant que l'improvisation dans toutes les clefs n'était que de la routine, l'orchestre de danse d'Ennis Hylton transposa *It's the Talk of the Town* d'un demi-ton sans en avertir le saxophoniste, pour le piéger. La ruse fut déjouée sans difficulté, en direct, par Hawkins, qui se « promena » avec aisance dans les harmoniques et ne mentionna même pas l'incident à ses tortionnaires.

délicieuses variations sur *Sweet Lorraine*, *Crazy Rhythm* et *The Man I Love*. Il collabora aussi avec des artistes de bebop, qu'il arrivait à suivre avec une relative facilité grâce à sa connaissance des harmoniques. Le groupe de 1944 qu'il dirigea aux côtés de Dizzy Gillespie et Max Roach réalisa les premiers enregistrements explicitement bebop.

Fin des années 40, début des années 50, Hawkins participa aux tournées Jazz at the Philarmonic, enregistra avec Miles Davis, Fats Navarro et Milt Jackson, et grava une improvisation sans accompagnement, *Picasso*, techniquement remarquable et tout à fait avant-gardiste pour l'époque. Au début des années 50, son prestige diminua. Il resta à la traîne dans le box-office, derrière Lester Young et ses imitateurs. Mais, vers le milieu de la décennie, stimulé par le disque longue durée, il connut un nouvel épanouissement au contact de musiciens plus jeunes, malgré de sérieux problèmes de boisson et le désenchantement que lui inspirait l'industrie musicale. Il enregistra beaucoup et releva tous les défis, n'hésitant pas à se frotter à l'exigeant Thelonius Monk, à Sonny Rollins et à Max Roach. Il apparut au cinéma et à la télévision et dirigea un petit groupe avec le pianiste Tommy Flanagan. Malgré une santé de plus en plus défaillante, il étonna ses producteurs en continuant à se produire sur scène même lorsqu'on le croyait à l'article de la mort.

Miles Davis (à droite) a longtemps admiré l'assurance, le poids et la discipline du jeu d'Hawkins, comme de nombreux représentants de la jeune génération bebop.

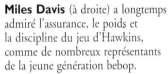

Coleman Hawkins était un compétiteur né. Les concerts Jazz at the Philharmonic étaient des jam sessions qui le galvanisaient, comme cette tournée britannique dans laquelle figuraient aussi Roy Eldridge, Benny Carter, Nat et Cannonball Adderley.

Hawkins regagna les États-Unis en juillet 1939 et enregistra deux superbes chorus qui firent de *Body and Soul* un classique du jazz. En plus d'un succès commercial, ce fut un véritable chef-d'œuvre d'improvisation, par son équilibre, sa forme et son relâchement, avec une virtuosité jamais surpassée dans le double tempo et le registre haut. Dans les années 40, avec des musiciens de swing, dont le pianiste Teddy Wilson et le trompettiste Roy Eldridge, il proposa de

Billie Holiday

En 1986, près de vingt-sept ans après sa mort, le jour où elle aurait eu 71 ans, Billie Holiday fut honorée d'une étoile à son nom dans l'Allée de la Gloire à Hollywood. Holiday, peut-être la seule vocaliste de jazz considérée comme une grande musicienne selon les critères qu'on peut appliquer à des instrumentistes tels que Louis Armstrong, Miles Davis ou Sonny Rollins, recevait ainsi, enfin, une reconnaissance « officielle » pour une œuvre trop souvent obscurcie de son vivant par le scandale et le sensationalisme. Parce que la mythologie sulfureuse de la vie perturbée de Billie Holiday s'accordait à merveille avec le cliché du génie autodestructeur, la presse la concernant s'intéressait beaucoup plus aux épisodes sombres de son enfance, à son passé de prostituée, à sa toxicomanie, à ses séjours en prison et aux accusations portées contre elle sur son lit de mort par le service des narcotiques. Même à ses débuts, lorsqu'on l'interviewait, tant dans son pays qu'à l'étranger, les questions tournaient plus souvent autour de ces problèmes qu'autour de la musique et des musiciens qu'elle aimait.

Les premières années de la vie de Billie Holiday sont difficiles à retracer avec précision. Le moins qu'on puisse dire est que l'« autobiographie » que l'écrivain William Dufty a rédigée avec sa collaboration est loin d'être fiable. Pourtant, même en faisant la part des errances de la mémoire de l'artiste, certaines constantes demeurent. Son père, Clarence Holiday, un musicien qui travailla avec l'orchestre de Fletcher Henderson, quitta la famille peu après la naissance de l'enfant. Celle-ci fut vaguement élevée par des parents éloignés après le départ de sa mère pour New York. Elle raconte qu'ils ne l'aimaient guère et n'a gardé de cette période que de lugubres souvenirs, évoquant surtout les mauvais traitements dont elle fut victime.

T'ain't Nobody's Business

Adolescente, Holiday suivit sa mère à New York, où elle fut entraînée dans la prostitution et subit sa première peine d'emprisonnement. Elle commença à chercher du travail comme danseuse dans les clubs de Harlem et se mit au chant presque par hasard, un soir de 1930 où, réduite à la dernière extrémité, elle était prête à tout pour gagner de quoi surseoir à une menace d'expulsion. Elle chanta *Trav'lin All Alone* et *Body and Soul*, fit pleurer l'auditoire et, du jour au lendemain, sa réputation fut faite. En 1933, elle est découverte par l'impresario John Hammond, signe avec Joe Glaser, l'agent de Louis Armstrong et, en 1936, s'associe avec le pianiste Teddy Wilson pour réaliser une série d'enregistrements destinés au marché naissant du juke-box. Ces disques devinrent des classiques de la musique populaire. Des chansons comme *Why was I Born*, *Mean to Me*, *Easy Living* et *The Man I Love*, qui font parfois penser à une conversation improvisée avec le ténor de Lester Young, restent des exemples inégalés de l'art de personnaliser une interprétation. Elles sont également de superbes échantillons de jazz de petite formation, dans lesquels on peut entendre un dialogue spontané s'instaurer entre la voix et les instruments.

Holiday expliquait que, bien qu'admiratrice de Bessie Smith, elle s'efforçait de façonner son

Fine and Mellow, composition de Holiday, fut un mélange parfait de légèreté et de réalisme. Un blues rare chez elle.

Déjà dans son adolescence (en haut), la subtilité et le timing de Billie Holiday impressionnaient des instrumentistes de jazz tels que Ben Webster. Les gardénias blancs (ci-dessus) furent plus tard son image de marque.

style à l'image de celui des instrumentistes. Autodidacte, elle s'inspira du jeu original d'Armstrong et de Young, qui avaient l'art de surprendre leurs auditeurs en ne plaçant jamais l'accent là où on l'attendait et en appuyant de façon imprévisible les ouvertures ou les fins de phrases. Elle fut aussi toujours très attentive aux paroles et n'hésitait pas à changer les textes des chansons de Tin Pan Alley, parfois trop sentimentaux, pour les adapter à sa personnalité, ironique et réaliste, et les réinterpréter avec tout l'apport original de son vécu.

Par l'entremise de John Hammond, Billie Holiday rejoignit Count Basie l'année suivante, mais ils n'enregistrèrent jamais ensemble officiellement et leur association tourna court à cause du manque de ponctualité de la chanteuse. En 1938, Holiday partit en tournée avec le prestigieux orchestre de danse dirigé par Artie Shaw, avec qui elle eut une brève liaison. Comme l'orchestre de Shaw était blanc, Holiday était obligée de prendre ses repas toute seule dans le bus pendant que les autres dînaient au restaurant, lorsqu'ils visitaient le Sud, mais leur collaboration reste un jalon important dans l'évolution des rapports interraciaux dans les milieux musicaux. Quoi qu'il en soit, la chanteuse ne profita guère de ces diverses opportunités : sa nature l'inclinait plutôt vers des partenariats éphémères et ses succès ne furent jamais assez commerciaux pour la

gea guère ses problèmes d'héroïnomanie. L'un d'eux. John Levy. est même à l'origine d'une sombre manigance qui la précipita une nouvelle fois en prison (à sa sortie de cellule. elle retourna néanmoins se jeter dans ses bras). Ses pathétiques efforts pour se réhabiliter étaient de notoriété publique : elle se mit à porter de longs gants pour cacher les marques d'aiguilles que ses auditoires cherchaient des yeux. Mais la musique de cette période. bien que davantage axée sur le succès commercial, demeure sublime, particulièrement dans *Don't Explain* et *God Bless the Child*.

Say It Isn't So

Vers le milieu des années 50. sa santé et ses perspectives s'améliorèrent. Avec l'aide de l'impresario Norman Granz, elle recommença à tourner. à enregistrer et publia une autobiographie extrêmement romancée. *Lady Sings the Blues*. Mais. si elle parvint à se défaire des drogues dures. ses prestations devinrent plus erratiques et ses crises de déprime se multiplièrent. Se voyant refuser l'autorisation d'adopter un enfant. elle se mit. par compensation. à donner le biberon à son chihuahua. En mai 1959. quelques mois après la mort de son complice musical Lester Young. Holiday fut victime d'un malaise et décéda dix semaines plus tard. Diana Ross incarna son personnage dans *Lady Sings the Blues*.. une superproduction aussi éloignée de la vraie vie de Holiday que l'avait été son autobiographie.

rendre riche. Un tour de chant au club Cafe Society. un nouveau lieu de Greenwich Village. lui permit de conquérir un public libéral. séduit par les émotions vécues, la sensualité et la souffrance qui habitaient chacune de ses intonations : et, en 1939, le poème antiraciste de Lewis Allen. *Strange Fruit* (poignante dénonciation des lynchages sudistes). devint un tube inattendu pour elle. Elle enchaîna avec d'autres disques commerciaux dans la décennie suivante. souvent avec l'adjonction d'une section de cordes.

Dans les années 40, Billie Holiday était une star. Elle semblait incarner le mariage de l'innocence avec l'expérience, alliance qui séduisait pareillement les publics jazz et non jazz.

La carrière de soliste attirait et terrifiait à la fois Billie Holiday. Les épreuves de son enfance restaient gravées dans sa mémoire et elle continuait à rechercher la figure paternelle dont elle avait été privée. Les hommes se succédèrent dans sa vie. profitant sans vergogne de ses revenus en constante augmentation. ce qui n'arran-

Lester Young

LESTER WILLIS YOUNG
« President, Pres, Prez »
Mississippi, 27 août 1909 –
New York, 15 mars 1959

Principaux enregistrements
Premiers disques à partir de 1936,
avec Lady Be Good ;
Jumpin' at the Woodside,
Lester Leaps In *avec Count Basie ;*
These Foolish Things *en 1959*

Principaux partenaires
Billie Holiday, Count Basie

Principaux styles
Sonorité douce et légère évoquant l'alto. Fut
très imité plus tard par les saxophonistes cool.

Les deux grands saxophonistes ténoristes des années 30 étaient diamétralement opposés. Coleman Hawkins abordait l'instrument avec un concept harmonique de pianiste et une sonorité puissante de sirène ; Lester Young esquissait une série d'impressions éthérées évoquant un saxo alto, voire une clarinette. Pendant un temps, l'influence de Young fut énorme : dans les années 40, le saxophoniste Brew Moore déclara que quiconque ne jouait pas comme Young jouait faux. Sa technique d'improvisation fit beaucoup pour galvaniser le jazz moderne, et sa sonorité douce inspira l'école cool d'après-guerre. Il avouait avoir été marqué par les saxophonistes blancs Frankie Trumbauer et Jimmy Dorsey, mais son phrasé très libre venait en fait de Louis Armstrong. Young employait rarement le vibrato, jouait bas, sur peu de notes, et ne se laissait pas emprisonner derrière les barres de mesure : il pouvait remplir toute une mesure avec une seule note, en lier plusieurs avec une phrase continue, puis observer le silence. Il aimait anticiper un changement d'accord en jouant d'avance les notes correspondantes. Son oreille était pour lui un guide infaillible : il semblait incapable de commettre une faute de ton, doué d'une grâce naturelle. Ce type de jeu, déjà remarquable dans n'importe quel contexte jazzistique, devient, lorsqu'il est pratiqué dans le flamboiement d'un big band, un morceau de bravoure qui donne la mesure du charisme de Lester Young. Il expliqua que sa vie musicale consista d'abord à explorer le « ténor alto », puis le « ténor ténor » et enfin le « ténor baryton ». Sa période haute et aérienne fut la plus fertile et la plus imitée : celle du fameux « rire silencieux » *(soundless laughter)*.

Lester Leaps In

Aîné de trois enfants qui se produisaient dans la troupe de music-hall paternelle, Young se mit à l'alto pendant son adolescence, après une rupture orageuse avec son père, et se joignit aux Blue Devils du bassiste Walter Page. Il s'installa à Kansas City – une ville qui foisonnait de ténoristes vigoureux et d'ensembles de blues énergiques –, travailla avec Bennie Moten, King Oliver et remplaça Coleman Hawkins au pied levé, un soir, dans l'orchestre de Fletcher Henderson. Il le fit avec une telle aisance que Hawkins, alors le plus célèbre saxo ténor des États-Unis, piqué dans son orgueil, le « provoqua » dans une jam session. Young releva le défi avec une si étonnante maîtrise qu'on le déclara vainqueur, et c'est de ce jour que date son surnom de New President, abrégé en « Pres ». Après cette joute musicale, il remplaça Hawkins, en tournée en Europe, mais sa sonorité légère ne fut pas toujours appréciée : l'épouse de Henderson allait même jusqu'à lui faire écouter des disques de Hawkins pour affermir son jeu. En 1936, il réalisa ses premiers enregistrements, avec Count Basie. Son phrasé et son timing devinrent bientôt une bible pour les autres musiciens. Le jeune Charlie Parker achetait tous ses disques, écoutant et réécoutant *Lady Be Good* jusqu'à l'usure. La version qu'il en donna avec Jay McShann, quand on en ralentit la vitesse pour abaisser le registre de l'alto à celui du ténor, en est presque la copie. Avant la Seconde Guerre mondiale, Young alterna quelques remarquables collaborations avec Basie, des sessions pour petit ensemble et des partenariats avec Billie Holiday – qui comptent parmi les plus sublimes exemples de communion musicale. On reconnaît également son phrasé et son timing chez de nombreux bebopers, bien que Young n'ait jamais été un adepte de l'improvisation harmonique. Alors qu'il connaissait un début de célébrité, il fut appelé sous les drapeaux en 1944 ; le passage brutal de la vie de bohème à la vie militaire fut insupportable pour une personnalité introvertie, parfois naïve, comme la sienne. Surpris en possession de drogue, il fut traduit en cour martiale et emprisonné pour plusieurs mois. Quand il émergea, ses premiers enregistrements, quoique toujours empreints de sa touche inimitable, avaient perdu de leur qualité aérienne et dansante. Il participa aux populaires tournées Jazz at the Philharmonic. Son style se fit plus agressif, plus bluesy, mais la boisson le conduisit à l'hospitalisation et son vocabulaire commença à refléter son isolement mental. Certains disent que sa dernière décennie fut celle de la dépression et du déclin. Le témoignage de ses contemporains et l'audition de ses enregistrements suggèrent le contraire. Après un engagement sans succès à Paris en 1959, Young retourna aux États-Unis, malade, et mourut dans l'année. Le saxophoniste Dexter Gordon, qui s'inspire de lui pour incarner le personnage principal du film de Bertrand Tavernier, *Autour de minuit* (en réalité une transposition de la vie de Bud Powell), raconte que, après avoir entendu Lester Young pour la première fois, il renonça au ténor pendant deux ans.

Marginal bohème coiffé d'un « pork pie hat », il avait un jargon bien à lui, appelait Harry Edison « Sweets » et les musiciens « ladies ». Holiday était « Lady Day ».

Lester Young tenait son ténor incliné vers la droite – habitude qu'il avait acquise dans sa jeunesse au Reno Club de Kansas City, en raison du manque de place.

Count Basie

On reconnaît l'influence de William « Count » Basie dans presque tous les grands jazz bands d'aujourd'hui. Le problème qui se posait aux premiers orchestres de jazz était de permettre à un grand ensemble de jouer avec le même relâchement et la même spontanéité que des solistes comme Louis Armstrong et Sidney Bechet. Quand le pianiste Bill Basie intégra l'orchestre de Bennie Moten à Kansas City, avec d'autres transfuges des Blue Devils de Walter Page, on vit se développer un style de big band plus simple que ceux de Henderson ou d'Ellington : des phrases courtes, « riffs », reprises d'une section à l'autre, un système d'appels et de répons, de grands espaces ménagés pour les solistes et une bonne dose de blues.

William Basie avait appris le piano à la maison, à Red Bank, New Jersey. A New York, il entendit les principaux pianistes de stride, fut d'abord influencé par Fats Waller puis, dans une moindre mesure, par Earl Hines et Teddy Wilson. Son propre style minimaliste inspira de nombreux pianistes de jazz modernes. Il adoucit le heurt syncopé du stride et élabora un style simplifié destiné à soutenir et à relancer discrètement l'orchestre.

En 1927, Basie fut engagé comme pianiste de cinéma. L'année suivante, il devint membre des

L'orchestre de Basie révolutionna les cuivres de jazz et avait une section rythmique qui faisait l'envie de tous les big bands des années 30. Ici au Famous Door en 1938, on voit Herschel Evans jouer un solo et Lester Young claquer des doigts.

Le Count connut le succès populaire avec un unique grand hit, *Open the Door, Richard,* en 1947. Paradoxalement peut-être, on n'y reconnaît pas vraiment l'authentique Basie.

WILLIAM BASIE
« Count »
*New Jersey, 21 août 1904 –
Floride, 26 avril 1984*

Principaux enregistrements
One o'Clock Jump, Roseland Shuffle, Taxi War Dance, *fin des années 30 avec Lester Young ;* The Atomic Mr. Basie *en 1959*

Principaux partenaires
Lester Young, Herschel Evans, Jo Jones

Principaux styles
Sonorité Kansas City, approche d'ensemble moins « orchestrale », davantage de riffs, échange de motifs, improvisation et blues.

Blue Devils de Walter Page et, plus tard, de l'orchestre de Bennie Moten. A la mort de celui-ci en 1935 (à la suite d'une opération des amygdales), il forma un groupe de neuf membres avec notamment Lester Young et le batteur Jo Jones. Sous le nom de Barons of Rhythm, ils se firent connaître par le biais des retransmissions radiophoniques en direct du Reno Club. L'orchestre acquit rapidement une identité propre grâce à un swing puissant, intensifié par les fréquents dialogues du piano avec la section rythmique, et Basie fut bientôt comparé à Duke Ellington, ce qui lui valut le titre de « Count ».

La porte du succès

Après une première série de prestations sans grand succès au Grand Terrace de Chicago, l'orchestre, élargi à quinze musiciens, décolla véritablement au Famous Door de New York. Il proposait une redéfinition du swing à l'échelle d'une grande formation, qui stupéfia l'auditoire.

Au début, Basie emprunta son répertoire à Fletcher Henderson et au Mills Blue Rhythm Band – de simples riffs parcourus de blues dans des arrangements non écrits et joués de mémoire. La batterie « allégée » de Jones, très axée

sur la cymbale, faisait ressortir la basse régulière de Page, et le piano de Basie fournissait la coloration swing de l'ensemble.

Les big bands traversèrent de sérieuses difficultés financières pendant et après la Seconde Guerre mondiale. En 1950, Basie baissa les bras et limita sa formation à un octet. En 1952, il revint à la charge avec un orchestre plus complet, où s'illustrèrent les saxophonistes Franck Foster et Eddie « Lockjaw » Davis, les trompettistes Thad Jones et Joe Newman, ainsi que le chanteur de blues Joe Williams. Une longue série d'enregistrements s'ensuivit, bénéficiant du concours de diverses vedettes de la chanson, notamment Frank Sinatra, Tony Bennett, Sammy Davis Jr, Sarah Vaughan et Bing Crosby.

Dans les années 60 et 70, l'orchestre varia son répertoire, sans jamais toutefois se montrer à son aise dans la musique populaire. La maladie eut finalement raison de Basie, qui continua jusqu'à la fin à tapoter son clavier.

Charles Mingus

Les big bands de Basie et d'Ellington libérèrent l'orchestre de jazz en laissant les improvisateurs de talent prendre leur envol. Charlie Mingus n'atteignit pas la même célébrité, mais ses groupes étaient capables de s'exprimer avec le tonus de Basie et dans une atmosphère ellingtonienne, avec l'amplitude, la subtilité et l'imprévisibilité du Duke. Ce dont il était incapable, en revanche, c'était de contenir son tempérament rebelle et combatif : il était plus enclin à s'emporter contre ses musiciens ou même contre son public qu'à lustrer ses compositions. Cependant, en tant que virtuose de la contrebasse – avec une sonorité digne d'une cloche de cathédrale – et en tant que chef d'orchestre visionnaire, Mingus est un géant incontesté du jazz, qui a su assouplir la rigidité du swing-band dans un esprit novateur

aujourd'hui assimilé par presque toutes les grandes formations créatives.

Mingus grandit à Los Angeles. Il apprit la contrebasse au lycée, reçut l'enseignement de Red Callendar et suivit des cours de composition classique. Dans les années 40, il resta à l'écart du courant bebop, préférant tourner dans des groupes conduits par Louis Armstrong et Kid Ory ou travaillant quelque temps avec Lionel Hampton et Duke Ellington, qu'il reconnut comme l'un de ses maîtres. Mais il sut s'inspirer de tous les styles de jazz et peaufina son jeu notamment en accompagnant Charlie Parker, Dizzy Gillespie, Max Roach et Bud Powell dans le fameux concert du Massey Hall en 1953. Il fut avant tout compositeur. Entre 1953 et 55, il s'impliqua dans le Jazz Composer's Workshop, puis fonda son propre atelier. Comme tous les compositeurs de jazz de premier plan, il voulait que sa musique écrite eût l'air improvisée. Il y parvint en accordant une liberté accrue aux solistes, préfigurant le free jazz.

Les œuvres de Mingus pouvaient

Visionnaire rebelle,
Charles Mingus mit toujours la barre très haut. Son travail de compositeur est une relecture dynamique de tout l'héritage musical afro-américain.

CHARLES MINGUS
*Arizona, 22 avril 1902 –
Mexique, 5 janvier 1979*

Principaux enregistrements
Pithecanthropus Erectus, *1956*
Blues and Roots, *1959*
Black Saint and the Sinner Lady, *1963*

Principaux partenaires
Dannie Richmond, Eric Dolphy

Principaux styles
Majestueuse sonorité de basse ; compositions fondées sur l'improvisation et de fréquents changements de tempo.

être aussi « brutes » et colorées qu'une parade de rue, aussi inspirées et profondes que des pièces religieuses, mais toujours plus sombres, plus inquiètes, moins chantantes que celles de Basie et moins optimistes que celles d'Ellington. Mingus s'assura le concours de grandes pointures du jazz, comme les saxophonistes Jackie McLean, Booker Ervin, John Handy, Rahsaan Roland Kirk et finalement le talentueux Eric Dolphy. Sa musique, plus que celle d'aucun autre compositeur, embrasse toute l'histoire du jazz et explore toutes les techniques, ainsi que le montrent des pièces telles que *Fables of Faubus, Saturday Night Prayer Meeting, Better Git It in Your Soul* et *Goodbye Pork Pie Hat.*

Le saint noir

Mingus se méfiait de l'industrie du spectacle, qu'il considérait comme une industrie d'exploiteurs, mais ses labels indépendants lui firent perdre tant d'argent que, découragé, il cessa pratiquement ses activités à la fin des années 60. La publication de sa fantastique autobiographie *Beneath the Underdog* le remit à l'honneur au début des années 70. Il n'était plus le Mingus des décennies précédentes, mais il collabora à des musiques de film et enregistra un album avec Joni Mitchell, une vedette de la chanson folk. Après sa mort en 1979, une immense pièce symphonique, *Epitaph,* fut retrouvée parmi un tas de manuscrits. Reconstruite par le compositeur Gunther Schuller, elle était un témoignage du génie inclassable de Mingus. Commencée dans l'adolescence, l'œuvre empruntait à *Wolverine Blues* de Jelly Roll Morton, au standard de Vernon Duke, *I Can't Get Started,* et à d'autres traditions musicales, avec des citations de Schoenberg, Bartok et Stravinsky.

Charlie Parker

I l y eut le jazz *avant* Charlie Parker et le jazz *après* – de même qu'il y eut la période précédant Louis Armstrong et celle qui suivit, un paysage musical complètement remanié par sa vision futuriste. Charlie Parker fut le messie du jazz moderne. A sa mort, des graffiti, dans le métro new-yorkais et autour de Greenwich Village, clamèrent : « Bird Lives! »

Comme Armstrong, Parker changea le jazz par une nouvelle conception du rythme et du phrasé, convaincu que la musique pouvait se « raconter » autrement. Comme Armstrong, il joua avec une passion et une ferveur qui allaient bien au-delà de la maîtrise technique. Mais, contrairement à Armstrong, son idée ne consistait pas à étendre le potentiel de la musique de danse populaire. Il arriva à un moment où une partie de public était prête à considérer le jazz comme une forme d'art sérieuse et un symbole de la rébellion de la jeunesse. Le bebop devint la bande sonore de la vie de bohème et le saxophone alto de Parker une étoile filante célèbrant l'éphémère.

Parker's Mood

Charlie Parker était le fils d'un artiste de music-hall du Kansas qui quitta le foyer familial vers 1931. Il fut choyé par sa mère, Addie, qui lui interdit de faire de petits boulots pour gagner de l'argent de poche comme les autres gosses et lui donna tout ce qu'elle pouvait, y compris son premier saxophone. Quand Charlie eut 14 ans, elle obtint un travail de femme de ménage de nuit et l'adolescent en profita pour hanter les clubs de Kansas City, où il écouta des saxophonistes comme Ben Webster et Lester Young. Ce dernier, un improvisateur d'une immense subtilité tonale, devint son idole. Dès lors, Charlie Parker consacra toute son énergie à l'étude du saxo, qu'il apprit tout seul, à sa manière. A l'époque, le jazz se jouait sur quelques clefs seulement, qui convenaient à l'instrumentation habituelle. Le jeune Charlie Parker l'ignorait et il apprit à jouer sur toutes les clefs. L'une des caractéritiques du bebop,

dont il fut le premier maître, tenait justement à l'art de la transposition d'une clef à l'autre. Il s'exerça avec passion, convaincu que ses méthodes étaient les bonnes – un excès de confiance qui l'exposa parfois à quelques déconvenues. Une nuit, au Reno Club, pour épater la galerie, le jeune Charlie Parker essaya de changer de clef au milieu d'un furieux *I Got Rhythm* – exercice que les musiciens plus expérimentés que lui trouvaient déjà particulièrement difficile – et s'embrouilla lamentablement. Jo Jones, le virevoltant batteur de Count Basie, paracheva l'humiliation en lançant une cymbale à ses pieds pour le chasser. « Il doit pourtant y avoir un moyen »,

confia Charlie à sa mère. En 1939, il l'avait trouvé.

Quand, fin des années 30, il se joignit à Jay McShann, qui dirigeait le dernier big band du Kansas City de la grande époque, Charlie Parker fut lancé. Il quitta sa ville natale à l'âge de 19 ans, déjà marié, divorcé et père d'un garçon. Il resta dans l'orchestre de McShann jusqu'en 1942 mais, désormais, il tenait sa méthode. « Je continuais à penser qu'il y avait forcément quelque chose d'autre », raconta-t-il plus tard. « Je l'entendais dans ma tête, mais je n'arrivais pas à le jouer... C'est en travaillant sur *Cherokee* que j'ai trouvé : en utilisant les intervalles hauts d'un accord comme une ligne

CHARLIE PARKER
« Yardbird, Bird »
*Kansas City, 29 août 1920 –
New York, 12 mars 1955*

Principaux enregistrements
Particulièrement Now's the Time, Ko-Ko, Billie's Bounce *en 1945 ;* Ornithology, Yardbird Suite, A Night in Tunisia *en 1949 ;* Au Privave *en 1951*

Principaux partenaires
Dizzy Gillespie, Miles Davis, Max Roach

Principaux styles
Fondateur du bebop. A enrichi l'harmonie en y introduisant des idées mélodiques libres. Imagination rythmique et mélodique spontanée. Influence comparable seulement à celle de Louis Armstrong.

L'ample sonorité de l'alto de Charlie Parker fut l'une des plus imitées en jazz. Il fut considéré comme le messie de la musique post-années 40, comme un virtuose, un génie conceptuel et un symbole de la marginalité.

mélodique et en les soutenant avec des changements [d'accord] appropriés, j'étais capable de jouer ce que j'avais entendu. Je me suis mis à revivre. »

Now's the Time

Parker rencontra bientôt les quelques autres musiciens new-yorkais qui œuvraient dans la même direction : le batteur Kenny Clarke, le pianiste Thelonious Monk, le guitariste Charlie Christian et le trompettiste Dizzy Gillespie. La gestation du bebop eut pour cadre le Minton's Playhouse, après les heures de fermeture ou à l'occasion de quelques bœufs sur scène avec des employeurs bienveillants comme Earl Hines, Coleman Hawkins et Billy Eckstine. A ce stade de la vie de Parker, l'alcool et la drogue – dont il était dépendant depuis l'adolescence – lui posaient déjà des problèmes professionnels. Mais, si ses défauts de ponctualité mettaient sa carrière en danger, son imagination, elle, ne faisait qu'améliorer sa musique.

En 1944, Parker commença à enregistrer sous son nom avec des musiciens de swing et des musiciens modernes et, l'année suivante, grava les immortels sillons qui allaient assurer sa réputation. Sur des bouts de papier avant les séances d'enregistrement, il griffonnait des mélodies qui devaient devenir des standards incontournables pour les jazzmen du monde entier. Ses improvisations sur des thèmes comme *Now's the Time*, *Billie's Bounce* et *Ko-Ko* étaient des étalages de virtuosité technique et d'énergie, proposant des phrasés et des timings toujours imprévisibles et empreints d'une atmosphère qui ne pouvait descendre que du blues. Le rôle révolutionnaire de Charlie Parker dans les années 40 ne peut être comparé qu'à celui d'Armstrong dans ses enregistrements avec les Hot Five et les Hot Seven. Il n'a pas d'autre rival pour l'originalité et la fougue. Toutefois, le magazine *Down Beat* n'apprécia guère ces qualités à l'époque et n'attribua aucune étoile à *Now's the Time*.

L'année suivante, Parker intégra la forma-

Parker en 1949 avec Lennie Tristano, Eddie Safranski et Billy Bauer pendant une session au studio RCA Victor à New York. La musique de Tristano, bien que beaucoup plus cool que celle de Parker, fut fortement influencée par les idées mélodiques de celui-ci.

tion de Dizzy Gillespie au West Coast Club de Billy Berg, y demeura après le départ du groupe et signa avec Ross Russell pour le label Dial. Il en résulta six albums phénoménaux, en sept sessions, comprenant notamment *A Night in Tunisia*, *Ornithology* et *Yardbird Suite*. Mais l'état physique et mental de Parker se détériorait. Pour la seconde session Dial, il tenait à peine debout – mais joua quand même. Sa version angoissée de *Lover Man*, l'une des plus émouvantes de l'histoire du jazz, en porte témoignage.

Voyant la célébrité de Parker s'affirmer,

l'impresario Norman Granz l'impliqua dans des projets plus élaborés mais moins spontanés, recourant souvent aux cordes. Parker s'y prêta de bon gré, persuadé que les vicissitudes de sa vie s'adouciraient s'il obtenait un statut comparable à celui de compositeurs classiques tels que Stravinsky ou Varèse. Mais, même si certains des enregistrements Verve avec cordes permettent à son saxo alto de s'exprimer avec son brio habituel, ce sont ses sessions plus anciennes, avec de petites formations, qui resteront dans la mémoire des amateurs et feront date dans la musique du XXᵉ siècle.

Dizzy Gillespie

Avec ses joues enflées jusqu'à l'éclatement et les muscles de son cou tendus comme les biceps d'un catcheur, l'image de Dizzy Gillespie à l'œuvre est un symbole mémorable des exigences de la musique en énergie et en imagination : ce sont le corps et l'âme qui sont engagés. Tout au long des années 40 et jusqu'à la maturité de Miles Davis, Gillespie fut le trompettiste de jazz le plus imité, de même que son partenaire Charlie Parker l'était pour le saxophone. Avec Parker, Charlie Christian, Thelonious Monk et Kenny Clarke, Gillespie fonda le mouvement bebop – développement d'une musique plus ambiguë et plus harmoniquement complexe à partir des matériaux et des méthodes du swing. D'abord admirateur du trompettiste Roy Eldridge – un instrumentiste aux fortes ambitions techniques qui jeta un pont entre les cuivres new-orleans et le jazz moderne –, Gillespie s'affirma comme un improvisateur d'une justesse étonnante et d'une fantastique inventivité dans des tempos vertigineux, prouvant que l'art d'emboucher était plus important que le doigté dans l'évolution de la trompette.

Dizzy Atmosphere

Gillespie était un amuseur né et une infatigable bête de scène. Tandis que la plupart des beboppers cultivaient une image élitiste destinée à un cercle restreint de connaisseurs, Gillespie était tout disposé à s'extérioriser au contraire pour gagner de nouveaux adeptes. Prénommé en réalité John Birks, il reçut le surnom de « Dizzy » (« pris de vertige », « fou-fou ») à cause de ses facéties sur scène – la manière hilarante dont il présentait sa musique et ses musiciens, l'incongruité et la volubilité de ses improvisations en scat. Gillespie s'illustra également comme compositeur, contribua activement à la fusion entre le jazz et la musique latine qui allait s'opérer à partir de la fin des années 40 et, vers la fin de sa vie, joua le rôle d' « ambassadeur du jazz ». Il fut au jazz d'après-guerre ce que Louis Armstrong avait été au jazz d'avant-guerre et serra les mains de toute une dynastie de présidents des États-Unis.

Benjamin d'une famille de neuf enfants, Gillespie naquit en Caroline du Sud. Son père, maçon de son état et chef d'orchestre amateur,

Captivant joueur de blues, Gillespie mêla des sons vocalisés à des cataractes de notes brèves, avec d'imprévisibles changements de tempo, de volume et d'intensité.

encouragea sa passion pour la musique. Il obtint une bourse pour le Laurinburg Institute, où il apprit conjointement la trompette et le piano – ce qui lui permit d'acquérir une science harmonique qui allait être décisive dans le bop. Dizzy commença par imiter Roy Eldridge, et avec une telle réussite qu'il finit par remplacer son idole dans l'orchestre de swing de Teddy Hill en 1937. Il s'associa ensuite avec le populaire et commercial chanteur chef d'orchestre Cab Calloway, jusqu'à ce que ce dernier le renvoie pour chahuts intempestifs et à la suite d'une rixe (dont Calloway s'imputa plus tard la responsabilité).

Groovin' High

Gillespie se tourna alors vers de jeunes stars du swing qui partageaient ses idées. De même que Charlie Parker et Charlie Christian, il avait trouvé une voie nouvelle pour rafraîchir le phrasé en étayant les accords avec des notes supplémentaires et en développant des techniques lui permettant de flirter avec toutes les clefs sans « perdre le cap ». Vers le milieu des années 40, Parker et Gillespie collaborèrent à quelques-uns des plus significatifs disques de bebop jamais enregistrés. On y retrouve toute l'époustouflante empathie, la charge d'adrénaline, la musicalité et le vertigineux enthousiasme des pionniers du mouvement.

Le manque de fiabilité de Parker provoqua le départ de Gillespie, qui fut remplacé par Miles Davis – son opposé diamétral tant par la personnalité que par le jeu. Entre-temps, Gillespie essaya de tester les possibilités du bebop sur un big-band. Il lança également de nouveaux musiciens, comme le très influent percussionniste cubain Chano Pozo, pour donner un parfum latin à son jazz. Dans *To Be or Not to Bop*, Gillespie écrivit : « Les gens du calypso, de la rumba, de la samba et des rythmes haïtiens ont tous reçu un héritage commun de la mère de leur musique : le rythme. Le rythme fondamental, parce que Mama Rythme, c'est l'Afrique. »

A partir des années 50, Dizzy Gillespie fut constamment en tournée et favorisa la carrière de plusieurs jeunes trompettistes : Fats Navarro, Clifford Brown, Lee Morgan et deux jeunes hommes qu'il considérait comme ses fils spirituels, Jon Faddis et Arturo Sandoval. Bien que les exigences de son agenda et le goût du public pour le style spectaculaire, pyrotechnique (qu'il déploie à l'envi dans ses fréquentes participations aux tournées Jazz at the Philharmonic de Norman Granz) aient parfois porté ombrage à sa créativité et perturbé la clarté de son phrasé, il était encore capable de prestations ébouriffantes à 70 ans passés.

Ambassadeur du jazz

Gillespie milita toute sa vie pour les droits civiques, pour l'égalité de tous les artistes indépendamment de leur race et pour la reconnaissance de la musique afro-américaine comme art majeur, et s'illustra à l'occasion par des déclarations politiques frivoles, dont la fantaisie masquait des intentions sérieuses. Il menaça ainsi de se présenter à la présidence des États-Unis, proclamant qu'il rebaptiserait la Maison Blanche « Maison Bleue » et nommerait Miles Davis à la tête de la CIA. Septuagénaire, il dirigeait encore le multinational United Nations Band et collaborait euphoriquement avec de jeunes stars du jazz latin (le saxophoniste Paquito D'Riviera et le trompettiste Arturo Sandoval), ainsi qu'avec de vieux complices comme le saxophoniste et compositeur James Moody.

Le bebop fut d'abord accusé d'être de l'anti-jazz, mais fut bientôt très suivi.

JOHN BIRKS GILLESPIE

« Dizzy »

Caroline du Sud, 21 octobre 1917 – Englewood, 6 janvier 1993

Principaux enregistrements

Avec Coleman Hawkins en 1944 ; d'autres grandes sessions classiques de bebop avec Charlie Parker 1944-1945 ; Cubana-Be, Cubana-Bop et Manteca avec son big band en 1947

Principaux partenaires

Charlie Parker, Billy Eckstine, Chano Pozo

Principaux styles

Cofondateur du mouvement bebop des années 40. Maria la musique latine au jazz. L'un des trompettistes de jazz les plus largement imités.

Quelqu'un tomba sur la trompette de Gillespie en 1953, et le pavillon en fut tordu. Gillespie aima le résultat parce que, dit-il, « j'entends le son plus vite ». En conséquence, il se fit dessiner un instrument coudé qui devint son image de marque.

L'humour surréaliste et la tenue vestimentaire bohème de Gillespie devinrent des modèles pour le style hipster. Béret, lunettes noires et barbichette furent, pour un temps, l'uniforme du « jazz moderne ».

Miles Davis

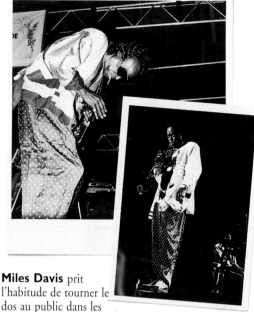

Jamais aucun musicien de jazz ne joua d'un instrument de façon plus intime, plus proche de l'émotivité personnelle de l'auditeur que Miles Davis. Ses notes changent de couleur comme des joyaux sous les variations de la lumière, sa sonorité est si poignante qu'elle ne peut appartenir qu'à lui, et son sens du swing se fonde sur une compréhension instinctive du silence *juste* et approprié. Quand Miles Davis racontait une histoire dans un solo, il le faisait avec une telle prescience de sa forme finale que tout devenait évident et vaporeux. Mais Miles Davis ne se contenta pas d'être un exceptionnel soliste de la trompette, il fut également un grand innovateur, qui ne se satisfit jamais des formes établies. Véritable géant de la musique du XXᵉ siècle, il influença profondément le devenir du jazz à plusieurs reprises au cours de sa longue carrière. Avant sa mort en 1991, il travaillait avec le chanteur Prince sur un disque de rap, en collaboration avec le producteur new-yorkais de dance-music Easy Mo Bee.

Fils d'un dentiste de St. Louis, Miles Dewey Davis se mit à la trompette à 13 ans. Il semblait destiné à une éducation classique, mais

---

MILES DEWEY DAVIS
Illinois, 26 mai 1926 –
Californie, 28 septembre 1991

Principaux enregistrements
Birth of the Cool *et disques Blue Note,*
1952-1954 ; Workin' *et* Steamin', *1956* ;
Kind of Blue, *1970* ; Miles Ahead, *1957* ;
Bitches Brew, *1970* ;
You're Under Arrest, Aura, *1985*

Principaux partenaires
Charlie Parker, Gil Evans, John Coltrane,
Herbie Hancock, Tony Williams,
Marcus Miller

Principaux styles
Version soft et aérée du bebop. Représentant
influent de l'improvisation modale
des années 50 ; jazz orchestral concertant
(fin des années 50) ; jeu collectif mêlant
hard bop et modalisme (milieu des années 60) ;
fusion (fin des années 60 et au-delà.)

---

se prit d'une passion inconditionnelle pour Charlie Parker. Déménageant à New York, Davis abandonna ses études pour suivre le saxophoniste de club en club et finalement habiter avec lui et remplacer Dizzy Gillespie dans le quintette de Parker. Au début, Davis n'avait rien du trompettiste de bop idéal. Il ratait souvent des notes, commettait des erreurs d'intonation et peinait dans les tempos rapides. Mais, s'il développa une nouvelle musique, ce n'était pas pour pallier une quelconque déficience dans le doigté. C'était en réalité une question de tempérament. C'était un musicien différent. Intuitivement, il avait compris que l'improvisation de jazz était désormais une affaire de subtilité dans la tonalité et le timing. Cette conception originale allait approfondir la composante émotionnelle de sa musique et finalement hypnotiser le monde du jazz.

So What ?

En 1949, à l'âge de 23 ans, Davis forma un groupe qui sonnait presque comme sa trompette, dans une version élargie et enrichie – un ensemble de neuf membres comprenant un cor anglais et les saxophonistes Gerry Mulligan et Lee Konitz, plus réservés dans leur expression que la plupart des boppers. La couleur de l'ensemble dépendait en large part des riches arrangements d'un jeune Canadien, Gil Evans. Le groupe se produisit peu et, au début des années 50, Davis dut se débattre avec de douloureux problèmes de toxicomanie. Après sa désintoxication, il fit un remarquable comeback au Newport Jazz Festival de 1955. Son succès et la publicité dont celui-ci s'accompagna l'encouragèrent à reformer un groupe. Son principal partenaire fut un jeune saxo ténor aussi rapide, aussi dense et chaleureux que Davis était réservé : John Coltrane. Avec le pianiste Red Garland, le bassiste Paul Chambers et le batteur Philly Joe Jones, le groupe devint l'un des plus expressifs et des plus dynamiques du mouvement hard bop, grâce à un contraste prononcé entre le jeu de Davis et la vigueur musclée de ses partenaires. Davis utilisa de plus en plus la sourdine Harmon pour rendre ses ballades encore plus étranges et intimes.

Miles Davis prit l'habitude de tourner le dos au public dans les années 50. Dans les années 80, son charisme n'avait cessé de croître. Il voulait que sa musique parle pour elle-même et détestait les interviews.

La liberté d'interprétation de ces musiciens fit de leurs enregistrements d'alors des classiques éternels ; mais le hard bop était encore une musique basée sur les accords et Davis commençait à s'en lasser. Dans des disques comme *Milestones* et *Kind of Blue*, il tourna autour de cycles de gammes, ou de modes, pour permettre à ses solistes de s'exprimer avec suffisamment d'amplitude. La musique se mit aussitôt à irradier comme des ronds dans l'eau, déplaçant le mouvement linéaire du bop. Davis cherchait à libérer l'improvisation tout en se défiant du mouvement bop qui se mettait en place vers la même époque. Aussi ne cantonna-t-il pas ses recherches aux petites formations. Avec l'arrangeur Gil Evans, il se confronta à la texture orchestrale dans *Porgy and Bess* et *Sketches of Spain*. Utilisant à la fois la trompette et le bugle, au son plus doux, il fut peut-être le seul soliste capable de se livrer avec autant de personnalité qu'un chanteur.

Dans les années 60, Miles Davis frôla le free jazz d'aussi près que le lui permettait son sens du lyrisme et du swing et engagea de jeunes musiciens comme le batteur de 16 ans Tony Williams, le pianiste Herbie Hancock, le saxophoniste Wayne Shorter (transfuge du groupe d'Art Blakey) et Ron Carter à la basse. L'équipe continua à travailler de façon modale, mais abandonna les standards pour se diriger vers une forme d'improvisation collective. L'élasticité de la section rythmique Hancock/Carter/Williams par rapport à la métrique régulière du jazz altérait le style de Davis, l'invitant à jouer des phrases plus longues, à se départir plus souvent du registre moyen et à sonner parfois avec une vigueur surprenante de sa part.

Mais, bien que sa musique eût une apparence intemporelle, Miles Davis restait un artiste à l'écoute de son époque. Quand il se ren-

Le timbre de la trompette de Davis est l'un des plus imités et des plus immédiatement identifiables de tous les sons jazz. Homme réservé mais exigeant, Davis projetait dans sa musique une tendresse meurtrie alliée à un sens rythmique sans égal.

dit compte que le rock, une musique plus instinctive, plus spontanée, tendait à prendre la place du jazz dans les années 60 et que des artistes comme Jimi Hendrix et Sly Stone drainaient des foules immenses et amassaient des fortunes, il essaya de se réapproprier le jeune public noir qui se détournait du jazz. Avec son quintette modal, il fondit l'improvisation de jazz dans des structures et une instrumentation rock. Dans ses premières expériences, *In a Silent Way* et *Bitches Brew*, il travailla sur des textures électroniques – versions contemporaines des tableaux que Gil Evans avait brossés pour lui dix ans plus tôt. Ces essais ne furent pas toujours fructueux. Un essaim de sensationnels jeunes instrumentistes traversa ses groupes de fusion – Keith Jarrett, Chick Corea, Jack DeJohnette, Dave Holland, John Scofield –, mais sa musique manqua souvent

de cette légèreté et de cette fraîcheur qui caractérisaient ses premiers enregistrements et qu'on trouvait justement dans la meilleure pop music. Le doute et une santé fragile le contraignirent à une longue retraite à la fin des années 70. Il revint avec un mélange de jazz et de pop plus explicite. La magie fonctionnait toujours. La poésie de la sonorité et de la conception de Miles Davis jetait un pont culturel entre jazz et pop qui aplanissait le conflit des générations. Sa musique a eu un impact incalculable sur presque tous les styles actuels.

Thelonious Monk

Les observateurs du jazz sont souvent intarissables quand il s'agit d'évoquer la complexité d'un thème de Thelonious Monk. John Coltrane, qui joua dans l'un des plus inventifs groupes de Monk dans les années 50, déclara que, lorsqu'on ratait un changement d'accord, on avait l'impression de « tomber dans une cage d'ascenseur vide ». Whitney Balliett, le critique du *New Yorker*, écrivit que les longues pauses de Monk faisaient parfois craindre à l'auditeur que le musicien n'eût quitté le studio d'enregistrement. A entendre ses brusques écarts, on croyait, ajouta-t-il, « manquer la dernière marche dans l'obscurité ».

Le Baptiste du bebop

De tout cela Monk ne semblait guère se soucier. S'il s'étonna parfois des critiques adressées dans les années 50 à sa musique, qu'on trouvait insolite, pour ne pas dire bizarre, il n'en poursuivit pas moins la route qu'il s'était tracée, imperturbable. Trente ans plus tard, les dissonances de ses airs inimitables n'obscurcissent plus l'audacité mélodique ni la fine composition de ses pièces, et des pianistes classiques les jouent, à l'occasion, dans des récitals consacrés à la musique américaine moderne.

Monk est généralement considéré comme l'un des principaux acteurs de la révolution bebop des années 40 – et cela non seulement pour sa musique. Sa dégaine bohème et son goût pour les lunettes noires et les chapeaux excentriques ont fait beaucoup pour définir l'image du hipster d'après-guerre. Mais, à la base, il était un musicien de stride avec un sens de l'harmonie aventureux, sophistiqué, et une perception toute personnelle du temps et de l'espace. Il apprit le piano, enfant, pour accompagner sa mère qui chantait à l'église, et le gospel a longtemps influencé son jeu. Monk travailla avec une grande variété de musiciens avant de commencer à fréquenter le Minton's Playhouse où allait être enfanté le bop et, en 1943, rejoignit Coleman Hawkins – un musicien de swing qui déployait des connaissances harmoniques lui permettant de rivaliser avec les beboppers.

Condamné pour infraction à la loi sur les stu-

Le piano saccadé de Monk est immédiatement reconnaissable. On joue ses compositions partout aujourd'hui. Dans les années 50, ses harmonies et son timing paraissaient bizarres, ce qui lui valut une carrière en dents de scie.

THELONIOUS SPHERE MONK
*Caroline du Nord, 10 octobre 1917 –
New Jersey, 17 février 1982*

Principaux enregistrements
At Minton's, *1941* ; Evidence,
Criss Cross, Carolina Moon, *1947-1952* ;
Bag's Groove *avec Miles Davis, 1954* ;
Brilliant Corners, *1956* ;
With John Coltrane, *1957*

Principaux partenaires
*Art Blakey, John Coltrane, Johnny Griffin,
Charlie Rouse*

Principaux styles
*Introduisit des surprises rythmiques et
harmoniques dans le piano stride de Harlem.
Adopta le bebop dans les années 40.
Ses compositions et improvisations ont
des timbres et une construction uniques.*

péfiants et banni des clubs new-yorkais, Monk resta hors circuit jusqu'au milieu des années 50, ce qui ne l'empêcha pas d'enregistrer une série d'improvisations sur des compositions qui allaient devenir des classiques du jazz. *52nd Street Theme* fut repris par Dizzy Gillespie et Cootie Williams, et *Epistrophy* devint un générique radiophonique. Dans les années 50, Miles Davis œuvra énormément pour rendre à Monk la place qui lui était due en interprétant avec beaucoup de subtilité les airs du compositeur. La mémorable apparition de Monk dans le film *Jazz on an Summer's Day* contribua aussi pour une large part à redorer son blason.

En raison des dissonances, des sons hachés et des intervalles insolites de la musique de Monk, maints solistes éprouvèrent des difficultés à travailler avec lui. Le jeune Coltrane et le saxo soprano Steve Lacy furent toutefois des partenaires idéaux. Quand la simplicité et la beauté sous-jacentes des idées de Monk furent davantage reconnues, des thèmes comme *Well You Needn't* et *Straight No Chaser* entrèrent dans le répertoire de nombreux musiciens, depuis les swingers jusqu'aux avant-gardistes, et le nostalgique *Round Midnight* est à présent l'un des airs de jazz les plus joués. Les dissonances de Monk et sa façon d'alterner parfois de longs silences avec des galops inattendus, ont fait de lui un musicien d'une candeur rafraîchissante, peu enclin aux étalages de virtuosité.

Art Blakey

Art Blakey fut l'un des plus saisissants batteurs de l'histoire du jazz. Mais cela ne suffit pas à présenter le personnage. A 70 ans, il continuait à mener campagne pour imposer plus largement le jazz et à prospecter de nouveaux talents. « Parlez de nous à vos amis », disait-il à son public dans les clubs. « Ça m'ennuierait qu'un être humain puisse mourir sans avoir connu cette musique. »

Art Blakey émergea dans les années 40 quand le swing policé des big bands commença à être bousculé par les stars montantes du bebop – les Charlie Parker, Dizzy Gillespie et Thelonious Monk – qui revisitaient les chansons de Tin Pan Alley d'une façon qui allait transformer le jazz à jamais. Le batteur leader du mouvement, Kenny Clarke, estimait que la batterie n'était pas seulement là pour faire swinguer l'orchestre mais devait avoir un statut de premier plan. Blakey élabora un répertoire explosif, fait de roulements sur la caisse claire et de frappes sèches, soutenu par un étourdissant jeu de cymbale qui donnait à son jeu une coloration digne d'un instrument mélodique.

Bille en tête

En 1954, il fonda la première mouture des Jazz Messengers avec le pianiste Horace Silver. Le groupe devint pratiquement l'incarnation du hard bop : un style à base de longs solos pour petite formation, avec une forte saveur de blues et de gospel, et une vigueur, une exaltation qui tranchaient sur l'école cool, souvent désenchantée. Blakey avait commencé par être pianiste, mais la présence du jeune Errol Garner dans le groupe qu'il dirigeait à l'âge de 15 ans créa des difficultés. Blakey racontait souvent, de façon imagée, qu'un propriétaire de club lui avait fait abandonner le clavier pour la batterie sous la menace d'un revolver et qu'il ne l'avait jamais regretté. Après avoir travaillé avec Mary Lou Williams, Billy Eckstine, Thelonious Monk, Miles Davis et tant d'autres, Blakey se consacra définitivement aux Messengers, où ses dons de découvreur de talents fi-

Les baguettes d'Art Blakey. En pleine action, elles seraient presque invisibles. Blakey inaugura des techniques de percussion aujourd'hui en usage dans maintes formes de musique.

rent merveille. Les trompettistes Lee Morgan, Clifford Brown et Freddie Hubbard, les saxophonistes Johnny Griffin et Wayne Shorter passèrent par les Messengers, et Blakey ne refusa jamais sa confiance à ceux de ses jeunes partenaires qui lui proposaient de nouveaux arrangements. Dans les années 80, de jeunes vedettes comme Wynton et Brandford Marsalis, Bobby Watson et le trompettiste Terence Blanchard continuèrent à entretenir la jouvance de la formule. A la fin de sa vie, Blakey devint aussi un gourou du « jazz renaissance », infatigable avocat d'un jazz exubérant et dansant qui, jusque dans les années 90, figura dans les réserves de disques des DJ.

Pour Art Blakey, un jazzman qui se respectait devait toujours se donner à cent pour cent. Compte tenu de la jeunesse de nombre de ses partenaires, cela permit aux Jazz Messengers de conserver leur punch jusqu'à la fin. Mais, malgré la fureur de ses accompagnements, Blakey sut toujours écouter les autres d'une oreille attentive, en musicien.

« **Directement du Créateur** à l'artiste, puis au public, un timing au quart de seconde, y a pas d'autre musique comme ça. » Tel était le credo d'Art Blakey. Évangéliste du jazz, mentor des jeunes fans et musiciens, Art Blakey fut un authentique original.

ART BLAKEY
Abdullah Ibn Buhaina, « Bu »
Pittsburgh, 11 octobre 1919 –
New York, 16 octobre 1990

Principaux enregistrements
Horace Silver and the Jazz Messengers, *1954* ; Moanin', Blues March, *1958* ; A Night in Tunisia, *1960* ; Free for All, *1964*

Principaux partenaires
Horace Silver, Lee Morgan, Wayne Shorter, Freddie Hubbard, Wynton Marsalis

Principaux styles
Pionnier du hard bop – bebop avec une forte saveur blues et gospel. Le tambour africain eut une grande influence sur son jeu. Son high-hat explosif et sa caisse claire donnèrent du tonus aux solistes des années 50 aux années 90.

Sonny Rollins

Dans le jazz d'aujourd'hui, un musicien dont le style embrasse le bop, le blues, le calypso et le funk n'est pas une rareté. Mais Rollins a eu très tôt l'intuition que le mélange des genres permettait d'expurger l'improvisation des clichés et, pendant quarante ans, il a fondu son matériau personnel dans le génie populaire. Sa mère était originaire des Iles Vierges et la musique dansante antillaise l'a toujours attiré. Il est venu au saxophone à l'époque de la « jump music », qui précédait le rock and roll, et il en conserva toujours le goût. Mais Sonny Rollins est beaucoup plus que cela : ses longues improvisations (et certaines sont très longues) font penser à un rembobinage accéléré de toute l'histoire du jazz, agencé avec un idiosyncratisme qui frôle l'abstraction.

Dans la famille Rollins, tout le monde apprenait la musique classique, mais un oncle saxophoniste amateur de blues l'en détourna. Il assimila les styles des vedettes du saxo des années 40 : la sonorité puissante de Coleman Hawkins et sa façon d'enluminer les accords, ainsi que l'art de conteur de Lester Young, puis enfin la synthèse de ces deux tendances par Charlie Parker. En combinant tout cela avec son affection pour le style jump de Louis Jordan, Rollins se forgea une voix personnelle, alliant punch, vitesse, swing et spontanéité. Le pianiste bop Thelonious Monk exerça également une profonde influence sur lui en l'incitant à fragmenter davantage ses solos pour rendre leurs directions mélodiques plus imprévisibles et à subvertir, souvent avec un humour sardonique, les matériaux sonores qu'il glanait çà et là.

Rollins travailla quelque temps avec Miles Davis au début des années 50, puis rejoignit Clifford Brown et le grand groupe hard bop

de Max Roach en 1956. A la fin de la décennie, il avait enregistré, souvent avec Roach, quelques-uns de ses classiques, dont les albums *Saxophone Colossus*, *Way Out West* et *Newk's Time*. Dans *Saxophone Colossus*, outre « St. Thomas », l'un des plus énergiques calypsos de Rollins et une version impériale de *Mack the Knife* (« Moritat »), on trouve une longue improvisation sur un ténébreux blues *moderato*, *Blue Seven*, mêlant des notes lugubres à de soudaines envolées de bebop dans une construction poignante, qui reste considérée comme un des plus grands solos de jazz jamais enregistrés. On peut en dire autant de « Come Gone » dans *Way Out West*, mélange de phrases angoissées récurrentes et de passages éclatants en double tempo – où l'on reconnaît également le goût caractéristique de Rollins pour la citation surprenante, avec l'intrusion de thèmes comme « Wagon Wheels » et « I'm an Old Cowhand ». La célébrité qui entoura Rollins durant cette période n'émoussa jamais son désir naturel d'apprendre et de progresser – une tendance qu'il fait remonter à la rivalité musicale l'opposant à ses frères et sœurs dans son enfance.

Rollins fut, à une époque, aussi célèbre par ses fantaisies que par son jeu : coupe mohican, crâne rasé, chapeau exotique. Il arrivait parfois dans les clubs en jouant une introduction commencée déjà dans le taxi.

THEODORE WALTER ROLLINS
« Sonny, Newk »
New York, 9 septembre 1929

Principaux enregistrements
Saxophone Colossus, *1956 ;* Way Out West, *1957 ;* The Freedom Suite, *1958 ;* The Bridge, *1962 ;* Sunny Days, Starry Nights, *1984*

Principaux partenaires
Thelonious Monk, Max Roach, Miles Davis, Don Cherry

Principaux styles
Instrumentiste personnel inclassable, unifiant le poids du saxo swing et l'approche thématique avec la rapidité du bebop. Passion pour la musique antillaise.

Sonny Rollins est **l'un des rares musiciens** de la première génération du hard bop qui occupent encore le devant de la scène. Il a tendance à jouer un jazz-fusion plus léger qu'auparavant, mais ses solos demeurent des chefs-d'œuvre d'imagination et de spontanéité.

Au moment où émergeait l'avant-garde, Rollins prit un congé sabbatique de deux ans (de 1959 à 1961) pour approfondir les problèmes complexes qu'il se posait sur les rapports entre l'improvisation et la structure.

Il avait connu le principal architecte du free jazz, Ornette Coleman, dans les années 50 et, à son retour sur le devant de la scène, se mit à travailler avec deux collaborateurs majeurs de Coleman, le trompettiste Don Cherry et le batteur Billy Higgins. Il résulta de ces rencontres une musique plus relâchée et plus rude, mais toujours empreinte de cette énergie infaillible qui lui permettait d'accumuler sans cesse de nouvelles idées dans le cours d'un unique et furieux solo.

Rollins enregistra six albums dans les trois années qui suivirent son come-back de 1961. *The Bridge*, dont le nom est une référence au Williamsburg Bridge sur lequel il avait l'habitude de s'exercer, est l'un des plus célèbres. Mais l'insatiable Rollins n'était toujours pas convaincu que ses méthodes fussent les bonnes et, en 1966, il s'imposa un nouveau congé sabbatique qui, cette fois, dura cinq ans.

Une nouvelle perspective

Sur le tard, Rollins a renoué avec l'enthousiasme de ses jeunes années et nombre de ses enregistrements de la dernière décennie sont fortement teintés de funk, de romantisme méditatif et de soul. Mais Rollins affectionne surtout les improvisations sans accompagnement, où il excelle.

Sur scène particulièrement, il est capable à tout moment de se lancer dans un récital solo impromptu en faisant l'inventaire de son immense répertoire mélodique pour y piocher des éléments épars qu'il réassemble avec une fascinante intelligence musicale. Au Ronnie Scott's Club de Londres, on se souvient encore de la finale d'une de ses prestations dans les années 60. Pour dire bonne nuit à son public, il improvisa sur des chansons de Tin Pan Alley, toutes celles dont il put se souvenir, comportant le mot *goodnight* dans leur titre. Il continua ainsi pendant une heure, sans accompagnement et pratiquement sans reprendre son souffle. Fabriquer du neuf à partir du vieux, c'est tout l'esprit du jazz, et Sonny Rollins est un éblouissant représentant de cette tradition.

John Coltrane

Quand les musiciens de jazz, dans les années 60, élaborèrent des styles qui rompaient avec la conception habituelle du swing et la forme chanson, l'industrie du disque et le public semblèrent s'en désintéresser. John Coltrane fut une exception. Son saxophone pouvait aussi bien tonner et hurler que chanter avec tendresse mais, quel que fût son registre, il se fit entendre bien au-delà des cercles fermés d'amateurs éclairés. *A Love Supreme*, son disque le plus connu, atteignit des chiffres de vente suffisants pour attirer l'attention de toute une génération de fans de rock sur un musicien qui ne jouait pas de guitare.

À l'époque où la jeunesse se rebellait contre la société de consommation, Coltrane représentait un symbole idéal. Profondément religieux, il fut une sorte de missionnaire dévoué à la cause du saxophone et désireux de donner une dimension nouvelle à la musique. Bien que timide, obnubilé par son travail et assez peu sociable, il n'hésita pas à s'impliquer dans les combats politiques de son temps. Prenant le contrepied du jazz cool des années 50, il proposa une musique résolument engagée : *Alabama*, par exemple, est inspiré d'un discours de Martin Luther King.

Le tortueux périple de Coltrane commença par la clarinette avant de passer au saxophone à 15 ans. À l'instar de nombreux jeunes saxophonistes noirs, il fit ses premières armes dans le rhythm and blues, avec des vedettes telles que Eddie « Cleanhead » Vinson et Earl Bostic. Coltrane assimila également le bebop en travaillant dans l'orchestre de Dizzy Gillespie, fin des années 40, puis aux côtés de Johnny Hodges. À l'époque, les attaques et le son bluesy du ténoriste Dexter Gordon étaient des modèles. Charlie Parker, Sonny Rollins et John Gilmore, le ténoriste de Sun Ra, influèrent également sur son style.

Un travailleur acharné

Quand Miles Davis entreprit son triomphal retour en 1955, Coltrane fut de la partie. Mais, plus le trompettiste s'éloignait des accords du bebop, plus le saxophoniste semblait vouloir y revenir. Au cours d'une discussion restée célèbre, Coltrane confia à son patron que, une fois qu'il était immergé dans un solo, il ne savait plus comment s'arrêter. « T'as qu'à retirer le saxo de

Bien que Sidney Bechet eût adopté le saxophone soprano dès 1919, il fut rarement utilisé jusqu'à ce que John Coltrane le popularisât. Son poignant et passionné *My Favorite Things* convertit à cet instrument toute une génération de saxophonistes.

ta bouche », répondit Davis. Mais il savait que le style de Coltrane était unique et proclamait qu'avec lui on avait trois saxophonistes pour le prix d'un.

Si Parker était un oiseau en plein vol, Coltrane était une rivière en crue. Pour augmenter constamment l'urgence du déferlement sonore, il renchérit sur le bebop en multipliant encore les accords, allant parfois jusqu'à changer d'accord à chaque battement. Il confia à Wayne Shorter que son objectif était de commencer au milieu d'une phrase et de progresser en même temps vers son début et sa fin.

L'alcool et la drogue, auxquels il fut accroché tout au long des années 50, devinrent pour Coltrane des problèmes obsédants en raison de ses convictions religieuses qui lui commandaient de s'en détourner. En 1957, il intégra le quartette de Thelonious Monk, un groupe qui, malgré la brièveté de son existence, reste une référence pour tous les jazzmen. Grâce à sa science harmonique, le saxophoniste fut l'un des rares à être

capables d'improviser sur les thèmes ardus du pianiste. Il reparut aux côtés de Miles Davis à l'occasion de *Kind of Blue*, que sa majestueuse sonorité « de gorge », comparable à la voix d'un chanteur de gospel, colora de chaleureuse tendresse. Le critique Ira Gitler parla de *sheets of sound* (draps de son) à propos de son phrasé – une expression fort bien venue, qui restera sa marque de fabrique.

Des pas de géant

Vers 1960, deux disques montrèrent la voie de l'avenir – *Giant Steps* (pas de géant) et *Coltrane Jazz*. « Harmonique », dans *Coltrane Jazz* est un essai d'utilisation des *overtones* pour jouer plusieurs notes à la fois, explorant ainsi un registre aigu jusqu'alors négligé. Les investigations modales de Miles Davis empêchèrent également Coltrane de surcharger de notes les accords. Il se mit à improviser autour de cycles de gammes, comme l'y invitait le modalisme.

Pour former son propre groupe, Coltrane trouva des partenaires idéaux en McCoy Tyner, au piano, Jimmy Garrison, à la basse, et Elvin Jones, à la batterie. Jones joua certainement un rôle aussi important que Kenny Clarke ou Max Roach vingt ans plus tôt. Il utilisait pleinement tous les accessoires de l'instrument afin de produire une véritable marée sonore pour soutenir le rythme. Le piano de Tyner était si percutant que c'était souvent lui qui donnait la mesure, laissant Jones se concentrer sur la texture. Coltrane adopta le saxo soprano, peu usité, pour exploiter avec plus d'aisance le registre aigu qu'il avait commencé à explorer avec le ténor. Dans la foulée de son album plus radical, *Ascension* (une

Les disques de Coltrane furent « potassés » par tous les apprentis saxophonistes.

célébration débridée de la dynamique de groupe et des timbres), il réalisa une série d'enregistrements toujours plus intenses et incantatoires dans les deux dernières années de sa vie, terminant avec un nouveau groupe qui comprenait le saxophoniste Pharoah Sanders et sa seconde épouse Alice aux claviers.

John Coltrane mourut d'une maladie du foie en 1967. Son œuvre laisse un parfum d'inachèvement, comme une recherche de l'ineffable. Chez lui, énergie et humilité allaient de pair. Là est la source de son charisme. « On ne peut pas faire avaler de force sa philosophie à tout le monde », dit-il à l'écrivain Frank Kofsky. « Je pense que ce que j'ai de mieux à faire c'est de me maintenir en forme et d'apprendre à me connaître. » Résolument tourné vers l'avenir, Coltrane devint un symbole puissant, mi-saint mi-professeur, tant pour des musiciens qui n'étaient pas encore nés quand il est mort que pour ceux de sa propre génération.

JOHN COLTRANE
« Trane »
Caroline du Nord, 23 septembre 1926 –
New York, 17 juillet 1967

Principaux enregistrements
Blue Train, *1957 ;* Kind of Blue *avec*
Miles Davis, Giant Steps, *1959 ;* My Favorite
Things, *1960 ;* A Love Supreme, *1964 ;*
Ascension, *1965*

Principaux partenaires
Miles Davis, Thelonious Monk, McCoy Tyner,
Elvin Jones, Alice Coltrane, Pharoah Sanders

Principaux styles
Apprit le ténor dans des groupes de rhythm and
blues. S'appliqua à approfondir les harmonies
du bebop dans les années 50. Etudia
exhaustivement les gammes et les modes,
acquit une vitesse et une aisance sans précédent
pour jouer deux lignes à la fois. Etendit
le registre haut.

Le jazz personnel et sans concession de Coltrane est toujours idolâtré et imité par des instrumentistes du monde entier. Il révolutionna la technique du saxophone et intensifia la sonorité des petites formations.

Ornette Coleman

Les jeunes rebelles du swing des années 30 brisèrent les poncifs de la musique de danse pour affranchir l'improvisation de sa dépendance à Tin Pan Alley. Mais le bop finit par devenir lui aussi un poncif. Si l'improvisation de jazz consiste seulement à jongler sur les gammes des chansons populaires, se dit le saxophoniste texan Ornette Coleman, ce n'est plus de l'improvisation : autant apprendre les solos par cœur, note par note. En rompant avec une tradition qui semblait constitutive du jazz, Coleman provoqua un véritable schisme dans l'histoire de cette musique et devint le principal catalyseur du free jazz, la New Thing, au début des années 60.

Il commença sa carrière professionnelle encore adolescent, dans les populaires jazz-bands de blues de son Fort Worth natal. Bien que son jeu fît écho au phrasé de Charlie Parker, Coleman s'intéressait surtout à la sonorité du saxo. Il s'exerça à répéter inlassablement la même note pour en explorer toutes les couleurs. Très enraciné dans la musique du Sud, son saxo évoquait la voix d'un chanteur de blues ; il était très rythmé et s'inspirait de la phraséologie bop, mais sans le même souci des accords. Coleman affirma clairement que, pour lui, l'important était le son, non la structure. A Los Angeles, où il émigra à la fin des années 50, il rencontra les partenaires qu'il lui fallait : le bassiste Charlie Haden, le trompettiste Don Cherry et les batteurs Billy Higgins et Ed Blackwell. Dans un garage, ils mirent au point une forme de musique collective dans laquelle les changements de ligne, de rythme et d'atmosphère évoluaient organiquement, chaque instrumentiste reprenant au vol les idées de l'autre. *Something Else* et *Tomorrow Is the Question*

annoncèrent cette révolution presque du jour au lendemain et polarisèrent aussitôt le monde du jazz. Quelques compositeurs extérieurs au jazz (Gunther Schuller et Leonard Bernstein) et John Lewis, du Modern Jazz Quartet, applaudirent l'audace de Coleman. D'autres le qualifièrent d'imposteur et d'opportuniste.

Progressivement, de nouveaux auditeurs, à l'esprit plus ouvert, s'aperçurent que ses improvisations n'avaient rien d'aléatoire. Malgré les cassures soudaines qu'il aimait imprimer à une ballade pour en rompre la fluidité, malgré sa façon de comprimer ou d'étendre la forme du blues, sa musique reflétait les passions et les vicissitudes de la vie avec la même force que le blues des premiers temps.

Une part de son travail consista à rapprocher la musique classique et le jazz, avec des quatuors à cordes, des quintettes à vent et des œuvres symphoniques. En 1967, Coleman remporta le premier Guggenheim Fellowship pour la musique de jazz. Au début des années 70, il adapta sa théorie « harmolodique » (cf p. 136) à la musique électronique et au funk avec l'ensemble électrique Prime Time. Ce faisant, il donna libre cours à un imposant groupe de jeunes musiciens free funk *no wave*. Beaucoup considèrent Ornette Coleman comme l'un des grands génies du blues – un don de l'Amérique au monde de la musique.

ORNETTE COLEMAN
Fort Worth, 9 mars 1930

Principaux enregistrements
Something Else – The Music of Ornette Coleman, *1958 ;* The Shape of Jazz to Come, *1959 ;* Free Jazz, *1960 ;* Dancing in Your Head, *1975 ;* Song X, *1988*

Principaux partenaires
Ed Blackwell, Billy Higgins, Don Cherry, Charlie Haden, Denardo Coleman

Principaux styles
Fondamentalement bluesman, Coleman adopta l'improvisation collective basée sur un changement des centres tonaux cueillis intuitivement. Telle est l'idée de sa théorie « harmolodique ».

Ornette Coleman devint un gourou du mouvement free jazz des années 60. Bien que controversés au début, ses liens avec l'expressivité du premier jazz et du blues devinrent finalement évidents.

Les prestations publiques d'Ornette Coleman se raréfièrent quand il milita pour l'augmentation des cachets des musiciens de jazz.

Keith Jarrett

Le pianiste Keith Jarrett est un phénomène du box-office dans le monde du jazz. Il enregistre constamment, effectue de grandes tournées et improvise dans les salles de concert les plus prestigieuses devant des publics exigeants, sans accompagnement ou avec simplement une batterie et une basse. Jarrett refuse de se laisser emprisonner dans un genre. Pianiste virtuose dans tous les idiomes, il a écrit des œuvres symphoniques et a enregistré du Bach sur grandes orgues et clavecin. Certains suggèrent que, si Liszt était né à la même époque et au même endroit, il aurait joué comme lui. Le disque de Jarrett, *The Köln Concert* (1975), est le best-seller de tous les récitals enregistrés de piano solo.

L'alchimie incomparable de Jarrett fait communier le romantisme du XIXᵉ siècle, la country music, le gospel et le blues. Enfant prodige à trois ans, il donna des récitals de musique classique et de ses propres compositions à sept ans. Après quelques relations tumultueuses avec ses maîtres, il se hissa sur le devant de la scène jazzistique en louvoyant des Jazz Messengers d'Art Blakey à l'orchestre de Miles Davis pour finir dans un groupe de fusion jazz-rock mené par le saxophoniste culte Charles Lloyd qui se produisit dans des

Keith Jarrett, est charismatique tant visuellement que musicalement. Il saute de son tabouret en jouant et émet des cris extatiques.

lieux fréquentés surtout par des rockers et fit une tournée en Union soviétique en 1967.

Mais Jarrett ne fut jamais à l'aise dans le rôle d'accompagnateur. Pendant sa collaboration avec Davis, il se mit à développer sa propre musique avec des partenaires tels que le bassiste Charlie Haden, le batteur Paul Motian et le saxophoniste Dewey Redman. Son style reflétait diverses influences : Ornette Coleman, Paul Bley, Bill Evans. Jarrett trouvait que la musique de Miles Davis était trop restrictive et manifesta bientôt un rejet très net des instruments électriques. Son domaine de prédilection fut de plus en plus la musique écrite. Il voulait tout contrôler et préférait pour cela les groupes restreints, avec des partenaires acquis à ses idées, ou le récital solo. Cependant, tout en étant une des plus fortes personnalités de la musique contemporaine improvisée, Jarrett se fit apprécier notamment en réinterprétant de grands standards de Tin Pan Alley en compagnie de musiciens créatifs comme le bassiste Gary Peacock et le batteur Jack DeJohnette. Le nom de Standards Trio, d'ailleurs, marque bien sa volonté de réaffirmer l'importance des « standards » traditionnels dans la création musicale.

A la fois contemplatif et combatif, Keith

Après avoir brièvement participé au mouvement fusion, Jarrett est à présent violemment opposé à la musique électronique.

Jarrett veut fortifier et étendre la confiance des musiciens en leur propre potentiel, indépendamment de toute considération commerciale. Il est convaincu que cette prise de conscience est, pour un musicien, plus essentielle que « de simplement jouer toutes les notes ».

KEITH JARRETT
Pennsylvanie, 8 mai 1945

Principaux enregistrements
Dream Weaver *de Charles Lloyd, 1966 ;*
Belonging, *1974 ;* The Köln Concert, *1975 ;*
Standards, *1983*

Principaux partenaires
*Charlie Haden, Paul Motian, Gary Peacock,
Jack DeJohnette*

Principaux styles
*Embrasse de nombreux styles de jazz
et de musique classique romantique.
Ses albums de groupe des années 70 font écho à
Ornette Coleman, ceux des années 80
au groupe classique de Bill Evans.*

4

Techniques

Pendant des décennies, le jazz a été considéré comme une musique de marginaux et de bohèmes. Il a fait l'objet d'idées reçues les plus fantaisistes. L'une des plus tenaces voudrait que les jazzmen jouent en inventant la musique au gré de leur humeur, sans les moindres notions théoriques. Mais l'imagination et la créativité d'un Miles Davis ou d'un Charlie Parker ne sont pas données à tous et le jazz repose avant tout sur des principes formels. Même s'ils évoluent constamment, ceux-ci régissent le jeu des plus doués, tel le génial John Coltrane, comme celui des modestes musiciens d'ambiance qui jouent sous la lumière tamisée des piano-bars de la terre entière. Le jazz et la musique classique obéissent généralement aux mêmes principes d'harmonie et de mélodie. En revanche, question de rythme, ils sont aux antipodes l'un de l'autre. Cette partie se propose de présenter les éléments formels à la base de la chimie incandescente de l'improvisation et de dresser un rapide inventaire des formes de danse qui ont accompagné le jazz depuis sa naissance.

Les racines musicales

Le jazz est bien plus qu'une musique venant d'Afrique ou du Nouveau Monde. Dans les années 20, un musicien ouest-africain n'aurait pas reconnu le King Oliver Creole Band comme appartenant à sa famille musicale. Inversement, quand les Occidentaux découvrirent les tambours africains, aux rythmes aussi chargés de sens que la musique classique européenne, ils ne perçurent d'abord qu'un brouhaha. La fusion de ces deux cultures anciennes sur une terre nouvelle a donné au XXᵉ siècle un vrai « rythme universel ».

L'Amérique latine

Sur les 12 millions d'esclaves africains débarqués sur le continent américain, les deux tiers furent acheminés en Amérique centrale, en Amérique du Sud et aux Caraïbes. Ils apportaient avec eux des traditions musicales aussi variées que les nombreuses tribus obligées de chanter, de danser et de jouer du tambour pour distraire leurs geôliers sur leurs prisons flottantes.

Contrairement aux protestants qui occupaient le nord du continent, les colons catholiques ne considéraient pas les danses et les tambours comme moralement douteux ni politiquement subversifs et n'opposèrent donc pas d'interdictions. C'est pourquoi la subtilité rythmique des rites africains fut mieux conservée dans ces pays. Les nombreuses fêtes catholiques, avec leurs pompes et leurs rites, contribuèrent à les entretenir. Le tempo dominant en Amérique latine est constitué de groupes de pulsations binaires, avec des accents variés très différents des triolets sautillants du swing conventionnel. Il trouva d'emblée sa place dans le jazz, les variantes cubaines et brésiliennes devenant les plus courantes.

A Cuba, la musique traditionnelle de la tribu africaine Yoruba dominait. Elle fut entretenue par les sociétés secrètes et les cultes du *Shango* et de la *santeria*. Les tambours africains se mêlèrent aux mélodies des chansons espagnoles, donnant naissance à de nouvelles danses comme la rumba, la conga et le cha-cha-cha. Le tango est issu de la *habanera* (« La Havane »). Les rythmes cubains contribuèrent à la naissance du jazz, jouant un rôle prépondérant à partir des années 30.

La Jamaïque, colonie britannique, a une vie musicale bien à elle avec ses tambours rastafaris, son dub, son ska, son reggae et même le ragga dont on peut situer les origines aux esclaves achantis qui travaillaient les champs il y a plus de deux cents ans.

Sur l'île de la Trinité, de fortes traditions musicales venant d'Afrique occiden-

L'Amérique du Nord

En Amérique, les rituels, les cérémonies, les chants de travail et les sons multirythmiques africains côtoyèrent la musique militaire, religieuse et classique européenne du XVIIᵉ au XIXᵉ siècle, donnant naissance à des mélanges expressifs.

Le blues, la forme chantée au cœur du jazz, puis du rock and roll, est apparu à la fin du XIXᵉ siècle. C'est la fusion entre les traditions des « brailleurs » des champs africains et des harmonies empruntées aux hymnes chrétiens.

Les psaumes chantés dans les églises de Nouvelle Angleterre à partir du XVIIᵉ siècle étaient déjà antiphoniques, la congrégation répondant au sermon du prêcheur.

Le ragtime était un style pianistique européen soutenu par un rythme nettement africain.

A La Nouvelle-Orléans, les rituels vaudous du Dahomey infiltrèrent le culte

Les églises de la Nouvelle-Angleterre adoptèrent les chants de psaumes antiphoniques.

Transplantées en Amérique, les danses africaines en cercle devinrent partie intégrante des assemblées en plein air des églises fondées sur le réveil de la foi.

La Nouvelle-Orléans

Les chants vaudous de Haïti et les tambours traditionnels ont été hérités de l'Afrique.

Tambour conga

Cuba

Jamaïque

Haïti

A Cuba, les sociétés secrètes entretinrent les traditions rythmiques africaines. Chano Pozo, dont le conga a introduit ces rythmes dans le jazz, était membre d'une société nigériane.

Le Brésil a la plus grande population de Noirs après l'Afrique. Les instruments indigènes comme le réco-réco fusionnèrent avec des instruments portugais et furent intégrés aux rites africains préservés dans les religions macumba.

Trinidad

Sur l'île de la Trinité, les églises du renouveau de la foi développèrent une musique énergique à mesure que les figures de claquements de mains et de martèlements de pieds évoluèrent pour remplacer les tambours. Les tambours mélodiques en acier remplissaient la même fonction.

Brésil

Cuica, instrument issu d'un tambour africain

tale, comme les chants de dérision, se teintèrent d'influences françaises et espagnoles pour créer la calypso. Les *steel bands* se développèrent après que les Anglais eurent interdit les tambours. Avec la calypso, ils forment l'essence même des processions des carnavals.

En Haïti, certains aspects du vaudou relèvent de la plus pure tradition rituelle afri-

caine, malgré quelques hybrides tels que le merengué, basé sur des chants folkloriques français. De fait, la population noire ayant renversé l'administration française en 1804, les Haïtiens ont été moins influencés par l'Europe.

Au Brésil, les plantations étaient travaillées par des Soudanais, des Bantous et des musulmans guinéens, spécialité des

marchands d'esclaves portugais. Les fugitifs formèrent des communautés où ils parvinrent à préserver leur culture. Les musiciens d'aujourd'hui jouent une plus grande variété de percussions africaines, européennes et indigènes que partout ailleurs sur le continent américain. Les écoles de batteurs jouaient la samba (basée sur un tempo africain) dans les fêtes de rue brésiliennes long-

catholique. Les esclaves affranchirent les cuivres militaires français et, vers 1900, le vacarme joyeux des fanfares de rue formait une base idéale pour un nouveau langage musical. Une première vague de jazz déferla sur la ville quand les orchestres des défilés se mirent à swinguer et à jouer du blues.

L'Europe

Au XIXᵉ siècle, le port maritime de La Nouvelle-Orléans résonnait de chants traditionnels français, anglais, espagnols, écossais, italiens, allemands et slaves. Afin de ne pas déplaire à leurs maîtres, les esclaves intégrèrent à leurs danses africaines les gigues, les cornemuses et les quadrilles du nord de l'Europe. Les Noirs qui déchargeaient les navires de coton dans les ports du Sud teintaient leurs *work-songs* d'effets empruntés au music-hall anglais.

Dans les églises anglaises du XVIIIᵉ siècle, les paroissiens illettrés répétaient les phrases du prédicateur, pratique qui se mêla rapidement à la forme « question-réponse » africaine.

Les quadrilles français constituèrent la base d'un grand nombre d'airs de ragtime.

Les créoles noirs ayant reçu une éducation française avaient d'excellentes connaissances musicales et instrumentales, que l'on retrouve chez des musiciens comme Jerry Roll Morton et Sidney Bechet.

Le flamenco a imprégné la musique sud-américaine dont l'évolution n'a cessé d'entrecroiser celle du jazz. Avec ses rythmes complexes et ses improvisations, il est lui aussi lié à l'Afrique par l'intermédiaire des maures espagnols.

La fanfare municipale des villages de France, instaurée sous Napoléon, influença profondément les débuts du jazz qui lui emprunta sa composition et son instrumentation.

Le Moyen-Orient et l'Asie

Le Moyen-Orient et l'Asie ont joué un rôle plus philosophique que musical, bien que la musique arabe ait eu une influence non négligeable en Afrique. A partir des années 40, de nombreux Noirs américains embrassèrent l'islam et, dans les années 60, la spiritualité hindouiste séduisit bon nombre de musiciens de jazz et de rock à commencer par les Beatles. Les jazzmen ont souvent utilisé des instruments de ces deux cultures pour varier leurs textures et leurs timbres. Les musiques arabe et indienne reposant sur la modalité, un échange constant s'est instauré avec le jazz dont l'improvisation est de plus en plus influencée par les théories modales.

L'Afrique

Les marchands d'esclaves estimaient que le filon humain découvert en Afrique occidentale était une inépuisable source de bénéfices. Sans le savoir, ils transportaient dans leurs soutes une autre forme de richesse, celle des traditions et des idées musicales dans les esprits et les cœurs des nouveaux-venus.

Les superpositions de rythmes des danses rituelles africaines sont si complexes qu'une oreille non avertie ne peut les déchiffrer. Elles associent différents tempos battus par plusieurs tambours, des claquements de mains, des cris et des martèlements de pieds. L'écrivain Marshall Stearns a observé des chœurs de tambours jouant simultanément des temps de 3/4, 6/8 et 4/4, une combinaison bien plus compliquée que n'importe quelle tradition classique européenne.

La ligne mélodique diffère également. Le continent américain vit la rencontre de la gamme pentatonique (à cinq notes) africaine avec la gamme diatonique (à sept notes) européenne. Des intervalles irréguliers apparurent là où le système européen comptait des notes supplémentaires. Il en résulta une manière de « frapper » les notes très différente de celle avec laquelle les musiciens classiques abordaient la gamme tempérée européenne, plus « pure » – ou moins souple.

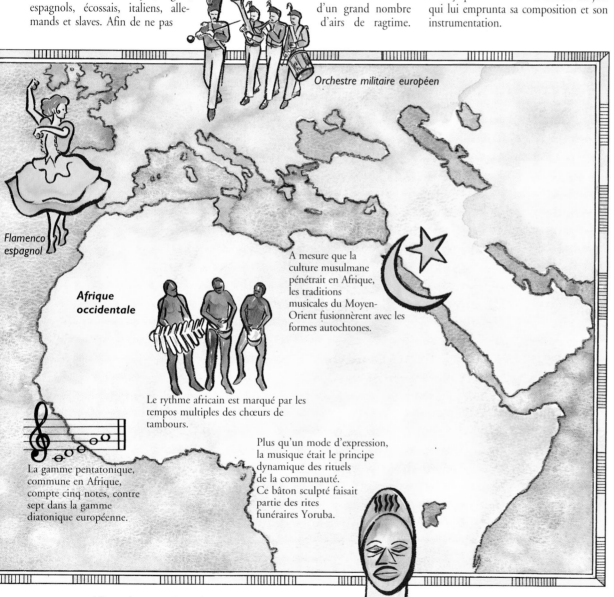

Orchestre militaire européen

Flamenco espagnol

Afrique occidentale

A mesure que la culture musulmane pénétrait en Afrique, les traditions musicales du Moyen-Orient fusionnèrent avec les formes autochtones.

Le rythme africain est marqué par les tempos multiples des chœurs de tambours.

Plus qu'un mode d'expression, la musique était le principe dynamique des rituels de la communauté. Ce bâton sculpté faisait partie des rites funéraires Yoruba.

La gamme pentatonique, commune en Afrique, compte cinq notes, contre sept dans la gamme diatonique européenne.

temps avant qu'elle ne devienne à la mode dans les salles de danse du monde entier.

La tonalité malléable et le timbre indéterminé des voix africaines ont donné naissance à des accents abrupts et exclamatifs. La note, attaquée normalement, dérape brusquement en s'élevant en un cri aigu. Ces sons de fausset, qui trouvent leur origine dans les salutations échangées de loin dans la savane africaine, ont résonné dans les champs de coton américains, les wagons de marchandises et les rues des ghettos pour finir dans les voix des artistes noirs et blancs du rock des années 50, et des chanteurs de free jazz redécouvrant leurs racines dans les années 60 et 70.

La forme « question-réponse » (antiphonie) est un autre motif musical traditionnel ouest-africain, notamment dans les chants de travail. Plusieurs participants, voire une personne et un instrument, clament une phrase clef, puis la répètent comme un écho et l'embellissent. Cette forme est réapparue dans les revivals religieux et les orchestres de swing.

La musique religieuse, notamment celle liée aux cultes des ancêtres, est une tradition que partagent de nombreux peuples africains. Elle s'est transmise au Nouveau Monde, comme la tradition des danses en cercle où les participants entrent en transe par le biais de la danse, des cris et du rythme.

La mélodie

La mélodie est bien plus ancienne que l'harmonie, quoiqu'en musique classique on les considère souvent comme inséparables. La mélodie de jazz s'est d'abord développée à partir de la tradition européenne, comme le « thème » des harmonies des marches, des hymnes, des polkas, des valses et des chansons populaires. Toutefois, elle se teinta bientôt des sons « glissants » et en demi-teintes propres à la musique africaine. A mesure que les ambiguïtés rythmiques du swing évoluèrent, les phrasés improvisés de Louis Armstrong, entre autres, bouleversèrent la notion d'accent et d'emphase, puis la conception même de la mélodie de jazz. Les airs rustiques et mélancoliques des premiers temps du jazz réapparurent avec le free jazz, souvent en séquences apparemment aléatoires. Le funk remit au goût du jour les structures mélodiques basées sur le rythme et les riffs (brèves phrases mélodico-rythmiques répétitives). La musique modale, reposant sur un système particulier d'organisation des intervalles de la gamme, a permis à la musique noire américaine d'emprunter des idées mélodiques aux grandes cultures musicales du Moyen-Orient et d'Asie.

Miles Davis n'a cessé de redéfinir la mélodie de jazz dans les années 50, surtout en ce qui concerne le principe des modes.

La gamme

Pour situer les sons, les premiers musiciens de jazz et de blues – qui pour la plupart n'écrivaient jamais de partitions – se tournèrent vers le système de codification européen comme outil le plus pratique. Les montées et les descentes de ton étaient donc inscrites comme des paliers sur une échelle ou « portée », exprimées horizontalement pour indiquer leur durée, et verticalement pour indiquer leur hauteur.

Le do central, la touche au milieu du clavier de piano, sert de point de repère pour la notation

La clef de sol, signalée par un S calligraphié dont la boucle entoure la ligne du sol, représente le registre médium et aigu de la gamme (les notes situées à droite du *do* central sur le piano). La notation musicale indique les notes des instruments aigus et graves sur deux portées différentes.

La clef de fa, symbolisée par une sorte de virgule inversée, indique les notes situées à gauche du do central sur le piano (registre médium, basse et grave). C'est la clef utilisée pour les instruments de jazz les plus graves comme le trombone et la contrebasse et les notes graves du piano.

Les lignes supplémentaires au-dessus ou en-dessous de ces deux portées représentent les notes exceptionnellement aiguës ou graves qui sortent des limites des clefs de *fa* et de *sol.*

Clef de sol

Gamme

Clef de fa

sol, la, si, do, ré, mi, fa, sol, la, si, do, ré, mi, fa, sol, la, si, do, ré, mi, fa

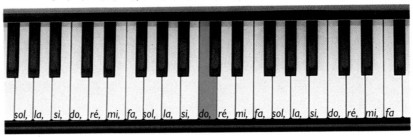

sol, la, si, do, ré, mi, fa, sol, la, si, do, ré, mi, fa, sol, la, si, do, ré, mi, fa

Accidents. Quand on chante la gamme majeure – *do, ré, mi, fa, sol, la, si, do* – on couvre les intervalles simples de la musique. Mais les écarts entre ces notes peuvent être réduits, d'une demivaleur dans la musique européenne et de plus dans d'autres cultures. Les signes « accidentels » expriment ces altérations : le dièse #, indique un demi-ton au-dessus de la note

Dièse   Bémol   Bécarre

écrite ; le bémol ♭ un demi-ton en-dessous. Le bécarre ♮ signifie que, quel que soit le signe précédent, il n'est plus valable.

Sur le clavier du piano, les notes sont disposées en séquence linéaire. Pour de nombreux musiciens de jazz, la façon dont les gammes montent et descendent horizontalement et la disposition des accords (combinaisons « verticales » de notes) simplifient le travail de composition ou d'arrangement, même si le piano n'est pas leur instrument de prédilection.

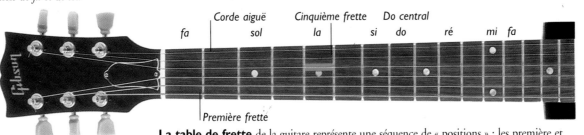

Corde aiguë   Cinquième frette   Do central

fa   sol   la   si   do   ré   mi fa

Première frette

La table de frette de la guitare représente une séquence de « positions » : les première et dernière cordes à vide sonnent un *mi*, la première frette des première et dernière cordes correspond au *fa*, la cinquième au *la*, et ainsi de suite. On fait une gamme en suivant la corde vers le chevalet, ou plaçant les doigts sur les touches équivalentes des autres cordes adjacentes.

Les gammes en action

La gamme majeure est la plus simple et la plus utilisée dans la musique classique européenne. Elle a des caractères clairs et tranchés. Elle est constituée d'une succession ascendante de huit notes (octave), partant d'une note clef (ici le *do*). C'est une gamme souvent utilisée pour les chants religieux, les comptines pour enfants, les hymnes nationaux, les thèmes militaires ainsi qu'une grande partie du jazz conventionnel.

Gamme de do majeur

Les gammes mineures sont souvent décrites comme plus tristes et contemplatives. Dans certains endroits, les intervalles entre les notes sont diminués, ce qui a pour effet de rendre la gamme majeure plus « hésitante ». De nombreuses ballades populaires et de jazz sont composées en mineur.

Gamme de do mineur

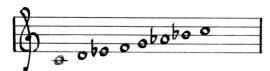

La gamme des « blue notes » donne au jazz une grande partie de son caractère. Les troisième et septième notes de la gamme majeure sont abaissées d'environ un demi-ton ou légèrement « décalées ». Elle doit probablement ses origines aux tentatives des voix non entraînées à la musique européenne de chanter des hymnes. Toutefois, dans les langues africaines, des variations subtiles de tons peuvent changer le sens d'un mot.

Gamme des blue notes

Blue note   Blue note

Les modes relèvent de systèmes musicaux plus anciens, non européens ou médiévaux. La base de la mélodie est constituée de séquences de gammes. Il existe sept successions de notes, chacune commençant sur une note différente de la gamme majeure et grimpant jusqu'à la même note de l'octave supérieure. Les tons et les demi-tons étant situés à différents endroits dans chaque mode, en fonction de la première note, chacun à son propre caractère et un porte un nom grec.

Mode dorien

Sweet Georgia Brown, un classique de la chanson populaire, compte 32 mesures et utilise presque toutes les notes de la gamme majeure, certaines légèrement réorganisées. La principale caractéristique de la gamme, sa troisième note majeure (*mi*), réapparaît dans chaque mesure, donnant à l'air son caractère enjoué et optimiste.

La troisième note de la gamme majeure, le mi, appelée tierce majeure, est présente dans chaque mesure

L'air repose sur la note tonique, la première note de la gamme, le do central

Round Midnight, le classique de Thélonius Monk, traverse plusieurs changements de gammes qui ajoutent encore à sa qualité ambiguë, mais l'humeur méditative est instaurée par la troisième note mineure (*mi* bémol).

La phrase s'achève sur la troisième note de la gamme mineure, mi bémol

Ces tons indéterminés sont impossibles à écrire avec la notation classique, car le degré d'inflexion n'est régi que par la technique et la réaction de l'artiste par rapport à la musique. Il s'agit d'une particularité de la musique noire américaine, et le recours aux « blue notes » donne tout son caractère au jazz. Dans le blues traditionnel, la troisième, la cinquième et éventuellement la septième note de la gamme sont traitées ainsi. En revanche, dans le modern jazz, tel qu'il est représenté par Ornette Coleman, cette souplesse de la tonalité peut s'appliquer à n'importe quelle note.

So What, enregistré par Miles Davis sur l'album *Kind of Blue*, est basé sur le mode dorien, les notes de la gamme en *do* majeur commençant avec le *ré*. Ce mode évoque un sentiment de flottement et de suspension. *Kind of Blue* fut à l'origine du recours fréquent aux modes en jazz pour créer une atmosphère détachée et aérienne.

Toutes les notes appartiennent au mode dorien : les touches blanches du clavier de piano allant de ré à ré

La phrase clef de la mélodie commence et s'achève sur la première note du mode dorien, le ré

Le rythme

Le rythme est l'organisation de la musique dans le temps. Les pulsations cardiaques et les tempos musicaux sont tous deux des motifs rythmiques. Si la musique rythmique peut se suffire en elle-même (comme les chœurs de tambours, certains airs de hip hop et de rap), la musique mélodique ne peut exister sans rythme. L'importance de ce dernier a supplanté celle de la mélodie dans l'évolution du jazz, sans doute du fait de ses débuts étroitement liés à la danse et de ses antécédents africains. Pourtant, le « swing », cette qualité rythmique unique et insaisissable du jazz ne vient ni d'Afrique ni d'Europe. Elle est née sur le continent américain. Le swing est une tension créative entre le temps objectif et le temps subjectif, ou entre temps « compté » et temps « ressenti », qui donne au jazz sa sonorité unique.

Avec le batteur Elvin Jones, le rythme du jazz a évolué d'un tempo régulier à deux temps (celui de la marche) à de complexes rythmes multiples rappelant une lointaine ascendance africaine.

La valeur des notes

La position verticale de la note indique sa hauteur et des petits symboles précisent sa durée. Cependant, comme le cadran d'une montre divise la durée totale d'une journée en heures et en minutes, un air musical est divisé en mesures à l'intérieur desquelles les temps sont eux-mêmes divisés en groupes de notes. Ci-contre, un tableau indiquant les différentes notes et leur équivalent en pauses en commençant par la ronde, une note qui dure toute une mesure.

Notes	Valeur		Silence
Ronde ou note entière	𝅝		
Blanche ou demi-note	𝅗𝅥		
Noire ou quart de note	♩		𝄽
Croche ou huitième de note	♪		𝄾
Double croche ou seizième de note	𝅘𝅥𝅯		𝄿

Un point placé après une note étend sa durée de la moitié de sa valeur originale (note « pointée ») ; un double point y ajoute la moitié de la valeur du premier point. Un point en-dessous ou au-dessous de la note indique qu'elle doit être jouée piquée (staccato) brève et détachée.

Note	Valeur
♩	
♩.	

Organisation des notes

Au début d'une partition, une ligne verticale indique le rythme de base. Le chiffre du haut donne le nombre de temps par mesure. Le chiffre du bas exprime la durée ou la valeur de chaque temps. Un 4, par exemple, correspond à une noire (un quart de ronde).

En binaire, chaque mesure compte deux ou quatre temps. Le quatre temps (quatre noires par mesure), s'écrit 4/4. Le 2/4 correspond à la cadence régulière de la marche. Le tempo de la samba est de deux blanches par mesure, s'écrivant 2/2.

En ternaire, chaque mesure compte trois temps. La version la plus courante en est le rythme 1-2-3 / 1-2-3 de la valse. Le triolet est un groupe de trois notes de même valeur qui n'en valent que deux. Il s'écrit avec un trois au-dessus du groupe de notes.

Cymbale ride

Caisse claire

Grosse caisse

Cymbale high hat

Notation de la batterie

Les batteurs utilisent des partitions où seuls sont indiqués le rythme, l'accentuation (notes fortes ou faibles) et l'élément de batterie qui est joué. Pour indiquer les cymbales, on utilise généralement une croix, signifiant soit la ride soit la high hat. Des flèches sur ou sous la note, les « accents » montrent l'endroit où doit tomber l'emphase rythmique.

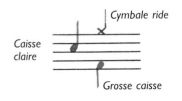

Cymbale ride

Caisse claire

Grosse caisse

Une chronologie de la batterie de jazz

Les premiers batteurs du jazz New Orleans utilisaient des techniques et des instruments militaires : un tempo de marche à deux temps sur la grosse caisse et la caisse claire, les cymbales n'intervenant que pour les résolutions et les conclusions. A mesure que le jazz New Orleans s'est développé, le jeu de la batterie s'est enrichi, le jeu de la batterie s'est enrichi, les triolets sont devenus plus fréquents et les percussions se sont adaptées au phrasé des solistes, donnant aux ensembles une plus grande unité de ton.

L'apparition du swing s'est faite de façon trop subtile pour pouvoir lui assigner un créateur ou une date précise. On ne peut pas non plus attribuer ses effets à la simple accentuation des temps faibles plutôt que des temps forts, car c'est l'ensemble du *feeling* qui change. Son rythme est relâché, fluide, sensuel et décontracté. Il représente un chevauchement des conceptions européenne et africaine du temps.

Avec le be-bop, l'accent sur les deuxième et quatrième temps, principaux porteurs du staccato symétrique des temps faibles, s'atténue et la ponctuation rythmique se déplace à loisir dans la mesure. La ligne rythmique principale passe à la cymbale, et la contrebasse (non notée) prend en charge le marquage des quatre temps réguliers tandis que les temps des autres éléments de la batterie coïncident de façon plus irrégulière.

Dans le jazz-fusion, le triolet est chassé par le retour de la mesure binaire, mais sous une forme multiple basée sur une figure funky de huit notes égales par mesure. Les premiers batteurs de jazz-rock accentuèrent les temps faibles, le deuxième et quatrième temps, se détachant sur des vagues de croches (deux coups par temps). Les variantes récentes sont plus fluides.

La musique sud-américaine n'a jamais cessé d'influencer le jazz. Comme dans le jazz-rock, le tempo est subdivisé en croches et non en triolets « jazzy », mais les temps accentués sont irréguliers. Jusqu'aux années 50, la musique cubaine a influencé le jazz, suivie par les rythmes de danse brésiliens tels que samba et la bossa nova dans les années 60. Les percussionnistes brésiliens ont introduit de nouvelles subtilités dans la chimie complexe du bop et du rock.

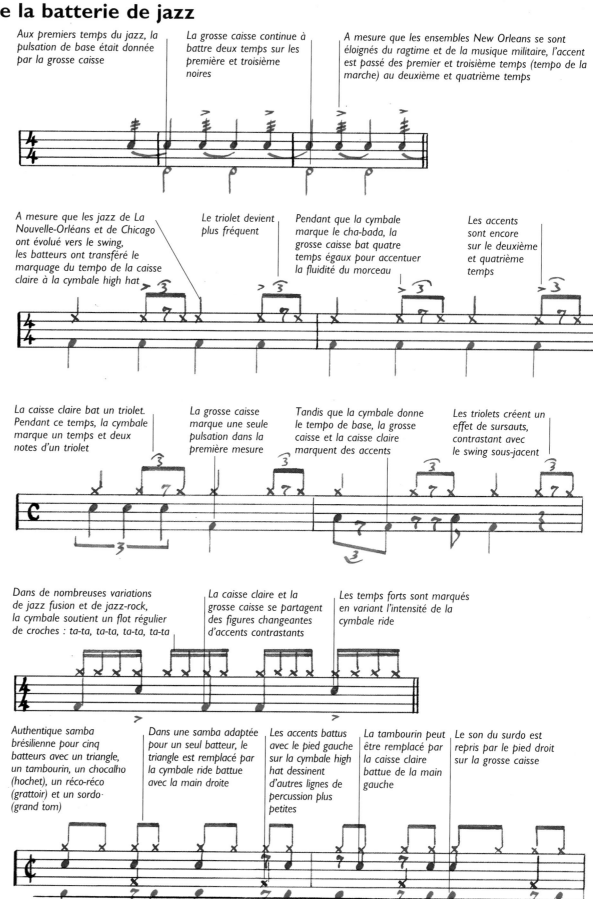

Aux premiers temps du jazz, la pulsation de base était donnée par la grosse caisse

La grosse caisse continue à battre deux temps sur les première et troisième noires

A mesure que les ensembles New Orleans se sont éloignés du ragtime et de la musique militaire, l'accent est passé des premier et troisième temps (tempo de la marche) au deuxième et quatrième temps

A mesure que les jazz de La Nouvelle-Orléans et de Chicago ont évolué vers le swing, les batteurs ont transféré le marquage du tempo de la caisse claire à la cymbale high hat

Le triolet devient plus fréquent

Pendant que la cymbale marque le cha-bada, la grosse caisse bat quatre temps égaux pour accentuer la fluidité du morceau

Les accents sont encore sur le deuxième et quatrième temps

La caisse claire bat un triolet. Pendant ce temps, la cymbale marque un temps et deux notes d'un triolet

La grosse caisse marque une seule pulsation dans la première mesure

Tandis que la cymbale donne le tempo de base, la grosse caisse et la caisse claire marquent des accents

Les triolets créent un effet de sursauts, contrastant avec le swing sous-jacent

Dans de nombreuses variations de jazz fusion et de jazz-rock, la cymbale soutient un flot régulier de croches : ta-ta, ta-ta, ta-ta, ta-ta

La caisse claire et la grosse caisse se partagent des figures changeantes d'accents contrastants

Les temps forts sont marqués en variant l'intensité de la cymbale ride

Authentique samba brésilienne pour cinq batteurs avec un triangle, un tambourin, un chocalho (hochet), un réco-réco (grattoir) et un sordo (grand tom)

Dans une samba adaptée pour un seul batteur, le triangle est remplacé par la cymbale ride battue avec la main droite

Les accents battus avec le pied gauche sur la cymbale high hat dessinent d'autres lignes de percussion plus petites

La tambourin peut être remplacé par la caisse claire battue de la main gauche

Le son du surdo est repris par le pied droit sur la grosse caisse

L'harmonie

Quand on écoute un air populaire harmonisé (où deux ou plusieurs notes sont jouées ensemble), il n'est pas nécessaire de connaître la musique pour deviner si sa conclusion approche ou si elle est retardée. Les compositeurs décrivent la « traction » de l'harmonie comme la force de gravité d'une musique. Pourtant, c'est une invention relativement récente. Depuis toujours les musiciens ont combiné différents sons, ce qui posait de sérieuses difficultés jusqu'à ce qu'on convienne d'un système pour accorder les instruments. Quand ce fut le cas en Europe, au début du XVIIᵉ siècle, une nouvelle musique apparut avec des groupes de sonorités riches et d'étonnants changements de tons qui semblaient pourtant parfaitement logiques. L'harmonie devint la force expressive de la musique européenne comme le rythme l'était pour la musique africaine. Elle a joué un rôle croissant en jazz, qui avait besoin d'un cadre pour l'improvisation.

Louis Armstrong a appris l'harmonie en chantant dans des chœurs qui se produisaient dans les rues de La Nouvelle-Orléans. Ses lignes improvisées à la trompette s'harmonisaient avec celles des autres musiciens.

Les accords

L'harmonie signifie simplement l'émission simultanée de plusieurs notes. Une combinaison de notes (ou accord) peut paraître proche de la note fondamentale du ton sur lequel l'air en question est composé, d'autres paraîtront plus éloignées. Pour évoquer l'ordre, le mouvement, l'urgence, la contemplation, l'exubérance, la tristesse et une infinité d'autres émotions, la musique ne se base pas uniquement sur la qualité des sons mais aussi sur les nuances de tension et de détente qui se créent tandis que les notes s'approchent ou s'éloignent de la note fondamentale et que les notes d'un accord répètent ou en appellent d'autres dans une séquence. Les accords enrichissent les connotations soulevées par le mouvement des lignes de sons simples. Dans de nombreux airs de jazz, ils soulignent également des tensions et des détentes de plus en plus complexes entre la ligne mélodique de l'improvisateur et l'harmonie sur laquelle il se base.

do ré mi fa sol la si do

Les intervalles, ou les espaces entre les notes, sont désignés par des chiffres romains, indiquant la distance de chaque note par rapport à la note de base de la gamme.

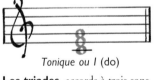

Tonique ou I (do)

Les triades, accords à trois sons, forment la base des harmonies de la musique européenne. La triade tonique (accord I) est formée de la première, la troisième et la cinquième note d'une gamme. Dans la gamme de *do* majeur (ci-dessus), la triade est constituée du *do*, du *mi*, et du *sol*.

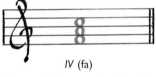

IV (fa)

L'accord de sous-dominante forme une autre triade, la IVᵉ, commençant par la quatrième note *(fa)* de la gamme de *do*. En conservant les mêmes intervalles que ceux de la triade tonique, l'accord devient *fa. la. do.*

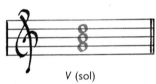

V (sol)

Les intervalles entre les notes sont indiqués par des chiffres romains, désignant la distance entre chaque note et le son fondamental.

Extension des accords

Avant le bop, les harmonies en jazz étaient très simples. Même dans les années 40, bien que les écarts des accords de bop par rapport aux séquences du Tin Pan Alley leur aient valu l'appellation d'« accords bizarres », les combinaisons utilisées existaient couramment dans la musique européenne. Les musiciens de swing rajoutaient souvent une sixte à la triade majeure, et même une neuvième et une onzième. Les joueurs de bop en rajoutèrent encore. Charlie Parker qualifia de victoire personnelle son adjonction de notes aiguës dans les accords comme base pour de nouvelles improvisations. Les musiciens de bop insérèrent également des « accords de passage », liant différentes étapes de l'harmonie de base avec des « voicings » apparentés afin de créer des degrés plus profonds de tension et de résolution, et élargir encore la palette des gammes voisines pour l'improvisateur.

Accord augmenté en gamme majeure

Dans les gammes majeures, rajouter des notes au-dessus de la triade normale crée un « accord augmenté ». On croit souvent que ce sont les boppers qui ont ajouté la treizième en jazz, mais les arrangeurs et les compositeurs des big bands comme Don Redman et Duke Ellington l'utilisaient déjà dans les années 20. Ils ont également accéléré le rythme des changements d'harmonies dans le jazz.

Accord mineur

Tierce mineure

Les gammes mineures sont des séquences de notes où les intervalles sont réduits dans certains endroits pour suggérer un mouvement plus sinueux et hésitant. Les accords mineurs se construisent comme les accords majeurs, à savoir en rajoutant des notes de gammes mineures à la triade de base. Les improvisateurs se servent des notes diminuées de ces gammes pour établir une nouvelle tension et un relâchement.

do 7   do mineur 9

Les accords sont désignés par un système de chiffrage. L'enseignement du jazz s'est accéléré avec le bop et se sert des notations de la musique européenne. La lecture des accords, notamment pour les combinaisons augmentées, nécessite une bonne connaissance de la théorie occidentale. C7, indique un accord de *do* majeur augmenté d'une septième,.

Les accords en action

Le blues en 12 mesures est la séquence d'accords la plus commune en jazz. Les versions les plus simples de ces harmonies sont les trois triades de base : I, IV et V. La structure est fondée sur trois segments, correspondant à la forme des premiers blues chantés : une déclaration initiale de quatre mesures donne le ton fondamental de la chanson (par exemple, la première phrase de *Born Under a Bad Sign*) ; viennent ensuite quatre mesures où les harmonies sont plutôt centrées sur la IV^c (« Been Down Since I Could Crawl ») ; les quatre dernières mesures commencent par un déplacement encore plus marqué sur le V^c (*sol* pour un blues en *do* majeur), puis repassent au IV^c (*fa*) avant de revenir à l'accord fondamental (« If It Wasn't for Bad Luck / I Woulnd't Have No Luck / At All »). Le voicing des accords est simple, leur direction claire.

Les accords augmentés peuvent soutenir une mélodie connue, comme un blues classique, ou un air totalement nouveau, en y ajoutant une plus grande variété de notes. Les liens explicites entre le ton de base et le « message » transmis par l'origine et la destination des accords disparaissent, rendant la direction de la musique moins évidente. L'accord en *do* majeur, par exemple, peut être augmenté d'une septième, d'une neuvième, voire d'une treizième, de sorte que le ton de base devient diffus, et l'accord donne un effet de flottement ou de mélancolie. Des « accords de passage » peuvent également être introduits entre les accords originaux de sorte que, si la « montée » attendue a bien lieu, elle est retardée et liée par des harmonies supplémentaires, ce qui donne en outre de nouvelles bases pour l'improvisation mélodique.

L'harmonie modale est apparue en réaction à la densité croissante des accords basées sur l'harmonie. Un summum fut atteint avec *Giant Steps* de John Coltrane qui comptait près de 100 changements d'accords à la minute et nécessitait un va-et-vient constant entre plusieurs tons. En quête d'un cadre plus simple et plus atmosphérique, le jazz modal se fonde sur une seule gamme ou des séquences de gammes. Il se rapproche de la musique indienne en cela qu'il fonctionne sur des figures horizontales plutôt que verticales, comme les accords. La musique modale fait elle aussi appel aux accords, mais ceux-ci ne découlent plus nécessairement de triades et le « rythme harmonique » des enchaînements d'accords a disparu, laissant ce rôle à la mélodie. Le compositeur George Russell, l'un des grands théoriciens de jazz mais également excellent chef d'orchestre, a donné un élan formidable à ce changement dans les années 50 avec son traité : *Le Concept chromatique lydien de l'organisation tonale*. John Coltrane a longuement étudié la structure modale dans la musique européenne ancienne et la musique orientale. Miles Davis a joué certaines de ses plus célèbres improvisations de jazz modal, notamment cet exemple datant de 1960, extrait de l'album de référence *Kind of Blue*.

L'accompagnement de deux accords est constitué de quartes, au son plus ouvert et « poreux », plutôt que des tierces habituelles à la sonorité moins ambiguë

So What de Miles Davis

Quartes : intervalles de quatre notes sur la gamme dorienne

La fameuse séquence d'ouverture introduit la gamme dorienne

Le mode dorien commence sur un ré et monte d'une octave au ré suivant sur les touches blanches du piano

L'improvisation

Dans les cultures occidentales, l'improvisation est souvent considérée comme une façon un peu bâtarde, voire inférieure, de faire de la musique. C'est pourtant la méthode la plus largement répandue dans le monde. La musique classique européenne, qui met l'accent sur le compositeur, la gamme tempérée et la partition annotée, a écarté l'improvisation. En revanche, la musique classique indienne, le flamenco et de nombreuses formes musicales africaines, orientales et celtes sont bâtis sur cette notion. Naturellement, l'improvisation est au cœur du jazz. Mais si, par essence, une tradition d'improvisation exige de laisser la plus grande liberté aux musiciens, sa cohérence et son sens dépendent d'un certain nombre de concepts partagés par tous. Le plus souvent, les jazzmen ont opté pour des structures de base rigoureuses afin de toujours pouvoir retomber sur leurs pattes. Même dans le jazz le plus libre et le moins prémédité, il y a souvent un fil conducteur constitué d'une pulsation rythmique et d'un centre tonal. L'improvisation transgresse et redéfinit sans cesse les règles musicales, modifiant l'idée qu'on se fait de la virtuosité.

Deux grands saxophonistes passés maîtres en l'art de l'improvisation : Charlie Parker (à droite) et Lester Young (à gauche). Tous deux improvisaient sur des accords, mais leur concept du rythme distinguait le swing du bop.

L'improvisation de jazz traditionnelle

Lorsqu'on écoute d'une oreille distraite les premiers ensembles New Orleans, leur musique paraît nette et tranchée, peu improvisée. Il y a peu de solos et le thème original n'est jamais très loin. Mais c'est une fausse impression. Les premiers orchestres de La Nouvelle-Orléans fonctionnaient comme beaucoup de fanfares de défilé : tout le monde jouait en même temps, construisant le thème central en tissant des lignes mélodiques dans un style généralement décrit

comme polyphonique, « à plusieurs voix ». Ces lignes étaient constamment embellies et retravaillées – un jeu appelé « contrepoint libre ». Dans les ensembles traditionnels de jazz New Orleans, il y a une interaction constante entre le pouvoir tranchant de la première trompette ou du premier cornet, les phrases sonores et coulantes du trombone et le chant vif et cristallin de la clarinette. A mesure que le jazz a évolué, l'instrumentation fut modifiée, mais ce groupe de sons a persisté jusque dans les années 30.

L'improvisation traditionnelle doit son parfum unique à la personnalité du musicien, qui décrit des « arabesques » en fonction de la tonalité et du sens de rythme qui lui sont propres. Le trompettiste Tommy Ladnier par exemple, vieux faire-valoir de Sidney Bechet, se lançait parfois dans des solos enfiévrés, éperonné par l'inépuisable énergie de son partenaire. (Voir ci-dessous.)

Le système traditionnel de notation ne peut restituer la force et l'urgence de l'approche de Bechet

« Ja-da »

Sidney Bechet, clarinette

Tommy Ladnier, trompette

Conformément au jeu typique de la clarinette de jazz New Orleans, Bechet embellit l'air tout en suivant une ligne qui embrasse le jeu des autres vents

Mezz Mezzrow, saxophone ténor

Les saxophones apparurent tardivement dans les ensembles New Orleans

Tommy Ladnier suit une ligne plus simple, liant les premiers instruments au tempo sous-jacent et créant un contraste avec des sons soutenus s'opposant au jeu plus rapide des anches

Le ténor suit rythmiquement la clarinette, construisant une contre-mélodie

L'improvisation basée sur les accords

Dans les solos classiques basés sur les accords, la mélodie tourne autour de l'harmonie donnée du morceau. Les solistes choisissent leurs notes en fonction de la structure harmonique plutôt qu'en adhérant rigoureusement au thème original. Tous les exemples suivants se basent sur la même séquence d'accords.

L'un des plus beaux solos de Louis Armstrong, vaguement inspiré de *I'm a Ding Dong Daddy from Dumas,* date de l'époque où il a commencé à travailler avec des formations de studios dont l'orchestre de Luis Russell. En prenant de l'assurance, Armstrong se mit à jouer de plus en plus en porte à faux avec le rythme de base et en réduisant ses lignes en phrases compactes.

De brèves échappées « hors tempo » contrastent avec les pauses et les tons plus longs

Les changements de trois accords intensifient ce groupe de notes du registre médium

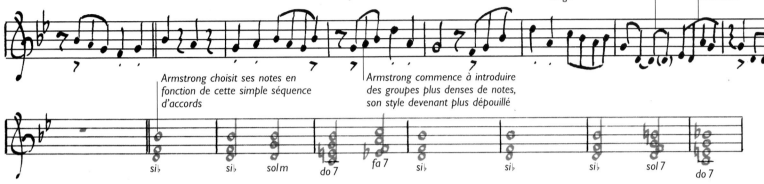

Armstrong choisit ses notes en fonction de cette simple séquence d'accords

Armstrong commence à introduire des groupes plus denses de notes, son style devenant plus dépouillé

Coleman Hawkins sortit le saxophone ténor de l'anonymat des troupes de music-hall itinérantes. Il fut très vite influencé par la démarche et le phrasé d'Armstrong, et par le pianiste Art Tatum qui improvisait sur l'harmonie plutôt que sur les thèmes. Son style unique est d'une grande richesse.

Même un néophyte peut constater au premier coup d'œil que ce solo de Hawkins, inspiré de *How Come You Do Me Like You Do* exploite avec créativité le registre grave, avec de brusques rafales de notes, des glissandos et des silences « habités ».

Le vibrato intensifie l'introduction

Un passage plus dense accentue le temps

Le registre aigu de l'introduction est contrasté par des phrases plus graves

Pour créer un effet de tension et d'expectative, Hawkins marque un long silence troublant

Hawkins introduit le morceau par un glissando vertigineux

La séquence d'accords est la même que celle du solo d'Armstrong

L'air passe par un accord en ré mineur

Avec l'avènement du be-bop, les musiciens improvisèrent beaucoup plus sur les possibilités harmoniques des accords sous-jacents qu'ils ne l'avaient fait dans les années 30, d'une part pour enrichir leur jeu, d'autre part pour ne pas avoir à payer de droits d'auteurs sur des chansons éditées.

Dans ses solos, le génie du bop Charlie Parker s'écarte du swing en réduisant le vibrato, en accélérant son jeu, en s'éloignant de l'harmonie de base pour créer une tension dramatique au moment où il y revient, et en perturbant le tempo sous-jacent. Cette improvisation, librement inspirée de *What a Wonderful World* est typique de son style.

Les suites de notes incluent des triolets de triples croches

Parker avait toujours en tête des dizaines d'idées de phrases toutes prêtes qu'il retravaillait constamment en fonction de l'harmonie et du rythme du morceau

L'alto de Parker fait son entrée après l'introduction jouée par les autres instruments

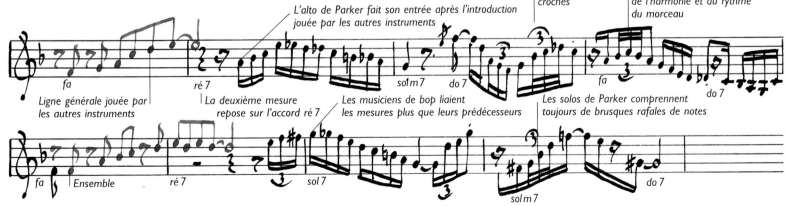

Ligne générale jouée par les autres instruments

La deuxième mesure repose sur l'accord ré 7

Les musiciens de bop liaient les mesures plus que leurs prédécesseurs

Les solos de Parker comprennent toujours de brusques rafales de notes

L'improvisation modale

Avec le bop, le développement logique de l'improvisation vit les séries d'accords se succéder avec une telle rapidité que les figures de notes apparentées changeaient à une vitesse hallucinante. Le compositeur George Russell se livra à une « guerre des accords », revenant aux séquences de tons et de modes qui régissaient la musique sacrée et folklorique avant le règne de l'harmonie européenne. La modalité gagnant du terrain dans les années 50, les musiciens se mirent à utiliser des matériaux empruntés à la musique indienne, où des « râgas », séquences de notes se détachant sur un bourdonnement continu, déterminant la palette sonore à partir de laquelle le musicien improvise.

A Love Supreme de John Coltrane
fut l'un des morceaux de jazz les plus populaires et marquants des années 60. Son atmosphère méditative et ample a séduit un public auparavant non amateur de jazz. Il repose sur une structure modale.

Le relâchement de l'harmonie sous-jacente permet à Coltrane de répéter et de transposer le motif plus librement

A Love Supreme Part I

La première partie de la suite repose sur ce motif récurrent

En l'absence d'un changement d'harmonie, le fait de rajouter des notes accroît l'intensité du thème

L'improvisation libre

Bien que reposant sur des formes empruntées à la musique classique, le jeu spontané du jazz rend toutes les règles caduques. Même des erreurs commises dans le feu de l'action peuvent changer la ligne mélodique et devenir parfaitement cohérentes. L'improvisation libre (qui s'est affirmée à partir des années 50) semble reposer sur des jeux « réflexe » où la seule forme est constituée par le dialogue entre deux musiciens. Mais dès que le groupe s'élargit, quelques principes de base s'imposent pour éviter que l'expressionnisme ne sombre dans la cacophonie. Les orchestres de free jazz décident souvent à l'avance de l'ordre des solos et se fixent un centre tonal, une sorte de définition vague du ton de base, à moins qu'ils n'adoptent un tempo fixe pour définir la forme rythmique des solos. La musique « harmélodique » d'Ornette Coleman est dictée par le mouvement de la mélodie, qui détermine l'harmonie.

Le saxophoniste Albert Ayler
fut l'un des improvisateurs de free jazz les plus éloquents. La tonalité de son saxophone, imprégnée d'intonation de gospel et de blues, puisait ses racines dans la préhistoire du jazz. Il estimait qu'un trop grand respect des formes complexes limitait la portée émotionnelle du jeu spontané.

Le ton plaintif d'Ayler dans le registre aigu du saxophone était l'une de ses caractéristiques les plus parlantes. Il est impossible à noter

« Ghosts » (version de Copenhague)

Bien qu'il soit impossible d'établir des mesures précises, il s'agit bien d'un quatre temps

Ce passage, joué une octave plus bas que les notes écrites, contraste avec la mesure précédente, trois octaves plus haut

Ghosts est l'un des classiques de Ayler. Le thème est simple et permet un contraste tranché avec les variations audacieuses qui suivent

Ayler évitait souvent la tonalité tempérée conventionnelle, utilisant des glissandos, des intervalles inhabituels et un large vibrato palpitant

La composition

Le jazz est toujours composé, mais rarement écrit. Si la création spontanée n'est pas enregistrée, il n'en reste souvent rien. Dans les années 20, Paul Whiteman était appelé le « Roi du Jazz » pour ses airs teintés de jazz qui minimisaient l'improvisation, empruntaient à la musique classique et épuraient les arabesques expressives des musiciens de jazz New Orleans. Les improvisateurs de free jazz pur et dur des années 80 considéraient, eux, la composition comme incompatible avec l'esprit du jazz. Entre ces deux extrêmes, il existe un riche répertoire musical qui alterne improvisation et composition tout en mettant les deux en valeur. Les jazzmen ont toujours ajouté leur propre touche à des morceaux écrits par d'autres, qu'il s'agisse des premiers ragtimes, de marches, de chansons populaires ou de classiques. Certains compositeurs exceptionnels, comme Thélonius Monk, n'ont utilisé que des matériaux venant du jazz.

Autrefois, les compositeurs de jazz utilisaient généralement la notation conventionnelle, indiquant les sons particuliers par des signes de leur cru. Les partitions d'aujourd'hui, comme la *Composition n° 107* d'Anthony Braxton (1983), reposent sur de nouveaux symboles graphiques.

Au début du siècle, alors que le jazz n'avait pas encore de nom, l'un des ses pères fondateurs décida que composition et improvisation étaient parfaitement compatibles. Jerry Roll Morton avait reçu une formation musicale, mais les réactions imprévisibles de la clientèle des bars, des bouges et des bordels où il jouait du piano rendaient indispensable un certain talent d'improvisation. Morton s'empara des éléments intuitifs et enflammés du jazz New Orleans – solos improvisés, ensembles polyphoniques, tonalité expressive, pauses impulsives – et les réorganisa pour créer les premiers chefs-d'œuvre de jazz.

Malgré sa réputation de dilettante, Morton était un musicien érudit et sophistiqué. Il fut l'un des premiers à s'inspirer à la fois de la sensualité et de la franchise du jazz et du blues et des règles formelles de la musique classique. Il démontra que la sonorité éclatante et la spontanéité du jazz n'avaient pas nécessairement besoin d'être domptées ou assagies par un cadre rigoureux. Selon lui, l'essence même du jazz était d'offrir des « bases motivantes » pour les improvisateurs plutôt que les méditations personnelles d'un compositeur omniscient.

La musique chaude et enfiévrée qui émanait de La Nouvelle-Orléans au début du siècle ébranla inévitablement tous les professionnels de la musique de l'époque, et notamment les orchestres de danse. D'abord enclins à écarter la musique « hot » comme primitive et peu raffinée, les grands arrangeurs commerciaux et chefs d'orchestre se mirent à engager des improvisateurs pour pimenter leurs airs. Des instrumentistes exceptionnels tels que Louis Armstrong et Sidney Bechet eurent un impact énorme. Duke Ellington et Fletcher Henderson, qui dirigeaient tous deux de grands orchestres de danse, commencèrent par bousculer la machinerie bien huilée de leurs ensembles avec les rugissements de francs-tireurs comme Bechet, Armstrong, Bubber Miley (trompette) et Tricky Sam Nanton (trombone). Bientôt, ils adoptèrent les phrasés et les conceptions rythmiques de ces artistes comme base totalement novatrice de leurs compositions pour orchestre.

« Arrangements oraux »

Count Basie poursuivit principalement cette tendance sur le plan rythmique, écrivant des arrangements qui attribuaient au riff collectif des cuivres un statut de section rythmique alternative, laissant la voie entièrement libre aux solistes. Ces « raccourcis » d'organisation orchestrale ne venaient pas uniquement de l'inspiration de l'arrangeur, mais souvent d'un effort de collaboration de l'ensemble des musiciens au cours des répétitions (voire directement sur scène). Parfois, le jeu des sections qui en résultait n'était pas écrit mais simplement mémorisé, ce qu'on a appelé plus tard des « arrangements oraux ». Duke Ellington emprunta une voie plus impressionniste et picturale, explorant les timbres superbes des instruments de jazz – avec leurs sonorités typiquement noires américaines – pour créer des structures bien plus ambitieuses que de simples élaborations à partir de chansons.

Dans la période d'après-guerre, Gil Evans travailla dans la lignée d'Ellington, avec une utilisation plus modérée du riff, un recours à des instruments n'appartenant pas spécifiquement à la tradition du jazz et un jeu moins extrémiste. En tant qu'arrangeur de l'orchestre de danse de Claude Thornhill, il enrichit les ensembles de nouveaux instruments comme le cor anglais. Ses textures très particulières et ses mouvements d'accords subtils valurent au Thornhill Band le surnom de « Nuages de son ». Evans développa ces idées de façon prodigieuse, en collaboration avec Gerry Mulligan et John Lewis, sur le célèbre album de Miles Davis *Birth of the Cool*. Il inspira une manière plus nuancée et subtile d'écrire pour les grands orchestres de jazz qui marqua profondément les compositions des années 50 et continue d'influencer la musique aujourd'hui.

La compositions et les arrangements revêtirent ensuite des formes extrêmes. Le « jazz progressiste » des orchestres de Stan Kenton tenta de marier musique contemporaine et jazz. La fusion des musiques européenne et noire américaine prit un ton radicalement opposé dans les œuvres du pianiste-compositeur John Lewis qui travaillait avec le Modern Jazz Quartet, proche de la musique de chambre. Mais ce sont Gil Evans et Charlie Mingus qui influencent le plus les grands ensembles de jazz actuels. Il en est de même pour le compositeur vétéran George Russell, ex-collaborateur de Charlie Parker et de Dizzie Gillespie, qui est aujourd'hui capable de commencer un concert par un madrigal du XVe siècle, de le transformer en éruption volcanique de densité rythmique, d'y insérer des cuivres, d'utiliser des dissonances, des bonds d'intervalles, des percussions rock et des morceaux de bravoure à la trompette qui couvrent cinquante ans de tradition big band.

Les arrangeurs à l'œuvre

Count Basie composait et arrangeait avec des méthodes directes qui, bien que moins complexes que celles de Duke Ellington qui faisait sortir le jazz des limites de la mélodie et enrichissait les harmonies, étaient néanmoins l'essence même du style swing. Comme Ellington, Basie savait user de la personnalité musicale de ses accompagnateurs comme des touches de couleur, mais en leur donnant plus de liberté. La musique qui se jouait à Kansas City dans les années 30 était bluesy, dansante, centrée sur la section rythmique. Les cuivres et les anches jouaient simplement des arrangements oraux (non écrits) aussi énergiques que des effets de percussion, auxquels venaient s'ajouter des figures répétitives d'accords derrière les solistes en guise de riffs.

Panassie Stomp

4 saxophones

3 trompettes

3 trombones

Les voix des quatre saxophones se rejoignent pour former les accords aigus

Les trompettes jouent également des accords, mais de manière plus ponctuée, décalée par rapport aux saxophones

Les trois trombones jouent à l'unisson, suivant une ligne simple, comme un riff

Le compositeur Gil Evans pouvait redonner une vie nouvelle et pétillante au morceau de jazz le plus simpliste et fragmentaire. Son approche se fondait à la fois sur la méthode de Duke Ellington et une absorption toute personnelle des classiques européens. Il en résultait un style élégant, avec un recours à des instruments inhabituels en jazz qui créaient des textures d'une grande légèreté et souplesse. *Blues for Pablo*, écrit pour Miles Davis, est l'un de ses airs les plus célèbres. Il y utilise des flûtes, des cors anglais, des clarinettes basses et un tuba en plus des instruments de jazz traditionnels. Miles Davis joue du bugle sur ce morceau, sa sonorité profonde et résonnante se conjuguant avec l'accord mineur de cette séquence pour accentuer le caractère indirect de la mélodie. La combinaison d'instruments auparavant rares en jazz donne de la profondeur et de la texture.

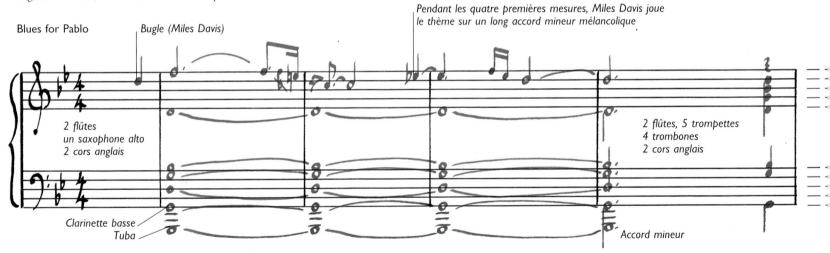

Blues for Pablo

Bugle (Miles Davis)

2 flûtes un saxophone alto 2 cors anglais

Clarinette basse Tuba

Pendant les quatre premières mesures, Miles Davis joue le thème sur un long accord mineur mélancolique

2 flûtes, 5 trompettes 4 trombones 2 cors anglais

Accord mineur

La composition de jazz est dominée par la personnalité de Duke Ellington. On estime que ce travailleur acharné a composé plus de 2 000 pièces, allant de fragments à des œuvres complètes pour orchestre. Sa musique ne cesse d'être jouée et réinterprétée, et des airs tels que *Don't Get Around Much Anymore* et *Sophisticated Lady* sont devenus des classiques. Ellington savait insuffler une vie nouvelle à des morceaux conventionnels et rabâchés. Il pouvait donner à un simple accord une richesse étonnante en le faisant jouer par un instrument inattendu. Il refusait de se laisser limiter par la simplicité des chansons populaires et des blues qui servaient de fil conducteur à la plupart des premières improvisations, étendant leurs formes en y ajoutant des mesures et des écarts de tons peu orthodoxes. Ellington était également un mélodiste remarquablement prolixe, ce qui est démontré par la fréquence à laquelle les interprètes, et pas seulement des jazzmen, s'inspirent de son œuvre. Mais le plus extraordinaire, sans doute, est qu'il « jouait » de son orchestre comme d'un instrument, se servant des sons uniques et personnels de ses musiciens comme éléments de texture dans ses compositions.

Le plus grand des compositeurs et arrangeurs de jazz, Duke Ellington, expérimentait constamment avec son orchestre pour trouver de nouvelles textures, étendre les formes et modifier les structures de base sur lesquelles venaient se greffer les improvisations.

L'orchestre répète le thème comme un écho

Le segment s'achève sur une phrase de blues jouée par l'alto, le cor anglais et le trombone

Cette fois le thème est réharmonisé avec une nouvelle ligne de la clarinette basse et du tuba dans les graves

Enregistrements

L'ère du jazz a véritablement commencé avec les premiers enregistrements. Lorsque la musique enfiévrée de l'Original Dixieland Jazz Band devint accessible sur un enregistrement Victor à tous ceux ayant accès à un phonographe, l'orchestre et le nouveau langage qu'il exprimait connurent un succès phénoménal en quelques mois. La technologie discographique permit de saisir au vol les qualités uniques du jazz. La fluidité rythmique et les inflexions inhabituelles des notes de jazz étant pratiquement impossibles à transcrire sur papier, la qualité vibrante d'une performance ne peut être rendue autrement que sur le vif. Les disques sont donc devenus la documentation de référence du jazz et, comme le même morceau n'est jamais exécuté deux fois de la même manière, ils fixent à jamais les singularités de l'improvisation auparavant insaisissables.

Lorsque l'Original Dixieland Jazz Band se produisit à New York, le gramophone existait déjà depuis près de trente ans, mais personne n'avait encore songé à enregistrer du jazz. En 1917, la technologie discographique était limitée et le fait de pouvoir capturer et réécouter indéfiniment un air était encore une nouveauté à laquelle le grand public n'était pas habitué.

Les musiciens jouaient dans un énorme cornet qui fonctionnait comme un haut-parleur inversé. A l'autre extrémité effilée du cornet, les vibrations sonores faisaient trembler un stylet qui traçait un sillon dans un cylindre ou un disque de cire en oscillant au gré des variations de fréquences. Après trois tirages successifs de moules à partir du disque de cire, on fabriquait un négatif en métal qui servait de presse.

Le disque arriva trop tard – et le jazz était un phénomène encore trop marginal – pour conserver des traces de la musique des gargotes de La Nouvelle-Orléans ou le son des précurseurs du blues, des premiers pianistes de boogie et des

A l'origine, Edison destinait son phonographe aux hommes d'affaires, mais il fut récupéré au début du siècle par le monde du spectacle, tant en Europe qu'aux États-Unis.

fanfares de défilés (bien que, selon une rumeur persistante, il existerait un cylindre de Buddy Bolden datant de 1894). Les pianistes de ragtime et les musiciens de stride, eux, furent enregistrés, mais sur des rouleaux de papier perforés destinés aux pianos mécaniques.

Même après que l'Original Dixieland Jazz Band eut vendu plus d'un million de disques, les directeurs de maisons de disques maintinrent que le jazz ne pouvait intéresser qu'un public de Noirs, en d'autres termes, une tranche de la population trop pauvre pour acheter des phonographes. Cependant, les premiers disques de blues de Mammie Smith, puis de Bessie Smith, dépassèrent largement les estimations de vente, donnant le coup d'envoi au secteur des *race records* (disques destinés spécifiquement aux gens

Une séance d'enregistrement dans les studios OKEH dans les années 20. Les musiciens jouent dans un cornet qui transforme les vibrations en sillons via un stylet qui grave la cire. Cette technologie hésitante étouffait le son du piano, des cuivres et des percussions.

Dans le premier phonographe
présenté par Thomas Edison en 1877, le médium d'enregistrement était un cylindre et non un disque. La durée d'écoute était en moyenne de trois minutes.

de couleur) qui s'avéra très prolifique jusqu'à la débâcle économique de 1929. Les labels Gennett. Paramount et Okeh furent des précurseurs dans ce domaine. Du fait de la technique rudimentaire, la moindre nuisance – de la pluie au métro passant à proximité des studios – pouvait anéantir le résultat de la séance d'enregistrement. En outre, la batterie et le piano étaient pratiquement inaudibles sur les disques.

Vers le milieu des années 20, l'invention de l'électrophone donna aux orchestres un son plus naturel. Cette fois, le son était pris par un microphone qui transformait les ondes sonores en impulsions électriques, celles-ci étant ensuite transcrites par un stylet activé par un petit moteur. Les enregistrements hors studio à l'aide d'un équipement transportable devinrent également plus fiables. Hélas, la crise des années 30 ébranla durement l'industrie discographique et les *race records* ne s'en remirent jamais. Le secteur se stabilisa finalement grâce à une série de fusions entre les petits éditeurs et des efforts acharnés pour profiter du succès colossal des chaînes de radio. La popularité du swing assura la suite.

L'explosion discographique

Si les industries radiophonique, cinématographique et discographique étaient de plus en plus liées par des intérêts communs, les progrès technologiques encourageaient également les labels

Les années 50 virent l'avènement du 33 tours. L'atmosphère des « jams » et le talent de compositeurs comme Duke Ellington pouvaient enfin être fidèlement reproduits.

Fats Waller au cours d'un enregistrement pour Victor en 1942 avec son groupe Rythm and the Deep River Boys. Fondée en 1901 sous le nom de Victor Talking Machine Co., devenue RCA Victor dans les années 40, elle édita le premier 45 tours en 1949.

indépendants et les amateurs enthousiastes. Les célèbres enregistrements en public de Dean Benedetti aux débuts de la carrière de Charlie Parker furent réalisés avec un graveur portable et des enregistreurs électriques – ancêtres des cassettes audio – qui furent souvent utilisés pendant les années be-bop qui suivirent. En effet, la American Federation of Musicians, craignant que la radio n'entraîne une désaffection des salles de concert et voulant obtenir des droits sur les diffusions, fit interdire les enregistrements en public de 1942 à 1944.

Au cours de cette même période, on réalisa des disques de transcription grand format et des « V-discs », d'une durée d'écoute plus longue, à partir d'enregistrements diffusés pour distraire les troupes. En général, il s'agissait d'airs que les autorités estimaient populaires auprès des soldats, à savoir du swing. Après la guerre, les labels indépendants refirent surface pour documenter le nouveau be-bop et la résurgence du Dixieland : ils s'appelaient Commodore, Dial, Clef, Savoy et Blue Note. Comme ces maisons étaient dirigées par de fervents amateurs de jazz à l'écoute des besoins des musiciens, elles n'hésitaient pas à produire des disques où figuraient des associations inhabituelles de musiciens et des répertoires audacieux. En outre, elles réalisaient des enregistrements d'une grande sensibilité.

Les années 50 virent apparaître de nouveaux labels tels que Prestige, Riverside et Pacific, ainsi qu'une nouvelle technologie plastique permettant des sillons plus étroits et plus denses. Le microgroove était né, avec une vitesse de rotation de 33 tours 1/3. N'étant plus limités par les tranches de quatre minutes et demie des enregistrements précédents, les improvisateurs purent enfin s'exprimer librement et les compositeurs écrire des morceaux plus ambitieux.

À l'époque, les technologies de mises au point étaient moins utilisées en jazz que dans les autres formes de musique. Lorsque les studios commencèrent à utiliser les enregistreurs à pistes multiples dans les années 60, le producteur et le studio prirent une place plus importante dans le processus créatif de la séance d'enregistrement et « faire un disque » devint une discipline artistique à part. L'arrivée du CD dans les années 80 avec la technologie laser et le développement d'un matériel sophistiqué réduisant les nuisances sonores a déclenché une réédition massive d'enregistrements anciens. Aujourd'hui, on peut réécouter les premiers disques de jazz « nettoyés » des premiers temps.

Origines de la danse

Le jazz et la danse grandirent ensemble : le jazz New Orleans marqua la cadence sautillante du ragtime ; les pianistes de blues accompagnèrent le *slow drag* dans les maisons closes de Storyville ; les orchestres de swing eurent leurs *lindy-hoppers* ; les formations de bebop et de soul jazz, leurs *jivers* ; et les ensembles de funk jazz, leur *boogie-woogers*. Cette union se perpétue dans les années 90 avec le jazz teinté de hip-hop. En Afrique, la danse était l'essence de la vie communautaire et religieuse, tandis qu'en Europe elle jouait un rôle très différent de par son style et sa signification. L'énergie dégagée par la danse « nègre » a bouleversé les conventions sociales de l'Amérique, avant de transformer les habitudes de la jeunesse dans le monde entier.

Cholly Atkins et Honi Coles, leur célèbre *class act* débuta avec l'orchestre de Cab Calloway. Ils étaient le symbole même de l'élégance dans la danse jazz.

Avant l'arrivée des navires des marchands d'esclaves, rien ne venait perturber les traditions ancestrales africaines qui plaçaient la religion au centre de la vie, et la danse au centre du culte. Les mouvements et leurs significations variaient selon les tribus, mais la danse restait l'expression de sentiments puissants et le meilleur moyen de communication avec les esprits des ancêtres. De nombreux rituels ont survécu dans le vaudou haïtien, les cultes *Shango* cubains et les religions afro-brésiliennes dérivées des Bantous comme le *candomblé*. La traite des Noirs déchira les familles et foula aux pieds des siècles d'histoire africaine, mais elle ne put détruire les danses tribales. Parce que ces danses puisaient leurs racines dans les domaines spirituel et émotionnel et qu'elles devinrent un moyen de protéger la mémoire raciale de la civilisation africaine sur le continent américain, leur force s'avéra inextinguible.

La danse du diable

À l'instar de leurs musiques, les danses d'Afrique et d'Europe furent inévitablement mêlées. L'Afrique apporta ses tremblements d'épaules, ses déhanchements et ses jeux de jambes glissés. L'Europe légua ses hautes enjambées et son dos raide, hérités de danses folkloriques comme la danse des sabots anglaise et la gigue irlandaise. Les formes issues des *nigger minstrels* – en dépit des caricatures et des connotations racistes du genre – finirent par devenir l'expression la plus puissante de la sensibilité noire américaine qui allait changer la manière de danser du monde entier. Le *cake-walk* (le meilleur danseur de la soirée recevait un gâteau en guise de trophée) se dansait avec de grands pas syncopés, le dos penché en arrière, en prenant des poses élaborées, sans doute une référence moqueuse au menuet. Le « Virginia Essence » se dansait en traînant les pieds, ce qui donna le jour au *soft-shoe shuffle* des spectacles de music-hall itinérants et des shows de Broadway. La plupart des vedettes étaient alors artistes blancs grimés pour ressembler à des Noirs. Cependant, un danseur noir, William Henry « Master Juba » Lane, s'était déjà rendu célèbre avant même la guerre de Sécession (« juba » était une allusion à une danse nuptiale africaine accompagnée de mouvements des mains qui annonçaient déjà le Charleston). Ses claquements de

Les dancings connurent un succès vertigineux au début du siècle, quand les idées formelles européennes cédèrent le pas à l'expressivité de la danse noire.

talons, une sorte de claquette avant l'heure qui mêlait les pas de gigue et de quadrille européens aux accents percutants africains, étaient souvent comparés à des roulements de tambours. Charles Dickens, après avoir assisté à une représentation de Lane, en écrivit une éloge dithyrambique.

Dans la période qui suivit la guerre de Sécession, les églises des États du Sud firent leur possible pour décourager les danses d'inspiration africaine, y voyant une incitation à la débauche. Mais là où les menaces restèrent vaines, les *jook houses* des ghettos noirs se transformèrent en véritables viviers où de nouveaux pas étaient inventés tous les jours (*jook* venant du mot africain *dzugu*, signifiant dépravé). Le célèbre *black bottom* naquit dans un jook de Nashville.

Les minstrels disparurent bientôt au profit de troupes de variétés itinérantes moins racistes et plus éclectiques. Les danseurs de cake-walk y côtoyaient des danseurs irlandais ou russes, des clowns et des acrobates de cirque. Sous l'influence croissante du ragtime, la danse nègre fut introduite dans les revues populaires de Harlem, le quartier en pleine expansion au nord de New York, puis dans celles du South Side de Chicago après la grande vague de migration de la Grande Guerre. De spectaculaires salles de danse s'ouvrirent, comme le Savoy, dont la piste occupait tout un pâté de maison entre les 140e et 141e rues.

Les Blancs dansaient toujours dans le style valsant et raide de Vernon et Irène Castle, qui ne cessaient de répéter à leurs élèves que les danses afro-américaines étaient hideuses. Mais des styles comme le black bottom, le charleston, le « ballin' the jack » (un terme emprunté aux cheminots désignant une vie à cent à l'heure), le shimmy et le mooch arrivèrent du Sud et les danses de salon s'en inspirèrent pour créer le lindy hop, le shag et le Susy-Q. Le lindy-hop venait du shimmy, du shuffle et des mouvements libres africains convertis en une danse lisse, rapide et énergique avec des interludes improvisés dont les mouvements fluides encouragèrent l'instauration d'un tempo régulier à quatre temps en jazz. Une version ultérieure, le jitterbug, présentait des mouvements plus syncopés, raides et faisant davantage appel aux jeux de jambes. Elle était surtout dansée par les jeunes Blancs au son d'orchestres comme celui de Benny Goodman.

Dans les années 20, les Blancs commencèrent à s'intéresser plus sérieusement à la danse nègre, stimulés par le mouvement Harlem Renaissance qui défendait la culture afro-américaine. Les revues musicales noires *Shuffle Along* et *Runnin' Wild* (1923) comportaient des numéros de danse spectaculaires. C'est notamment *Runnin' Wild* qui lança le charleston, avec le tube du même nom de James P. Johnson. Tous ces nouveaux styles se dansaient sur des airs de jazz, rythmés par des percussions et du swing. L'Europe succomba à son tour lorsque Joséphine Baker fit déplacer les foules en présentant le charleston et le black bottom à Paris. En 1928, avec la revue américaine *Blackbirds*, Bojangles fit son entrée en scène.

L'âge d'or

Le poète Langston Hughes décrivit le son des pieds de Bill « Bojangles » Robinson comme « des percussions humaines... Tantôt de petites trilles légères comme un froissement d'étoffe... tantôt de terrifiants roulements syncopés qui semblent monter de nulle part ». Bojangles dansait sur la pointe des pieds, en improvisant, et lançait des regards étonnés à ses orteils comme s'il partageait la stupéfaction du public devant leur ingéniosité. Dans le même spectacle, l'homme-caoutchouc

Des danseurs de lindy-hop au Savoy.
Le lindy-hop était la danse la plus lisse, rapide et acrobatique que l'on ait jamais vu dans les dancings. Son apparition coïncida avec un changement des rythmes de jazz.

Earl « Snakehips » Tucker exécutait le numéro de danse qui lui vaudrait son surnom (« hanches de serpent »). Un quart de siècle plus tard, on retrouvait des traces de son style dans le jeu de scène d'Elvis Presley.

Entre les années 30 et le début des années 50, les spectacles de variétés itinérants et les revues de Broadway présentèrent des danseurs au talent inouï, dont les plus célèbres furent les sœurs Withman, Williams et Walker, Buck et Bubbles, Charles « Honi » Coles et Charles « Cholly » Atkins. Ces derniers, deux protégés de Bubbles, formaient un *class act* de claquettes étourdissant.

Dans le jargon des variétés, le terme *class act* désignait un numéro de danse au style élégant. Les Nicholas Brothers et les Berry Brothers, qui terminaient leur numéro avec un bond de plus de trois mètres au-dessus de la fosse d'orchestre pour atterrir en grand écart, étaient des *flash acts*, terme désignant un style acrobatique à mi-chemin entre la variété et le cirque. Les Nicholas Brothers, qui se firent connaître au célèbre Coton Club de Harlem, continuèrent de se produire jusque dans les années 60, mais, entre-temps, le monde de la danse avait considérablement changé.

La danse jazz

L e jazz et la danse demeurèrent inséparables jusqu'à la fin de l'époque du swing. Dans les années 50, le jazz s'assagit, et l'association des rythmes noirs, du blues et de la country music blanche connut un tel succès que, comme le rock and roll, elle transforma la manière de danser, de s'habiller et de parler des jeunes du monde entier. La danse se fit plus décontractée et moins techniquement compétitive. Les danses latines suivirent une évolution parallèle avec l'apport des rythmes brésiliens et cubains des années 40 aux années 70. Mais aujourd'hui, avec le retour d'une période économique plus difficile, les jeunes sont plus que jamais en quête de respectabilité. Les danses démonstratives et spectaculaires sont réapparues et certains jeunes danseurs ont renoué avec les *flash acts* des années swing. Les danseurs classiques ont eux aussi trouvé une nouvelle source d'inspiration, et non des moindres, dans le modern jazz.

Les membres de la compagnie britannique Jazz Exchange

Vers les années 50, la plupart des duos de claquettes ou de *flash acts* de la période d'avant-guerre se défirent ou sombrèrent dans l'oubli. Des danseurs sans formation, souvent obligés d'effectuer des numéros de plus en plus spectaculaires pour rester à l'affiche, se lançaient dans des exhibitions périlleuses sans le moindre échauffement et devaient souvent interrompre leur carrière avant d'atteindre la trentaine, pour cause de blessures. Ceux qui résistèrent, même s'ils pouvaient parfois élargir leur horizon grâce au cinéma, voyaient leurs talents durement acquis supplantés par de nouvelles formes de danses.

Vint d'abord la popularité inattendue de la musique cubaine des années 40. Dizzie Gillespie introduisit les idées polyrythmiques de Chano Pozo dans son orchestre, et de nouvelles sonorités cubaines vinrent enrichir la panoplie du jazz. La musique latine entraîna dans son sillage de nouvelles danses issues des rythmes des Caraïbes et d'Amérique du Sud : le mambo vers le milieu des années 50, mélange de rumba et jitterbug ; puis le boogaloo, qui mariait le mambo et le rock and roll. Le rock and roll amena une nouvelle manière de danser, moins artistique et compétitive, plus détendue et accessible aux amateurs, comme une sorte de retour aux sources du blues et du boogie. Les *class acts* étaient soudain jugés trop tape-à-l'œil et élitistes, tout comme les big bands qui semblaient soudain trop mécaniques, surchargés et uniquement préoccupés de prouesses techniques.

Le jive, une forme simplifiée des mouvements balancés du lindy-hop, était la danse de référence des débuts du rock. Mais les années 60 virent le retour des styles « free », quoique nettement moins spectaculaires et sophistiqués que ceux que les habitués du Savoy avaient déployé tant d'énergie à apprendre. Après le twist, toute une série de danses annonciatrices du disco se succédèrent : le mashed potatoe (un dérivé du charleston), le frug, le hullygully et bien d'autres. Les styles s'enrichirent encore avec l'intensification de l'influence hispano-américaine et le regain d'intérêt pour les danses traditionnelles africaines, suscité par la recherche d'identité des Noirs luttant pour leurs droits civiques. La salsa — danse et musique — envahit les rues de New York dans les années 70, jouée par des musiciens cubains et porto-ricains. Parmi les autres rythmes latins figurèrent le mérengué et la samba brésilienne, suivis plus tard de la lambada.

La danse redescend dans la rue

Après les années 70, avec la croissance du chômage des jeunes en Occident, les salles de danse des années 60 et 70 – discothèques anonymes, bruyantes, à l'éclairage stroboscopique – se mirent à changer. Une fois de plus la danse « club » redevint une affirmation de statut et l'expression d'une recherche d'identité et de respect, plutôt qu'un simple divertissement.

Aux États-Unis, différentes versions de *break-dance*, un avatar des *flash acts* avec ses toupies, ses sauts périlleux et ses figures acrobatiques, dominèrent la recherche de nouvelles sources musicales plus éclectiques dans les clubs. Dans les rues de Harlem et les quartiers sud du Bronx apparut une culture hip hop, avec ses rappeurs au langage cru, ses artistes de graffitis et ses danses énergiques. Une nouvelle génération de D-Js se mit à créer une musique originale en manipulant adroitement les disques sur les platines, donnant le jour à des techniques comme le mixing et le scratching (avançant et reculant le disque sur la platine pour créer un effet de percussion).

En Grande-Bretagne, de jeunes danseurs inventèrent des pas pour danser au son du bebop et du jazz fusion. Leur style rappelait étroitement les claquettes, le shuffle et les numéros acrobatiques des années 30. Au cours des années 80, la danse jazz devint si populaire que ses amateurs sillonnaient le pays pour essayer de nouveaux clubs afin de se mesurer à des rivaux dont la réputation leur était parvenue. Ils éblouissaient souvent les vieux musiciens du bop par la virtuosité de leurs techniques.

Le classicisme noir

Jusqu'aux années 60, les compagnies noires de danse classique étaient rares et il était tacitement admis que les grands ballets n'engageaient pas de danseurs de couleur. Le besoin de s'assumer et de prendre en main leur destinée incita alors certains danseurs noirs à monter leur propre compagnie, comme ce fut le cas d'Alvin Ailey. Des styles influents et extrêmement populaires se développèrent, mêlant la grâce impressionniste de la danse classique et moderne à la musique et aux mouvements de jazz.

Cette chorégraphie se danse sur le thème des « Dirty Dozens » : My Feet Can't Fail Me Now

Saut stylisé

La danse de spectacle

Certaines jeunes compagnies marient la danse de spectacle et les mouvements de ballet sur des airs de jazz et de funk. Les *air-steps*, les claquettes, la gestuelle stylisée et la chorégraphie de ballet se conjuguent en de complexes numéros de danse qui sont modernes tout en s'inscrivant dans la lignée du music-hall et de Broadway. Le regard des danseurs est fixé sur les spectateurs, suscitant leurs réactions. Ils font peu appel à l'improvisation, mais leurs styles et leurs rythmes s'inspirent du jazz. Les costumes jouent un rôle important, mais la différenciation des sexes n'est pas plus marquée qu'elle ne l'était dans les années 20 quand les sœurs Withman dansaient en complet veston et en chapeau d'homme. Cette tradition vient du music-hall itinérant, où il était plus important de mettre au point un numéro capable d'éblouir le public que d'exprimer sa propre personnalité.

La danse classique noire

Les danseurs de ballet qui ont opté pour la liberté et la fluidité du jazz ont créé des styles contemporains tout en conservant la grâce formelle et la poésie visuelle de la danse classique. La chorégraphie illustrée ci-contre, dansée sur une musique à mi-chemin entre le romantisme élégiaque de Jan Garbarek et le soft funk, est aussi gracieuse que n'importe quel ballet classique, pleine de pliés, d'arabesques et d'attitudes tenues brièvement où le corps et la robe de la danseuse semblent dessiner des formes luminescentes dans l'espace. Le rythme des mouvements du corps mêle les accents tranchants et impulsifs du jazz, les gestes robotiques et angulaires du techno-funk disco des années 80 et les figures fluides du ballet.

Les poses fluides et sculpturales (contrairement à celles de la danse club) témoignent d'une formation en danse classique et contemporaine

La robe et les mouvements des jambes dessinent une image animée

La danseuse Sheron Wray cherche à élargir le vocabulaire de la danse jazz

La danse club

L es bouges des ghettos du début du siècle ont donné naissance à des danses pleines de dynamisme, comme le Black Bottom. Si la danse fut souvent considérée comme un « tremplin » social pour accéder aux classes dominantes, elle représente aussi une expression d'indépendance, de défi, d'exultation et de solidarité, tant dans les *jooks* du XIXe siècle qu'en cette fin de XXe siècle. Peu importe leur statut ou leur origine sociale, les jeunes d'aujourd'hui ont trouvé un exutoire dans l'adaptation de styles de danse du passé. La résurgence des formes anciennes du jazz a stimulé cet élan.

Dans le monde de la danse club, les termes « jazz », « fusion » et « swing » ont pris un sens nouveau. Mais tous sont associés à un code vestimentaire précis et à un type de pas, constamment retravaillés par de jeunes disciples qui ont fait de la danse leur religion

Le mambo s'inspire de la tradition latine. Les traits sont figés, le corps esquisse des attitudes expressives, la gestuelle est fluide. Le style vestimentaire évoque la bohème des années 50 : col roulé noir, béret ou feutre rond à la Lester Young.

Mouvements lents, comme des « arrêts sur image »

Le style « jazz » s'est développé dans les années 80. Jeans 501 trop grands, bottines, boucle d'oreille et mouvements rapides et saccadés s'associaient à une utilisation souvent compétitive de la piste de danse, notamment dans ses premières formes.

La pose est audacieuse, déterminée et très mobile

Ce style s'accompagne de sauts spectaculaires. Les danseurs crient en se défiant mutuellement de sauter plus haut

La danse fusion est gestuelle, établissant un rapport grégaire avec le public du club

Les pas sont empruntés au funk et au boggie

Des mouvements rapides et saccadés sont exécutés près du sol

Legs, danseur de fusion

Dans la danse « fusion », le danseur utilise des mimiques pour faire rire et défier ses rivaux. La gestuelle est appelée *bulky* (baraqué) dans le jargon des danseurs : les pieds martèlent le sol et imitent la démarche d'un caïd de la rue. Les jeux de jambes peuvent être d'une vélocité époustouflante et certains morceaux de bravoure incluent les sauts où le danseur atterrit sur les genoux.

Le « swing » est gracieux et souvent dansé sur des airs de be-bop. Les jeux de jambes sont habiles et rapides, mais le style se caractérise surtout par ses mouvements amples et balayants, avec des levées de jambes style « flash-dance ». La tenue est élégante avec une veste large, une cravate, des pantalons à pinces, des chaussures Oxford, parfois même un smoking.

La figure ci-contre, comme toutes celles illustrées dans ce chapitre, ne s'apprend pas dans une école de danse mais s'inspire directement de la rue, même si certains danseurs suivent des cours pour élargir leur éventail de possibilités et réduire le risque de blessures

Irven, membre de la compagnie Brothers in Jazz

Les mouvements sont rapides, énergiques et spectaculaires

Ol' Man Rebop

dizzy gillespie and his orchestra

"HIS MASTER'S VOICE"
LONG PLAY 33⅓ R.P.M. RECORD

PHOTO: MELODY MAKER

Billie Holiday

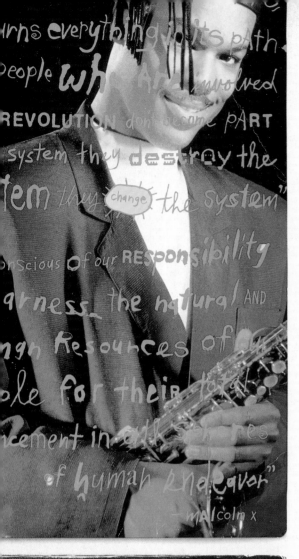

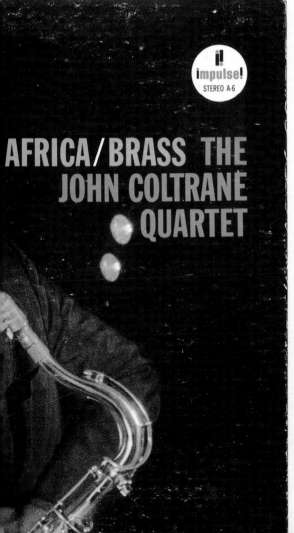

UNE SÉLECTION DE DISQUES CLASSIQUES

Le jazz est presque aussi vieux que l'industrie
du disque. Lorsqu'on grava les premiers disques
en 1917, le jazz n'était guère connu que
dans quelques rares lieux des États-Unis, notamment
La Nouvelle-Orléans. Grâce au phonographe, le monde
en eut vent quelques années plus tard.

Le jazz enregistré n'est pas seulement un objet
de fascination pour les fans, c'est un corpus de référence
essentiel pour les musiciens. Dans la mesure
où il est difficile, voire impossible, de décrire le caractère
propre du jazz en un langage convenu,
il faut impérativement l'écouter pour savoir ce que c'est.
Voici une discographie sélective du jazz le plus créatif
et le plus influent. La plupart des spécimens anciens
sont à présent des raretés introuvables, mais ils ont
souvent été réédités en nouveaux formats.

Blues et racines

Pendant trois cents ans, les musiques d'Afrique occidentale et d'Europe se sont entremêlées aux Amériques. Au début du XXᵉ siècle, ce mélange donna naissance au jazz. Quand les premiers enregistrements furent réalisés, les racines de cette nouvelle musique enfiévrée étaient déjà en train de changer. Les *hollers* champêtres, les chants de travail, le blues et le boogie-woogie, rarement écrits mais transmis oralement et enrichis à chaque transition, furent finalement enregistrés par des musiciens dépositaires et gardiens dévoués de la tradition. Mais cette musique était si vitale, et son impact si puissant sur les générations successives, que même les enregistrements tardifs des années 60 contiennent encore l'immédiateté et le parfum qu'elle avait dû avoir au temps de son avènement, un siècle plus tôt.

Leadbelly
LEADBELLY'S LAST SESSIONS

Date d'enregistrement 1953
Label Folkways
Musiciens Leadbelly *guitar, vocal*
Titres I Was Standing in the Bottom ❑ Yes, I'm Goin' Down in Louisiana (2 prises) ❑ I Ain't Goin' Down to the Well No More (2 prises) ❑ Dick Ligger's Holler ❑ Miss Liza Jane ❑ Dog-Latin Song ❑ Leaving Blues ❑ Go Down Ol' Hannah ❑ Blue Tail Fly ❑ Nobody in This World Is Better Than Us ❑ We're in the Same Boat, Brother (2 prises) ❑ Look-y, Look-y Yonder ❑ Jolly O the Ranson ❑ Ship of Zion ❑ Bring Me a Little Water ❑ Mistreatin' Mama ❑ Black Betty ❑ I Don't Know You, What I Done ❑ Rock Island Line (2 prises) ❑ Old Man Will Your Dog Catch a Rabbit ❑ Shorty George ❑ Stewball ❑ Bottle Up and Go ❑ You Know I Got to Do It ❑ Ain't It a Shame to Go Fishin' on a Sunday ❑ I Ain't Going to Drink No More ❑ My Lindy Lou ❑ I'm Thinking of a Friend ❑ He Never Said a Mumblin' Word ❑ I Don't Want No More Army Life ❑ « In the World » ❑ I Want to Go Home ❑ Springtime in the Rockies ❑ Chinatown ❑ Backwater Blues ❑ Sweet Mary ❑ Irene ❑ Easy, Mr. Tom ❑ In the Evening When the Sun Go Down ❑ I'm Alone Because I Love You ❑ House of the Rising Sun ❑ Mary Don't You Weep and Don't You Moan ❑ Talk About Fannin' Street ❑ Sugar'd Beer ❑ Didn't Ol' John Cross the Water ❑ Nobody Knows You When You're Down and Out ❑ Bully of the Town ❑ Sweet Jenny Lee ❑ Yellow Gal ❑ He Was the Man ❑ Leaving Blues
Appréciation Incarnation de la folk music noire et du blues, Huddie « Leadbelly » Leadbetter réalisa ces enregistrements vers la fin de sa vie. Ils couvrent un large pan de l'histoire de la musique afro-américaine. On dit qu'il a mémorisé quelque 500 chansons, dont certaines ont été transmises par des musiciens ambulants d'avant le blues. Les accompagnements de Leadbelly à la guitare à 12 cordes avaient un grand pouvoir émotionnel, sa voix était riche, rocailleuse et expressive, et il ne chercha jamais à moderniser sa musique pour s'adapter au marché du jour. Cette fameuse collection comprend des chants de travail, de prison, des blues, des spirituals et des ballades.

Artistes divers
BOOGIE WOOGIE RARITIES

Date d'enregistrement 1927-1932
Label Milestone
Musiciens Meade Lux Lewis, Wesley Wallace, Blind Leroy Garnett, Cripple Clarence Lofton, Will Ezell, Charlie Spand, Jabo Williams, Cow Cow Davenport, Henry Brown, Charles Avery *piano, vocal*, B. T. Wingfield *cornet*, Blind Blake *guitar, vocal*, George Hannah, Louis Johnson *vocal*
Titres Honky Tonk Train Blues ❑ Molasses Sopper Blues ❑ Number 29 ❑ Chain Em Down ❑ On the Wall ❑ Playing the Dozens ❑ Just Can't Stay Here ❑ Hastings Street ❑ Levee Camp Man ❑ Jab Blues ❑ Chimes Blues ❑ New Cow Cow Blues ❑ Deep Morgan ❑ Dearborn Street Breakdown
Appréciation Compilation de divers classiques de boogie. *Honky Tonk Train Blues* de Meade Lewis est truffé d'imitations de train par des pianistes de boogie, mais *Number 29* de Wesley Wallace n'est pas loin.

Artistes divers
CHICAGO/THE BLUES/TODAY ! VOL.1

Date d'enregistrement 1966
Label Fontana
Musiciens The Junior Wells Chicago Blues Band : Junior Wells *harmonica, vocal*, Buddy Guy *guitar*, Jack Myers *bass*, Fred Below *drums* ; **J. B. Hutto and his Hawks** : J. B. Hutto *guitar, vocal*, Herman Hassell *bass*, Frank Kirkland *drums* ; **Otis Spann's South Side Piano** : Otis Spann *piano, vocal*, S. P. Leary *drums*
Titres A Tribute to Sonny Boy Williamson ❑ It Hurts Me Too ❑ Messin' With the Kid ❑ Vietcong Blues ❑ All Night Long ❑ Going Ahead ❑ Please Help ❑ Too Much Alcohol ❑ Married Woman Blues ❑ That's the Truth ❑ Marine ❑ Burning Fire ❑ S. P. Blues ❑ Sometime I Wonder ❑ Spann's Stomp
Appréciation Exemples tardifs du blues de Chicago, qui perpétuent la « pêche » et l'éclat des vieux jours. L'harmonica slow de Wells se distingue, de même que le puriste J. B. Hutto trio dans *Too Much Alcohol*.

Ma Rainey/Artistes divers
THE CLASSIC BLUES SINGERS

Date d'enregistrement 1920-1939
Label CBS
Musiciens Ma Rainey, Mamie Smith, Clara Smith, Martha Copeland, Eliza Brown, Sippie Wallace, Edith Wilson, Lillian Glinn, Bessie Smith, Mary Dixon, Liza Brown, Ann Johnson, Sara Martin, Victoria Spivey, Ida Cox *vocal*, Kid Henderson, Johnny Dunn, Shirley Clay, Joe Smith, Ed Allen, Louis Metcalfe *cornet*, Hot Lips Page *trumpet*, Dope Andrews, Al Wynn, Herb Fleming, Charlie Green, J. C. Higginbotham *trombone*, Lucien Brown *alto sax*, Arville Harris *tenor sax*, Garvin Bushell *clarinet, alto sax*, Ernest Elliot, Artie Starks, Ed Hall *clarinet*, Lil Henderson, Willie « The Lion » Smith, Porter Grainger, Wesley Wilson, J. C. Johnson, Dan Wilson, Leroy Tibbs, John Erby, Fletcher Henderson, Clarence Williams *piano*, George Williams, Buddy Christian, John Mitchell *banjo*, Jim Jackson, Lonnie Johnson, Sylvester Weaver, Charlie Christian *guitar*, Art Bernstein, Cyrus St. Clair *bass*, Leroy Parker *violin*, Happy Bolton, Lionel Hampton *drums*
Titres Rough and Tumble Blues ❏ Crazy Blues ❏ Jelly, Jelly, Look What You Done Done ❏ Nobody Rocks Me Like My Baby Do ❏ Peddlin' Man ❏ Ma Rainey's Black Bottom ❏ I'm a Mighty Tight Woman ❏ Rules and Regulations (Signed Razor Jim) ❏ Cravin' a Man Blues ❏ Hot Springs Blues ❏ I've Got What It Takes (But It Breaks My Heart to Give It Away) ❏ Fire and Thunder Blues ❏ Let's Get It Straight ❏ Black Hearse Blues ❏ T. B. Blues ❏ Hard Times Blues
Appréciation Baptisée la « Mère du blues », Gertrude « Ma » Rainey fut un guide pour Bessie Smith et, bien qu'elle fût plus proche de la tradition rurale et du minstrelisme, sa voix était si majestueuse et son timbre si riche en nuances qu'elle pouvait métamorphoser les chansons les plus creuses. Elle enregistra beaucoup dans les années 20. Dans cette collection, *Ma Rainey's Black Bottom* est une rare démonstration de ses talents d'amuseuse. Le timbre chaleureux et langoureux de Sippie Wallace (dans *I'm a Mighty Tight Woman*), le chant plus rude, plus abrasif de Victoria Spivey (*T. B. Blues* avec Red Allen et J.C. Higginbotham) et, bien sûr, le scintillant talent de Bessie Smith forment les temps forts de ce florilège d'enregistrements.

Artistes divers
NOTHIN' BUT THE BLUES

Date d'enregistrement 1922-1938
Label Fontana
Musiciens Notamment Snitcher Roberts, Bessie Smith, Clara Smith, Helen Humes, Bessie Jackson, Ruby Smith *vocal*, « Barbecue Bob » (Robert Hicks) *guitar*, Jack Kelly and his South Memphis Jug Band, Johnny Dunn's Original Jazz Hounds, Dixie Stompers, Troy Floyd and his Shadowland Orchestra, Clarence Williams Washboard Band, Trombone Red and his Blue Six, Sonny Greer and his Memphis Men, J. C. Higginbotham and his Six Hicks
Titres Heart Is Right Blues ❏ Motherless Child Blues ❏ Dyin' by the Hour ❏ Empty House Blues ❏ Cross-Eyed Blues ❏ Highway No. 61 Blues ❏ T. N. & O. Blues ❏ Back Water Blues ❏ Four o'Clock Blues ❏ Jackass Blues ❏ Dreamland Blues No.1 ❏ Log Cabin Blues ❏ Red River Blues ❏ B Flat Blues ❏ Beggar's Blues ❏ Higginbotham Blues
Appréciation Cette compilation englobe une variété d'idiomes, depuis le style Georgia blues musclé de Robert Hicks (*Barbecue Bob*) jusqu'à la simplicité de l'orchestre de Jack Belly pour salles de bal du Sud, en passant par la magnifique évocation des crues du Mississippi par Bessie Smith (*Black Water Blues*) et le blues swingué de J.C. Higginbotham et Sonny Greer, le batteur d'Ellington.

Artistes divers
WASHBOARD RHYTHM

Date d'enregistrement 1926-1932
Label Ace of Hearts
Musiciens Jimmy Bertrand's Washboard Wizards : Jimmy Bertrand *washboard*, Louis Armstrong *cornet*, Johnny Dodds *clarinet*, Jimmy Blythe *piano* ; Clarence Williams's Washboard Band : Clarence Williams *piano*, Ed Allen *cornet*, Buster Bailey *clarinet, alto sax*, Ben Whittet *clarinet, tenor sax*, Floyd Casey *washboard* ; Beale Street Washboard Band : Herb Morand *cornet*, Johnny Dodds *clarinet*, Frank Melrose *piano*, Baby Dodds *washboard* ; Alabama Washboard Stompers ; Chicago Stompers : Alfred Bell *kazoo*, Jimmy Blythe *piano*, Jasper Taylor *washboard*
Titres Little Bits ❏ Idle Hour Special ❏ 47th Street Stomp ❏ Cushion Foot Stomp ❏ P. D. Q. Blues ❏ I'm Goin' Huntin' ❏ Forty and Tight ❏ Piggly Wiggly ❏ Pigmeat Stomp ❏ Wild Man Stomp ❏ Stomp Your Stuff ❏ Pepper Steak
Appréciation La plupart des musiciens folk américains nés à la campagne empruntaient au jazz et au blues, mais jouaient sur des instruments de fortune tels que planches à laver *(washboards)*, pots et bassines avec un indéfectible optimisme.

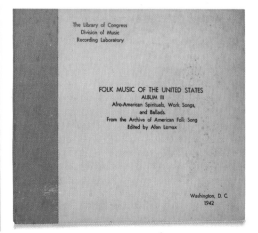

Artistes divers
FOLK MUSIC OF THE UNITED STATES

Date d'enregistrement 1934-1939
Label Library of Congress
Musiciens Rural singers, and groups at penitentiaries
Titres Notamment divers standards et chansons de travail afro-américains
Appréciation Dans les années 30 et 40, la Bibliothèque du Congrès de Washington demanda à des musicologues d'enregistrer le plus vaste échantillon possible de chansons folkloriques américaines. Ces enregistrements, réalisés par Alan, John et Ruby Lomax, sont indispensables pour étudier la musique afro-américaine des premiers temps. On y trouve de fascinants spirituals, des chants de travail, des ballades et des blues.

Ragtime et stride

L e pouvoir émotif du jazz vient en grande partie du blues. Son côté divertissant, entraînant, vient du ragtime. Le « ragged time » était plus européen que les autres éléments du jazz. Dans sa forme originale, ce n'était pas une musique improvisée, mais ses étincelants rythmes croisés et ses lumineuses compositions sous-tendirent maints ensembles de jazz primitif. Le jazz New Orleans de King Oliver et Louis Armstrong domina les premiers enregistrements, mais la musique rag qui le précéda fut captée sur disque des années plus tard par des vétérans « revivalistes ». Le piano de ragtime survécut au piano mécanique et se transforma en jazz sous la patte de virtuoses du piano stride de Harlem comme James P. Johnson, Fats Waller et Art Tatum, qui élargirent les rythmes « oum-pah » et enrichirent la main droite de variations plus élaborées que le simple battement syncopé. Le legs du ragtime survécut également en Jelly Roll Morton, dont les expériences cimentèrent les fondations du jazz.

Jelly Roll Morton
THE SAGA OF MR. JELLY LORD

Date d'enregistrement 1938
Label Circle
Musiciens Jelly Roll Morton *piano, vocal*
Titres Mr. Jelly Lord ❏ Boyhood Memories ❏ Original Jelly Roll Blues ❏ Alabama Bound ❏ King Porter Stomp ❏ You Can Have It ❏ Tiger Rag ❏ Panama
Appréciation L'œuvre de Morton embrasse de nombreux éléments de jazz primitif. Son assouplissement des rythmes du ragtime eut un effet incalculable et ses méthodes sont mises en lumière dans ce disque, qui comprend également quelques réminiscences.

Bunk Johnson and his Band
THE LAST TESTAMENT

Date d'enregistrement Décembre 1947
Label Philips
Musiciens Bunk Johnson *trumpet*, Ed Cuffee *trombone*, Garvin Bushell *clarinet*, Don Kirkpatrick *piano*, Danny Barker *guitar*, Wellman Braud *bass*, Alphonso Steele *drums*
Titres The Entertainer ❏ Someday ❏ Chloe ❏ The Minstrel Man ❏ Till We Meet Again ❏ You're Driving Me Crazy ❏ Kinklets ❏ Maria Eleria ❏ Some of These Days ❏ Hilarity Rag ❏ Out of Nowhere ❏ That Teasin' Rag
Appréciation Johnson est le seul musicien de la génération de Buddy Bolden dont on ait de nombreux enregistrements, jusqu'à la fin de l'époque du New Orleans revival des années 40. Ces variations sur des rags et des chansons populaires sont simples, thématiquement logiques et disciplinées. C'est un fascinant témoignage de ce qu'a dû être le son jazz avant l'avènement du disque.

Fats Waller
FRACTIOUS FINGERING

Date d'enregistrement 1929-1936
Label RCA Victor
Musiciens Fats Waller *piano, vocal*, Herman Autrey *trumpet*, Gene Sedric *clarinet, tenor sax*, Al Casey *guitar*, Charles Turner *bass*, Slick Jones, Yank Porter *drums*
Titres The Curse of an Aching Heart ❏ S'posin' ❏ 'Taint Good ❏ Gladyse ❏ Nero ❏ I'm Sorry I Made You Cry ❏ My Feelin's Are Hurt ❏ Floatin' Down to Cotton Town ❏ Fractious Fingering ❏ La-De-De La-De-Da ❏ Sweet Savannah Sue ❏ Bye Bye, Baby ❏ I'm at the Mercy of Love ❏ Please Keep Me in Your Dreams ❏ Who's Afraid of Love ? ❏ Swingin' Them Jingle Bells
Appréciation La carrière de Fats Waller dans le showbiz a parfois fait oublier ses brillantes qualités de musicien. On trouvera dans ce disque quelques joyaux dérivés du stride.

Artistes divers
CLASSIC JAZZ PIANO STYLES

Date d'enregistrement 1929-1941
Label RCA Victor
Musiciens Fats Waller, Albert Ammons, Pete Johnson, Earl Hines, Jelly Roll Morton, Jimmy Yancey *piano*
Titres Freakish ❏ Fat Frances ❏ Pep ❏ Handful of Keys ❏ E-Flat Blues ❏ Tea for Two ❏ Russian Fantasy ❏ Rosetta ❏ Body and Soul ❏ On the Sunny Side of the Street ❏ My Melancholy Baby ❏ Yancey Stomp ❏ State Street Special ❏ Boogie Woogie Man ❏ Cuttin' the Boogie
Appréciation Des descendants du ragtime : de jolis solos de Jelly Roll Morton, quatre solos stride de Fats Waller, la basse stride sporadique du piano « trumpet style » d'Earl Hines, des échos endiablés de boogie-woogie.

Artistes divers
PIANOLA JAZZ

Date d'enregistrement vers 1895-1925
Label Saydisc
Musiciens figuration de Pete Wendling, Billy Mayerl, Victor Ardey *piano*
Titres Skip Along ❑ Maple Leaf ❑ Blame It on the Blues ❑ For Me and My Gal ❑ Aunt Hagar's Blues ❑ I'll Dance till de Sun Breaks Through ❑ Rose of Washington Square ❑ Georgia Camp Meeting ❑ Stumbling ❑ French Trot ❑ Alabama Dream ❑ Creole Bells ❑ Old Fashioned Girl
Appréciation Perforations sur carton activant des pianos mécaniques. Musique souvent basée sur des rags.

Scott Joplin
SCOTT JOPLIN – 1916

Date d'enregistrement Janvier-février 1916
Label Biograph
Musiciens Scott Joplin *piano*
Titres Maple Leaf Rag (2 prises) ❑ Something Doing ❑ Weeping Willow Rag ❑ Ole Miss Rag ❑ Magnetic Rag ❑ Ragtime Oriole ❑ Quality Rag ❑ Agitation Rag ❑ Tickled to Death ❑ Grace and Beauty ❑ 12th Street Rag ❑ Anoma ❑ Cannon Ball
Appréciation Les rags de Joplin furent d'énormes tubes, mais il ne les enregistra lui-même que tardivement et malade. Ces raretés historiques contiennent quelques classiques, qui malheureusement pâtissent un peu de son manque de santé.

James P. Johson
SNOWY MORNING BLUES

Date d'enregistrement 1930-1944
Label Decca/MCA
Musiciens James P. Johnson *piano*, Eddie Dougherty *drums*
Titres What Is This Thing Called Love ? ❑ Crying for the Carolines ❑ You've Got to be Modernistic ❑ Jingles ❑ I've Got a Feeling I'm Falling ❑ Honeysuckle Rose ❑ Keepin' Out of Mischief Now ❑ My Fate Is in Your Hands ❑ Blue Turning Gray Over You ❑ Squeeze Me ❑ I'm Gonna Sit Right Down and Write Myself a Letter ❑ Ain't Misbehavin' ❑ Snowy Morning Blues ❑ Carolina Shout ❑ Keep Off the Grass ❑ Old Fashioned Love ❑ If I Could Be with You (One Hour Tonight) ❑ A Porter's Love Song ❑ Over the Bars ❑ Riffs
Appréciation Le battement de la main gauche de Johnson suggère un ragtime plus relâché et sa main droite égrène les notes avec fluidité. Relents de blues et de musique religieuse noire. Le morceau titre est un original plein d'atmosphère.

Art Tatum
SOLO MASTERPIECES

Date d'enregistrement 1953-1954
Label Pablo
Musiciens Art Tatum *piano*
Titres Notamment Blues in My Heart ❑ Aunt Hagar's Blues ❑ Jitterbug Waltz ❑ Stardust ❑ Ain't Misbehavin' ❑ Tea for Two ❑ Tenderly ❑ Yesterdays ❑ Willow Weep for Me ❑ Embraceable You ❑ This Can't Be Love ❑ Makin' Whoopee ❑ Taboo ❑ I Don't Stand a Ghost of a Chance with You ❑ Louise ❑ I'll See You in My Dreams ❑ Heat Wave ❑ September Song
Appréciation Génie du piano et de l'improvisation, Tatum démontre de façon impériale, dans ce splendide coffret, que ses pièces courtes peuvent être de véritables condensés de sa science musicale. Il transforme le stride en swing. Constantes variations rythmiques. Utilisation imaginative des harmonies de substitution.

New Orleans

Vers 1910, la popularité des gramophones grandissait aussi vite que celles des orchestres de danse, qui offraient un avant-goût du jazz à venir. L'Original Dixieland Jazz Band réalisa les premiers enregistrements de jazz proprement dit en 1919, en signant avec la légendaire compagnie Victor. Les grands musiciens noirs des années 20 se produisirent pour Gennett – un label d'Indiana qui enregistra Jelly Roll Morton et King Oliver – et Okeh, le plus fructueux label « de race ». Okeh s'assura le concours des meilleurs instrumentistes, aussi bien ceux qui avaient émigré dans le Nord – tels King Oliver et Louis Armstrong – que les autres – tel Bennie Moten dans le Kansas. Les artistes jouaient devant de grands cornets acoustiques, lesquels faisaient vibrer un stylet qui imprimait une gravure approximative dans la cire. La reproduction s'améliora après 1925, grâce aux nouvelles techniques d'enregistrement par impulsions électriques.

Freddie Keppard/Doc Cooke
THE LEGENDARY
FREDDIE KEPPARD

Date d'enregistrement 1924-1927
Label Smithsonian
Musiciens Freddie Keppard *cornet*, Doc Cooke *director*, Fred Garland, Eddie Vincent, Eddie Ellis *trombone*, Elwood Graham *cornet*, Jerome Pasquall *tenor sax*, Clifford King *clarinet, alto sax*, Jimmie Noone *clarinet, alto sax, vocal*, Joe Poston *clarinet, alto sax, tenor sax, vocal*, Johnny Dodds *clarinet*, Jimmy Bell *violin*, Tony Spaulding, Kenneth Anderson, Arthur Campbell, Tiny Parham *piano*, Stan Wilson, Johnny St. Cyr, Robert Shelly *banjo*, Bill Newton, Rudolph « Sudie » Reynauld *brass bass*, Bert Greene, Andrew Hilaire *drums*, Jasper Taylor *washboard*, Papa Charlie Jackson *vocal*
Titres Scissor Grinder Joe ❑ So This Is Venice ❑ Moanful Man ❑ The Memphis Maybe Man ❑ The One I Love Belongs to Somebody Else ❑ Messin' Around ❑ High Fever (2 prises) ❑ Here Comes the Hot Tamale Man (2 prises) ❑ Stock Yards Strut ❑ Salty Dog (2 prises) ❑ Stomp Time Blues ❑ It Must Be the Blues
Appréciation Si Buddy Bolden restera à jamais une légende angélique, c'est parce qu'il n'a jamais enregistré : on ne connaît son jeu qu'à travers les récits exaltés de ceux qui l'ont connu. Son émule, le cornettiste Freddie Keppard, a, lui, enregistré. Mais il l'a fait à contrecœur (craignant que ses rivaux ne lui volent ses idées) et à une époque où son jeu était un peu noyé dans les big-bands et gâché par des arrangements douteux. *Salty Dogs* et *Stock Yards Strut*, par les Jazz Cardinals, avec le chanteur de blues Papa Charlie Jackson sont cependant de remarquables échantillons de musique noire rugueuse et élémentaire dans lesquels le strident cornet de Keppard fait entendre des mélodies de rues de l'époque préjazz. Quelques rééditions en ont amélioré la mauvaise qualité sonore d'origine.

The Original Dixieland Jazz Band
THE ORIGINAL DIXIELAND
JAZZ BAND

Date d'enregistrement 1917-1936
Label RCA Victor
Musiciens Nick LaRocca *cornet, trumpet*, Eddie Edwards *trombone*, Benny Krueger *alto sax*, Larry Shields *clarinet*, Henry Ragas, J. Russel Robinson *piano*, Tony Sbarbaro *drums*
Titres Livery Stable Blues ❑ Dixie Jazz Band One-Step ❑ Tiger Rag ❑ Sensation Rag ❑ Clarinet Marmalade Blues ❑ Lazy Daddy ❑ Home Again Blues ❑ Margie ❑ Palesteena ❑ Broadway Rose ❑ Barnyard Blues ❑ Original Dixieland One Step ❑ Tiger Rag ❑ Skeleton Jangle ❑ Clarinet Marmalade ❑ Bluin' the Blues
Appréciation La musique de l'Original Dixieland Jazz Band, apprise dans le ghetto de Storyville, repose sur des rythmes rag rigides, des numéros de music-hall et un matériel limité, mais elle reste très excitante et dispose de trois grandes voix en Shields, Sbarbaro et LaRocca. Ce dernier influença Bix Beiderbecke.

King Oliver's Jazz Band
THE COMPLETE 1923 OKEHS

Date d'enregistrement Juin-octobre 1923
Label EMI
Musiciens Joe « King » Oliver, Louis Armstrong *cornet*, Honoré Dutrey *trombone*, Charlie Jackson *bass sax*, Johnny Dodds *clarinet*, Lillian Hardin *piano*, Arthur « Bud » Scott *banjo, vocal*, Johnny St. Cyr *banjo*, Warren « Baby » Dodds *drums, slide-whistle*
Titres Snake Rag ❑ Sweet Lovin' Man ❑ High Society Rag ❑ Sobbin' Blues ❑ Where Did You Stay Last Night ❑ Dipper Mouth Blues ❑ Jazzin' Babies' Blues ❑ Buddy's Habits ❑ Tears ❑ Ain't Gonna Tell Nobody ❑ Room Rent Blues ❑ Riverside Blues ❑ Sweet Baby Doll ❑ Workin' Man Blues ❑ Mabel's Dream
Appréciation Voici les premiers enregistrements de l'ensemble de King Oliver dans lesquels figure le jeune Louis Armstrong. *Dipper Mouth Blues* et *Snake Rag* font partie des grands moments de cette compilation britannique, qui met en lumière à la fois la discipline expressive de la sonorité de l'ensemble et l'imposante individualité d'Armstrong.

Jelly Roll Morton
THE KING OF NEW ORLEANS JAZZ

Date d'enregistrement 1926-1928
Label RCA
Musiciens Jelly Roll Morton and his Red Hot Peppers featuring Jelly Roll Morton *piano*, Ward Pinkett *trumpet*, George Mitchell *trumpet, cornet*, Lee Collins *cornet*, Kid Ory, George Bryant, Geechy Fields *trombone*, Quinn Wilson, Bill Benford *Tuba*, « Stomp » Evans *alto sax*, Omer Simeon, Darnell Howard, Barney Bigard, Johnny Dodds *clarinet*, Johnny St. Cyr, Lee Blair *banjo*, John Lindsay *bass*, Andrew Hilaire, Baby Dodds, Tommy Benford *drums*
Titres Black Bottom Stomp ❑ The Chant ❑ Smoke House Blues ❑ Steamboat Stomp ❑ Sidewalk Blues ❑ Dead Man Blues ❑ Cannon Ball Blues ❑ Grandpa's Spells ❑ Doctor Jazz ❑ Original Jelly Roll Blues ❑ Jungle Blues ❑ The Pearls ❑ Beale Street Blues ❑ Kansas City Stomp ❑ Shoe Shiner's Drag ❑ Georgia Swing
Appréciation Jelly Roll Morton fut le premier grand compositeur de jazz. Il réinventa audacieusement l'instrumentation New Orleans et répartit les pupitres en « sections » de big band. Ses Red Hot Peppers constituent l'un des plus originaux de tous les jazz bands. Dans des classiques tels que *The Chant*, *Grandpas's Spells*, *Doctor Jazz* et avec ses sections élargies de clarinettes dans *Steamboat Stomp* et *Sidewalk Blues*, Morton varie constamment la couleur tonale, la structure et la dynamique.

The Clarence Williams Blue Five
WITH LOUIS ARMSTRONG AND SIDNEY BECHET

Date d'enregistrement 1923-1925
Label CBS
Musiciens Clarence Williams *piano*, Louis Armstrong, Thomas Morris *cornet*, Sidney Bechet *soprano sax, clarinet, sarrusophone*, Charlie Irvis, Charlie Green *trombone*, Buster Bailey *soprano sax, clarinet*, Narcisse « Buddy » Christian *banjo*, Clarence Williams *piano*
Titres Kansas City Man Blues ❑ Wild Cat Blues ❑ New Orleans Hop Scop Blues ❑ O Daddy Blues ❑ Pickin' on Your Baby ❑ You've Got the Right Key but the Wrong Keyhole ❑ Texas Moaner Blues ❑ Cake Walking Babies from Home ❑ Everybody Loves My Baby ❑ Of All the Wrongs You've Done to Me ❑ Mandy Make Up Your Mind ❑ I'm a Little Blackbird ❑ Papa de Dada ❑ Just Wait Till You See ❑ Livin' High ❑ Coal Cart Blues
Appréciation Clarence Williams, pianiste moyen mais leader ambitieux, était directeur artistique chez Okeh Records. Il fut à l'origine des premiers enregistrements de Sidney Bechet. La qualité sonore n'est pas géniale, mais l'association des deux plus imaginatifs solistes du premier jazz que sont Sidney Bechet et Louis Armstrong, dans *Cake Walking Babies from Home* et *Mandy Make Up Your Mind*, survole tous les obstacles.

New Orleans Rhythm Kings
VOLUME TWO

Date d'enregistrement 1923-1925
Label Village
Musiciens George Brunies, Santo Pecora *trombone*, Paul Mares *cornet*, Glenn Scoville *alto and tenor sax*, Don Murray, Charlie Cordella *tenor sax, clarinet*, Jack Pettis *C-melody sax*, Leon Roppolo *clarinet*, Jelly Roll Morton, Kyle Pierce, Glyn Lea « Red » Long *piano*, Bob Gillette, Bill Eastwood *banjo*, Chink Martin *brass bass*, Ben Pollack, Leo Adde *drums*
Titres Sobbin' Blues ❑ Marguerite ❑ Angry (2 prises) ❑ Clarinet Marmalade (2 prises) ❑ Mr. Jelly Lord (2 prises) ❑ London Blues ❑ Milenberg Joys (2 prises) ❑ Mad (Cause You Treat Me This Way) ❑ Baby ❑ I Never Knew What a Gal Could Do ❑ She's Crying for Me Blues ❑ Golden Leaf Strut ❑ She's Cryin' for Me (2 prises) ❑ Everybody Loves Somebody Blues (But Nobody Loves Me) (2 prises)
Appréciation L'Original Dixieland Jazz Band fut peut-être le premier orchestre blanc, mais les New Orleans Rhythm Kings furent sans conteste les plus grands de l'époque. Ils ajoutèrent au style sautillant de l'ODJB le phrasé plus lisse, plus maîtrisé de King Oliver. On notera la subtilité dynamique et la variété tonale de la clarinette de Leon Roppolo et de l'ample trombone de George Brunie. La participation de Jelly Roll Morton aux dernières sessions galvanise l'énergie considérable de l'ensemble et annonce le classique *Mr. Jelly Lord*.

Louis Armstrong
LOUIS ARMSTRONG AND EARL HINES

Date d'enregistrement Juin-décembre 1928
Label Philips
Musiciens Louis Armstrong *cornet, vocal*, Earl Hines *piano, celeste, vocal*, Fred Robinson *trombone*, Don Redman *alto sax, arranger*, Jimmy Strong *clarinet, tenor sax*, Mancy Cara *banjo, vocal*, Arthur James « Zutty » Singleton *drums*
Titres Basin Street Blues ❑ Weather Bird ❑ No, Papa, No ❑ Muggles ❑ St. James Infirmary ❑ Tight Like This ❑ West End Blues ❑ Skip the Gutter ❑ Two Deuces ❑ Sugar Foot Stomp ❑ Squeeze Me ❑ Don't Jive Me
Appréciation Quand Louis Armstrong grava ces disques avec de sensationnels orchestres de studio entre 1925 et 1929, il réalisa les plus mémorables et les plus révolutionnaires enregistrements de musique New Orleans. Le trompettiste fait ici la démonstration de toutes les facettes de son talent : il disloque la ligne solo de l'adhérence trop évidente au battement de base, libère la rythmique rag et permet aux voix individuelles de survoler la structure collective. On trouve ici les classiques *Weather Bird*, *Basin Street Blues* et *Muggles*.

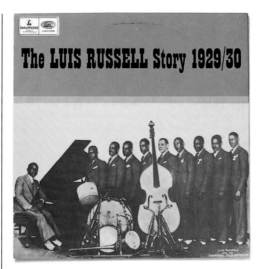

Bennie Moten
THE COMPLETE BENNIE MOTEN

Date d'enregistrement 1926-1928
Label RCA
Musiciens Bennie Moten's Kansas City Orchestra : Bennie Moten *piano, leader*, Paul Webster *trumpet*, Thamon Hayes *trombone, vocal*, Booker Washington *cornet*, Vernon Page *tuba*, Laforest Dent *alto et baritone sax, vocal*, Woody Walder *clarinet, tenor sax*, Harlan Leonard *clarinet, alto sax*, Jack Washington *clarinet, alto et baritone sax*, Lammar Wright, Ed Lewis, Sam Tall, Leroy Berry *banjo*, Willie McWashington *drums*, James Taylor *vocal*
Titres Thick Lip Stomp (2 prises) ▫ Harmony Blues (2 prises) ▫ Kansas City Shuffle ▫ Yazoo Blues ▫ White Lightnin' Blues ▫ Muscle Shoals Blues ▫ Midnight Blues ▫ Missouri Wobble ▫ Sugar ▫ Dear Heart ▫ The New Tulsa Blues ▫ Baby Dear ▫ Twelfth Street Rag ▫ Pass Out Lightly ▫ Ding Dong Blues (2 prises) ▫ Moten Stomp ▫ Justrite ▫ Slow Motion ▫ Tough Breaks ▫ It's Hard to Laugh or Smile ▫ Sad Man Blues ▫ Kansas City Breakdown ▫ Trouble in Mind ▫ Hot Waters Blues ▫ Get Low Down Blues
Appréciation L'orchestre de Moten était la preuve qu'un style de jazz plus solistique, plus bluesy, s'était constitué en dehors de La Nouvelle-Orléans. Le Kansas City Orchestra fut l'un des meilleurs jazz bands du Sud-Ouest des années 20. L'orchestre qu'on entend ici est antérieur à 1929, c'est-à-dire antérieur à la venue de William « Count » Basie, et n'est pas encore à la hauteur de ce qu'il sera dans les années 30, notamment au niveau des solos. *New Tulsa Blues* et *Kansas City Breakdown*, sans doute pour leur bonne tenue rythmique et leur agréable simplicité, comptent parmi les premiers succès de la formation.

Luis Russell
THE LUIS RUSSELL STORY

Date d'enregistrement 1929-1930
Label Parlophone
Musiciens Luis Russell *piano*, Louis Metcalf, Henry « Red » Allen, Bill Coleman, Otis Johnson *trumpet*, J. C. Higginbotham *trombone, vocal*, Teddy Hill, Greely Walton *tenor sax*, Albert Nicholas *clarinet, alto sax*, Charlie Holmes *clarinet, alto et soprano sax*, Will Johnson *banjo, guitar*, William « Bass » Moore *brass bass*, George « Pops » Foster *string bass*, Paul Barbarin *drums*, Walter « Fats » Pichon *vocal*
Titres Savoy Shout ▫ Call of the Freaks ▫ It's Tight Like That ▫ The New Call of the Freaks ▫ Feeling the Spirit ▫ Jersey Lightning ▫ Doctor Blues ▫ Saratoga Shout ▫ Song of Swanee ▫ Louisiana Swing (2 prises) ▫ Poor Li'l Me ▫ On Revival Day ▫ Muggin' Lightly ▫ Panama ▫ High Tension
Appréciation Un des grands orchestres des années 20. Les arrangements sont conçus pour mettre en lumière ses solistes exceptionnels : Henry « Red » Allen – un instrumentiste enthousiaste qui n'avait que Louis Armstrong pour rival –, Albert Nicholas, J. C. Higginbotham, Charlie Holmes et le bassiste précurseur « Pops » Foster.

Fletcher Henderson
FIRST IMPRESSIONS

Date d'enregistrement 1924-1931
Label MCA
Musiciens Fletcher Henderson *piano*, Louis Armstrong, Russel Smith, Joe Smith, Tommy Ladnier, Bobby Stark, Howard Scott, Elmer Chambers, Rex Stewart *trumpet*, Charlie Green, Jimmy Harrison, Benny Morton, Claude Jones *trombone*, Edgar Sampson *alto sax, violin*, Buster Bailey *clarinet, alto et soprano sax*, Don Pasquall *clarinet, alto et baritone sax*, Don Redman, Russell Procope, Harvey Boone *clarinet, alto sax*, Coleman Hawkins *clarinet, tenor sax*, Charlie Dixon *banjo*, June Coles, Bob Escudero, John Kirby *tuba*, Kaiser Marshall, Walter Johnson *drums*
Titres Copenhagen ▫ Shanghai Shuffle ▫ Clarinet Marmalade ▫ Hot Mustard ▫ Stockholm Stomp ▫ Have It Ready ▫ Fidgety Feet ▫ Sensation ▫ Hop Off ▫ I'm Crazy 'bout My Baby ▫ Sugar Foot Stomp ▫ Just Blues ▫ Singing the Blues ▫ Low Down on the Bayou
Appréciation Un ensemble clé dans l'invention du big-band swing. Dans *Copenhagen* et *Shanghai Shuffle*, l'audace rythmique du jeune Louis Armstrong transforme cet ensemble de danse mondain en un orchestre qui swingue. On note la présence de l'apprenti Coleman Hawkins.

Sidney Bechet
THE BLUEBIRD SESSIONS

Date d'enregistrement Sessions classiques de 1932 à 1943
Label Bluebird
Musiciens Sidney Bechet *soprano sax, clarinet*, Tommy Ladnier *trumpet*, Victor « Vic » Dickenson *trombone*, Rex Stewart *cornet*, Albert Nicholas *clarinet*, Milton « Mezz » Mezzrow *clarinet, tenor sax*, Jelly Roll Morton, *piano, vocal*, Earl Hines, Willie « The Lion » Smith *piano*, Kenny Clarke, Sidney Catlett *drums*
Titres notamment Maple Leaf Rag ▫ Shag ▫ Oh, Didn't He Ramble ? ▫ Winin' Boy Blues ▫ Blues in Thirds ▫ The Sheik of Araby ▫ Blues of Bechet ▫ Strange Fruit ▫ You're the Limit ▫ Blues in the Air
Appréciation Lorsque Bechet enregistra ces « Bluebird », la musique New Orleans était déjà dépassée, mais son saxo déborde de passion. *Maple Leaf Rag* et *Shag* sont des improvisations volcaniques d'un géant du jazz.

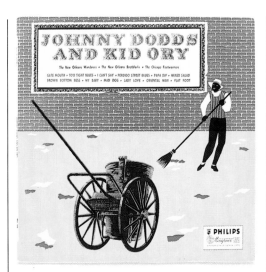

Johnny Dodds/Kid Ory
JOHNNY DODDS AND KID ORY

Date d'enregistrement 1926-1928
Label Philips
Musiciens Johnny Dodds *clarinette*, Kid Ory *trombone* ; Les New Orleans Wanderers and Bootblacks avec Joe Walker *alto sax*, George Mitchell *cornet*, Lil Armstrong *piano*, Johnny St. Cyr *banjo* ; Les Chicago Footwarmers avec Honoré Dutrey *trombone*, Natty Dominique *cornet*, Jimmy Blythe *piano*, Bill Johnson *bass*, « Baby » Dodds *washboard*
Titres Gate Mouth ❏ Too Tight Blues ❏ I Can't Say ❏ Perdido Street Blues ❏ Papa Dip ❏ Mixed Salad ❏ Brown Bottom Bess ❏ My Baby ❏ Mad Dog ❏ Lady Love ❏ Oriental Man ❏ Flat Foot
Appréciation Dodds était un grand clarinettiste de blues et Ory l'un des trombonistes d'orchestre les plus colorés. Mitchell et Dominique font entendre le jazz primitif de la rue dans ces célèbres sessions.

Jelly Roll Morton
MR. JELLY LORD

Date d'enregistrement 1926-1930
Label RCA Victor
Musiciens Jelly Roll Morton *piano*, Barclay S. Draper, « Red » Rossiter, Walter Briscoe, Ward Pinkett, Edwin Swayzee, Eddie Anderson, Bubber Miley, George Mitchell *trumpet*, Charles Irvis, Julius « Geechy » Fields, Bill Cato, Wilbur de Paris, Kid Ory *trombone*, Paul Barnes *soprano* et *alto sax*, Joe Thomas *alto sax*, Joe Garland *tenor sax*, George Baquet, Johnny

Jerry Roll Morton puise ses racines à La Nouvelle-Orléans, mais il a traversé les États-Unis dans les premières années de ce siècle, absorbé par la tradition des ménestrels, le flamenco, le country blues, les work songs et les hymnes. Tout ceci était mélangé, reforgé par une imagination dans la composition la plus fertile de ces premières decennies du jazz, par un artiste dont la création se nourrissait d'un goût pour l'improvisation.

Dodds, Russell Procope *clarinet*, Omer Simeon *clarinet* et *bass clarinet*, Albert Nicholas *clarinet*, *alto sax*, Walter Thomas *clarinet*, *alto* et *baritone sax*, Billy Taylor, Bill Benford *tuba*, Barney Alexander *banjo*, Lee Blair *banjo*, *guitar*, Bernard Addison, Johnny St. Cyr *guitar*, Ernest « Bass » Hill, Harry Prather *sousaphone*, « Bass » Moore, John Lindsay *bass*, William Laws, Warren « Baby » Dodds, Cozy Cole, Manzie Johnson, Tommy Benford, Andrew Hilaire *drums*, Clarence Black, Wright Smith *violin*, Billie Young *vocal* ; **Wilton Crawley and his Orchestra** avec Freddy Jenkins, Arthur Whetsol *trumpet*, Joe Nanton *trombone*, Johnny Hodges *alto sax*, Wilton Crawley *clarinet*, Wellman Braud *bass*, Paul Barbarin *drums*
Titres Burnin' the Iceberg ❏ Mr. Jelly Lord ❏ Down My Way ❏ When They Get Lovin' They's Gone ❏ You Oughta See My Gal ❏ New Orleans Bump ❏ Load of Coal ❏ Red Hot Pepper – Stomp ❏ Wolverine Blues (2 prises) ❏ Courthouse Bump ❏ Keep Your Business to Yourself ❏ Deep Creek Blues ❏ Fussy Mabel ❏ Someday Sweetheart Blues ❏ Crazy Chords
Appréciation A la fin des années 20, Morton écrivait pour de plus grands orchestres. Avec leurs « thèmes dans le thème », leur variété texturale et leur interaction, ces morceaux se tournent à la fois vers le passé – rythmiquement, ils sont encore New Orleans – et vers la musique orchestrale à venir.

Chicago . New York

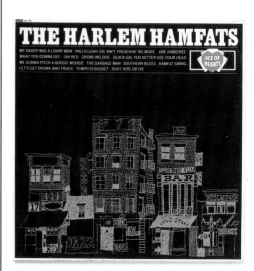

Bien qu'on enregistrât surtout du jazz New Orleans à Chicago après l'immigration noire vers le Nord. la ville développa sa propre forme de jazz, qui survécut au déclin des clubs à la fin des années 20. De jeunes musiciens blancs. qui entendirent les orchestres noirs du South Side, infléchirent leur musique vers un style plus rapide, plus axé sur les solos, bientôt baptisé « Chicago Jazz ». New York, en revanche, s'identifia d'abord à une forme de jazz plus policée, plus symphonique. Le mélange de la musique de danse et du jazz New Orleans deviendra finalement détonant : ce sera le swing. Le jazz changeait trop vite et son message voyageait trop rapidement pour pouvoir être identifié à une ville unique, comme cela avait été le cas pour La Nouvelle-Orléans. Bien que Chicago fût célèbre pour sa musique de danse de petite formation. c'est là aussi qu'ont germé les fruits hybrides (greffons de jazz et de blues rural charrié par le Mississippi) qui préfigurèrent la jump music des années 40. le rock and roll, le rhythm and blues et même certains aspects du free jazz.

Eddie Condon
THE DEFINITIVE VOL. 1

Date d'enregistrement 1944
Label Stash
Musiciens Eddie Condon *guitar*, Billy Butterfield, Muggsy Spanier, Max Kaminsky, Hot Lips Page *trumpet*, Benny Morton *trombone*, Pee Wee Russell *clarinet*
Titres Ballin' the Jack □ Sweet Georgia Brown □ At the Jazz Band Ball □ Royal Garden Blues □ Muskrat Ramble □ The Man I Love □ S'Wonderful □ Old Folks
Appréciation Condon était un dynamique musicien rythmique et il donne une bonne idée du style Chicago.

Harlem Hamfats
THE HARLEM HAMFATS

Date d'enregistrement 1936-1937
Label Ace of Hearts
Musiciens Herb Morand *trumpet*, Odell Rand *clarinet*, Horace Malcolm *piano*, Joe McCoy *guitar, vocal*, Charlie McCoy *mandolin*, John Lindsay *string bass*, Fred Flynn, Pearlis Williams *drums*
Titres Tempo di Bucket □ The Garbage Man □ Southern Blues □ My Daddy Was a Lovin' Man □ What You Gonna Do ? □ Growling Dog □ Oh ! Red □ We Gonna Pitch a Boogie Woogie □ Black Gal, You Better Use Your Head □ Root Hog or Die □ Hallelujah Joe Ain't Preachin' No More □ Jam Jamboree □ Let's Get Drunk and Truck □ Hamfat Swing
Appréciation Les Hamfats de Chicago mêlaient un jazz New Orleans brut à du rhythm and blues primitif. Plus tard, Louis Jordan continua sur cette lancée.

Eddie Lang/Joe Venuti
STRINGING THE BLUES

Date d'enregistrement 1926-1929
Label CBS
Musiciens Notamment Eddie Lang *guitar*, Joe Venuti *violin*, King Oliver *cornet*, Don Murray *baritone sax, clarinet*, Adrian Rollini *bass sax, goofus*, Clarence Williams *piano*, Lonnie Johnson *guitar, vocal*
Titres Goin' Places □ Doin' Things □ Perfect □ Cheese and Crackers □ Stringing the Blues □ I'm Somebody's Somebody Now □ Two Tone Stomp □ Beatin' the Dog □ The Wild Dog □ Dinah □ In the Bottle Blues □ Wild Cat □ Guitar Blues □ Bull Frog Moan □ Jet Black Blues □ Penn Beach Blues
Appréciation Scintillant duo guitare-violon new-yorkais qui inspira Django Reinhardt et Stéphane Grappelli. Le jeu rude, sans fioritures, de Venuti était l'antithèse vigoureuse de la grâce classique.

Earl Hines and his Orchestra
SWINGING IN CHICAGO

Date d'enregistrement 1934-1935
Label Coral
Musiciens Notamment Earl Hines *piano*, Trummy Young *trombone*, Darnell Howard *alto sax, clarinet, violin*, Omer Simeon *alto sax, clarinet*, Cecil Irwin, Jimmy Mundy *tenor sax*, Wallace Bishop *drums*, Walter Fuller, Palmer Borthers Trio *vocal*
Titres That's A-Plenty □ Fat Babes □ Maple Leaf Rag □ Sweet Georgia Brown □ Rosetta □ Copenhagen □ Angry □ Wolverine Blues □ Rock and Rye □ Cavernism □ Rhythm Lullaby □ Japanese Sandman □ Bubbling Over □ Blue
Appréciation Hines dirigea un orchestre au Grand Terrace de Chicago pendant dix ans. Il connut son heure de gloire dans les années 30, comme en témoigne ce disque, où ses brillantes figures pianistiques scintillent sur des arrangements colorés.

Bix Beiderbecke
THE BIX BEIDERBECKE LEGEND

Date d'enregistrement 1924-1928
Label RCA Victor
Musiciens Bix Beiderbecke *cornet* ; **Jean Goldkette and his Orchestra** : Fred « Fuzzy » Farrar, Tex Brusstar, Ray Lodwig *trumpet*, Bill Rank, Tommy Dorsey, Speigan Wilcox, Lloyd Turner *trombone*, Irish Henry *tuba*, Don Murray, Doc Ryker, George Williams, Frankie Trumbauer, Danny Polo *sax*, Paul Mertz, Itzy Riskin *piano*, Howdy Quicksell *banjo*, Eddie Lang *guitar*, Ray Muerer *guitar, vocal*, Joe Venuti *violin*, Steve Brown *bass*, Charlie Horvath, Chauncey Morehouse *drums*, Al Lynch, the Keller Sisters, Lewis James *vocal* ; **Paul Whiteman and his Orchestra**
Titres I Didn't Know ❑ Sunday ❑ My Pretty Girl (2 prises) ❑ Slow River ❑ Clementine ❑ Changes ❑ Mary ❑ Lonely Melody ❑ San ❑ Back in Your Own Backyard ❑ There Ain't No Sweet Man That's Worth the Salt of My Tears ❑ Dardanella ❑ Love Nest ❑ From Monday On ❑ Mississippi Mud
Appréciation Après avoir débuté avec son propre orchestre, les Wolverines, Beiderbecke – dont la sonorité fut comparée à un carillon par Hoagy Carmichael – travailla avec des orchestres alliant musique dansante populaire et jazz, et ses solos étaient brefs. Il produit néanmoins ici de chatoyants classiques et Frankie Trumbauer lui prête un soutien éthéré au saxophone.

Bix Beiderbecke
THE BIX BEIDERBECKE STORY

Date d'enregistrement 1927-1929
Label Philips
Musiciens Bix Beiderbecke *cornet, piano*, Harry Goldfield *trumpet*, Bill Rank *trombone*, Doc Ryker *alto sax*, Harold Strickfadden *alto* et *baritone sax*, Adrian Rollini, Min Leibrook *bass sax*, Frankie Trumbauer *C-melody sax*, Don Murray, Izzy Friedman *clarinet*, Frank Signorelli, Lennie Hayton, Itzy Riskin *piano*, Eddie Lang *guitar*, Howdy Quicksell *banjo*, Matty Malneck *violin*, Chauncey Morehouse, Harry Gate, Georg Marsh *drums*, Scrappy Lambert, Bing Crosby *vocal* ; **Paul Whiteman Orchestra**
Titres Sorry ❑ Ol' Man River ❑ Somebody Stole My Gal ❑ Since My Best Gal Turned Me Down ❑ Way Down Yonder in New Orleans ❑ I'm Comin' Virginia ❑ In a Mist ❑ Ostrich Walk ❑ Riverboat Shuffle ❑ Borneo ❑ China Boy ❑ Oh, Miss Hannah
Appréciation Le solo le plus copié de Bix Beiderbecke est *Singin' the Blues,* mais *I'm Comin' Virginia* est un véritable régal : le musicien, très inspiré, a su y éviter le piège des rappels rythmiques convenus, qui commençaient à ressembler à des poteaux indicateurs chez ses contemporains. Les sons de Beiderbecke se laissent dériver librement à l'écart de la mode du temps.

Henry Allen Jr. and his New York Orchestra
TREASURY OF JAZZ SERIES

Date d'enregistrement 1929-1930
Label RCA Victor
Musiciens Henry Allen Jr. *trumpet, vocal*, Otis Johnson *trumpet*, J. C. Higginbotham, James Archey *trombone*, Charlie Holmes *alto sax*, Teddy Hill, Greely Walton *tenor sax*, William Blue *clarinet, alto sax*, Albert Nicholas *clarinet*, Ernest Hill *bassoon*, Luis Russell *piano*, Will Johnson *guitar, vocal*, George « Pops » Foster, Ernest Hill *bass*, Paul Barbarin *drums*, Victoria Spivey, The Wanderers *vocal*
Titres Swing Out ❑ Feeling Drowsy ❑ How Do They Do It That Way ? ❑ It Should Be You ❑ Biffly Blues ❑ Make a Country Bird Fly Wild ❑ You Might Get Better, But You'll Never Get Well ❑ Dancing Dave ❑ Singing Pretty Songs ❑ Roamin' ❑ I Fell in Love with You ❑ Patrol Wagon Blues
Appréciation Avec Louis Armstrong et Roy Eldridge, « Red » Allen domina la trompette durant la période de transition du New Orleans au swing. Sa palette d'effets sonores reste un modèle même pour les musiciens d'avant-garde des années 60. On a ici un échantillon décapant de ses premières audaces en improvisation.

Artistes divers
CHICAGO JAZZ

Date d'enregistrement 1939-1940
Label Coral
Musiciens **Eddie Condon and his Chicagoans** : Eddie Condon *guitar*, Max Kaminsky *cornet*, Brad Gowans *trombone*, Pee Wee Russell *clarinet*, Bud Freeman *tenor sax*, Joe Sullivan *piano*, Clyde Newcomb *bass*, Dave Tough *drums* ; **Jimmy McPartland and his Orchestra** : Jimmy McPartland *cornet*, Bud Jacobson *clarinet*, Boyce Brown *alto sax*, Floyd Bean *piano*, Dick McPartland *guitar*, Jim Lannigan *bass*, Hank Isaacs *drums* ; **George Wettling's Chicago Rhythm Kings** : George Wettling *drums*, Charlie Teagarden *trumpet*, Floyd O'Brien *trombone*, Danny Polo *clarinet*, Joe Marsala *tenor sax*, Jess Stacy *piano*, Jack Bland *guitar*, Artie Shaparo *bass*

Titres Nobody's Sweetheart ❑ Friar's Point Shuffle ❑ There'll Be Some Changes Made ❑ Someday, Sweetheart ❑ China Boy ❑ Jazz Me Blues ❑ Sugar ❑ The World Is Waiting for the Sunrise ❑ Bugle Call Rag ❑ I Wish I Could Shimmy Like My Sister Kate ❑ The Darktown Strutters' Ball ❑ I've Found a New Baby
Appréciation Flamboiement et plaisir de jouer sont les caractéristiques principales de l'école hard-swing de Chicago, bien représentée dans cette session tardive organisée par le batteur George Wettling. Jimmy McPartland est ici très proche de Beiderbecke et la batterie tapageuse de Wettling donne un beau tonus à son orchestre.

Les voix (1920-1945)

Dans le jazz des premiers temps, ce sont les instruments qui communiquent à l'idiome sa forte saveur, qui en assument la continuité rythmique et font conver-ser l'ensemble. Les voix sont les vecteurs d'un blues plus ritualisé, de chansons de variétés souvent comiques et à double sens. Dans les années 20, ces rôles se mélangent et, dans les années 30, le destin des voix et des instruments se confond. Avec l'expansion du nouveau marché du disque « de race », le blues devint commercial et les chanteuses les plus expressives enregistrèrent des disques à succès avec des orchestres de studio constitués des premières stars du jazz. Au même moment, la musique afro-américaine commençait à influencer la chanson populaire blanche et les liens entre Tin Pan Alley et le jazz se resserrèrent. Dans les années 30, tous les orchestres de swing avaient un chanteur ou une chanteuse et le marché du juke-box demandait des chansons avec un accompagnement jazzy – un tremplin pour Billie Holiday. Avec elle, un style de chant nouveau, imprégné de l'originalité rythmique et des subtiles nuances des solos de cuivres, prit naissance et atteignit un début de perfection.

Ida Cox
SINGS THE BLUES

Date d'enregistrement 1924-1928
Label London
Musiciens Ida Cox *vocal*, Tommy Ladnier *cornet*, Jessie Crump *organ*, Charlie Green *trombone*, Buster Bailey *clarinet*, Fletcher Henderson *piano*, Charlie Dixon *banjo*
Titres Coffin Blues ☐ Rambling Blues ☐ Mean Papa, Turn Your Key ☐ Ida Cox's Lawdy Lawdy Blues ☐ Worn Down Daddy ☐ You Stole My Man ☐ Misery Blues ☐ Blue Kentucky Blues
Appréciation Des artistes de blues classiques des années 20, reliant les traditions folk (*Coffin Blues*) au music-hall (*Mean Papa, Turn Your Key*).

Bessie Smith
THE BESSIE SMITH STORY VOL. 3

Date d'enregistrement 1925-1927
Label CBS
Musiciens Joe Smith *trumpet*, Jimmy Harrison, Charlie Green *trombone*, Coleman Hawkins *tenor sax, clarinet*, Buster Bailey *clarinet*, Fletcher Henderson *piano*, Charlie Dixon *banjo*, Kaiser Marshall *drums*
Titres Alexander's Ragtime Band ☐ Baby Doll ☐ The Yellow Dog Blues ☐ One and Two Blues ☐ Money Blues ☐ After You've Gone ☐ Cake Walking Babies (from Home) ☐ Young Woman's Blues ☐ At the Christmas Ball ☐ There'll Be a Hot Time in the Old Town Tonight ☐ Lost Your Head Blues ☐ Muddy Water
Appréciation Ici le jazz New Orleans, la chanson populaire et l'intensité du blues communient sous les auspices de la plus grande chanteuse de blues de tous les temps et d'un excellent petit groupe de Fletcher Henderson.

Billy Eckstine and his Orchestra
BILLY ECKSTINE

Date d'enregistrement 1944-1946
Label Ember
Musiciens Billy Eckstine *vocal*, Dizzy Gillespie *trumpet*, Trummie Young *trombone*, Dexter Gordon, Gene Ammons, Wardell Grey *tenor sax*, Leo Parker *baritone sax*, Clyde Hart *piano*, Tommy Potter, Oscar Pettiford *bass*, Rossiere « Shadow » Wilson, Art Blakey *drums*, Sarah Vaughan *vocal*
Titres Blowing the Blues Away ☐ If That's the Way You Feel ☐ I Want to Talk about You ☐ The Real Thing Happened to Me ☐ I'll Wait and Pray ☐ I Got a Date with Rhythm ☐ Good Jelly Blues ☐ Opus X ☐ I Stay in the Mood for You ☐ I'me the Caring Kind
Appréciation Eckstine, avec sa voix riche et son poignant vibrato, fut la première vedette populaire noire. Son magnifique baryton est ici rehaussé par la présence de Dizzy Gillespie, Sarah Vaughan et Art Blakey.

Billie Holiday
THE GOLDEN YEARS VOL. 2

Date d'enregistrement 1937-1938
Label CBS
Musiciens Notamment Billie Holiday *vocal*, Buck Clayton, Harry James *trumpet*, Benny Morton, Dickie Wells *trombone*, Benny Carter *alto sax*, Lester Young, Herschel Evans *tenor sax*, Buster Bailey *clarinet*, Teddy Wilson, Claude Thornhill *piano*, Freddie Green *guitar*, Walter Page *bass*, Cozy Cole, Jo Jones *drums*
Titres Notamment Mean to Me ☐ I'll Get By ☐ Sun Showers ☐ He's Funny That Way ☐ My Man ☐ Nice Work if You Can Get It ☐ Can't Help Lovin' Dar Man
Appréciation Quelques-unes des plus mémorables sessions d'Holiday, avec Teddy Wilson et Lester Young dans de remarquables conversations musicales intimistes. Avec l'art de retarder la mesure, de planer au-dessus de paroles indifférentes et d'inventer d'imperceptibles nuances, elle donna naissance à une nouvelle ère du chant de jazz.

Billie Holiday
BILLIE HOLIDAY ON COMMODORE

Date d'enregistrement 1939, 1944
Label Commodore
Musiciens Billie Holiday *vocal*, Frankie Newton, Doc Cheatham *trumpet*, Vic Dickenson *trombone*, Tab Smith, Lem Davis *alto sax*, Stan Payne, Kenneth Hollon *tenor sax*, Sonny White, Eddie Heywood *piano*, Teddy Walters, Jimmy McLin *guitar*, John Williams, John Simmons *bass*, Eddie Dougherty, Big Sid Catlett *drums*
Titres Yesterdays ❑ Fine and Mellow ❑ I Gotta Right to Sing the Blues ❑ How Am I to Know ❑ My Old Flame ❑ I'll Get By ❑ I Cover the Waterfront ❑ I'll Be Seeing You ❑ I'm Yours ❑ Embraceable You ❑ As Time Goes By ❑ She's (He's) Funny That Way ❑ Lover Come Back to Me ❑ Billie's Blues ❑ On the Sunny Side of the Street
Appréciation *My Old Flame, Embraceable You* et *Lover Come Back to Me* comptent parmi ses plus sublimes prestations, avant l'avènement de l'ère mainstream.

Ella Fitzgerald
ELLA FITZGERALD VOL. 1

Date d'enregistrement 1935-1941
Label Classics
Musiciens notamment Ella Fitzgerald, the Mills Brothers *vocal*, Chick Webb, Bill Beason *drums*, Taft Jordan *trumpet*, Benny Goodman *clarinet*, Louis Jordan, Ted McRae, Eddie Barefield *sax*, Teddy Wilson *piano*
Titres 138 titres dont My Melancholy Baby ❑ Goodnight My Love ❑ Dedicated to You ❑ Mr. Paganini ❑ Darktown Strutter's Ball ❑ Organ Grinder's Swing ❑ I Want to Be Happy ❑ Gotta Pebble in My Shoe ❑ Undecided ❑ A-Tisket A-Tasket ❑ Please Tell Me the Truth ❑ Lindy Hoppers' Delight ❑ Take It from the Top ❑ Taking a Chance on Love ❑ I Got It Bad ❑ The Lonesomest Gal in Town ❑ Three Little Words
Appréciation Ella Fitzgerald devint une star du jazz presque du jour au lendemain. On peut entendre ici les rafraîchissantes prestations de ses débuts, par ordre chronologique, depuis ses 16 ans jusqu'au grand démarrage de sa carrière à l'âge de 23 ans. Mélange de jazz inventif et de chansons de variétés un peu surannées.

Ethel Waters
JAZZIN' BABIES' BLUES VOL. 2

Date d'enregistrement 1921-1927
Label Biograph
Musiciens Ethel Waters *vocal*, Joe Smith *cornet*, Fletcher Henderson, Pearl Wright *piano* ; **Albury's Blue and Jazz Seven**, notamment Wesley Johnson *trumpet*, Jim Reevy *trombone*, Clarence Harris *alto sax*, Wilson Kyer *piano*, Ralph Escudero *bass bassoon*, Kaiser Marshall *drums* ; **Waters's Jazz Masters**, notamment Garvin Bushell *clarinet, alto sax*, Chink Johnson *bass bassoon* ; **The Jazz Masters**, notamment Henry Brashear *trombone*, June Clark, Howard Scott *cornet*, Clarence Robinson *clarinet*, Chink Johnson *bass bassoon*, Johnny Mitchell *banjo* ; **Lovie Austin's Blues Serenaders**, notamment Lovie Austin *piano*, Tommy Ladnier *cornet*
Titres The New York Glide ❑ At the New Jump Steady Ball ❑ Dying with the Blues ❑ Kiss Your Pretty Baby Nice ❑ Jazzin' Babies' Blues ❑ Kind Lovin' Blues ❑ Brown Baby ❑ Ain't Goin' Marry ❑ You'll Need Me When I'm Long Gone ❑ I Want Somebody All My Own ❑ Black Spatch Blues ❑ One Sweet Letter from You
Appréciation Bien que souvent sous-estimée, l'influence d'Ethel Waters sur la musique populaire du XXᵉ siècle fut immense. Elle n'aimait pas la façon traditionnelle de chanter le blues, qu'elle jugeait inélégante, et voulait concilier le vernis du music-hall blanc et la sensualité rebelle de la musique nègre pour ouvrir Tin Pan Alley aux artistes noirs. Plus légère que les chanteuses de blues, moins aventureuse que les musiciens de jazz proprement dit mais perfectionniste dans le phrasé, Waters eut même une certaine influence sur Billie Holiday.

Le swing

Les effets conjugués de la radio et de la Grande Crise furent néfastes aux premiers succès du jazz et du blues. En 1933, le marché américain du disque s'était effondré. Mais la musique changeait. Duke Ellington était devenu plus populaire que Paul Whiteman ; Fletcher Henderson et Don Redman avaient marié les cuivres et les anches dans une revigorante musique d'ensemble. Les orchestres de jazz trouvaient difficilement du travail, mais de nouvelles idées germaient. Quand John Hammond vendit quelques enregistrements du clarinettiste Benny Goodman à la Columbia anglaise, qui ne se portait pas trop mal, l'ère du swing fut lancée. Les disques valurent à Goodman un contrat à domicile et les nouveaux DJ des radios firent le reste.

McKinney's Cotton Pickers
McKINNEY'S COTTON PICKERS

Date d'enregistrement 1930-1931
Label RCA Victor
Musiciens McKenney's Cotton Pickers : Rex Stewart, Buddy Lee, Langston, Curl, Clarence Ross *trumpet*, Ed Cuffee, Quentin Jackson *trombone, vocal*, Don Redman *clarinet, alto et soprano sax, cello, vocal, arranger*, Benny Carter *clarinet, alto sax, arranger*, Prince Robinson *clarinet, tenor sax*, Todd Rhodes *piano, cello*, Dave Wilborn *banjo, vocal*, Ralph Escudero *bass bassoon*, Cuba Austin *drums*, George Bias, Lois Deppe, Dave Wilborn, Donald King *vocal* ; McKinney's Cotton Pickers : avec également Joe Smith, Adolphus « Doc » Cheatham *trumpet*, Billy Taylor *bass et soprano bassoon* ; **The Carolina Dandies** : John Nesbitt, Tom Howell *trumpet*, Lee Howell *trombone*, Benny Carter, Don Redman, Sunny Clapp, *clarinet, alto sax*, George Marks, *piano, vocal*, Roy Smeck *guitar*, Francis Palmer *bass bassoon*, Joe Hudson *drums*
Titres Hello ! ❑ After All, You're All I'm After ❑ I Miss a Little Miss ❑ To Whom It May Concern ❑ You're Driving Me Crazy ❑ Come a Little Closer ❑ It's a Lonesome Old Town (2 prises) ❑ She's My Secret Passion (2 prises) ❑ Come Easy, Go Easy Love ❑ When I Can't Be with You ❑ Do You Believe in Love at Sight ? (2 prises) ❑ Wrap Your Troubles in Dreams (2 prises)
Appréciation Un fascinant et populaire orchestre noir à la charnière des années 20 et 30 formé de musiciens chômeurs de Fletcher Henderson réunis par Jean Goldkette qui cherchait des artistes pour le Graystone Ballroom. Le piano est ici remplacé par une basse à vent préjazz et un banjo, mais les arrangements (de Don Redman, l'altiste Benny Carter et John Nesbitt) préfigurent le swing classique et la solidité du jeu d'ensemble donne un réel punch à la musique.

Fats Waller
'34/'35

Date d'enregistrement 1927-1935
Label RCA Victor
Musiciens Fats Waller *piano, vocal*, Herman Autrey, Bill Coleman *trumpet*, Floyd O'Brien *trombone*, Gene Sedric *tenor sax, clarinet*, Rudy Powell, Milton « Mezz » Mezzrow *clarinet*, Al Casey, James Smith *guitar*, Bill Taylor, Charles Turner *bass*, Harry Dial, Arnold Bolden *drums*
Titres Don't Let It Bother You ❑ If It Isn't Love ❑ Serenade for a Wealthy Widow ❑ Blue Black Bottom ❑ Mandy ❑ You've Been Taking Lessons in Love ❑ Numb Fumblin' ❑ Dust Off That Old Pianna ❑ Somebody Stole My Gal ❑ Breakin' the Ice ❑ I Ain't Got Nobody ❑ Goin' About ❑ Dinah ❑ Whose Honey Are You ? ❑ Blue Because of You ❑ 12th Street Rag
Appréciation L'étincelant piano stride de Fats Waller s'exprime mieux en solo, mais il sert aussi de conducteur au Rhythm Band, un groupe commercial de swing destiné à mettre en valeur la star.

Artie Shaw
THE EARLY ARTIE SHAW

Date d'enregistrement août-octobre 1937
Label Ajaz
Musiciens Artie Shaw *clarinet*, John Best, Tom DiCarlo, Malcolm Crain *trumpet*, George Arus, Harry Rodgers *trombone*, Les Robinson, Hank Freeman *alto sax*, Tony Pastor, Jules Rubin *tenor sax*, Les Burness *piano*, Al Avola *guitar*, Ben Ginsberg *bass*, Cliff Leeman *drums*, Leo Watson, Peg LaCentra, Bea Wain, Dolores O'Neil *vocal*
Titres Am I in Love ? ❑ Fee Fi Fo Fum ❑ Please Pardon Us We're in Love ❑ The Chant ❑ The Blues (2 prises) ❑ It's a long, Long Way to Tipperary ❑ If It's the Last Thing I Do ❑ Nightmare ❑ Shoot the Likker to Me, John Boy ❑ Free Wheeling ❑ I've a Strange New Rhythm in My Heart ❑ Let 'er Go ❑ A Strange Lonliness
Appréciation Shaw fut le principal rival de Benny Goodman dans les années 30, avec des attaques plus réservées mais une technique sans faille. Cet orchestre de 1937 n'est pas un feu d'artifice, mais il a un swing élégant et les solos du leader sont des joyaux.

Coleman Hawkins All Stars
COLEMAN HAWKINS ALL STARS

Date d'enregistrement 1935-1946
Label HMV
Musiciens Coleman Hawkins *tenor sax*, Stephane Grappelli *piano*, Django Reinhardt *guitar*, Eugene d'Hellemes *bass* ; **Coleman Hawkins All Star Jam Band** avec également Benny Carter *alto sax, trumpet*, Andre Ekyan *alto sax*, Alix Combelle *tenor sax, clarinet*, Tommy Benford *drums* ; **Coleman Hawkins Orchestra** avec également Joe Guy *trumpet*, Earl Hardy *trombone*, Jackie Fields, Eustis Moore *alto sax*, Tommy Lindsay, Gene Rodgers *piano*, William Oscar Smith *bass*, Arthur Herbert *drums* ; **Coleman Hawkins All Star Octet** avec également J. C. Higginbotham *trombone*, Danny Polo *clarinet*, Lawrence Lucie *guitar*, Johnny Williams *bass*, Walter Johnson *drums* ; **Coleman Hawkins 52nd Street All Stars** avec également Charlie Shavers *trumpet*, Pete Brown *alto sax*, Allen Eager *tenor sax*, Jimmy Jones *piano*, Mary Osborne *guitar*, Al McKibbon *bass*, Shelly Manne *drums*
Titres Crazy Rhythm ❑ Stardust ❑ Sheik of Araby ❑ Out of Nowhere ❑ Honeysuckle Rose ❑ Bouncing with Bean ❑ Body and Soul ❑ Sweet Georgia Brown ❑ When Day Is Done ❑ Spotlite
Appréciation A un moment de sa longue et spectaculaire carrière, le saxophoniste Coleman Hawkins aida l'orchestre de Fletcher Henderson à devenir l'un des meilleurs ensembles de swing. En tant que soliste, il développa un élan rythmique fluide et inexorable reflétant le battement des big-bands des années 30 et collabora avec un grand nombre d'orchestres offrant diverses versions de l'idiome. Cette compilation britannique tient compte de ses rencontres historiques avec le guitariste belge Django Reinhardt, Benny Carter et quelques excellents Européens dans le décapant Jam Band (à l'occasion de la tournée européenne d'Hawkins de 1934 à 1939.) On y trouve l'un des plus beaux solos improvisés de l'histoire du jazz – le *Body and Soul* de 1939. Hawkins offre là un chef-d'œuvre d'inventivité harmonique, avec un unique et bref exposé du thème et un swing insistant, presque sans pause.

Duke Ellington and his Orchestra
AT HIS VERY BEST

Date d'enregistrement 1927-1946
Label RCA
Musiciens Duke Ellington *piano*, Wallace Jones, Cootie Williams, Rex Stewart, Shelton Hemphill, Ray Nance, Harold Baker, Taft Jordan, Cat Anderson, Francis Williams, Louis Metcalf, Bubber Miley *trumpet*, Lawrence Brown, Juan Tizol, Joe Nanton, Claude Jones, Wilbur De Paris *trombone*, Otto Hardwicke, Johnny Hodges, Russell Procope *alto sax*, Ben Webster, Al Sears *tenor sax*, Harry Carney *baritone sax*, Barney Bigard, Jimmy Hamilton *clarinet*, Rudy Jackson *clarinet, tenor sax*, Fred Guy *guitar, banjo*, Jimmy Blanton, Oscar Pettiford, Alvin Raglin, Wellman Braud *bass*, Sonny Greer *drums*, Adelaide Hall, Kay Davis *vocal*
Titres Jack the Bear ❑ Concerto for Cootie ❑ Harlem Air Shaft ❑ Across the Track Blues ❑ Chloe ❑ Royal Garden Blues ❑ Warm Valley ❑ Ko-Ko ❑ Black, Brown, and Beige ❑ Creole Love Call ❑ Transblucency
Appréciation Plus musiciens, plus impressionniste et moins porté sur le répertoire populaire, l'orchestre de Duke Ellington ne fut jamais aussi commercial que ceux de Goodman ou d'Artie Shaw, mais il connaissait son swing sur le bout des doigts. En 1939, Ellington engagea le saxophoniste Ben Webster et le jeune prodige de la basse Jimmy Blanton. Il en résulta quelques-unes de ses plus jolies pièces, notamment l'époustouflant *Jack the Bear* ; *Ko-Ko*, un remarquable blues mineur avec des harmonies préfigurant le jazz modal, et *Transblucency* par la voix de Kay Davis.

Duke Ellington and his Orchestra
SATURDAY NIGHT FUNCTION

Date d'enregistrement 1927-1929
Label HMV
Musiciens Notamment Duke Ellington *piano, arranger*, Bubber Miley, Arthur Whetsol *trumpet*, Johnny Hodges *sax*, Barney Bigard *clarinet*
Titres Creole Love Call ❑ Got Everything but You ❑ Black and Tan Fantasy ❑ East Saint Louis Toodle-Oo ❑ Black Beauty ❑ Jubilee Stomp ❑ The Mooche ❑ Flaming Youth ❑ Saturday Night Function ❑ High Life
Appréciation Bien qu'Ellington s'illustrât surtout dans les pièces longues, il prouve ici qu'il pouvait aussi briller dans des formes miniatures, comme tous les compositeurs du XXᵉ siècle. Ces œuvres de ses débuts, inspirées par la période Cotton Club, montrent que l'élan rythmique du premier grand orchestre d'Ellington dérivait autant du conducteur narratif de ses structures que de la section rythmique. Le disque comporte également *Black and Tan Fantasy*, qui commence comme un blues et se termine par la *Marche funèbre* de Chopin. Sans être une œuvre de la maturité, il s'agit d'une tentative réussie de faire évoluer l'orchestre de jazz dans des directions encore inexplorées.

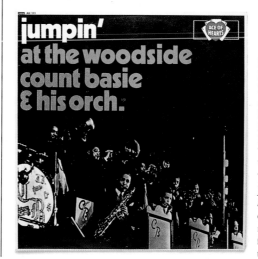

Count Basie and his Orchestra
JUMPIN' AT THE WOODSIDE

Date d'enregistrement 1937-1939
Label Ace of Hearts
Musiciens Count Basie *piano*, Harry Edison, Shad Collins *trumpet*, Eddie Durham, George Hunt, Dan Minor, Benny Morton, Dickie Wells *trombone*, Earl Warren, Herschel Evans, Lester Young, Jack Washington *sax*, Freddie Green, Eddie Durham *guitar*, Walter Page *bass*, Jo Jones *drums*
Titres Jumpin' at the Woodside ❑ Every Tub ❑ Out the Window ❑ Shorty George ❑ Time Out ❑ Doggin' Around ❑ Texas Shuffle ❑ Blue and Sentimental ❑ Cherokee ❑ Topsy ❑ John's Idea
Appréciation Pour le swing et l'énergie, l'orchestre d'avant-guerre de Basie ne craignait personne. La section rythmique était parfaite ; les solistes Young, Evans et Edison faisaient le reste ; classiques solos de Young dans le morceau titre et *Every Tub*.

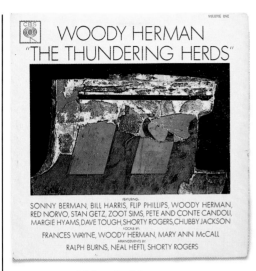

Woody Herman
THE THUNDERING HERDS

Date d'enregistrement février-novembre 1945
Label CBS
Musiciens Woody Herman *clarinet, alto sax, vocal,* Sonny Berman, Pete Candoli, Chuck Frankhauser, Carl Warwick, Ray Wetzel, Irv Lewis, Conte Candoli, Shorty Rogers, Ray Linn *trumpet,* Neal Hefti *trumpet, arranger,* Bill Harris, Ed Kiefer, Ralph Pfeffner *trombone,* Sam Marowitz, John LaPorta *alto sax,* Flip Phillips, Pete Mondello, Mickey Folks *tenor sax,* Skippy DeSair *baritone sax,* Ralph Burns *piano, arranger,* Tony Aless *piano,* Red Norvo, Margie Hyams *vibes,* Billy Bauer *guitar,* Chubby Jackson *bass,* Dave Tough, Don Lamond *drums,* Frances Wayne *vocal*
Titres Apple Honey ❑ Laura ❑ Caldonia ❑ Happiness Is a Thing Called Joe ❑ Goosey Gander ❑ I Wonder ❑ A Kiss Goodnight ❑ Northwest Passage ❑ The Good Earth ❑ I've Got the World on a String ❑ Bijou ❑ Gee, It's Good to Hold You ❑ Put that Ring on My Finger ❑ Blowin' Up a Storm ❑ Your Father's Moustache ❑ Wild Root
Appréciation L'orchestre d'Herman fut l'un des plus populaires des années 40. Après des débuts proches du style Dixieland – « Woodchoppers » se vendit à un million d'exemplaires –, il évolua vite grâce aux arrangements imaginatifs de Ralph Burns, au grand batteur Dave Tough et aux solistes Bill Harris et Flip Phillips. L'unison de trompettes dans *Caldonia* et le solo de Bill Harris dans *Bijou* sont des classiques du swing tardif.

Chick Webb
MIDNITE IN HARLEM

Date d'enregistrement 1934-1939
Label Ace of Hearts
Musiciens Chick Webb *drums,* Mario Bauza, Bobby Stark, Taft Jordan, Dick Vance *trumpet,* Nat Story, Sandy Williams, George Matthews, Claude Jones *trombone,* Garvin Bushell, Hilton Jefferson, Teddy McRae, Wayman Carver, Pete Clark, Edgar Sampson, Chauncey Haughton, Louis Jordan *sax,* Tommy Fulford, Joe Steele *piano,* Bobby Johnson *guitar,* John Trueheart *guitar, banjo,* Beverly Peer, John Kirby, Bill Thomas *bass*
Titres Liza ❑ Blue Lou ❑ Azure ❑ Clap Hands ! Here Comes Charlie ❑ Go Harlem ❑ What a Shuffle ❑ In the Groove at the Grove ❑ Strictly Jive ❑ Squeeze Me ❑ Don't Be That Way ❑ Blue Minor ❑ Midnite in Harlem
Appréciation Le grand orchestre du batteur Chick Webb fut l'un des plus populaires qui se soient jamais produits au fameux Savoy Ballroom de Harlem. En écoutant *Go Harlem* ou *Clap Hands !,* on comprend pourquoi. Bien que Gene Krupa fût le batteur le plus en vogue des années 30, la furieuse intensité de Webb était techniquement inégalée à l'époque. On a l'impression que l'orchestre joue sa vie dans chaque attaque. Webb n'avait pas encore découvert Ella Fitzgerald.

Lester Young/Count Basie
LESTER YOUNG MEMORIAL ALBUM

Date d'enregistrement 1936-1940
Label Fontana
Musiciens Lester Young *tenor sax,* Count Basie *piano ;* **The Count Basie Orchestra** avec Ed Lewis, Harry Edison, Shad Collins, Buck Clayton, Al Killian, Carl Smith *trumpet,* Dickie Wells, Dan Minor, Benny Morton, Vic Dickenson *trombone,* Earl Warren, Jack Washington, Buddy Tate *sax,* Tab Smith *alto sax,* Freddie Green *guitar,* Walter Page *bass,* Jo Jones *drums*
Titres Pound Cake ❑ Rock-a-Bye Basie ❑ Riff Interlude ❑ Shoe Shine Boy ❑ Clap Hands, Here Comes Charlie ❑ Taxi War Dance ❑ Ham « n » Eggs ❑ Lester Leaps In ❑ Dickie's Dream ❑ Blow Top ❑ Broadway ❑ Boogie Woogie
Appréciation De tous les solistes vedettes du swing, Young semble avoir été le plus inventif. Il prouva qu'il n'était pas nécessaire de jouer fort pour swinguer et développa des techniques de faux doigté aujourd'hui monnaie courante dans le jeu de saxophone. Son utilisation de l'espace était constamment surprenante. Les solos classiques de Young sont ici *Taxi War Dance* et *Lester Leaps In.*

Django Reinhardt
DJANGO AND HIS AMERICAN FRIENDS

Date d'enregistrement 1937-1939
Label EMI
Musiciens Django Reinhardt *guitar,* Eddie South *violin,* Wilson Myers *bass ;* **Bill Coleman and his Orchestra :** Bill Coleman *trumpet,* Frank « Big Boy » Goodie *clarinet, tenor sax,* Christian Wagner *clarinet, alto sax,* Emil Stern *piano,* Lucien Simoens, Paul Cordonnier *bass,* Jerry Mengo *drums ;* **Benny Carter and his Orchestra :** Benny Carter *trumpet, alto sax,* Fletcher Allen *alto sax,* Alix Combelle *tenor sax,* Bertie King *tenor sax, clarinet,* York de Souza *piano,* Len Harrison *bass,* Robert Montmarché *drums ;* **Rex Stewart and his Feetwarmers :** Rex Stewart *cornet,* Barney Bigard *clarinet, drums,* Billy Taylor *bass*
Titres Eddie's Blues ❑ Sweet Georgia Brown ❑ I Ain't Got Nobody ❑ Baby Won't You Please Come Home ❑ Bib Boy Blues ❑ Bill Coleman Blues ❑ Somebody Loves Me ❑ I Can't Believe That You're in Love with Me ❑ I'm Coming, Virginia ❑ Farewell Blues ❑ Blue Light Blues ❑ Montmartre ❑ Low Cotton ❑ Finesse ❑ I Know That You Know ❑ Solid Old Man
Appréciation Dans les années d'avant-guerre, le guitariste gitan belge Django Reinhardt était considéré comme le plus significatif de tous les jazzmen européens. Il jouait à une vitesse explosive, mais avec une tendre élégance dans les ballades. La réputation de Django parvint aux États-Unis par le biais d'une série d'enregistrements avec des musiciens américains en tournée avant la guerre et, si les orchestres ne sont pas toujours à la hauteur dans cet album, les solos sont fantastiques.

Lionel Hampton
ALL AMERICAN AWARD CONCERT

Date d'enregistrement 15 avril 1945
Label Brunswick
Musiciens Lionel Hampton *vibes, piano, drums*, Dizzy Gillespie, Al Killian, Joe Morris, Wendell Culley, Lammar Wright Jr., Dave Page *trumpet*, John Morris, Andrew Penn, Abdul Hamid, Al Hayse *trombone*, Herbie Fields, Gus Evans *alto sax*, Arnett Cobb, Jay Peters *tenor sax*, Charlie Fowlkes *baritone sax*, Milt Buckner *piano*, William Mackel *guitar*, Charlie Harris, Teddy Sinclair *bass*, Fred Radcliffe *drums*, Dinah Washington *vocal*
Titres Hamp's Blues ❑ I Know That You Know ❑ Loose Wig ❑ Hamp's Boogie Woggie ❑ Oh, Lady Be Good ❑ Evil Gal Blues ❑ Red Cross ❑ Flying Home
Appréciation Les orchestres d'Hampton semblaient commencer « à plat », puis s'accélérer, comme le montre cette prestation en public de 1945.

Benny Goodman
CARNEGIE HALL JAZZ CONCERT

Date d'enregistrement 16 janvier 1938
Label Philips
Musiciens Benny Goodman *clarinet*, Harry James, Ziggy Elman, Gordon Griffin, Cootie Williams, Buck Clayton *trumpet*, Vernon Brown, Red Ballard *trombone*, Bobby Hackett *cornet*, Hymie Schertzer *alto sax*, Johnny Hodges *alto & soprano sax*, George Koenig, Babe Russin, Arthur Rollini, Lester Young *tenor sax*, Harry Carney *baritone sax*, Count Basie, Teddy Wilson, Jess Stacy *piano*, Allan Reuss, Freddie Green *guitar*, Walter Page *bass*, Gene Krupa *drums*, Lionel Hampton *vibes*, Harry Goodman, Martha Tilton *vocal*
Titres Don't Be That Way ❑ One o'Clock Jump ❑ Dixieland One Step ❑ I'm Coming Virginia ❑ When My Baby Smiles at Me ❑ Shine ❑ Blue Reverie ❑ Life Goes to a Party ❑ Stompin' at the Savoy ❑ Dizzy Spells ❑ Sing Sing Sing ❑ Big John's Special
Appréciation Le couronnement de Goodman est un jalon de l'histoire du jazz. Après avoir donné naissance à un culte, le leader fit reconnaître le jazz par l'établissement et lui ouvrit les portes de Carnegie Hall. C'est aussi l'une des meilleures prestations de Goodman, plus chaleureuse et plus profonde qu'auparavant, exaltante dans *Sing, Sing, Sing*. Participation de quelques stars invitées, notamment Count Basie.

Goodman, énergique artisan du swing, fut un excellent improvisateur. Ses solos multiplient les changements de ton, les trémolos, les retardements et les « notes bleues ».

Jay McShann
KANSAS CITY MEMORIES

Date d'enregistrement 1941-1943
Label Brunswick
Musiciens Jay McShann Orchestra avec Jay McShann *piano*, Bernard Anderson, Orville Minor, Harold Bruce, « Geepy » *trumpet*, Lawrence Anderson *trombone*, Charlie Parker, John Jackson *alto sax*, Bob Mabane, Paul Quinichette, « Stoogy » Gelz *tenor sax*, Gene Ramey *bass*, Gus Johnson, Harold West *drums*, Walter Brown, Al Hibbler *vocal*
Titres The Jumpin' Blues ❑ Hootie Blues ❑ Dexter Blues ❑ Confessin' the Blues ❑ Sepian Bounce ❑ Swingmatism ❑ Say Forward, I'll March ❑ Get Me on Your Mind
Appréciation Un joli orchestre « basien » de Kansas City, quoique le chanteur de blues Walter Brown ne soit pas ici d'un excellent niveau. L'altiste est le jeune Charlie Parker, alors dans la mouvance de Lester Young.

Le bebop

Les mouvements réellement novateurs sont rarement commerciaux à leurs débuts. Le bebop, qui s'empara du swing pour y ajouter le turbo, fut d'abord une sous-culture, rejetée par nombre d'aînés du jazz et maints auditeurs. Ses idées auraient pu être transmises par la voie du disque bien plus tôt s'il n'y avait eu le fameux boycott de l'American Federation of Musician de 1942 à 1944. En fait, le nouveau style avait déjà quatre années d'existence lorsque le grand public en prit connaissance. Mais il ne perdit rien pour avoir attendu. Les Charlie Parker, Dizzy Gillespie, Thelonious Monk et autre Kenny Clarke firent aussitôt sensation. De petits labels indépendants, comme le Blue Note de New York, s'empressèrent d'enregistrer ces virtuoses apparus comme des comètes dans le ciel de la musique, tandis que certains esprits continuaient à affirmer que le bebop marquait la fin du jazz.

J. J. Johnson
THE EMINENT JAY JAY JOHNSON

Date d'enregistrement 1952-1954
Label Blue Note (Vogue en Grande-Bretagne)
Musiciens J. J. Johnson *trombone*, Wynton Kelly *piano*, Charlie Mingus *bass*, Kenny Clarke *drums*, « Sabu » *congas*
Titres Jay ❑ Time after Time ❑ Old Devil Moon ❑ Too Marvelous for Words ❑ It's You or No One ❑ Coffe Pot
Appréciation J. J. Johnson fut *le* tromboniste bop, un musicien d'une grande inventivité mélodique, très clair dans tous les tempos. Ici, quelques beaux échanges avec l'excellent pianiste Wynton Kelly.

Al Haig
JAZZ WILL-O-THE WISP

Date d'enregistrement 13 mars 1954
Label Esoteric
Musiciens Al Haig *piano*, Bill Crow *bass*, Lee Abrams *drums*
Titres Autumn in New York ❑ Isn't it Romantic ❑ They Can't Take That Away from Me ❑ Royal Garden Blues ❑ Don't Blame Me ❑ Moonlight in Vermont ❑ If I Should Lose You ❑ April in Paris ❑ All God's Chillun Got Rhythm ❑ Body and Soul ❑ Gone with the Wind ❑ My Old Flame ❑ One the Alamo
Appréciation Stan Getz et Charlie Parker déclarèrent tous deux qu'Al Haig était leur pianiste préféré. Cette jolie session de standards en partie non accompagnés en donne l'explication. Le perfectionnisme et l'originalité harmonique de Haig créent un véritable chapelet de joyaux. On comprend mal les raisons de sa relégation des années 50 à 70.

Sonny Stitt
STITT'S BITS

Date d'enregistrement 1950
Label Prestige (Esquire en Grande-Bretagne)
Musiciens Sonny Stitt *tenor sax*, Bill Massey *trumpet*, Matthew Gee *trombone*, Gene Ammons *baritone sax*, Kenny Drew, Duke Jordan, Junior Mance *piano*, Tommy Potter, Gene Wright *bass*, Art Blakey, Wesley Landers *drums*
Titres Nevertheless ❑ Count Every Star ❑ Nice Work I You Can Get It ❑ There Will Never Be Another You ❑ Blazin' ❑ Mean to Me ❑ Avalon ❑ After You've Gone ❑ Stairway to the Stars ❑ 'Swonderful ❑ Jeepers Creepers ❑ Our Very Own
Appréciation Stitt, injustement resté dans l'ombre de Parker, était un improvisateur au swing infatigable et musclé, qui s'exprimait mieux au ténor qu'à l'alto. Un superbe Art Blakey à la batterie.

Charlie Parker
THE COMPLETE DEAN BENEDETTI RECORDINGS

Date d'enregistrement 1947-1948
Label Mosaic
Musiciens Notamment Charlie Parker *alto sax*, Miles Davis, Howard McGhee *trumpet*, Thelonious Monk, Duke Jordan *piano*, Max Roach *drums*
Titres Plus de 250 prises en direct sur 10 LP/7 CD
Appréciation Archive plus que compilation, ce portrait très complet de Bird (l'Oiseau) en vol est constitué d'enregistrements en public réalisés par le musicien amateur et fan Benedetti sur un appareil primitif (acétate). Ils ont une valeur inestimable pour quiconque s'intéresse sérieusement à Parker et révèlent que le saxophoniste pouvait changer son interprétation d'un même thème d'une nuit à l'autre. Étonnante rencontre avec Thelonious Monk. Évidemment, la qualité sonore est assez mauvaise.

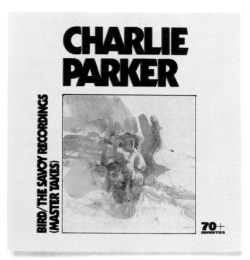

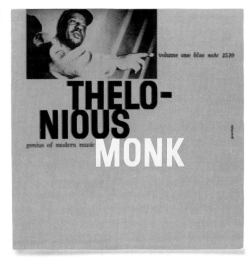

Charlie Parker
BIRD/THE SAVOY RECORDINGS (MASTER TAKES)

Date d'enregistrement 1944-1948
Label Savoy
Musiciens Charlie Parker *alto* et *tenor sax*, Miles Davis, Dizzy Gillespie *trumpet, piano*, Clyde Hart, Sadik Hakim, Bud Powell, John Lewis, Duke Jordan *piano*, Tiny Grimes *guitar, vocal*, Curly Russell, Tommy Potter, Nelson Boyd *bass*, Jimmy Butts *bass, vocal*, Max Roach, Harold « Doc » West *drums*
Titres Tiny's Tempo ❑ Red Cross ❑ Warming Up a Riff ❑ Billie's Bounce ❑ Now's the Time ❑ Thriving on a Riff ❑ Ko-Ko ❑ Donna Lee ❑ Chasin' the Bird ❑ Cheryl ❑ Milestones ❑ Little Willie Leaps ❑ Half Nelson ❑ Another Hair-Do ❑ Bluebird ❑ Klaunstance ❑ Bird Gets the Worm ❑ Barbados ❑ Ah-Leu-Cha ❑ Constellation ❑ Parker's Mood ❑ Perhaps ❑ Marmaduke ❑ Steeple Chase ❑ Merry-Go-Round
Appréciation Les labels Savoy et Dial disposent des meilleurs enregistrements de Parker pour les années 40. Son exécution claire, sa sonorité impériale et la variété de ses lignes font dè *Billie's Bounce* et *Now's the Time* de grands classiques du bop. Un Miles Davis inégal mais distingué, les excellents Bud Powell, Duke Jordan et Max Roach complètent le tableau.

Bud Powell
THE AMAZING BUD POWELL

Date d'enregistrement 1949-1953
Label Blue Note
Musiciens Bud Powell *piano*, Fats Navarro *trumpet*, Sonny Rollins *tenor sax*, Tommy Potter, Curly Russel, George Duvivier *bass*, Max Roach, Roy Haynes, Arthur Taylor *drums*
Titres Un Poco Loco (3 prises) ❑ Dance of the Infidels ❑ 52nd Street Theme ❑ It Could Happen to You ❑ A Night in Tunisia (2 prises) ❑ Wail ❑ Ornithology ❑ Bouncing with Bud ❑ Parisian Thoroughfare ❑ Reets and I ❑ Autumn in New York ❑ I Want to Be Happy ❑ It Could Happen to You ❑ Sure Thing ❑ Polka Dots and Moonbeams ❑ Glass Enclosure ❑ Collard Greens and Black-Eye Peas ❑ Over the Rainbow ❑ Audrey ❑ You Go to My Head ❑ Ornithology
Appréciation Ici, le pianiste quintessentiel du bop est en bonne compagnie, avec un Fats Navarro plein de jeunesse et Sonny Rollins. Malgré sa technique étourdissante, la musique de Powell était toujours à la limite de la vulnérabilité, et les autres musiciens, en particulier Fats Navarro, le suivent sur la corde raide. Ce disque restitue certaines des plus formidables œuvres de Powell, notamment *Un Poco Loco* – qui révèle sa puissance d'improvisation sur trois prises séparées –, *Ornithology*, l'hymne du bop, et un évocateur *Parisian Thoroughfare*.

Thelonious Monk
GENIUS OF MODERN MUSIC

Date d'enregistrement octobre-novembre 1947
Label Blue Note
Musiciens Thelonious Monk *piano*, George Taitt, Idresse Suliman, Kenny Dorham *trumpet*, Sahib Shihab, Danny Quebec West, Lou Donaldson *alto sax*, Billy Smith, Lucky Thompson *tenor sax*, Robert Paige, Gene Ramey, John Simmons, Nelson Boyd, Al McKibbon *bass*, Art Blakey, Shadow Wilson, Max Roach *drums*, Milt Jackson *vibes*
Titres Round About Midnight ❑ Off Minor ❑ Ruby My Dear ❑ I Mean You ❑ April in Paris ❑ In Walked Bud ❑ Thelonious ❑ Epistrophy ❑ Misterioso ❑ Well You Needn't ❑ Introspection ❑ Humph ❑ Carolina Moon ❑ Hornin' In ❑ Skippy ❑ Let's Cool One ❑ Suburban Eyes ❑ Evonce ❑ Straight No Chaser ❑ Four in One ❑ Nice Work ❑ Monk's Mood ❑ Who Knows ❑ Ask Me Now
Appréciation Le génie ténébreux de Monk n'a jamais été aussi bien capté que dans les enregistrements Blue Note des années 40 et 50. Voici ses premiers enregistrements en tant que leader. Nombre de ses compositions les plus durables avaient déjà été écrites et il s'était fait remarquer aux côtés d'autres musiciens célèbres. Aussi dissonante et gauche que puisse paraître la musique de Monk, elle est toujours d'une logique implacable, même si la grande variété de ses thèmes semble aussi décousue que son écriture et son improvisation.

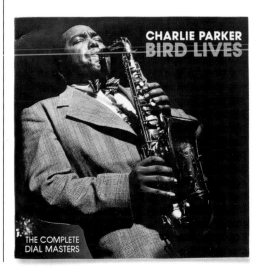

Charlie Parker
BIRD LIVES – THE COMPLETE DIAL MASTERS

Date d'enregistrement 1946-1947
Label Spotlite
Musiciens Notamment Charlie Parker *alto sax*, Dizzy Gillespie, Howard McGhee, Miles Davis *trumpet*, J. J. Johnson *trombone*, Wardell Gray *tenor sax*, George Handy, Duke Jordan *piano*, Milt Jackson *vibes*, Tommy Potter *bass*, Max Roach *drums*, Earl Coleman *vocal*
Titres Diggin' Diz ❑ Moose the Mooche ❑ Yardbird Suite ❑ Ornithology ❑ A Night in Tunisia ❑ Max Is Making Wax ❑ Loverman ❑ The Gypsy ❑ Bebop ❑ This Is Always ❑ Dark Shadows ❑ Bird's Nest ❑ Hot Blues ❑ Cool Blues ❑ Relaxing at Camarillo ❑ Cheers ❑ Carvin' the Bird ❑ Stupendous ❑ Dexterity ❑ Bongo Bop ❑ Dewey Square ❑ The Hymn ❑ Bird o Paradise ❑ Embraceable You ❑ Bird Feathers ❑ Klactoveed-sedstene ❑ Scrapple from the Apple ❑ My Old Flame ❑ Out of Nowhere ❑ Don't Blame Me ❑ Drifting on a Reed ❑ Quasimodo ❑ Charlie's Wig ❑ Bongo Beep ❑ Crazeology ❑ How Deep Is the Ocean
Appréciation Charlie Parker signa avec la compagnie de disques Dial de Los Angeles en 1946 et grava pour elle quelques-uns de ses plus beaux enregistrements. Sa vivacité d'esprit et d'exécution, son art de jongler avec les accents dans *Ornithology* sont remarquables, pour ne pas dire exceptionnels puisqu'on retrouve les mêmes qualités dans *Yardbird Suite, A Night in Tunisia* et d'autres titres. Ces pièces comptent parmi les très grands classiques du jazz, à l'égal de celles des *Hot Five and Hot Seven Bands* de Louis Armstrong.

Fats Navarro
THE FABULOUS FATS NAVARRO

Date d'enregistrement 1947-1949
Label Blue Note
Musiciens Fats Navarro, Howard McGhee *trumpet*,
Ernie Henry *alto sax*, Sonny Rollins, Charlie Rouse,
Wardell Gray, Allen Eager *tenor sax*, Bud Powell,
Tadd Dameron *piano*, Milt Jackson *piano, vibes*,
Nelson Boyd, Tommy Porter, Curly Russel *bass*,
Shadow Wilson, Roy Haynes, Kenny Clarke *drums*,
Chano Pozo *bongos*
Titres Our Delight (2 prises) ❑ The Squirrel
(2 prises) ❑ The Chase (2 prises) ❑ Wail ❑ Bouncing
with Bud ❑ Double Talk ❑ Dameronia (2 prises) ❑
Lady Bird (2 prises) ❑ Jahbero (2 prises) ❑
Symphonette (2 prises) ❑ Double Talk ❑ Bouncing
with Bud ❑ Dance of the Infidels ❑ The Skunk ❑
Boperation
Appréciation Les solos de Fats Navarro (mort
jeune), l'un des plus intelligents et des plus originaux
trompettistes de bebop, sonnaient comme des
compositions écrites. Son phrasé adroit et sa
merveilleuse sonorité illuminent *The Chase*
et *Lady Bird*.

Dizzy Gillespie and his Orchestra
OL' MAN REBOP

Gillespie était un maître-trompettiste
et un homme de spectacle.
L'orchestre de Cab Calloway lui enseigna
la théâtralité, mais sa technique
instrumentale était étonnante.

Date d'enregistrement 1946-1949
Label HMV
Musiciens Dizzy Gillespie *trumpet*, Dave Burns, Elmon
Wright, Matthew McKay, Ray Orr, Lammar Wright Jr.,
Ernest Bailey, Willie Cook, Bennie Harris *trumpet*,
Taswell Baird, William Shepherd, Ted Kelly, André
Duryea, Sam Hurt, Jesse Tarrant *trombone*, Howard
Johnson, John Brown, Ernest Henry *alto sax*, James
Moody, Joe Gayles, Don Byas, George Nicholas,
William Evans *tenor sax*, Cecil Payne, Alfred Gibson
baritone sax, John Lewis, Al Haig, James Forman Jr.
piano, Milt Jackson *vibes*, John Collins, Bill De Arango
guitar, Al McKibbon, Ray Brown *bass*, Joe Harris,
J. C. Heard, Kenny Clarke, Teddy Stewart *drums*,
Lucien Rose, Chano Pozo *bongos*, Vincent Guerra *congas*
Titres Ow ! ❑ Stay On It ❑ Manteca ❑ Oop-Pop-a-Da ❑
Anthropology ❑ Algo Bueno ❑ Katy ❑ Two Bass Hit ❑
Swedish Suite ❑ Ol' Man Rebop
Appréciation Bien que l'agilité harmonique du bebop
en fit surtout une musique de petite formation, Dizzy
Gillespie en adapta les méthodes au format big-band
et y ajouta un frisson supplémentaire avec les rythmes
afrocubains. Ces prises de la fin des années 40
comprennent l'enfiévré « *Manteca* » et montrent
comment un ensemble techniquement remarquable peut
négocier les zigzags de la mélodie bop.

James Moody and his Band
MOODY'S WORKSHOP

Date d'enregistrement 1954-1955
Label Prestige (XTRA en Grande-Bretagne)
Musiciens James Moody *tenor* et *alto sax*, Dave Burns *trumpet*, William Shepherd *trombone*, Pee Wee Moore *baritone sax*, John Lathan *bass*, Eddie Jefferson *vocal*
Titres Keepin' Up with Jonesy ❑ Workshop ❑ I'm Gone ❑ A Hundred Years from Today ❑ Jack Raggs ❑ Mambo with Moody ❑ Over the Rainbow ❑ Blues in the Closet ❑ Moody's Mood for Blues ❑ Nobody Knows ❑ It Might as Well Be Spring
Appréciation Bon collaborateur de Gillespie, Moody avait une approche du jeu sur les accords plus conversationnelle que maints boppers. Le chanteur Eddie Jefferson inspira les populaires numéros de *vocalese* (paroles sur des solos de cuivres) de King Pleasure.

Miles Davis
MILES DAVIS VOL. 2

Date d'enregistrement 20 avril 1953
Label Blue Note
Musiciens Miles Davis *trumpet*, J. J. Johnson *trombrone*, Jimmy Heath *tenor sax*, Gil Coggins piano, Percy Heath *bass*, Art Blakey *drums*
Titres Kelo (2 prises) ❑ Enigma (2 prises) ❑ Ray's Idea (2 prises) ❑ Tempus Fugit (2 prises) ❑ C.T.A. (2 prises) ❑ I Waited for You
Appréciation En 1950, Miles Davis évoluait dans un univers bop musiciens, intimiste. Ces belles improvisations sont souvent considérées comme ses meilleures.

Charlie Christian/Dizzy Gillespie
THE HARLEM JAZZ SCENE

Date d'enregistrement mai 1941
Label Esoteric
Musiciens Notamment Charlie Christian *guitar*, Dizzy Gillespie, Joe Guy *trumpet*, Don Byas *tenor sax*, Kenny Kersey, Thelonious Monk *piano*, Kenny Clarke *drums*, Nick Fenton *bass*
Titres Swing to Bop ❑ Stompin' at the Savoy ❑ Up on Teddy's Hill ❑ Guy's Got to Go ❑ Lips Flips ❑ Stardust – Kerouac
Appréciation Premiers frémissements du bop au Minton's Playhouse et au Monroe's Uptown House : une jam en direct pour le guitariste virtuose Charlie Christian, un Dizzy Gillespie dérivant du swing et un Clark révolutionnaire à la batterie.

The Quintet
JAZZ AT MASSEY HALL

Date d'enregistrement 1953
Label Debut
Musiciens « Charlie Chan » *alto sax*, Dizzy Gillespie *trumpet*, Bud Powell *piano*, Charles Mingus *bass*, Max Roach *drums*
Titres Perdido ❑ Salt Peanuts ❑ All the Things ❑ You Are ❑ Wee ❑ Hot House ❑ A Night in Tunisia
Appréciation Des problèmes contractuels obligèrent Charlie Parker à travailler sous un pseudonyme pour cette étonnante collaboration en direct des leaders du bop. Rare incursion ici dans l'idiome de Mingus.

Artistes divers
THE BE-BOP ERA

Date d'enregistrement 1946-1950
Label RCA Victor
Musiciens En vedette Coleman Hawkins *leader, tenor sax*, Illinois Jacquet *leader, tenor sax*, Lucky Thompson *leader, tenor sax*, Charlie Ventura *leader, tenor sax*, Dizzy Gillespie *leader, trumpet, vocal*, Count Basie *leader, piano*, Kenny Clarke *leader, drums*.
Miles Davis, Fats Navarro, Kenny Dorham, Joe Newman, Russell Jacquet, Neal Hefti, Conte Candoli, Harry Edison, David Burns, Elmon Wright, Matthew McKay, Ray Orr, Lammar Wright Jr., Ernest Bailey, Willie Cook, Bennie Harris *trumpet*, J. J. Johnson, Benny Green, Kai Winding, Dickie Wells, Taswell Baird, Ted Kelly, André Duryea, Sam Hurt, Jesse Tarrant *trombone*, Charlie Parker, Pete Brown, Georgie Auld, Howard Johnson, John Brown, Ernie Henry *alto sax*, Benny Carter, Gene Ammons, James Moody, Don Byas, Robert Lawson, Boots Mussulli *sax*, Allen Eager, Joe Gayles, George Nicholas, Yusef Lateef *tenor sax*, Leo Parker, Ernie Caceres, Cecil Payne, Alfred Gibson *baritone sax*, Sonny Stitt, Buddy De Franco *clarinet*, Ray Abramson, Eddy De Vertetill *reeds*, Lennie Tristano, John Lewis, Bud Powell, Jimmy Henry Jones, Sir Charles Thompson, Dodo Marmarosa, Dan McKenna, James Foreman Jr. *piano*, Al McKibbon, Al Lucas, Red Mitchel, Al Hall, Red Callender, Eddie Safranski, Ray Brown *bass*, Mary Osborne, John Collins, Barney Kessel, Freddie Green, Billy Bauer *guitar*, Milt Jackson *vibes*, Shelly Manne, Shadow Wilson, Jack Mills, Ed Shaughnessy, Gus Johnson, Joe Harris, Kenneth Spearman, Teddy Steward *drums*, Chano Pozo *bongos*, Vincent Guerra *congas*, Joe Carroll *vocal*
Titres Allen's Alley ❑ Mutton Leg ❑ Boppin' the Blues ❑ Epistrophy ❑ 52nd Street Theme ❑ Oop-Bop Sh-Bam ❑ Royal Roost ❑ Ha ❑ Overtime ❑ Victory Ball ❑ Rat Race ❑ Ow ! ❑ Oop-Pop-a-Da ❑ Stay On It ❑ Cool Breeze ❑ Jump Did-Le Ba
Appréciation Au début, le bop, considéré comme antimusical et commercialement suicidaire, fut rejeté par de nombreux musiciens, mais les attitudes changèrent au milieu des années 40. Sans être un fondamentaliste du bop comme Kenny Clarke et Dizzy Gillespie, Coleman Hawkins (toujours auditeur intelligent) participa aux premiers enregistrements de bop, auquel il reconnaissait une parenté avec son propre style d'improvisation. Charlie Ventura dirigea un ensemble populaire, Bop for the People, à la fin des années 40 et joua une forme de swing teinté de bop. A l'aube de la décennie suivante, la plupart des musiciens de swing avaient adopté certaines de ses idées.

Le jazz cool

La révolution bebop, avec sa fascination de l'instant présent et sa volonté obsessionnelle d'éviter les clichés, fut absorbée par les années 50. Elle ne mourut pas, mais se prolongea dans un reflet adouci, plus pâle – le jazz cool. Quelques musiciens, surtout des Blancs, avaient introduit des éléments de musique classique dans le jazz des années 40. Ces idées transmutées finirent par inspirer Miles Davis et trouvèrent une expression idéale dans son style feutré de trompette assourdie. Il en résulta *Birth of the Cool* en 1948. Si le cool était réservé, il n'était pas pour autant dénué d'émotion. Certains de ses adeptes, comme ceux de l'école de la Côte Ouest, avec les trompettistes Chet Baker et Shorty Rogers et le saxophoniste Gerry Mulligan, se caractérisaient même par une robustesse très bop. Les compagnies de disques s'ouvrirent à la Côte Ouest pour graver le nouveau mouvement dans leurs sillons – notamment Pacific Jazz de Richard Bock, qui enregistra le fameux groupe Mulligan/Baker.

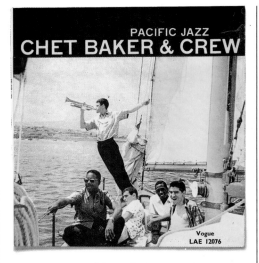

Chet Baker
CHET BAKER & CREW

Date d'enregistrement 1956
Label Pacific Jazz (Vogue en Grande-Bretagne)
Musiciens Chet Baker *trumpet*, Phil Urso *tenor sax*, Bobby Timmons *piano*, Jimmy Bond *bass*, Peter Littman *drums*, Bill Loughborough *chromatic tympani*
Titres To Mickey's Memory ◻ Slightly Above Moderate ◻ Halema ◻ Revelation ◻ Something for Liza ◻ Lucius Lu ◻ Worrying the Life out of Me ◻ Medium Rock
Appréciation Premier enregistrement de Baker après deux ans d'interruption à la suite d'une arrestation pour drogue. La tendresse meurtrie de son jeu est restée intacte. Ténor décontracté d'Urso.

Lee Konitz
VERY COOL

Date d'enregistrement 1955
Label Columbia
Musiciens Lee Konitz *alto sax*, Don Ferrara *trumpet*, Sal Mosca *piano*, Peter Ind *bass*, Shadow Wilson *drums*
Titres Sunflower ◻ Stairway to the Stars ◻ Movin' Around ◻ Kary's Trance ◻ Crazy She Calls Me ◻ Billie's Bounce
Appréciation Le meilleur de Lee Konitz se situe à la fin des années 50. Cet album est orienté vers l'improvisation de groupe et la sensibilité croissante du leader à la simplicité et l'expressivité du ton.

Jimmy Giuffre
THE JIMMY GIUFFRE 3

Date d'enregistrement 1956
Label Atlantic (London en Grande-Bretagne)
Musiciens Jimmy Giuffre *clarinet, tenor et baritone sax*, Jim Hall *guitar*, Ralph Pena *bass*
Titres Gotta Dance ◻ Two Kinds of Blues ◻ The Song Is You ◻ Crazy She Calls Me ◻ Voodoo ◻ My All ◻ That's the Way It Is ◻ Crawdad Suite ◻ The Train and the River
Appréciation Improvisation de groupe emphatique et réfléchie autour des gracieuses idées folk de Giuffre. Son thème *The Train and the River* devint l'hymne du jazz cool à la suite du film *Jazz on a Summer's Day*.

The Modern Jazz Quartet
ONE NEVER KNOWS

Date d'enregistrement 1957
Label Atlantic (London en Grande-Bretagne)
Musiciens John Lewis *piano*, Milt Jackson *vibes*, Percy Heath *bass*, Connie Kay *drums*
Titres The Golden Striker ◻ One Never Knows ◻ The Rose Truc ◻ Cortege ◻ Venice ◻ Three Windows
Appréciation Bien que le cool soit souvent identifié à un mouvement blanc, Miles Davis et John Lewis, du M.J.Q., en furent les adptes les plus novateurs. Le délicat « orchestre de chambre jazz » de Lewis, avec son brillant vibraphoniste Milt Jackson, devint très populaire. Voici l'un des plus beaux albums, montrant comment les demi-teintes peuvent aussi susciter des émotions très fortes.

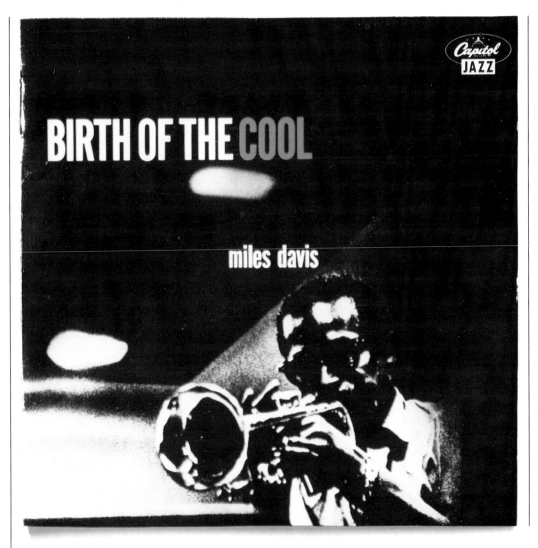

Shorty Rogers
THE SWINGING MR. ROGERS

Date d'enregistrement 1955
Label Atlantic (London en Grande-Bretagne)
Musiciens Shorty Rogers *trumpet*, Jimmy Giuffre *clarinet, tenor et baritone sax*, Pete Jolly *piano*, Curtis Counce *bass*, Shelly Manne *drums*
Titres Isn't It Romantic ❑ Trickleydidlier ❑ Oh Play That Thing ❑ Not Really the Blues ❑ Martians Go Home ❑ My Heart Stood Still ❑ Michele's Meditation ❑ That's What I'm Talkin' 'Bout
Appréciation Un vigoureux trompettiste qui fit toujours swinguer le cool. Rogers est ici accompagné par un quintette des années 50 et joue un répertoire dans lequel son sens de la composition et son sens de l'improvisation se confondent.

Miles Davis
BIRTH OF THE COOL

Date d'enregistrement 1948-1950
Label Capitol
Musiciens Miles Davis *leader, trumpet*, Gil Evans *arranger*, Kai Winding, J. J. Johnson *trombone*, Lee Konitz *alto sax*, Gerry Mulligan *baritone sax*, Junior Collins, Sandy Siegelstein, Gunther Schuller *French born*, John Barber *tuba*, Al Haig, John Lewis *piano*, Joe Shulman, Nelson Boyd, Al McKibbon *bass*, Max Roach, Kenny Clarke *drums*, Kenny Hagood *vocal*
Titres Move ❑ Jeru ❑ Moon Dreams ❑ Venus de Milo ❑ Budo ❑ Deception ❑ Godchild ❑ Boplicity ❑ Rocker ❑ Israel ❑ Rouge ❑ Darn That Dream
Appréciation Davis ne dirigea l'orchestre Birth of the Cool que pour deux semaines de concerts en public, mais ces enregistrements tardifs captent un son fluide et contemplatif très différent de la frénésie du bop. L'alto fragile de Lee Konitz et le baryton velouté de Gerry Mulligan y sont pour beaucoup, de même que l'instrumentation inhabituelle de Gil Evans.

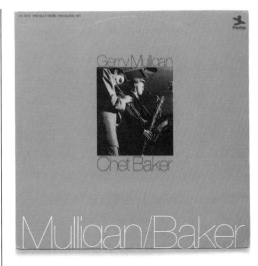

Gerry Mulligan/Chet Baker
MULLIGAN/BAKER

Date d'enregistrement 1951, 1952, 1965
Label Prestige
Musiciens Gerry Mulligan *baritone sax*, Chet Baker *trumpet, flugelhorn*, Jerry Hurwitz, Nick Travis *trumpet*, Ollie Wilson *trombone*, Allen Eager, George Coleman *tenor sax*, Max McElroy *baritone sax*, George Wallington, Kirk Lightsey *piano*, Phil Leshin, Carson Smith, Herman Wright *bass*, Chico Hamilton, Walter Bolden, Roy Brooks *drums*, Gail Madden *maracas*
Titres Carioca ❑ Line for Lyons ❑ Moonlight in Vermont ❑ Bark for Barksdale ❑ Turnstile ❑ Lady Is a Tramp ❑ My Funny Valentine ❑ Funhouse ❑ Ide's Side ❑ Roundhouse ❑ Kaper ❑ Bweebida Bobbida ❑ Mullenium ❑ Limelight ❑ Mulligan's Too ❑ So Easy ❑ Go-Go ❑ Bevan Beeps ❑ Rearin' Back
Appréciation Les groupes Mulligan/Baker sans piano étaient pour beaucoup l'incarnation du cool West Coast. Le lyrisme dégagé de Baker tissait sa toile autour du profond « son de gorge » du baryton de Mulligan. Cette compilation couvre une longue période de la carrière perturbée du trompettiste.

Gerry Mulligan/Paul Desmond
BLUES IN TIME

Date d'enregistrement 1ᵉʳ, 27 août 1957
Label Verve
Musiciens Gerry Mulligan *baritone sax*, Paul Desmond *alto sax*, David Bailey *drums*, Joe Benjamin *bass*
Titres Blues in Time ❑ Body and Soul ❑ Stand Still ❑ Line for Lyons ❑ Wintersong ❑ Battle Hymn of the Republican ❑ Fall Out
Appréciation Première rencontre de Mulligan et Paul Desmond, à 2 heures du matin, après un enregistrement de Mulligan avec Stan Getz et Oscar Peterson. Une session très spontanée, qui offre un contraste idéal entre le lissé de l'alto et la raucité du baryton.

Chet Baker/Art Pepper
PLAYBOYS

Date d'enregistrement 31 octobre 1956
Label Pacific Jazz
Musiciens Chet Baker *trumpet*, Art Pepper *alto sax*, Phil Urso *tenor sax*, Carl Perkins *piano*, Curtis Counce *bass*, Lawrence Marable *drums*
Titres For Minors Only ❑ Minor-Yours ❑ Resonant Emotions ❑ Tynan Tyme ❑ Picture of Heath ❑ For Miles and Miles ❑ C.T.A.
Appréciation Un beau groupe enregistré à Los Angeles avec deux des principaux solistes de la Côte Ouest : un Pepper tour à tour gracieux et sec, un Baker romantique dans des airs écrits et arrangés par le saxophoniste Jimmy Heath.

The Jimmy Giuffre 3
THESIS

Date d'enregistrement 7-8 août 1961
Label Verve
Musiciens Jimmy Giuffre *clarinet*, Paul Bley *piano*, Steve Swallow *bass*
Titres Ictus ❑ That's True That's True ❑ Sonic ❑ Whirrrr ❑ Carla ❑ Goodbye ❑ Musician ❑ Flight ❑ The Gamut
Appréciation Un grand trio de jazz très sous-estimé. Cette rencontre entre la clarinette murmurée de Giuffre, les accords ambigus de Bley et la basse audacieuse de Swallow est un chef-d'œuvre d'improvisation collective, qui n'a absolument pas vieilli.

Don Ellis
HOW TIME PASSES

Date d'enregistrement 4-5 octobre 1960
Label Candid
Musiciens Don Ellis *trumpet*, Jaki Byard *alto sax, piano*, Ron Carter *bass*, Charlie Persip *drums*
Titres How Time Passes ❑ Sallie ❑ A Simplex One ❑ Waste ❑ Improvisational Suite
Appréciation Une partie de l'école cool fut inspirée par la musique académique non improvisée comme celle de Schoenberg et Stockhausen, un jazz plus formel qu'abstrait baptisé Third Stream. Dans ce disque, les musiciens, surtout l'aventureux Ellis, recourent astucieusement à des structures rarement utilisées en jazz, comme la série de douze sons de Schoenberg.

Warne Marsh
NE PLUS ULTRA

Date d'enregistrement Septembre-octobre 1969
Label Revelation
Musiciens Warne Marsh *tenor sax*, Gary Foster *alto sax*, Dave Parlato *bass*, John Tirabasso *drums*
Titres You Stepped Out of a Dream ❑ Lennie's Pennies ❑ 317 E. 32nd ❑ Subconscious-Lee ❑ Touch and Go
Appréciation Comme les figures pianistiques de Lennie Tristano, les solos de Warne Marsh déroulent de longues lignes où jaillissent des tourbillonnements mélodiques spontanés d'une originalité soutenue qui le situent dans la classe des meilleurs. Ses sonorités dures et son ascèse cool rendent sa musique difficilement accessible, mais elle en vaut la peine.

Jimmy Giuffre
FREE FALL

Date d'enregistrement 1964
Label Columbia
Musiciens Jimmy Giuffre *clarinet*, Paul Bley *piano*, Steve Swallow *bass*
Titres Propulsion ❑ Threewe ❑ Ornothoids ❑ Dichotomy ❑ Man Alone ❑ Spasmodic ❑ Yggdrasill ❑ Divided Man ❑ Primordial Call ❑ The Five Ways
Appréciation Giuffre appelait les harmonies bop des prisons verticales. Ce troisième album de son trio avec Paul Bley et Steve Swallow est le plus libre et, apparemment, le moins engageant. Mais c'est aussi la plus puissante interaction collective entre ces trois instrumentistes imaginatifs.

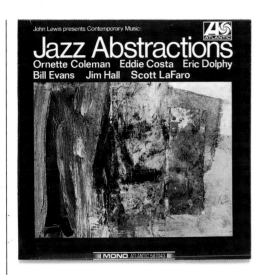

Artistes divers
JAZZ ABSTRACTIONS

Date d'enregistrement 1960
Label Atlantic
Musiciens Ornette Coleman *alto sax*, Eric Dolphy *flute, bass clarinet, alto sax*, Robert DiDomenica *flute*, Bill Evans *piano*, Eddie Costa *vibes*, Jim Hall *guitar*, Charles Libove, Roland Vamos *violin*, Harry Zaratzian, Alfred Brown *viola*, Joseph Tekula *cello*, Scott LaFaro, Alvin Brehm, George Duvivier *bass*, Sticks Evans *drums*
Titres Abstraction ❑ Piece for Guitar and Strings ❑ Variants on a Theme of John Lewis (Django) ❑ Variants on a Theme of Thelonious Monk (Criss-Cross)
Appréciation Un jazz Third Stream fortement influencé par le classique, composé par Gunther Schuller et Jim Hall. Sobre, mais souvent fascinant, particulièrement pour les remarquables variations d'Ornette Coleman sur *Abstraction* de Gunther Schuller et un thème de Monk.

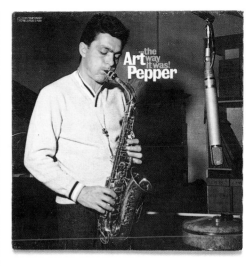

Art Pepper
THE WAY IT WAS !

Date d'enregistrement 1956-1960
Label Contemporary
Musiciens Art Pepper *alto sax*, Warne Marsh *tenor sax*, Ronnie Ball, Red Garland, Dolo Coker, Wynton Kelly *piano*, Ben Tucker, Paul Chambers, Jimmy Bond *bass*, Gary Frommer, Philly Joe Jones, Frank Butler, Jimmie Cobb *drums*
Titres I Can't Believe That You're in Love with Me ❑ All the Things You Are ❑ What's New ❑ Tickle Toe ❑ The Man I Love ❑ Autumn Leaves ❑ The Way You Look Tonight
Appréciation L'altiste de la Côte Ouest Pepper mêle la rapidité du bop à une sonorité blessée et à un phrasé fragmenté. Il est associé ici à l'un des grands représentants de l'école cool les plus sous-estimés, le ténoriste Warne Marsh.

Dave Brubeck fut aimé du public pour son mélange de jazz et de classique, mais souvent mal vu par les critiques à une époque où ce genre de mixage n'avait pas la cote. Il obtint un énorme succès dans les années 50 avec *Take Five*.

The Dave Brubeck Quartet
TIME OUT

Date d'enregistrement 1959
Label CBS
Musiciens Dave Brubeck *piano*, Paul Desmond *alto sax*, Eugene Wright *bass*, Joe Morello *drums*
Titres Blue Rondo à la Turk ❑ Strange Meadow Lark ❑ Take Five ❑ Three to Get Ready ❑ Kathy's Waltz ❑ Everybody's Jumpin' ❑ Pick Up Sticks
Appréciation Un album essentiel pour tous les mélomanes des années 60. Remarquables par ses tempos, ses formes classiques et son dynamisme de groupe souvent sous-estimé.

Le hard bop

Si le jazz cool fut le négatif de l'hyperactivité du bebop, le hard bop fut l'antidote de la fragilité du cool. Pendant l'éruption du rock and roll au milieu des années 50, de nombreux musiciens qui avaient grandi avec le bop cherchèrent à retourner vers une musique plus enracinée dans le jazz – gospel, marches, chants de travail et blues. Les batteurs Max Roach et Art Blakey, le pianiste Horace Silver, le trompettiste Clifford Brown, les saxophonistes Cannonball Adderley et John Coltrane s'orientèrent vers une forme de bebop plus rude, plus émotive, baptisée « hard bop ». L'invention du disque longue durée et l'amélioration des techniques d'enregistrement autorisèrent des solos plus étendus et des enregistrements en public d'assez bonne qualité, pleins de chaleur et de spontanéité, dans des clubs. La recette est toujours valable trois décennies plus tard. La vogue du dance-jazz des années 80 et 90 en Grande-Bretagne et ailleurs fut alimentée en bonne partie par des disques de hard bop recyclés, et des vétérans comme le regretté Art Blakey se retrouvèrent parfois face à des auditeurs assez jeunes pour être leurs petits-enfants.

Thelonious Monk/John Coltrane
MONK/TRANE

Date d'enregistrement 1957-1958
Label Milestone
Musiciens Thelonious Monk *piano*, John Coltrane, Coleman Hawkins *tenor sax*, Ray Copeland *trumpet*, Gigi Gryce *alto sax*, Wilbur Ware *bass*, Art Blakey, Shadow Wilson *drums*
Titres Ruby My Dear ❑ Trinkle, Tinkle ❑ Nutty ❑ Well You Needn't ❑ Off Minor (2 prises) ❑ Epistrophy (2 prises) ❑ Crepescule with Nellie ❑ Abide with Me ❑ Monk's Mood ❑ Blues for Tomorrow
Appréciation Trane accepta entièrement la direction fantaisiste de Monk. Le trio Hawkins/Copeland/Gryce concocte ici un incomparable *Abide With Me*.

Art Blakey
A NIGHT AT BIRDLAND

Date d'enregistrement 21 février 1954
Label Blue Note
Musiciens Art Blakey *drums*, Clifford Brown *trumpet*, Lou Donaldson *alto sax*, Horace Silver *piano*, Curly Russel *bas*
Titres Split Kick ❑ One in a While ❑ Quicksilver ❑ A Night in Tunisia ❑ The Way You Look Tonight ❑ Mayreh ❑ Wee-Dot ❑ If I Had You ❑ Quicksilver ❑ Now's the Time ❑ Confirmation
Appréciation Toute l'énergie du hard-bop dans cet ensemble d'Art Blakey, qui ne s'appelait pas encore les Jazz Messengers. Comme la plupart des altistes modernes en 1954, Donaldson se réfère à Parker.

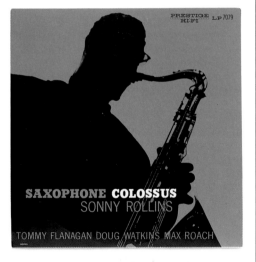

Sonny Rollins
SAXOPHONE COLOSSUS

Date d'enregistrement 22 juin 1956
Label Prestige
Musiciens Sonny Rollins *tenor sax*, Tommy Flanagan *piano*, Doug Watkins *bass*, Max Roach *drums*
Titres St. Thomas ❑ You Don't Know What Love Is ❑ Strode Rode ❑ Moritat ❑ Blue Seven
Appréciation Un des plus importants albums de Sonny Rollins. *St. Thomas* est un calypso décoiffant et *Moritat* fait preuve d'un laconisme typique. Le lugubre *Blue Seven* assura le succès du disque : un monument de l'improvisation en jazz.

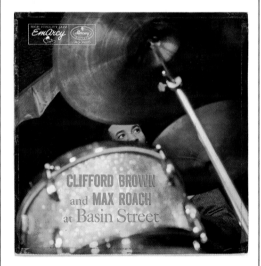

Clifford Brown/Max Roach
AT BASIN STREET

Date d'enregistrement Janvier-février 1956
Label Mercury (EmARcy en Grande-Bretagne)
Musiciens Clifford Brown *trumpet*, Max Roach *drums*, Sonny Rollins *tenor sax*, George Morrow *bass*, Richie Powell *piano*
Titres What Is This Thing Called Love ❑ Love Is a Many Splendored Thing ❑ I'll Remember April ❑ Powell's Prances ❑ Time ❑ The Scene Is Clean ❑ Gertrude's Bounce
Appréciation Très inventif partenariat Rollins-Brown, encore rehaussé par l'intelligence et l'à-propos d'un Max Roach toujours à l'affut. Brown mourut tragiquement dans un accident de la route la même année.

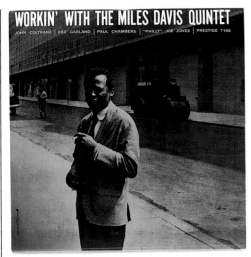

Miles Davis
WORKIN' WITH THE MILES DAVIS QUINTET

Date d'enregistrement Mai, octobre 1956
Label Prestige
Musiciens Miles Davis *trumpet*, John Coltrane *tenor sax*, Red Garland *piano*, Paul Chambers *bass*, Philly Joe Jones *drums*
Titres It Never Entered My Mind ❏ Four ❏ In Your Own Sweet Way ❏ The Theme (1 prise) ❏ Trane's Blues ❏ Ahmad's Blues ❏ Half Nelson ❏ The Theme (2 prises)
Appréciation L'une des cinq brillantes sessions Prestige de 1956, avec un Davis sensuel et indéfinissable confronté à un Coltrane rebelle et plein de jeunesse.

Thelonious Monk
BRILLIANT CORNERS

Date d'enregistrement Décembre 1956
Label Riverside
Musiciens Thelonious Monk *piano*, Clark Terry *trumpet*, Ernie Henry *alto sax*, Sonny Rollins *tenor sax*, Oscar Pettiford, Paul Chambers *bass*, Max Roach *drums, tympany*
Titres Brilliant Corners ❏ Ba-lue Boliva Ba-lues-are ❏ Pannonica ❏ I Surrender, Dear ❏ Bemsha Swing
Appréciation Difficiles à suivre, les compositions de Monk multipliaient les fins inattendues et les espaces trompeurs : même Rollins avait parfois du mal à s'y retrouver. Le morceau titre est une soudure de plusieurs prises, mais Monk est ici vraiment dans son élément.

Cannonball Adderley
SOMETHIN' ELSE

Date d'enregistrement 1958
Label Blue Note
Musiciens Cannonball Adderley *alto et soprano sax*, Miles Davis *trumpet*, Hank Jones *piano*, Sam Jones *bass*, Art Blakey *drums*
Titres Autumn Leaves ❏ Love for Sale ❏ Somethin' Else ❏ One for Daddy ❏ Dancing in the Dark ❏ Alison's Uncle
Appréciation Disciple distingué de Charlie Parker, Cannonball Adderley fut un hard-bopper exemplaire pour l'art avec lequel il a su allier le jazz contemporain avec le blues et la musique dansante en pleine ascension d'un Eddie Vinson et d'un Louis Jordan. Voici l'une de ses sessions les plus connues. A noter une des rares participations de Miles Davis, dans laquelle le trompettiste livre une sorte de commentaire divergent, plein d'enseignement.

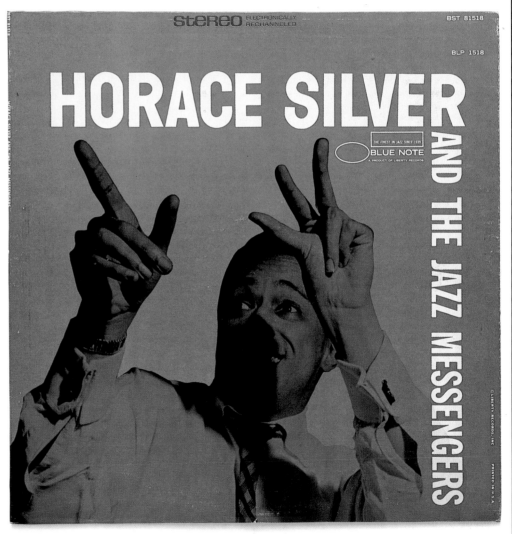

Horace Silver
HORACE SILVER AND THE JAZZ MESSENGERS

Date d'enregistrement 13 novembre 1954
Label Blue Note
Musiciens Horace Silver *piano*, Kenny Dorham *trumpet*, Hank Mobley *tenor*, Doug Watkins *bass*, Art Blakey *drums*
Titres Room 608 ❏ Creepin' In ❏ Stop Time ❏ To Whom It May Concern ❏ Hippy ❏ The Preacher ❏ Hankerin'
Appréciation La première session officielle des Jazz Messengers, sous le nom de Silver. Les éruptions de la caisse claire de Blakey enflamment un mélange déjà détonant. Silver est proche du rhythm and blues.

Johnny Griffin
LITTLE GIANT

Date d'enregistrement 1958-1962
Label Milestone
Musiciens Donald Byrd, Blue Mitchell *trumpet*, Julian Priester *trombone*, Johnny Griffin *tenor sax*, Pepper Adams *baritone sax*, Kenny Drew, Wynton Kelly, Barry Harris *piano*, Wilbur Ware, Sam Jones, Ron Carter *bass*, Philly Joe Jones, Albert « Tootie » Heath, Ben Riley *drums*
Titres Catharsis ❑ What's New ❑ Hot Sausage ❑ Woodyn' You ❑ Where's Your Overcoat, Boy ? ❑ Little John ❑ 63rd Street Theme ❑ Playmates ❑ The Message ❑ The Kerry Dancers ❑ Black Is the Color of My True Love's Hair ❑ Green Grow the Rushes ❑ The Londonderry Air
Appréciation Griffin jouait un saxophone rapide et furieux avec un phrasé neuf et souvent en bonne compagnie.

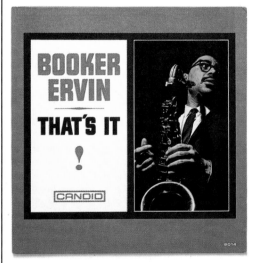

Booker Ervin
THAT'S IT !

Date d'enregistrement 6 janvier 1961
Label Candid
Musiciens Booker Ervin *tenor sax*, Felix Krull *piano*, George Tucker *bass*, Al Harewood *drums*
Titres Mojo ❑ Uranus ❑ Poinciana ❑ Speak Low ❑ Booker's Blues ❑ Boo
Appréciation Un set inspiré et dramatique, par le Texan Ervin, avec un son cajoleur et bourru. « Felix Krull » est le pseudonyme de l'excellent Horace Parlan.

John Coltrane
GIANT STEPS

Date d'enregistrement 1959
Label Atlantic (London en Grande-Bretagne)
Musiciens John Coltrane *tenor sax*, Tommy Flanagan, Wynton Kelly *piano*, Paul Chambers *bass*, Art Taylor, Jimmy Cobb *drums*
Titres Giant Steps ❑ Cousin Mary ❑ Countdown ❑ Spiral ❑ Syeeda's Song Flute ❑ Naima ❑ Mr. P. C.
Appréciation L'un des meilleurs et des plus célèbres albums de Coltrane. Sa musique est à la frontière du hard-bop bluesy *(Mr. P.C.)* et de la densité improvisationnelle de son étude des modes, dont le morceau titre offre un enivrant condensé. Ses accompagnateurs sortent tous du moule hard bop.

Coltrane était déjà, à l'époque, l'un des plus formidables saxophonistes de jazz, désireux de faire avancer la musique.

Elmo Hope
WITH JIMMY BOND
AND FRANK BUTLER

Date d'enregistrement Février 1959
Label Contemporary (Vocalion en Grande-Bretagne)
Musiciens Elmo Hope *piano*, Jimmy Bond *bass*, Frank Butler *drums*
Titres B.'s a Plenty ❑ Barfly ❑ Eejah ❑ Boa ❑ Something for Kenny ❑ Like Someone in Love ❑ Minor Bertha ❑ Tranquility
Appréciation Hope était un brillant pianiste à la Bud Powell et un compositeur distingué, mais sa réputation ne fut jamais à la hauteur de son talent. On reconnaît également une influence de Thelonious Monk dans le tempo tortueux de *Boa*. Un artiste audacieux, très prometteur ici.

Freddie Hubbard
HUB-TONES

Date d'enregistrement Octobre 1962
Label Blue Note
Musiciens Freddie Hubbard *trumpet*, James Spaulding *alto sax, flute*, Herbie Hancock *piano*, Reginald Workman *bass*, Clifford Jarvis *drums*
Titres You're My Everything ❑ Prophet Jennings ❑ Hub-Tones ❑ Lament for Booker ❑ For Spee's Sake
Appréciation Freddie Hubbard fut présenté comme le successeur de Clifford Brown : un virtuose du hard bop avec un son policé, un élégant phrasé et une authentique originalité. Session exaltante du début à la fin. Hubbard est en pleine forme et son partenariat avec le trop négligé James Spaulding fait de ce disque une pièce de collection.

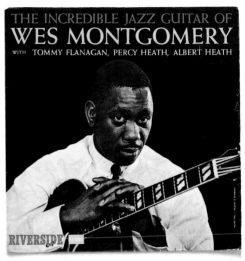

Wes Montgomery
THE INCREDIBLE JAZZ GUITAR
OF WES MONTGOMERY

Date d'enregistrement 26, 28 janvier 1960
Label Riverside
Musiciens Wes Montgomery *guitar*, Tommy Flanagan *piano*, Percy Heath *bass*, Albert Heath *drums*
Titres Airegin ❑ D-Natural Blues ❑ Polka Dots and Moonbeams ❑ Four on Six ❑ West Coast Blues ❑ In Your Own Sweet Way ❑ Mister Walker ❑ Gone with the Wind
Appréciation Wes Montgomery influença et influence toujours d'innombrables guitaristes avec sa sonorité douce, son swing et son refus des clichés, comme dans ce disque bop pur et dur. Par la suite, des impératifs commerciaux entachèrent ses talents d'improvisateur.

Harold Land
THE FOX

Date d'enregistrement Août 1959
Label Hifijazz
Musiciens Harold Land *tenor sax*, Dupree Bolton *trumpet*, Elmo Hope *piano*, Herbie Lewis *bass*, Frank Butler *drums*
Titres The Fox ❑ Mirror-Mind Rose ❑ One Second, Please ❑ Sims A-Plenty ❑ Little Chris ❑ One Down
Appréciation Un autre classique du hard bop. Land, tel un Sonny Rollins meurtri, est merveilleusement accompagné par un Elmo Hope en grande forme. Le morceau titre évoque le groupe Clifford Brown-Max Roach.

Dexter Gordon
OUR MAN IN PARIS

Date d'enregistrement 23 mai 1963
Label Blue Note
Musiciens Dexter Gordon *tenor sax*, Bud Powell *piano*, Pierre Michelot *bass*, Kenny Clarke *drums*
Titres Scrapple from the Apple ❑ Willow Weep for Me ❑ Broadway ❑ Stairway to the Stars ❑ A Night in Tunisia
Appréciation Un jalon incontestable du hard bop par l'homme qui sculptait les notes comme du marbre. Le solo superbement conçu sur *A Night in Tunisia* est le joyau du disque.

Tina Brooks
TRUE BLUE

Date d'enregistrement Juin 1960
Label Blue Note
Musiciens Tina Brooks *tenor sax*, Freddie Hubbard *trumpet*, Duke Jordan *piano*, Sam Jones *bass*, Art Taylor *drums*
Titres Good Old Soul ❑ Up Tight's Creek ❑ Theme for Don ❑ True Blue ❑ Miss Hazel ❑ Nothing Ever Changes My Love for You
Appréciation Plus léger que la plupart des ténoristes hard bop et moins orthodoxe, le sous-estimé Brooks enregistra ce joli album vers la fin de la période.

Les débuts du funk

O n considère généralement que le funk et la musique électrique sont inséparables, mais, si les guitares, les pianos électriques et les percussions fracassantes sont effectivement caractérisques de la fin des années 60 et des années 70, le style s'enracine dans les propositions les plus fondamentales de la musique noire, et un bon nombre des jazzmen qui adoptèrent le funk en avaient déjà expérimenté le prototype acoustique dans le hard-bop et la soul une décennie plus tôt. Le hard bop est toujours resté assez proche du rhythm and blues et le pianiste Horace Silver avait composé un morceau intitulé *Opus de Funk* dès 1954. La musique cool et les raffinements plus ascétiques du bebop avaient orienté certains musiciens de tendance bluesy vers des messages plus enfiévrés, plus directs, et la montée du rock and roll accéléra le processus. On peut dire que le mouvement soul-jazz est issu des églises noires et du gospel. L'orgue Hammond en fut le véhicule privilégié. Cette musique (notamment celle des Crusaders) vient en partie du Midwest, qui a toujours insufflé du blues dans le jazz.

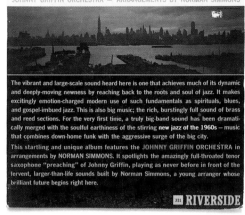

Johnny Griffin Orchestra
THE BIG SOUL-BAND

Date d'enregistrement 1960
Label Riverside
Musiciens Johnny Griffin *tenor sax*, Clark Terry, Bob Bryant *trumpet*, Julian Priester, Matthew Gee *trombone*, Pat Patrick, Frank Strozier *alto sax*, Edwin Williams *tenor sax*, Charlie Davis *baritone sax*, Bobby Timmons *piano, celeste*, Harold Mabern *piano*, Bob Cranshaw, Vic Sproles *bass*, Charlie Persip *drums*
Titres Wade in the Water ❑ Panic Room Blues ❑ Nobody Knows the Trouble I've Seen ❑ Meditation ❑ Holla ❑ So Tired ❑ Deep River ❑ Jubilation
Appréciation Griffin était un hard-bopper superrapide. La vogue de la soul mena à ce big-band à la manière de Ray Charles, avec certaines des meilleures prestations du Little Giant.

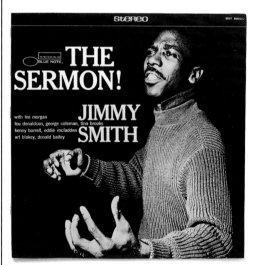

Jimmy Smith
THE SERMON !

Date d'enregistrement 1958
Label Blue Note
Musiciens Jimmy Smith *organ*, Lee Morgan *trumpet*, Lou Donaldson, George Coleman *alto sax*, Tina Brooks *tenor sax*, Kenny Burrell, Eddie McFadden *guitar*, Art Blakey, Donald Bailey *drums*
Titres The Sermon ❑ J.O.S. ❑ Flamingo
Appréciation La musique de l'orgue Hammond résonne de basses orageuses, d'accords explosifs et de glissendi cinglants. Preuve qu'un musicien de talent peut se contenter d'une chanson, si elle est bonne.

Donald Byrd
THE CAT WALK

Date d'enregistrement 2 mai 1961
Label Blue Note
Musiciens Donald Byrd *trumpet*, Pepper Adams *baritone sax*, Duke Pearson *piano*, Laymon Jackson *bass*, Philly Joe Jones *drums*
Titres Say You're Mine ❑ Hello Bright Sunflower ❑ Each Time I Think of You ❑ Duke's Mixture ❑ The Cat Walk ❑ Cute
Appréciation Avant que Byrd n'opte pour la fusion, une excellente collaboration avec Pepper Adams témoigne de la franchise de ses attaques et de l'efficacité de son swing.

The Cannonball Adderley Quintet
MERCY, MERCY, MERCY !

Date d'enregistrement 1967
Label Capitol
Musiciens Cannonball Adderley *alto sax*, Nat Adderley *cornet*, Joe Zawinul *electric piano*, Vic Gatsby *bass*, Roy McCurdy *drums*
Titres Fun ❑ Games ❑ Mercy, Mercy, Mercy ! ❑ Sticks ❑ Hipadelphia ❑ Sack o' Woe
Appréciation Le quintette d'Adderley était à la pointe du soul-jazz, d'abord avec l'ex-Jazz Messenger Bobby Timmons aux claviers, puis Joe Zawinul, auteur du morceau titre. Une solide rythmique.

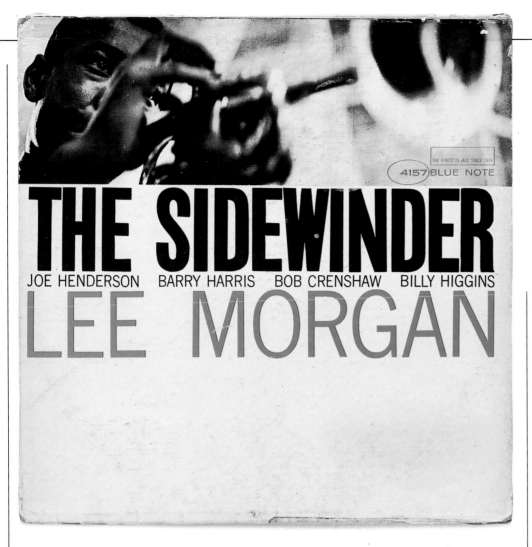

THE SIDEWINDER

JOE HENDERSON   BARRY HARRIS   BOB CRENSHAW   BILLY HIGGINS

LEE MORGAN

4157 BLUE NOTE

Lee Morgan
THE SIDEWINDER

Date d'enregistrement 21 décembre 1964
Label Blue Note
Musiciens Lee Morgan *trumpet*, Joe Henderson *tenor sax*, Barry Harris *piano*, Bob Cranshaw *bass*, Billy Higgins *drums*
Titres Totem Pole ◻ Boy, What a Night ◻ Hocus-Pocus ◻ The Sidewinder ◻ Gary's Notebook
Appréciation Le morceau titre fut un tube du vivant de Morgan et un succès posthume dans les années 80. *Boy, What a Night*, plus rapide, plus jazzy, est mémorable pour sa mélodie sinueuse, la « friture » de la cymbale de Higgin et le solo de ténor de Henderson. Le solo de Morgan dans *Totem Pole* est le sommet du set.

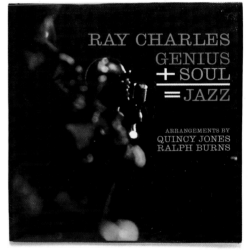

RAY CHARLES
GENIUS + SOUL = JAZZ

ARRANGEMENTS BY
QUINCY JONES
RALPH BURNS

Ray Charles
GENIUS + SOUL = JAZZ

Date d'enregistrement 1961
Label Impulse
Musiciens Ray Charles *organ, vocal*, Quincy Jones, Ralph Burns *arranger*, Clark Terry, Phillip Guilbeau, Joe Newman, Thad Jones, Eugene Young, Joe Wilder, John Frosk, Jimmy Nottingham *trumpet*, Urbie Green, Henry Coker, Al Grey, Jimmy Cleveland, Keg Johnson, George Matthews *trombone*, Frank Wess, Marshal Royal, George Dorsey, Earle Warren *alto sax*, Frank Foster, Billy Mitchell, Budd Johnson, Seldon Powell *tenor sax*, Charlie Fowlkes, Haywood Henry *baritone sax*, Freddie Green, Sam Herman *guitar*, Eddy Jones, Joe Benjamin *bass*, Sonny Payne, Roy Haynes *drums*
Titres From the Heart ◻ I've Got News for You ◻ Moanin' ◻ Let's Go ◻ One Mint Julep ◻ I'm Gonna Move to the Outskirts of Town ◻ Stompin' Room Only ◻ Mister C. ◻ Strike Up the Band ◻ Birth of the Blues
Appréciation Ray Charles fut l'un des plus importants catalyseurs de l'intérêt du public pour la soul music, et un efficace pianiste de hard bop. Dans cette session de 1961, il est confronté à tout un « détachement » de l'orchestre de Count Basie. Charles ne chante que dans deux titres, mais sa voix semble s'incarner dans tous les autres.

THIS HERE IS BOBBY TIMMONS

THE PIANIST-COMPOSER OF "THIS HERE" "MOANIN'" "DAT DERE"

RIVERSIDE

Bobby Timmons
THIS HERE IS BOBBY TIMMONS

Date d'enregistrement 1960
Label Riverside
Musiciens Bobby Timmons *piano*, Sam Jones *bass*, Jimmy Cobb *drums*
Titres This Here ◻ Moanin' ◻ Lush Life ◻ The Party's Over ◻ Prelude to a Kiss ◻ Dat Dere ◻ My Funny Valentine ◻ Come Rain or Come Shine ◻ Joy Ride
Appréciation Timmons était le pianiste le plus religieux du mouvement. On trouve dans ce disque le classique du genre, *Moanin'*.

FREEDOM SOUND
The Jazz Crusaders

PACIFIC JAZZ RECORDS

The Jazz Crusaders
FREEDOM SOUND

Date d'enregistrement 1961
Label Pacific Jazz
Musiciens Wilton Felder *tenor sax*, Wayne Henderson *trombone*, Joe Sample *piano*, Roy Gaines *guitar*, Stix Hopper *drums*, Jimmy Bond *bass*
Titres The Geek ◻ M.J.S. Funk ◻ That's It ◻ Freedom Sound ◻ Theme from Exodus ◻ Coon
Appréciation L'ample sonorité inspirée du ténor de Wilton Felder et la puissante batterie de Stix Hooper furent des références pour le funk pendant un quart de siècle. Avec ce disque, on comprend pourquoi.

Le jazz mainstream

Au cœur des années 50, la musique culte de la jeunesse d'avant-guerre – le swing – était déjà une vieillerie. Le bebop ne s'adressait pas au grand public, mais il était crédible et avait encore l'attrait de la nouveauté, bien que la vraie nouveauté, pour la génération d'après-guerre, fût le rock and roll. Cependant, une poignée de « vétérans » encore actifs estimaient que leur musique était trop profonde et trop belle pour mourir, même si Lester Young et Billie Holiday étaient proches de leur fin. Les swingers n'étaient peut-être plus des vedettes, mais les vertus du jazz prébop, avec son relâchement, ses rythmes balancés, ses solos conversationnels, accessibles, et leurs thèmes faciles à retenir commençaient à trouver un nouveau public. La musique vivace de Count Basie fut essentielle dans l'avènement du « mainstream », de même que l'émergence de jeunes solistes qui reprenaient le flambeau, tels le cornettiste Ruby Braff et, plus tard, le jeune ténor Scott Hamilton.

Coleman Hawkins
THE HAWK FLIES HIGH

Date d'enregistrement 12, 15 mars 1957
Label Riverside
Musiciens Coleman Hawkins *tenor sax*, Idrees Sulieman *trumpet*, J. J. Johnson *trombone*, Hank Jones *piano*, Barry Galbraith *guitar*, Oscar Pettiford *bass*, Jo Jones *drums*
Titres Chant ❑ Juicy Fruit ❑ Think Deep ❑ Laura ❑ Blue Lights ❑ Sancticity
Appréciation Hawkins était trop talentueux et trop astucieux pour sombrer dans les oubliettes. Cette session associe sa sonorité puissante à un groupe swing/bop comprenant le virevoltant batteur de Basie, Jo Jones.

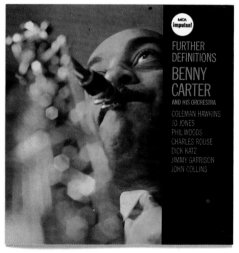

Benny Carter
FURTHER DEFINITIONS

Date d'enregistrement 13, 15 novembre 1961
Label Impulse
Musiciens Benny Carter, Phil Woods *alto sax*, Coleman Hawkins, Charlie Rouse *tenor sax*, Dick Katz *piano*, Johnny Collins *guitar*, Jimmy Garrison *bass*, Jo Jones *drums*
Titres Honeysuckle Rose ❑ The Midnight Sun Will Never Set ❑ Crazy Rhythm ❑ Blue Star ❑ Cotton Tail ❑ Body and Soul ❑ Cherry ❑ Doozy
Appréciation Altiste de premier plan, Carter est aussi un excellent compositeur et arrangeur. Cet enregistrement classique comprend un superbe remake du solo de 1939 de Coleman Hawkins, *Body and Soul*.

Ruby Braff
HEAR ME TALKIN' !

Date d'enregistrement Octobre-novembre 1967
Label Black Lion/Polydor
Musiciens Ruby Braff *cornet*, Alex Welsh *trumpet*, Roy Williams *trombone*, Buddy Tate, Al Gay *tenor sax*, Johnny Barnes *baritone sax*, George Wein, Fred Hunt *piano*, Jim Douglas *guitar*, Jack Lesberg, Ron Rae *bass*, Don Lamond, Lennie Hastings *drums*
Titres You've Changed ❑ Hear Me Talkin' to Ya ❑ Don't Blame Me ❑ No One Else But You ❑ Nobody Knows You (When You're Down and Out) ❑ Buddy Bolden's Blues ❑ Mean to Me ❑ Where's Freddy ?
Appréciation Venu du bop mais acquis au swing, Braff a une belle sonorité et un accompagnement idéal ici.

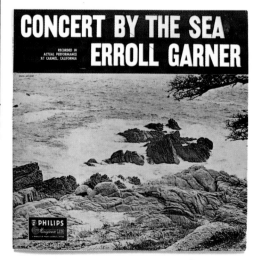

Erroll Garner
CONCERT BY THE SEA

Date d'enregistrement 1956
Label Columbia (Philips en Grande-Bretagne)
Musiciens Erroll Garner *piano*, Eddie Calhoun *bass*, Denzel Best *drums*
Titres I'll Remember April ❑ Teach Me Tonight ❑ Mambo Carmel ❑ Autumn Leaves ❑ It's All Right with Me ❑ Red Top ❑ April in Paris ❑ They Can't Take That Away from Me ❑ How Could You Do a Thing Like That to Me ❑ Where or When ❑ Erroll's Theme
Appréciation L'archétype du pianiste de jazz « orchestral ». Artisan consciencieux et inspiré de variations multistrates, Garner connut son plus grand succès avec ce disque.

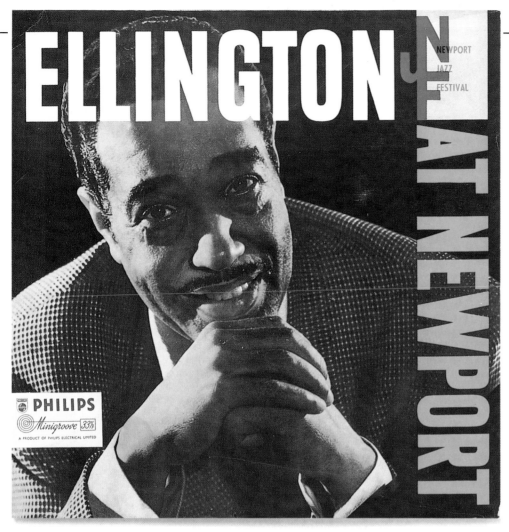

Zoot Sims
ONE TO BLOW ON

Date d'enregistrement 11, 18 janvier 1956
Label Meteor
Musiciens Zoot Sims *tenor sax*, Bob Brookmeyer *trombone*, John Williams *piano*, Milt Hinton *bass*, Gus Johnson *drums*
Titres September in the Rain ❑ Down at the Loft ❑ Ghost of a Chance ❑ Not So Deep ❑ Them There Eyes ❑ Our Pad ❑ Dark Clouds ❑ One to Blow On
Appréciation Le son chaud et fluide de Zoot Sims, semblable à un Lester Young plus rugueux, déferla sur les clubs de jazz des années 40 à 80. Voici un exemple typique de son jeu relâché et consistant.

Duke Ellington
ELLINGTON AT NEWPORT

Date d'enregistrement 7 juillet 1956
Label CBS (Philips en Grande-Bretagne)
Musiciens Duke Ellington *piano*, Willie Cook, Ray Nance, Clark Terry, Cat Anderson *trumpet*, John Sanders, Quentin Jackson, Britt Woodman *trombone*, Russell Procope, Johnny Hodges *alto sax*, Paul Gonsalves, Jimmy Hamilton *tenor sax*, Harry Carney *baritone sax*, Jimmy Woode *bass*, Sam Woodyard *drums*

Titres Newport Jazz Festival Suite : Festival Junction, Blues to Be There, Newport Up ❑ Jeep's Blues ❑ Diminuendo and Crescendo in Blue
Appréciation Lors de ce concert resté célèbre au festival de Newport de 1956, l'orchestre d'Ellington vola la vedette et retrouva son statut de premier plan grâce à 27 étincelants chorus successifs de Paul Gonsalves dans *Diminuendo and Crescendo in Blue*.

The Oscar Peterson Trio
NIGHT TRAIN

Date d'enregistrement 15-16 décembre 1962
Label Verve
Musiciens Oscar Peterson *piano*, Ray Brown *bass*, Ed Thigpen *drums*
Titres C. Jam Blues ❑ Night Train ❑ Georgia on My Mind ❑ Bags' Groove ❑ Moten Swing ❑ Easy Does It ❑ Honey Dripper ❑ Things Ain't What They Used to Be ❑ I Got It Bad and That Ain't Good ❑ Band Call ❑ Hymn to Freedom
Appréciation Pianiste de mainstream immensément populaire, Peterson n'avait qu'un défaut : sa technique étouffait parfois son matériau. Ce n'est pas le cas dans cet album, son meilleur, son plus émouvant.

Count Basie Orchestra
THE ATOMIC MR. BASIE

Date d'enregistrement 21-22 octobre 1957
Label Columbia
Musiciens Count Basie *piano*, Neal Hefti *arranger*, Joe Newman, Thad Jones, Wendell Culley, Eugene « Snooky » Young *trumpet*, Benny Powell, Henry Coker, Al Grey *trombone*, M. Royal, Frank Wess *alto sax*, Eddie Davis, Frank Foster *tenor sax*, Charlie Fowlkes *baritone sax*, Freddie Green *guitar*, Eddie Jones *bass*, Sonny Payne *drums*
Titres The Kid from Red Bank ❑ Duet ❑ After Supper ❑ Flight of the Foo Birds ❑ Double-O ❑ Teddy the Toad ❑ Whirly-Bird ❑ Midnite Blue ❑ Splanky ❑ Fantail ❑ Lil' Darlin'
Appréciation Le « nouvel » orchestre de Basie du début des années 50 – plus policé que le précédent, mais encore plus chaleureux. Superbes arrangements. Probablement le meilleur disque d'après-guerre du Count. Voyez la pochette !

Les voix (1950-1990)

Les instrumentistes de swing appelaient les chanteuses « chirpers » (« gazouilleuses ») ou « canaries », considérant que, sauf exception comme Billie Holiday, elles étaient là davantage pour le décor que pour des raisons musicales. Le bebop, qui rejetait les valeurs commerciales du swing et mettait l'accent sur les cuivres, dans de petites formations, ne fut guère accueillant pour elles. C'est pourquoi, dans les années 50 et 60, les chanteurs et chanteuses qui s'étaient fait un nom grâce aux big-bands furent relégués au rang d'animateurs de salles de restaurants, quand ils n'avaient pas la chance de devenir des stars comme Frank Sinatra ou de s'illustrer dans les vocalises imitatives de style bop.

Ella Fitzgerald fit exception en parvenant à allier jazz et musique populaire dans ses disques Song Book pour le label Verve de Norman Granz. Car l'essence du chant de jazz, même à cette époque, ne résidait pas dans l'imitation du saxophone mais dans l'art de transformer les chansons d'une façon musiciensle et spontanée afin d'exploiter toute la subtile expressivité de la voix humaine.

Ella Fitzgerald
SINGS THE GEORGE AND IRA GERSCHWIN SONG BOOK VOL. 5

Date d'enregistrement 1959
Label Verve (HMV en Grande-Bretagne)
Musiciens Ella Fitzgerald *vocal*, orchestre arrangé et dirigé par Nelon Riddle
Titres They Can't Take That Away frome Me ❑ Embraceable You ❑ I Can't Be Bothered Now ❑ Boy ! What Love has Done to Me ! ❑ Fascinating Rhythm ❑ Funny Face ❑ Lorelei ❑ Oh, So Nice ❑ Let's Kiss and Make-Up ❑ I Got Rhythm
Appréciation Ce disque élégant est le meilleur de la série *Song Book*, coffret de 5 volumes avec 53 chansons.

Mel Tormé
LULU'S BACK IN TOWN

Date d'enregistrement 20 janvier 1956
Label Polydor
Musiciens Mel Tormé *vocal*, Marty Paich *piano, arranger*, Pete Candoli, Don Fagerquist *trumpet*, Bob Enevoldsen *valve trombone*, Bud Shank *alto sax*, Bob Cooper, Jack Montrose *tenor sax*, Red Mitchell *bass*, Mel Lewis *drums*
Titres Lulu's Back in Town ❑ When the Sun Comes Out ❑ Fascinating Rhythm ❑ The Carioca ❑ The Lady Is a Tramp ❑ I Like to Recognise the Tune ❑ Keepin' Myself for You ❑ Lullaby of Birdland ❑ When April Comes Again ❑ Sing for Your Supper
Appréciation Les délicieux arrangements de Paich enrobent la voix veloutée de Tormé.

Lambert, Hendricks & Ross
SING A SONG OF BASIE

Date d'enregistrement Août-novembre 1957
Label Impulse
Musiciens Dave Lambert, Jon Hendricks, Annie Ross *vocal*, Nat Pierce *piano*, Freddie Green *guitar*, Eddie Jones *bass*, Sonny Payne *drums*
Titres Everyday ❑ It's Sand, Man ! ❑ Two for the Blues ❑ One o'Clock Jump ❑ Little Pony ❑ Down for Double ❑ Fiesta in Blue ❑ Down for the Count ❑ Blues Backstage ❑ Avenue C
Appréciation Célèbre trio « vocalese » (où la voix est traitée comme un instrument). Superbe timing d'Annie Ross, qui rend hommage à la trompette de Buck Clayton dans *Fiesta in Blue*.

Leon Thomas
SPIRITS KNOWN AND UNKNOWN

Date d'enregistrement 21-22 octobre 1969
Label Flying Dutchman
Musiciens Leon Thomas *vocal, percussion*, James Spaulding *alto sax, flute*, Little Rock *tenor sax*, Lonnie Liston Smith Jr. *piano*, Richard Davis, Cecil McBee *bass*, Roy Haynes *drums*, Richard Landrum *bongos*
Titres The Creator Has a Master Plan (Peace) ❑ One ❑ Echoes ❑ Song for My Father ❑ Damn Nam (Ain't Goin' to Vietnam) ❑ Malcolm's Gone ❑ Let the Rain Fall on Me
Appréciation Chanteur fort, profond et habile, inspiré par le swing et le blues, qui vira vers le free, le chant africain et le rock des années 60. Orgueil noir et guerre du Viêt-nam sont ici ses thèmes. Grande variété de styles.

Sheila Jordan
PORTRAIT OF SHEILA

Date d'enregistrement Septembre, octobre 1962
Label Blue Note
Musiciens Sheila Jordan *vocal*, Barry Galbraith *guitar*, Steve Swallow *bass*, Denzil Best *drums*
Titres Falling in Love with Love ❏ If You Could See Me Now ❏ Am I Blue ❏ Dat Dere ❏ When the World Was Young ❏ Let's Face the Music and Dance ❏ Laugh, Clown, Laugh ❏ Who Can I Turn To ? ❏ Baltimore Oriole ❏ I'm a Fool to Want You ❏ Hum Drum Blues ❏ Willow Weep for Me
Appréciation Le meilleur disque de la chanteuse bop préférée de Charlie Parker, l'imaginative et intime Sheila Jordan.

Betty Carter
LOOK WHAT I GOT !

Date d'enregistrement 1988
Label PolyGram
Musiciens Betty Carter *vocal*, Don Braden *tenor sax*, Benny Green, Stephen Scott *piano*, Michael Bowie, Ira Coleman *bass*, Winard Harper, Lewis Nash, Troy Davis *drums*
Titres Look What I Got ❏ That Sunday, That Summer ❏ The Man I Love ❏ All I Got ❏ Just Like the Movies ❏ Imagination ❏ Mr. Gentleman ❏ Make It Last ❏ The Good Life
Appréciation L'une des plus grandes chanteuses vivantes du jazz. Hypnotique et aguicheuse, Betty Carter tient ses auditeurs en haleine et illumine les paroles, comme le montre ce disque essentiel.

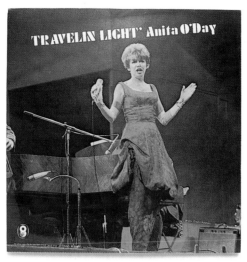

Anita O'Day
TRAVELIN LIGHT

Date d'enregistrement 1961
Label World
Musiciens Anita O'Day *vocal*, Barney Kessel *leader, guitar*, Don Fagerquist, Al Porcino, Ray Triscari, John Anderson Jr., Jack Sheldon *trumpet*, Stu Williamson, Frank Rosolino, Dick Nash, L. MacCreary *trombone*, Ben Webster *tenor sax*, Joe Maini, Chuck Gentry *sax*, Rus Freeman, Jimmy Rowles *piano*, Al Viola *guitar*, Buddy Clark *bass*, Mel Lewis *drums*, Larry Bunker *percussion*
Titres Travelin Light ❏ The Moon Looks Down and Laughs ❏ Don't Explain ❏ Your Forgot to Remember ❏ Some Other Spring ❏ What a Little Moonlight Can Do ❏ Miss Brown to You ❏ God Bless the Child ❏ If the Moon Turns Green ❏ I Hear Music ❏ Lover Come Back to Me ❏ Crazy He Calls Me
Appréciation Le fameux film *Jazz on a Summer's Day* révéla la superbe improvisatrice vocale qu'était O'Day à un plus large public. L'orchestre est bon, le répertoire emprunté à Billie Holiday. Un swing infatigable, un style de chant « instrumental ». Une belle réalisation.

Carmen McRae
TORCHY !

Date d'enregistrement 1955
Label Memoir
Musiciens Carmen McRae *vocal*, orchestre conduit et arrangé par Jack Pleis et Ralph Burns, avec Joe Wilder *trumpet*, Al Klink *tenor sax*, Andy Ackers *piano*, Danny Perri *guitar*
Titres Last Night When We Were Young ❏ Speak Low (When You Speak, Love) ❏ But Beautiful ❏ If You'd Stay the Way I Dream about You ❏ Midnight Sun ❏ My Future Just Passed ❏ Yesterdays ❏ We'll Be Together Again ❏ I'm a Dreamer (Aren't We All) ❏ Good Morning, Heartache ❏ Star Eyes ❏ I Don't Stand a Ghost of a Chance with You
Appréciation Il y avait, dans le chant de McRae, une rigueur teintée de gouaille qui l'exemptait définitivement du qualificatif de « canari ». Ironique, rude, spirituelle et swinguante, McRae a récemment refait surface comme chanteuse incontestable après quelques années décevantes. Voici l'une des meilleures sessions du temps de sa première splendeur, avec toutes les qualités qui étaient déjà les siennes à ses débuts.

Sarah Vaughan
SASSY SINGS

Date d'enregistrement 1946-1947
Label SAGA
Musiciens avec Sarah Vaughan *vocal*, George Treadwell, Ermett Perry, Roger Jones, Freddie Webster, Neal Hefti, Sonny Rich *trumpet*, Ed Burke, Dick Harris, Donald Coles *trombone*, Rupert Cole, Scoville Brown *alto sax*, Bud Johnson, Lowell Hastings, Charlie Ventura *tenor sax*, Eddie De Verteuill, Cecil Payne *baritone sax*, Bud Powell, Teddy Wilson *piano*, Al McKibbon *bass*, Cozy Cole, Kenny Clarke *drums*
Titres I Cover the Waterfront ❏ Tenderly ❏ Time and Again ❏ You're Blasé ❏ I Can't Get Started ❏ September Song ❏ My Kinda Love ❏ If You Could See Me Now ❏ What a Difference a Day Made ❏ You're Not the Kind ❏ Motherless Child ❏ The One I Love
Appréciation Vaughan perça avec l'orchestre de Billy Eckstine. Il s'agit ici de ses premières tentatives de carrière solo, fin années 40. Elle est un peu inégale, mais son extraordinaire voix opératique, qui s'exprime ici dans un style proche du bop, montre l'étendue de son potentiel.

Le free jazz

Si le discours du bebop fut étrange, il conservait néanmoins la même grammaire que le jazz qui l'avait précédé. Il en alla différemment du free. Certaines versions semblèrent tout abandonner en bloc – les standards, les accords reconnaissables, même le pouvoir de séduction du swing. Mais de nombreux musiciens créatifs commençaient à considérer le bebop comme un piège, un exercice de virtuosité. En quête de nouveaux sons et de nouvelles formes mélodiques, quelques artistes infusèrent de la musique classique contemporaine dans le bop, d'autres du jazz primitif et du blues. La montée du mouvement pour les droits civiques intensifia le besoin d'une musique afro-américaine exempte de toute compromission avec le pragmatisme économique. Ces attitudes, ainsi que la vogue mondiale du rock, incitèrent l'industrie du disque à se défier du nouveau jazz et, avides d'autonomie, de nombreux musiciens free lancèrent leurs propres labels indépendants.

George Russel
THE JAZZ WORKSHOP

Date d'enregistrement Mars-décembre 1956
Label RCA Victor
Musiciens George Russel *composer*, Art Farmer *trumpet*, Hal McKusick *alto sax*, Bill Evans *piano*, Barry Galbraith *guitar*, Milt Hilton, Teddy Kotick *bass*, Joe Harris, Paul Motian, Osie Johnson *drums*
Titres Ye Hypocrite, Ye Beelzebub ❑ Jack's Blues ❑ Livingstone I Presume ❑ Ezz-thetic ❑ Night Sound ❑ Round Johnny Rondo ❑ Witch Hunt ❑ Concerto for Billy the Kid ❑ Fellow Delegates ❑ The Sad Sergeant ❑ Knights of the Steamtable ❑ Ballad of Hix Blewitt
Appréciation Une session cruciale de musique progressive par l'un des plus influents théoriciens du jazz.

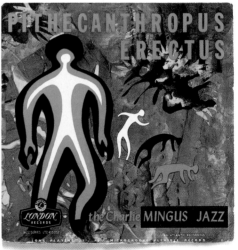

Ornette Coleman
SOMETHING ELSE !

Date d'enregistrement Février-mars 1958
Label Contemporary
Musiciens Ornette Coleman *alto sax*, Don Cherry *trumpet*, Walter Norris *piano*, Don Payne *bass*, Billy Higgins *drums*
Titres Invisible ❑ The Blessing ❑ Jayne ❑ Chippie ❑ The Disguise ❑ Angel Voice ❑ Alpha ❑ When Will the Blues Leave ? ❑ The Sphinx
Appréciation Le disque qui leva le rideau sur le free jazz. Expérimentation encore prudente de la révolution colemanienne (il y a un pianiste pour les harmonies), cette session met en lumière le beau sens thématique du saxophoniste et sa complicité avec Cherry et Higgins.

The Cecil Taylor Quartet
LOOKING AHEAD !

Date d'enregistrement 9 juin 1958
Label Contemporary
Musiciens Cecil Taylor *piano*, Earl Griffith *vibes*, Buell Neidlinger *bass*, Dennis Charles *drums*
Titres Luyah ! The Glorius Step ❑ African Violets ❑ Of What ❑ Wallering ❑ Toll ❑ Excursion on a Wobbly Rail
Appréciation La technique de Taylor est si éblouissante qu'on ne fait plus la différence entre le piano classique moderne et le piano jazz. Mais son efficacité et son affection pour Duke Ellington et Thelonious Monk (*Excursion on a Wobbly Rail*) font que cette session clé est à la fois visionnaire et respectueuse du jazz.

The Charlie Mingus Jazz Workshop
PITHECANTHROPUS ERECTUS

Date d'enregistrement 1956
Label Atlantic (London en Grande-Bretagne)
Musiciens Charlie Mingus *bass*, Jackie McLean *alto sax*, J. R. Monterose *tenor sax*, Mal Waldron *piano*, Willie Jones *drums*
Titres Pithecanthropus Erectus ❑ A Foggy Day ❑ Profile of Jackie ❑ Love Chant
Appréciation Mingus poussa ses solistes jusqu'aux dernières limites du hard bop, à la frontière de l'abstraction, mais en gardant un parfum gospel et blues. Comme Ellington ou Morton, Mingus se sert de cette célèbre session pour raconter une histoire, mais anticipe déjà sur le jeu free collectif des années 60.

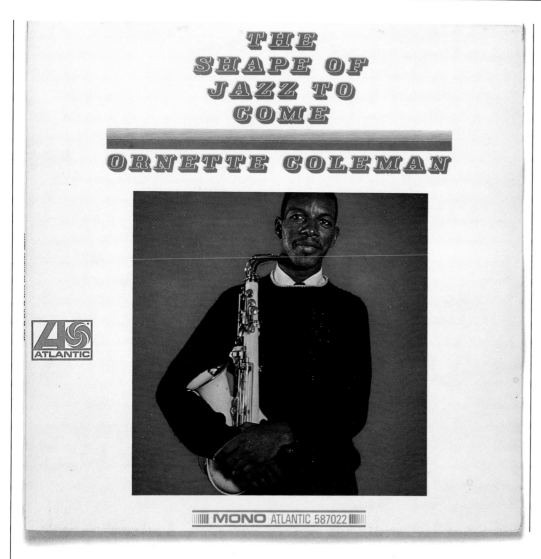

Sun Ra
ANGELS AND DEMONS AT PLAY

Date d'enregistrement 1955-1957
Label Saturn
Musiciens Sun Ra and his Myth Science Arkestra
avec Sun Ra *piano, organ, electronic piano*, Nate Pryor
trombone, John Gilmore *tenor sax, solar bells*, Pat
Patrick *baritone et alto sax, flute*, Marshall Allen *alto
sax, flute*, Ronald Boykins, Wilburn Green *bass*, Robert
Barry *drums*, Jim Hearndon *tympani, timbali*
Titres Tiny Pyramids ❏ Between Two Worlds ❏ Music
from the World Tomorrow ❏ Angels and Demons at
Play ❏ Urnack ❏ Medicine for a Nightmare ❏ A Call for
All Demons ❏ Demon's Lullaby
Appréciation Leader excentrique, pionnier du
synthétiseur et maestro du théâtre musical, Sun Ra
commença par le swing et le hard bop mais se
rapprocha du free jazz dès le milieu des années 50.
Ce disque avant-gardiste marie des éléments de danse
latine avec l'atonalité.

Ornette Coleman
THE SHAPE OF JAZZ
TO COME

Date d'enregistrement Octobre 1959
Label Atlantic
Musiciens Ornette Coleman *alto sax*, Donald Cherry
cornet, Charlie Haden *bass*, Billy Higgins *drums*
Titres Lonely Woman ❏ Eventually ❏ Peace ❏ Focus
on Sanity ❏ Congeniality ❏ Chronology
Appréciation Une des grandes sessions éternelles,
réalisée un an après la première percée de Coleman
avec son quartette. Bien qu'il n'y ait plus, désormais,
ni pianiste ni schéma harmonique récurrent dans
l'accompagnement, la logique et la cohérence des solos
de Coleman, ainsi que la sensibilité complice du
dialogue entre les musiciens, rendent ce disque si
musical que la levée de boucliers qu'il suscita en son
temps semble incompréhensible aujourd'hui. Des
compositions langoureusement bluesy comme *Lonely
Woman* et *Peace* comptent parmi les plus jolies de tout
le jazz.

Lennie Tristano/Tadd Dameron
CROSSCURRENTS

Date d'enregistrement 1949
Label Affinity
Musiciens Lennie Tristano Sextet : Lennie Tristano
piano, Leo Smith *trumpet*, Lee Konitz *alto sax*, Warne
Marsh *tenor sax*, Billy Bauer *guitar*, Arnold Fishkin *bass*,
Harold Granowsky, Denzil Best *drums* ;
Tadd Dameron Orchestra : Tadd Dameron *piano*, Fats
Navarro, Miles Davis *trumpet*, Kai Winding, J. J. Johnson
trombone, Sahib Shihab *alto sax*, Dexter Gordon, Benjamin
Lundy *tenor sax*, Cecil Payne *baritone sax*, John Collins
guitar, Curley Russell *bass*, Kenny Clarke *drums*, Diego
Iborra *bongos*, Vidal Bolado *congas*, Rae Pearl, Kay Penton
vocal
Titres Wow ❏ Crosscurrent ❏ Yesterdays ❏ Marionette ❏ Sax
of a Kind ❏ Intuition ❏ Digression ❏ Sid's Delight ❏ Casbah
❏ John's Delight ❏ What's New ❏ Heaven's Doors Are Open
Wide ❏ Focus
Appréciation Ornette Coleman fut peut-être le catalyseur
le plus influent et le plus reconnu du free jazz, mais le
pianiste et compositeur Lennie Tristano étudiait déjà, bien
avant, une musique qui brisait les conventions des barres de
mesure, aplanissait les sections rythmiques du bop et, dans
ses essais d'improvisation collective avec son sextet,
anticipait sur les futures avancées de Mingus et Coleman.

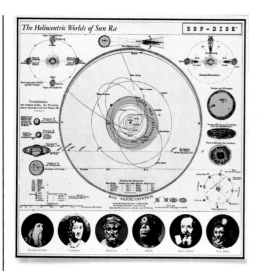

Sun Ra
THE HELIOCENTRIC WORLDS
OF SUN RA

Date d'enregistrement 1965
Label ESP
Musiciens Sun Ra *piano, tuned bongos*, Walter Miller *trumpet*, Marshall Allen *alto sax, piccolo, flute*, John Gilmore *tenor sax*, Pat Patrick *baritone sax*, Robert Cummings *bass clarinet*, Ronnie Boykins *bass*, Roger Blank *percussion*
Titres The Sun Myth ❑ A House of Beauty ❑ Cosmic Chaos
Appréciation En 1965, Sun Ra et son Solar Arkestra avaient renoncé à la mélodie pour construire des superpositions de sons soutenus offrant une riche texture à une improvisation très libre.

Joe Harriott Quintet
FREE FORM

Date d'enregistrement 1960
Label Jazzland
Musiciens Joe Harriott *alto sax*, « Shake » Keane *trumpet, flugelhorn*, Pat Smythe *piano*, Coleridge Goode *bass*, Phil Seamen *drums*
Titres Formation ❑ Coda ❑ Abstract ❑ Impression ❑ Parallel ❑ Straight Lines ❑ Calypso Sketches ❑ Tempo
Appréciation L'un des plus originaux disques de jazz britanniques des années 60, couronné par *Down Beat*. L'altiste jamaïquain Harriott explore l'improvisation collective libre différemment d'Ornette Coleman. Phil Seamen, batteur au swing très relâché, assure un excellent soutien à l'ensemble.

Art Ensemble of Chicago
PEOPLE IN SORROW

Date d'enregistrement 7 juillet 1969
Label Nessa
Musiciens Lester Bowie *trumpet, flugelhorn, percussion*, Roscoe Mitchell *soprano, alto et bass sax, clarinet, flute, percussion*, Joseph Jarman *alto sax, bassoon, oboe, flute, percussion*, Malachi Favors *bass, zither, percussion*
Titres People in Sorrow (part. 1) ❑ People in Sorrow (part. 2)
Appréciation Brillante session d'un groupe fécond de Chicago. Un seul titre. Des percussions complexes et des cuivres d'une tendresse abrasive intensifient progressivement l'atmosphère.

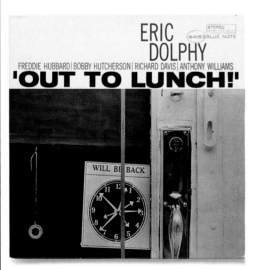

Eric Dolphy
OUT TO LUNCH !

Date d'enregistrement 1964
Label Blue Note
Musiciens Eric Dolphy *alto sax, flute, bass clarinet*, Freddie Hubbard *trumpet*, Bobby Hutcherson *vibes*, Richard Davis *bass*, Anthony Williams *drums*
Titres Hat and Beard ❑ Something Sweet, Something Tender ❑ Gazzelloni ❑ Out to Lunch ❑ Straight Up and Down
Appréciation Penseur original et grand multi-instrumentiste, mêlant rudesse et délicatesse, Dolphy eut une carrière trop brève. Voici son plus beau disque.

Don Cherry
SYMPHONY FOR IMPROVISERS

Date d'enregistrement 19 septembre 1966
Label Blue Note
Musiciens Don Cherry *cornet*, Gato Barbieri, Pharoah Sanders *tenor sax, piccolo*, Karl Berger *piano, vibes*, Henry Grimes, J.-F. Jenny Clark *bass*, Ed Blackwell *drums*
Titres Symphony for Improvisers ❑ Nu Creative Love ❑ What's Not Serious ❑ Infant Happiness ❑ Manhattan Cry ❑ Lunatic ❑ Sparkle Plenty ❑ Om Nu
Appréciation Sonorité ferme et bouillonnante de Cherry. A noter la présence du jeune Pharoah Sanders.

Ornette Coleman Double Quartet
FREE JAZZ

Date d'enregistrement 1960
Label Atlantic
Musiciens Ornette Coleman *alto sax*, Don Cherry *pocket trumpet*, Freddie Hubbard *trumpet*, Eric Dolphy *bass clarinet*, Scott LaFaro, Charlie Haden *bass*, Billy Higgins, Ed Blackwell *drums*
Titres Free Jazz (part. 1) ❑ Free Jazz (part. 2)
Appréciation L'archétype du disque free, avec une peinture de Jackson Pollock en couverture. Ébouriffante association de deux quartettes de tendances différentes, l'un très libre, l'autre plus proche du hard bop.

Ascension
John Coltrane

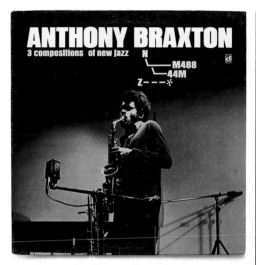

Anthony Braxton
THREE COMPOSITIONS
OF NEW JAZZ

Date d'enregistrement 1968
Label Delmark
Musiciens Anthony Braxton *alto et soprano sax, clarinet, flute, musette, accordion, bells, snare drum, mixer*, Leo Smith *trumpet, mellophone, xylophone, bottles, kazoo*, Leroy Jenkins *violin, viola, harmonica, bass drum, recorder, cymbals, slide whistle*, Richard Abrahams *piano, cello, alto clarinet*
Titres ▢ ▢ The Bell

Appréciation Le virtuose le plus complet du Chicago des années 60 est toujours à la pointe de la nouveauté dans les années 90. Voici le disque de ses débuts. Notez les titres des morceaux !

Albert Ayler Trio
SPIRITUAL UNITY

Date d'enregistrement 10 juillet 1964
Label ESP
Musiciens Albert Ayler *sax*, Gary Peacock *bass*, Sunny Murray *drums*
Titres Ghosts : first variation ▢ The Wizard ▢ Spirits ▢ Ghosts : second variation
Appréciation Le jeu d'Ayler est un cri douloureux et plaintif. Ses premières sessions prennent souvent aux tripes. *Ghosts : second variation* est peut-être sa meilleure prestation, admirablement soutenue par la cymbale de Sunny Murray.

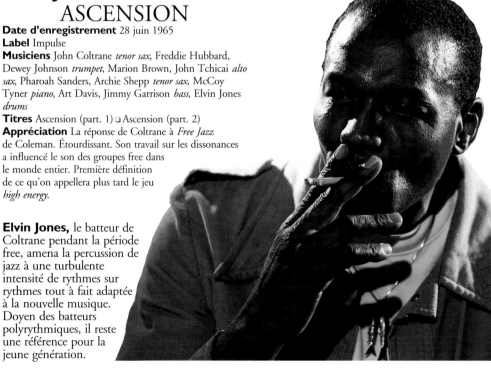

John Coltrane
ASCENSION

Date d'enregistrement 28 juin 1965
Label Impulse
Musiciens John Coltrane *tenor sax*, Freddie Hubbard, Dewey Johnson *trumpet*, Marion Brown, John Tchicai *alto sax*, Pharoah Sanders, Archie Shepp *tenor sax*, McCoy Tyner *piano*, Art Davis, Jimmy Garrison *bass*, Elvin Jones *drums*
Titres Ascension (part. 1) ▢ Ascension (part. 2)
Appréciation La réponse de Coltrane à *Free Jazz* de Coleman. Étourdissant. Son travail sur les dissonances a influencé le son des groupes free dans le monde entier. Première définition de ce qu'on appellera plus tard le jeu *high energy*.

Elvin Jones, le batteur de Coltrane pendant la période free, amena la percussion de jazz à une turbulente intensité de rythmes sur rythmes tout à fait adaptée à la nouvelle musique. Doyen des batteurs polyrythmiques, il reste une référence pour la jeune génération.

Big-bands postbop

Après avoir été évincés des pistes de danse par l'économie d'après-guerre et la montée du bop, les big-bands revinrent en force dans les années 50 sous l'impulsion de Basie et d'Ellington. Mais le marché du swing avait disparu. Depuis *Birth of the Cool*, on sentait que les big-bands ne pouvaient plus jouer comme s'ils avaient devant eux la salle de bal du Savoy des années 30. Ils puisaient à présent leur matière dans le nouveau jazz, et parfois dans le rock, ou empruntaient à la musique classique européenne, pour peu qu'elle laissât suffisamment de place à l'improvisation. Gil Evans, l'arrangeur de *Birth of the Cool*, et son opposé, l'imprévisible Charlie Mingus – tous deux émules à leur manière d'Ellington – occupèrent le devant de la scène. D'autres s'inspirèrent de la musique classique moderne – comme Stan Kenton, Charlie Haden, Carla Bley ou encore Ornette Coleman et la New Thing.

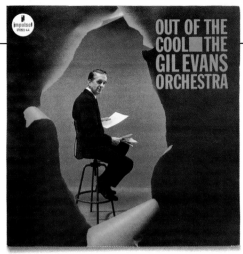

The Gil Evans Orchestra
OUT OF THE COOL

Date d'enregistrement 1960
Label Impulse
Musiciens Gil Evans *piano, arranger*, John Coles, Phil Sunkel *trumpet*, Jimmy Knepper, Keg Johnson *trombone*, Tony Studd *bass trombone*, Bill Barber *tuba*, Budd Johnson *tenor et soprano sax*, Eddie Caine, Ray Beckenstein *alto sax, flute, piccolo*, Bob Tricarico *bassoon, flute, piccolo*, Ray Crawford *guitar*, Ron Carter *bass*, Elvin Jones, Charlie Persip *percussion*
Titres La Nevada ❑ Where Flamingos Fly ❑ Bilbao ❑ Stratusphunk ❑ Sunken Treasure
Appréciation Le subtil Evans à son meilleur niveau : dramatique, mystérieux, aussi original que ses rivaux de l'époque.

Carla Bley
ESCALATOR OVER THE HILL

Date d'enregistrement 1968-1971
Label J.C.O.A./Virgin
Musiciens Carla Bley *keyboards*, Don Cherry, Michael Mantler *trumpet*, Roswell Rudd *trombone*, Jimmy Lyons *alto sax*, Gato Barbieri *tenor sax*, John McLaughlin *guitar*, Charlie Haden, Jack Bruce *bass*, Paul Motian *drums, percussion*, Linda Ronstadt *vocals*
Titres Notamment Hotel Ouverture ❑ This Is Here ❑ Like Animals ❑ Escalator Over the Hill ❑ Stay Awake ❑ Businessmen ❑ Why ❑ Detective Writer Daughter ❑ Over Her Head ❑ Little Pony Soldier ❑ Oh Say Can You Do ? ❑ A.I.R. ❑ Rawalpindi Blues
Appréciation Une œuvre ambitieuse, un genre d'opéra pour big-band avec la participation exceptionnelle de John McLaughlin, Jack Bruce, Don Cherry et la chanteuse de country Linda Ronstadt. Le son de Carla Bley (rappelant Gil Evans) est inimitable.

Charlie Haden
LIBERATION MUSIC ORCHESTRA

Date d'enregistrement 1969
Label CBS
Musiciens Charlie Haden *bass*, Michael Mantler *trumpet*, Don Cherry *cornet*, Roswell Rudd *trombone*, Bob Northern *French horn*, Howard Johnson *tuba*, Dewey Redman *tenor et alto sax*, Gato Barbieri *tenor sax, clarinet*, Perry Robinson *clarinet*, Carla Bley *organ, piano*, Sam Brown *guitar, Tanganyikan guitar, thumb piano*, Paul Motian, Andrew Cyrille *drums, percussion*
Titres The Introduction ❑ Song of the United Front ❑ El Quinto Regimento ❑ Los Quatro Generales ❑ The Ending of the First Side ❑ Song for Che ❑ War Orphans ❑ Interlude ❑ Circus 68, 69 ❑ We Shall Overcome
Appréciation Des chansons évoquant la guerre d'Espagne et quelques originaux d'Ornette Coleman. La collaboration de Carla Bley avec Haden inspira *Escalator*.

The Don Ellis Orchestra
ELECTRIC BATH

Date d'enregistrement 1968
Label CBS
Musiciens Don Ellis, Glenn Stuart, Alan Weight, Ed Warren, Bob Harmon *trumpet*, Ron Myers, Dave Sanchez, Terry Woodson *trombone*, Ruben Leon, Joe Roccisano *alto et soprano sax, flute*, Ira Schulman *tenor sax, flute, piccolo, clarinet*, Ron Starr *tenor sax, flute, clarinet*, John Magruder *baritone sax, flute, bass clarinet*, Mike Lang *piano, clarinet, Fender piano*, Ray Neapolitan *bass, sitar*, Frank De La Rosa, Dave Parlato *bass*, Steve Bohannon *drums*, Chino Valdes *conga, bongos*, Mark Stevens *timbales, vibes, percussion*, Alan Estes *percussion*
Titres Indian Lady ❑ Alone ❑ Turkish Bath ❑ Open Beauty ❑ New Horizons
Appréciation Une merveille d'un orchestre de jazz sous-estimé des années 60. Une musique expérimentale, des couleurs qui éclaboussent, des textures iridescentes.

MINGUS

THE
BLACK
SAINT
AND THE
SINNER
LADY

FROM A POEM: "Touch my beloved's thought while her world's affluence crumbles at my feet."

Charles Mingus, géant de la contrebasse, conçut nombre de ses œuvres dans des ateliers. Sa musique reflète son tempérament instable, mais son travail – bien que de texture plus rugueuse – est comparable à celui de Duke Ellington.

Charles Mingus
THE BLACK SAINT AND THE SINNER LADY

Date d'enregistrement 20 janvier 1963
Label Impulse
Musiciens Charles Mingus *bass, piano,* Rolf Ericson, Richard Williams *trumpet,* Quentin Jackson *trombone,* Don Butterfield *tuba, contrabass trombone,* Charles Mariano *alto sax,* Dick Hafer *tenor sax, flute,* Jerome Richardson *soprano sax, flute,* Jaki Byard *piano,* Jay Berliner *guitar,* Dannie Richmond *drums*
Titres Track A – Solo Dance ❏ Track B – Duet Solo Dancers ❏ Track C – Group Dancers ❏ Mode D – Trio and Group Dancers ❏ Mode E – Single Solos and Group Dance ❏ Mode F – Group and Solo Dance
Appréciation Mingus revisite presque toutes les techniques existantes et les revitalise avec une nouvelle conception rythmique, un registre étendu et des multi-textures. Cette session, aux thèmes obsédants, est l'une de ses meilleures.

Porgy and Bess

MILES DAVIS

Miles Davis
PORGY AND BESS

Date d'enregistrement Juillet-août 1958
Label CBS
Musiciens Miles Davis *trumpet, flugelhorn,* Gil Evans *arranger,* Louis Mucci, Ernie Royal, John Coles, Bernie Glow *trumpet,* Jimmy Cleveland, Joseph Bennett, Dick Hickson, Frank Rehak *trombone,* John « Bill » Barber *tuba,* Julian Adderley, Danny Banks *sax,* Willie Ruff, Julius B. Watkins, Gunther Schuller *French horn,* Phil Bodner, Romeo Penque, Jerome Richardson *flute,* Paul Chambers *bass,* Philly Joe Jones, Jimmy Cobb *drums*
Titres The Buzzard Song ❏ Bess You Is My Woman Now ❏ Gone ❏ Gone, Gone, Gone ❏ Summertime ❏ Bess, Oh Where's My Bess ❏ Prayer (Oh Doctor Jesus) ❏ Fishermen, Strawberry and Devil Crab ❏ My Man's Gone Now ❏ It Ain't Necessarily So ❏ Here Come de Honey Man ❏ I Loves You, Porgy ❏ There's a Boat that's Leaving Soon for New York
Appréciation Gil Evans créa quelques pièces concertantes pour la trompette ténébreuse de Miles Davis. Cette œuvre célèbre renforce et approfondit les originaux de Gershwin.

Stan Kenton
NEW CONCEPTS OF ARTISTRY IN RHYTHM

Date d'enregistrement Septembre 1952
Label Capitol
Musiciens Stan Kenton *piano,* Conte Candoli, Buddy Childers, Maynard Ferguson, Don Dennis, Ruben McFall *trumpet,* Bob Fitzpatrick, Keith Moon, Frank Rosolino, Bill Russo *trombone,* George Roberts *bass trombone,* Lee Konitz, Vinnie Dean *alto sax,* Richie Kamuca, Bill Holman *tenor sax,* Bob Gioga *baritone sax,* Sal Salvador *guitar,* Don Bagley *bass,* Stan Levey *drums,* Derek Walton *conga,* Kay Brown *vocal*
Titres Prologue ❏ Portrait of a Count ❏ Young Blood ❏ Frank Seaking ❏ 23°N.-82°W. ❏ Taboo ❏ Lonesome Train ❏ Invention for Guitar and Trumpet ❏ My Lady ❏ Swing House ❏ Improvisation ❏ You Go to My Head
Appréciation Remarquable disque de musique « progressive », mêlant dissonances, euroclassicisme et jazz.

Le jazz modal

Le bebop, avec ses rigides cycles d'accords, obligeait les solistes, même les plus extatiques, à prendre appui sur des bases très explicites, et parfois les musiciens semblaient vouloir condenser en une seule nuit le travail de toute une vie. Au début des années 50, de nombreux jazzmen cherchèrent d'autres fondations pour l'improvisation. Le compositeur et ex-batteur George Russell expliqua, dans *Lydian Chromatic Concept of Tonal Organization*, que les modes – dispositions particulières de la gamme caractérisées par la disposition des intervalles – pouvaient soutenir les solos mieux que les notes des accords. Si le solo bebop était une bille de billard qui ricochait en tourbillonnant sur les accords, le solo modal, évoluant dans un cadre moins changeant, avait des trajectoires plus courbes. Il en résulta une musique plus méditative, plus intériorisée. Le modalisme offrait une alternative plus accessible que le free en assouplissant la structure du jazz, ce qui n'empêchait pas ses adeptes de combiner souvent les formes anciennes et nouvelles.

John Coltrane
A LOVE SUPREME

Date d'enregistrement Décembre 1964
Label Impulse
Musiciens John Coltrane *tenor sax*, McCoy Tyner *piano*, Jimmy Garrison *bass*, Elvin Jones *drums*
Titres Acknowledgment ❑ Resolution ❑ Pursuance ❑ Psalm
Appréciation La musique modale prise aussi vite qu'elle vient, avec, dans le son de Coltrane, une ferveur nouvelle évoquant la prédication baptiste et les hollers. Une grande session à la frontière du modal et du free, de la frénésie de *Pursuance* à la tranquille assurance de *Psalm*.

McCoy Tyner
THE REAL MCCOY

Date d'enregistrement 1967
Label Blue Note
Musiciens McCoy Tyner *piano*, Joe Henderson *tenor sax*, Ron Carter *bass*, Elvin Jones *drums*
Titres Passion Dance ❑ Contemplation ❑ Four by Five ❑ Search for Peace ❑ Blues on the Corner
Appréciation Bien que réalisé dans une période de doute, voici l'un des plus grands albums de Tyner. Superbement entouré, il reste proche du territoire qu'il avait occupé avec Coltrane, mais avec moins d'obstination. La maîtrise des gammes, l'originalité d'Henderson et la variété du matériau font de ce disque un classique.

Herbie Hancock
MAIDEN VOYAGE

Date d'enregistrement 1965
Label Blue Note
Musiciens Herbie Hancock *piano*, Freddie Hubbard *trumpet*, George Coleman *tenor sax*, Ron Carter *bass*, Anthony Williams *drums*
Titres Maiden Voyage ❑ The Eye of the Hurricane ❑ Little One ❑ Survival of the Fittest ❑ Dolphin Dance
Appréciation Quand le pianiste virtuose Hancock vint au jazz, le modalisme était déjà sur le déclin. Sa musique mêlait modes, accords funky et superbes compositions. On trouve ici deux des plus gracieuses pièces de Hancock, le morceau titre et *Dolphin Dance*.

John Coltrane
MY FAVORITE THINGS

Date d'enregistrement 1960
Label Atlantic
Musiciens John Coltrane *soprano et tenor sax*, McCoy Tyner *piano*, Steve Davis *bass*, Elvin Jones *drums*
Titres My Favorite Things ❑ Every Time We Say Goodbye ❑ Summertime ❑ But Not for Me
Appréciation Le morceau titre de cet album, l'une des improvisations modales les plus populaires et les plus imitées, ne se développe pas à partir des accords Rodgers et Hammerstein, mais à partir du toucher répétitif de Tyner sur deux accords au-dessus desquels les solos de Coltrane alternent les modes mineur et majeur. Improvisation ample et incantatoire.

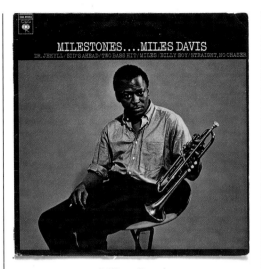

Miles Davis
MILESTONES

Date d'enregistrement 1958
Label CBS
Musiciens Miles Davis *trumpet*, Julian « Cannonball » Adderley *alto sax*, John Coltrane *tenor sax*, Red Garland *piano*, Paul Chambers *bass*, Philly Joe Jones *drums*
Titres Dr. Jekyll ❏ Sid's Ahead ❏ Two Bass Hit ❏ Milestones ❏ Billy Boy ❏ Straight, No Chaser
Appréciation *Kind of Blues* est peut-être le disque le plus connu du modalisme de Miles, mais le légèrement swingué *Milestones* – basé sur deux gammes – le précéda et l'improvisation de jazz devint aussitôt plus dépouillée, plus aérienne, plus apollinienne.

Bill Evans Trio
EVERYBODY DIGS BILL EVANS

Date d'enregistrement 1958
Label Riverside
Musiciens Bill Evans *piano*, Sam Jones *bass*, Philly Joe Jones *drums*
Titres Minority ❏ Young and Foolish ❏ Lucky to Be Me ❏ Night and Day ❏ Epilogue ❏ Tenderly ❏ Peace Piece ❏ What Is There to Say ? ❏ Oleo ❏ Epilogue
Appréciation Evans est l'un des pianistes les plus lyriques, les plus romantiques et les plus sous-estimés. Il jeta les fondations de *Kind of Blue,* et *Peace Piece,* une délicieuse ballade composée à mi-session, est basée sur les modes qui deviendront *Flamenco Sketches* dans l'album classique de Miles Davis.

Pharoah Sanders
JEWELS OF THOUGHT

Date d'enregistrement 1969
Label Impulse
Musiciens Pharoah Sanders *tenor sax, contrabass clarinet, reed flute, African thumb piano, orchestra chimes, percussion,* Lonnie Smith *piano, African flute et thumb piano, percussion,* Cecil McBee, Richard Davies *bass, percussion,* Idris Muhammad *drums, percussion,* Roy Haynes *drums,* Leon Thomas *vocal, percussion*
Titres Hum-Allah-Hum-Allah-Hum Allah ❏ Sun in Aquarius (part. 1) ❏ Sun in Aquarius (part. 2)
Appréciation Sanders suivit Coltrane et Albert Ayler dans les années 60. Son saxophone avait l'énergie d'un lance-flammes, ses méthodes s'inspiraient du dernier style de Coltrane et ses pièces étaient émaillées de références africaines, relayées par le style de chant iodlant de Leon Thomas. Un disque très précieux pour le premier morceau, également connu sous le titre de *Prince of Peace.*

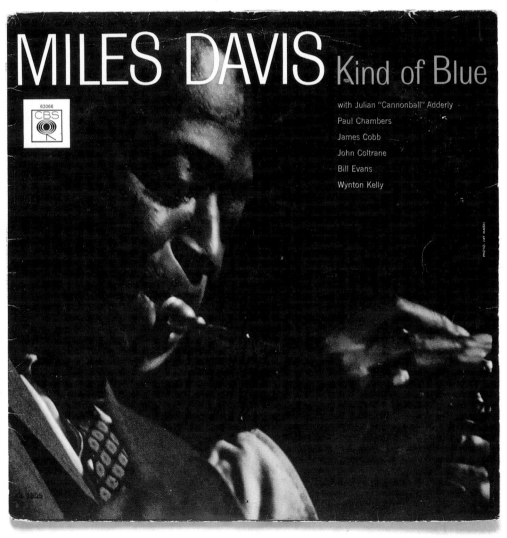

Miles Davis
KIND OF BLUE

Date d'enregistrement Mars-avril 1959
Label CBS
Musiciens Miles Davis *trumpet*, Julian Adderley *alto sax*, John Coltrane *tenor sax*, Bill Evans, Wyn Kelly *piano*, Paul Chambers *bass*, James Cobb *drums*

Titres So What ❏ Freddie Freeloader ❏ Blue in Green ❏ All Blues ❏ Flamenco Sketches
Appréciation L'un des disques les plus hypnotiques du jazz. Ce classique du modal est servi par de grands solistes, qui sont ici les éclaireurs de la nouvelle forme.

Le jazz latin

Les rythmes africains étaient présents aux Amériques en maints endroits et sous maintes formes. Les danses vaudoues, le culte des ancêtres et les chants de travail subirent diverses adaptations dans les communautés gérées par des Américains, des Espagnols, des Portugais, des Français ou des Anglais mais, même déformés, restèrent toujours reconnaissables. Les battements du jazz vont souvent par trois, alors que les rythmes latino-américains – surtout cubains et brésiliens – vont par paires de notes accentuées irrégulièrement : BA-ba, ba-BA, ba-ba, BA-ba. Le jazz latin apparut timidement dans les années 30 et conquit un plus vaste public par la voie du disque grâce à Dizzy Gillespie, qui engagea le sensationnel batteur cubain Chano Pozo en 1947. Sa popularité se perpétua et connut un boum dans les années 60 avec la vogue du jazz samba et les rythmes colorés du fusion dans la décennie suivante.

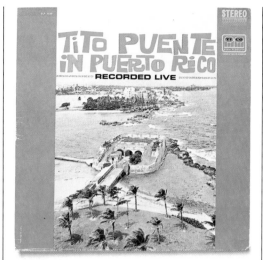

Tito Puente
IN PUERTO RICO

Date d'enregistrement Inconnue
Label Tico
Musiciens avec Tito Puente *percussion, vibes, arranger, and orchestra*
Titres Pa Borinquen ❑ El Paso ❑ Quisiera Olvidarte ❑ Cancion de la Serrania ❑ Vega Baja ❑ El Que Usted Conoce ❑ Babarabatiri ❑ Morena ❑ Romance del Campesino
Appréciation Tito Puente forma son premier groupe dans les années 40. Il joue avec l'authenticité du prêtre de la foi *santeria* qu'il est aussi. Album *live* de salsa jazzy.

Poncho Sanchez
SONANDO

Date d'enregistrement Août 1982
Label Concord Picante
Musiciens Poncho Sanchez *congas, percussion*, Steven Huffsteter *trumpet*, Mark Levine *trombone*, Gary Foster *alto sax, flute*, Dick Mitchell *tenor sax, flute*, Charlie Orwell *piano*, Tony Banda *bass*, Ramon Banda *timbales, drums*, Luis Conte *percussion*, Jose Perico Hernandez *vocal*
Titres A Night in Tunisia ❑ Sonando ❑ The Summer Knows ❑ Con Tres Tambores Bata un Quinto y un Tumbador ❑ Este Son ❑ Almendra ❑ Sueño ❑ Cal's Pals ❑ Peruchín
Appréciation Le premier disque de Sanchez comme leader, à l'origine avec Cal Tjader.

Wayne Shorter
NATIVE DANCER

Date d'enregistrement 1975
Label Columbia
Musiciens Avec Wayne Shorter *tenor et soprano sax*, Milton Nascimento *vocal*, Herbie Hancock, Wagner Tiso *keyboards*, David Amaro *guitar*, Roberto Silva *drums*, Airto Moreira *percussion*
Titres Ponta de Areia ❑ Beauty and the Beast ❑ Tarde ❑ Miracle of the Fishes ❑ Diana ❑ From the Lonely Afternoons ❑ Ana Maria ❑ Lilia ❑ Joanna's Theme
Appréciation La voix aérienne et les magiques compositions mélodiques de Milton Nascimento associées à un phrasé inhabituel et à une sonorité assez sombre de Shorter. Un disque plus jazzy qu'il n'y paraît, malgré une bonne dose de samba.

Hermeto Pascoal
SLAVES MASS

Date d'enregistrement 1976
Label Warner Bros
Musiciens Hermeto Pascoal *keyboards, soprano sax, flutes, guitar, vocal*, Raoul de Souza *trombone, vocal*, David Amaro *guitar*, Ron Carter, Alphonso Johnson *bass*, Chester Thompson *drums*, Airto Moreira *drums, percussion*, Flora Purim, Hugo Fattoruso, Laudir de Olivera, Airto Moreira *vocal*
Titres Mixing Pot ❑ Slaves Mass ❑ Little Cry for Him ❑ Cannon ❑ Just Listen ❑ That Waltz ❑ Cherry Jam
Appréciation Pascoal est un expérimentateur du son : des grognements de gorets accompagnent Moreira. Grosse influence sur les fusionnistes des années 70.

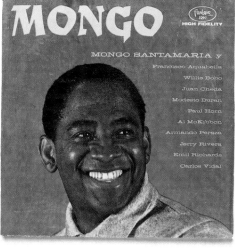

Chick Corea
RETURN TO FOREVER

Date d'enregistrement 2-3 février 1972
Label ECM
Musiciens Chick Corea *electric piano*, Joe Farrell *flutes, soprano sax*, Stan Clarke *bass*, Airto Moreira *drums*, Flora Purim *vocal, percussion*
Titres Return to Forever ❑ Crystal Silence ❑ What Game Shall We Play Today ❑ Sometime Ago-la-Fiesta
Appréciation Le premier, et le meilleur, *Return to Forever*. Les envolées vocales de Flora Purim dansent avec les arpèges de Corea sur un rythme afrobrésilien délicatement tissé par Moreira.

STEREO ⦿ 33⅓ 810 061-1

Machito
THE WORLD'S GREATEST LATIN BAND

Date d'enregistrement 1988
Label GNP Crescendo
Musiciens Machito *vocal, leader* ; orchestra featuring Jimmy Zito *trumpet*, Aaron Sachs *sax*, Graciella *vocal*
Titres El Columpio ❑ Tenderly ❑ Ayer lo vi Llorar ❑ Mi Otoño ❑ Todo Es ❑ Bernie's Tune ❑ Jamaicuba ❑ Moonlight in Vermont ❑ Alma con Alma ❑ Almendra ❑ Pent-up House
Appréciation Le Machito's Band fut l'un des premiers groupes latins à assimiler le bop. Un fantastique swing.

Mongo Santamaria
MONGO

Date d'enregistrement Mai 1959
Label Fantasy
Musiciens Mongo Santamaria *drums*, Francisco Aquabella *drums arranger*, Jose « Chombo » Silva *tenor sax*, Paul Horn *flute*, Vince Guaraldi *piano*, Cal Tjader *vibes*, Emil Richards *marimba*, Al McKibbon *bass*, Armando Peraza, Willie Bobo, Juan Cheda, Carlos Vidal *percussion*, Jose Gamboa *vocal, tres*
Titres Afro Blue ❑ Che-que-re-que-che-que ❑ Rezo ❑ Ayenye ❑ Onyaye ❑ Bata ❑ Meta Rhumba ❑ Chano Pozo ❑ Los Conguitos ❑ Monte Adentro ❑ Imaribayo ❑ Mazacote
Appréciation Santamaria succéda à Chano Pozo comme star du jazz latin. Il influença Chick Corea et bien d'autres. Ses riches percussions volent ici la vedette à Cal Tjader, idole des pistes de danse, et au grand « Chombo » Silva. Admirable *Mazacote*.

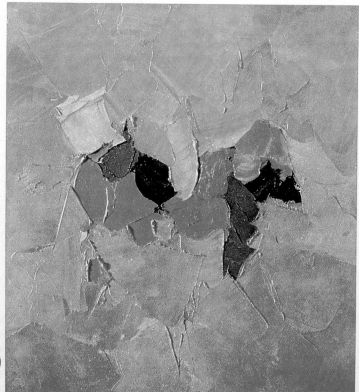

Stan Getz/Charlie Byrd
JAZZ SAMBA

Date d'enregistrement 13 février 1962
Label Verve
Musiciens Stan Getz *tenor sax*, Charlie Byrd *guitar*, Gene Byrd *bass, guitar*, Keter Betts *bass*, Buddy Deppenschmidt, Bill Reichenbach *drums*
Titres Desafinado ❑ Samba Dees Days ❑ O Pato ❑ Samba Triste ❑ Samba de Uma Nota Só ❑ E Luxo So ❑ Baia
Appréciation Avec le boum du jazz samba au début des années 60, le jazz latin rencontra l'école cool. La sonorité pastel et fragile du saxophone youngien de Stan Getz en fut la voix dominante – et l'une des plus imitées des années 50 à 70. *Desafinado* fut un tube, au même titre que *Girl from Ipanema* chanté par Astrud Gilberto. Bien que ces pièces aient parfois été dénigrées en regard des versions plus musclées de jazz latin qui suivirent, le jeu de Getz est superbement inspiré dans sa réserve et les thèmes sont merveilleux. Seule la section rythmique, qui opte pour un soutien traînant de type cool, reste en-deçà de l'effervescence latine.

La fusion

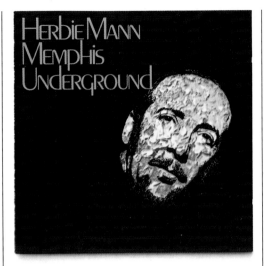

Le rock germa dans les mêmes graines que le jazz quarante ans plus tôt mais, dans les années 60, le jazz semblait à la remorque de la musique populaire. Il y avait pourtant des musiciens phénoménaux – Miles Davis, John Coltrane, Thelonious Monk, Charles Mingus, Ornette Coleman et tant d'autres –, mais le grand public s'en détournait, et le rock devenait de plus en plus subtil, complexe et, parfois, se lançait dans l'improvisation. Les grands labels incitèrent fortement leurs jazzmen à expérimenter des formes hybrides de jazz et de rock. Mais les raisons de cette évolution ne sont pas seulement commerciales. Ces artistes, guère convaincus que l'improvisation free *high energy* avait vraiment restauré la vitalité du jazz, pensèrent trouver dans le rock ou la soul le feu et le punch qu'ils cherchaient. Ils en absorbèrent les sonorités et produisirent parfois de véritables tubes.

Herbie Mann
MEMPHIS UNDERGROUND

Date d'enregistrement 1969
Label Atlantic
Musiciens Herbie Mann *flute*, Bobby Emmons, Bobby Wood *keyboards*, Larry Coryell, Sonny Sharrock, Reggie Young *guitar*, Tommy Cogbill, Mike Leech, Miroslav Vitous *bass*, Roy Ayers *vibes*, Gene Christman *drums*
Titres Memphis Underground ❑ New Orleans ❑ Hold On I'm Comin' ❑ Chain of Fools ❑ Battle Hymn of the Republic
Appréciation Un set de fusion éclatant, avec flûte et vibraphone, fonctionnant toujours vingt-cinq ans après.

Herbie Hancock
HEAD HUNTERS

Date d'enregistrement 1973
Label CBS
Musiciens Herbie Hancock *Fender Rhodes, Hohner D6 clarinet, Arp Odyssey et Soloist synthesizers, pipes*, Bennie Maupin *soprano et tenor sax, bass clarinet, alto flute*, Paul Jackson *bass, marimbula*, Harvey Mason *drums*, Bill Summers *congas, shekere, balafon, agogo, cabasa, hindewho, tambourine, log drum, surdo, gankoqui, beer bottle*
Titres Chameleon ❑ Watermelon Man ❑ Sly ❑ Vein Melter
Appréciation Un record de ventes dans les années 70. Peu d'improvisation mais des airs qui se retiennent instantanément, comme *Chameleon*, des riffs de basse électrique à faire péter les vitres, beaucoup de wah-wah et des déferlantes de percussions.

Dreams
DREAMS

Date d'enregistrement 1970
Label CBS
Musiciens Randy Brecker *trumpet, flugelhorn*, Barry Rogers *trombone, Wagner tuba*, Michael Brecker *tenor sax, flute*, Jeff Kent *keyboards, guitar, vocal*, John Abercrombie *lead guitar*, Doug Lubahn *bass, vocal*, Billy Cobham *drums, percussion*, Edward Vernon *vocal*
Titres Devil Lady ❑ 15 Miles to Provo ❑ The Maryanne ❑ Holli Be Home ❑ Try Me ❑ Dream Suite ❑ New York
Appréciation Groupe fondateur, Dreams fut formé par les frères Brecker et Billy Cobham, tous trois attirés autant par le rhythm and blues et la soul que par le jazz.

The Mahavishnu Orchestra
THE INNER MOUNTING FLAME

Date d'enregistrement 1971
Label CBS
Musiciens John McLaughlin *guitar*, Jan Hammer *piano*, Jerry Goodman *violin*, Rick Laird *bass*, Billy Cobham *drums*
Titres Meetings of the Spirit ❑ Dawn ❑ The Noonward Race ❑ A Lotus on Irish Streams ❑ Vital Transformation ❑ The Dance of Maya ❑ You Know You Know ❑ Awakening
Appréciation Après un passage chez Miles Davis, le guitariste britannique McLaughlin, qui venait du rhythm and blues, forma ce tempêtueux quintette avec l'explosif batteur funky Cobham et le violoniste country Goodman. Références à la musique indienne. C'est le premier et le meilleur disque du Mahavishnu.

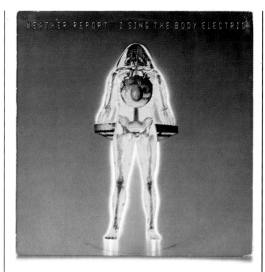

The Tony Williams Lifetime
EMERGENCY !

Date d'enregistrement 1969
Label Polydor
Musiciens Tony Williams *drums*, Larry Young *organ*, John McLaughlin *guitar*
Titres Emergency ❑ Beyond Games ❑ Where ❑ Vashkar ❑ Via the Spectrum Road ❑ Spectrum ❑ Sangria for Three ❑ Something Spiritual
Appréciation Williams, l'un des batteurs de jazz les plus avancés, forma ce furieux groupe de fusion sans concession après avoir quitté Miles Davis.

Donald Byrd
BLACK BYRD

Date d'enregistrement 1973
Label Blue Note
Musiciens Notamment Donald Byrd *trumpet*, Larry Mizell *producer, arranger*
Titres Flight Time ❑ Black Byrd ❑ Love's So Far Away ❑ Mr. Thomas ❑ Sky High ❑ Slop Jar Blues ❑ Where Are We Going ?
Appréciation La réponse funky du trompettiste de hard bop Donald Byrd à Motown, au gospel et à James Brown avec l'estampille des influents frères Mizell. Rivalise avec *Head Hunters*.

Weather Report
I SING THE BODY ELECTRIC

Date d'enregistrement 1971-1972
Label CBS
Musiciens Wilmer Wise *D* et *piccolo trumpet*, Andrew White *English horn*, Wayne Shorter *reeds*, Hubert Laws Jr. *flute*, Josef Zawinul *electric* et *acoustic keyboard*, Ralph Towner *12-string guitar*, Miroslav Vitous *bass*, Eric Gravatt *drums*, Dom Um Romao *percussion*, Yolande Bavan, Joshie Armstrong, Chapman Roberts *vocal*
Titres Unknown Soldier ❑ The Moors ❑ Crystal ❑ Second Sunday in August ❑ Medley : Vertical Invader, T. H., Dr. Honoris Causa ❑ Surucucu ❑ Directions
Appréciation Weather Report révolutionna l'emploi des instruments électriques dans le jazz et fit évoluer les ensembles de fusion vers un style vivace mêlant étroitement les solos et les *tutti*. Voici leur second disque. Avec Miroslav Vitous et Dom Um Romao.

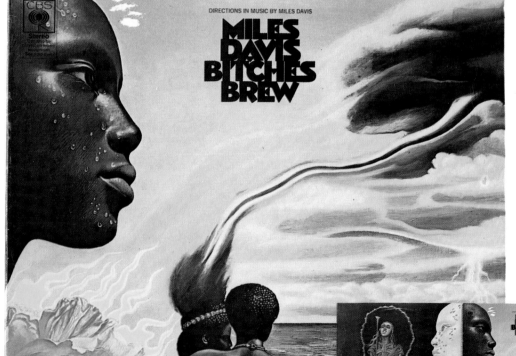

Miles Davis
BITCHES BREW

Date d'enregistrement 1969
Label CBS
Musiciens Miles Davis *trumpet*, Wayne Shorter *soprano sax*, Bennie Maupin *bass clarinet*, Chick Corea, Joe Zawinul, Larry Young *electric piano*, John McLaughlin *electric guitar*, Harvey Brooks *Fender bass*, Dave Holland *bass*, Lenny White, Jack DeJohnette, Charles Alias *drums*, Jim Riley *percussion*
Titres Pharoah's Dance ❑ Bitches Brew ❑ Spanish Key ❑ John McLaughlin ❑ Miles Runs the Voodoo Down ❑ Sanctuary
Appréciation Le plus influent de tous les disques de fusion. La technique du mixage est utilisée ici comme un outil créatif. Davis abolit la distinction entre section rythmique et instruments de front, transformant tout l'orchestre en un spacieux générateur de textures rythmiques funky, au fil desquelles les solistes apparaissent et disparaissent comme des fantômes. A la fois étrange, prenant et plein de vitalité.

Gatefold sleeve

Dans la tradition

Vers le début des années 80, les traditions du jazz acoustique, négligées depuis près de quinze ans, firent un retour triomphal. Les vieux géants du bebop, qui en étaient réduits à courir le cacheton pour une poignée d'irréductibles amateurs, se trouvèrent à nouveau sous le feu des projecteurs et signèrent même avec de grandes compagnies de disques, pendant que de nouveaux émules fleurissaient dans leur sillage. Le hard bop, avec ses rythmes énergiques, ses airs prenants et ses robustes solos, revint à l'honneur – de même que des méthodes et des styles prématurément abandonnés, comme la musique acoustique du Miles Davis des années 60. Les grands labels s'arrachèrent les jeunes virtuoses frais émoulus des écoles de musique, particulièrement Berklee à Boston. Motivés par le retour en force du jazz, sûrs de leur technique et vivant à une époque où l'expression de soi n'était plus considérée comme du nombrilisme, ceux-ci redécouvrirent le plaisir d'écouter en direct les anciens styles de jazz, comme au temps de leurs aînés.

The Harper Brothers
REMEMBRANCE

Date d'enregistrement Septembre 1989
Label PolyGram
Musiciens Philip Harper *trumpet*, Winard Harper *drums*, Justin Robinson *alto sax*, Stephen Scott *piano*, Kiyoshi Kitagawa *bass*
Titres Introduction by Barbary Hackett ❑ Hodge Podge ❑ In a Way She Goes ❑ Remembrance ❑ Somewhere in the Night ❑ C.B. ❑ Keynote Doctrine ❑ Kiss Me Right ❑ Always Know ❑ Don't Go to Strangers ❑ Umi ❑ Yang
Appréciation Maints jeunes musiciens des années 80 possédaient les notes, mais ils n'avaient pas tous le feeling. Les Harper Brothers, fans d'Art Blakey, savaient restituer l'énergie du hard bop.

Dexter Gordon
HOMECOMING

Date d'enregistrement 11-12 novembre 1976
Label CBS
Musiciens Dexter Gordon *tenor sax*, Woody Shaw *trumpet, flugelhorn*, Ronnie Matthews *piano*, Stafford James *bass*, Louis Hayes *drums*
Titres Gingerbread Boy ❑ Little Red's Fantasy ❑ Fenja ❑ In Case You Haven't Heard ❑ It's You or No One ❑ Let's Get Down ❑ Round Midnight ❑ Backstairs
Appréciation Quand le « boss » du hard bop revint aux États-Unis, après un exil volontaire, il décida d'embrasser le mouvement néo-bop en signant ce disque.

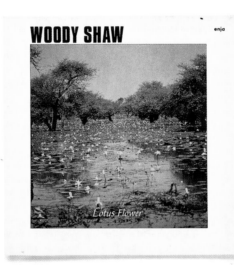

Woody Shaw
LOTUS FLOWER

Date d'enregistrement 7 janvier 1982
Label Enja
Musiciens Woody Shaw *trumpet*, Steve Turre *trombone, percussion*, Mulgrew Miller *piano*, Stafford James *bass*, Tony Reedus *drums*
Titres Eastern Joy Dance ❑ Game ❑ Lotus Flower ❑ Rahsaan's Run ❑ Song of Songs
Appréciation Un trompettiste vedette des années 70 et 80, avec un magnifique groupe. Bon matériel, bonne interaction de l'ensemble et bons solos. Shaw est audacieux mais clair, Turre explicite dans tous les tempos.

Joe Henderson
THE STATE OF THE TENOR

Date d'enregistrement 14-16 novembre 1985
Label Blue Note
Musiciens Joe Henderson *tenor sax*, Ron Carter *bass*, Al Foster *drums*
Titres Boo Boo's Birthday ❑ Cheryl ❑ Y Ya la Quiero ❑ Soulville ❑ Portrait ❑ The Bead Game
Appréciation Tel un jeune Sonny Rollins, Henderson fit preuve d'un génie mélodique spontané très ancré dans le jazz. Ces sessions *live* du Village Vanguard montrent bien comment Henderson sut gagner le prestige mondial dont il est à présent entouré.

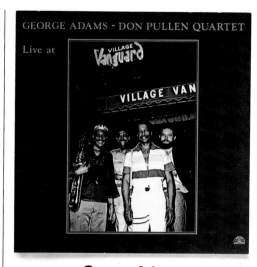

George Adams-Don Pullen Quartet
LIVE AT VILLAGE VANGUARD

Date d'enregistrement 19 août 1983
Label Soul Note
Musiciens George Adams *tenor sax*, Don Pullen *piano*, Cameron Brown *bass*, Dannie Richmond *drums*
Titres The Necessary Blues (Thank You Very Much, Mr. Monk) ❑ Solitude ❑ Intentions ❑ Diane
Appréciation De 1977 à 1989, ce descendant des groupes de Charles Mingus occupa avec dynamisme un territoire à mi-chemin entre le free jazz et le hard bop, comme le montre ce joli set.

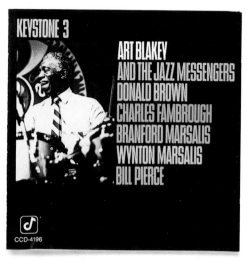

Art Blakey and the Jazz Messengers
KEYSTONE 3

Date d'enregistrement Janvier 1982
Label Concord
Musiciens Art Blakey *drums*, Wynton Marsalis *trumpet*, Branford Marsalis *alto sax*, Bill Pierce *tenor sax*, Donald Brown *piano*, Charles Fambrough *bass*
Titres In Walked Bud ❑ In a Sentimental Mood ❑ Fuller Love ❑ Waterfalls ❑ A la Mode
Appréciation Blakey fut un champion de la renaissance bebop. Ce set *live*, avec les Marsalis, rend bien la bouillonnante énergie des Messengers.

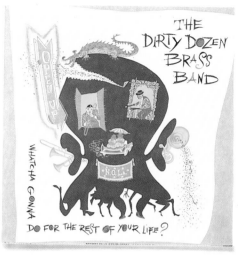

The Dirty Dozen Brass Band
OPEN UP (WHATCHA GONNA DO FOR THE REST OF YOUR LIFE ?)

Date d'enregistrement Janvier-avril 1991
Label Columbia
Musiciens Gregory Davis *trumpet, finger cymbals*, Efrem Towns *trumpet*, Charles Joseph *trombone, tambourine, vocal*, Kirk Joseph *sousaphone, vocal*, Roger Lewis *soprano et baritone sax*, Kevin Harris *tenor sax, vocal, cowbell, ride cymbal*, Raymond Weber *drums*, Lionel Batiste *snare drums, cowbell, bass drum, high-hat cymbal*, Jenell Marshall *bass drum, claves, snare drum*
Titres Use Your Brain ❑ Open Up (Whatcha Gonna Do for the Rest of Your Life ?) ❑ The Lost Souls of Southern Louisiana ❑ Deorc Sceadu (Dark Shadow) ❑ Dominique ❑ Charlie Dozen ❑ Song for Lady M. ❑ Remember When ❑ Darker Shadows ❑ Eyomzi
Appréciation La nouvelle génération ne se tourna pas toute vers le bop. Certains remontèrent plus loin dans le temps, aux parades de rue et aux marches. Cet enthousiasmant groupe New Orleans passe tout en revue dans cette session tapageuse, mêlant bop, funk, gospel et musique cajun. Les compositions sont cosignées par les membres du groupe.

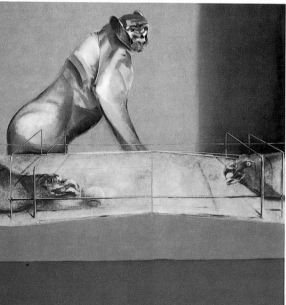

Artistes divers
THE YOUNG LIONS

Date d'enregistrement 30 juin 1982
Label Elektra
Musiciens Bobby McFerrin *vocal*, Wynton Marsalis *trumpet*, Craig Harris *trombone*, Paquito D'Rivera *alto sax*, John Purcell *alto sax, clarinet, English horn, oboe, flute*, Chico Freeman *tenor sax, bass clarinet*, Hamiet Bluiett *baritone sax*, James Newton *flute*, Anthony Davis *piano*, Jay Hoggard *vibes, marimba, balafon*, Kevin Eubanks *guitar, acoustic guitar*, John Blake *violin*, Abdul Wadud *cello*, Avery Sharpe, Fred Hopkins *bass*, Ronnie Burrage *drums*, Daniel Ponce *percussion*
Titres B. « n » W. ❑ Mariel ❑ Thank You ❑ Maiden Dance ❑ What Ever Happened to the Dream Deferred ❑ Breakin' ❑ Nigerian Sunset ❑ F. M. W. ❑ Pleasant Memories ❑ Endless Flight
Appréciation Célèbre concert du Kool Jazz Festival de 1982, réunissant 17 jeunes musiciens dans des combinaisons variées. Le spectacle démontra que leurs techniques étaient très sûres et que les musiques africaine et latine se mariaient magnifiquement. Toute la saveur du jazz à venir dans les années 80.

Chick Corea
Akoustic Band

Chick Corea
AKOUSTIC BAND

Date d'enregistrement 1989
Label GRP
Musiciens Chick Corea *piano*, John Patitucci *bass*,
Dave Weckl *drums*
Titres Bessie's Blues ❑ My One and Only Love ❑
Sophisticated Lady ❑ Autumn Leaves ❑ T. B. C.
(Terminal Baggage Claim) ❑ Morning Sprite ❑ Circles ❑
Spain
Appréciation Le lyrisme mûr et éloquent de Corea
dans un éclatant trio. L'un des albums les plus
consistants d'un artiste qui a parfois galvaudé son
talent.

Diane Schuur
In Tribute

Diane Schuur
IN TRIBUTE

Date d'enregistrement 1992
Label GRP
Musiciens Diane Schuur *vocal, piano*, orchestre
complet sous la direction de Alan Broadbent
Titres Them There Eyes ❑ The Man I Love ❑ God
Bless the Child ❑ Sweet Georgia Brown ❑ Guess I'll
Hang My Tears Out to Dry ❑ 'Round Midnight ❑
How High the Moon ❑ Body and Soul ❑ Black Coffee
❑ Love for Sale ❑ Sophisticated Lady ❑ The Best Is Yet
to Come ❑ Ev'ry Time We Say Goodbye
Appréciation Une chanteuse issue du gospel, pleine
de force et de vitalité, mais parfois desservie par un
matériau faible et un goût du grandiose. Cet hommage
à 12 chanteuses de jazz la montre sous son meilleur
jour. Des remakes très musicienss.

MARSALIS STANDARD TIME — VOL. 1

Wynton Marsalis
STANDARD TIME

Date d'enregistrement Mai-septembre 1986
Label CBS
Musiciens Wynton Marsalis *trumpet*, Marcus Roberts
« J. Master » *piano*, Robert Leslie Hurst III *bass*, Jeff
« Tain » Watts *drums*
Titres Caravan ❑ April in Paris ❑ Cherokee (2 prises) ❑
Goodbye ❑ New Orleans ❑ Soon All Will Know ❑
Foggy Day ❑ The Song Is You ❑ Memories of You ❑ In
the Afterglow ❑ Autumn Leaves

Appréciation Marsalis domina la renaissance du jazz
dans les années 80 avec sa sonorité perlée, sa rapidité
d'execution et sa profonde science. Il explore ici douze
classiques en compagnie de partenaires attentifs et
souples. A noter un *Caravan presto* et un allègre solo
assourdi dans *Cherokee*. Un jalon dans la discographie
des années 80, qui permit à Marsalis d'entrer dans
l'histoire de la musique.

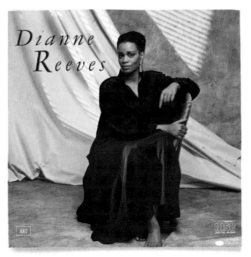

Dianne Reeves

Dianne Reeves
DIANNE REEVES

Date d'enregistrement 1987
Label Blue Note
Musiciens Dianne Reeves *vocal*, Freddie Hubbard
flugelhorn, Justo Almario *tenor sax*, Herbie Hancock
keyboards, George Duke *piano, Synclavier, TX 816*, Jorge
del Barrio *Synclavier strings*, Billy Childs *piano*, Paul
Jackson *guitar*, Stanley Clarke, Tony Dumas, Freddie
Washington *bass*, Tony Williams, Rickey Lawson, Ralph
Penland, Leon « Ndugu » Chancler *drums*, Paulinho Da
Costa, Airto Moreira *percussion*
Titres Sky Islands ❑ I'm OK ❑ Better Days ❑ Harvest Time
❑ Never Said (Chan's Song) ❑ Yesterdays ❑ I've Got It Bad
and That Ain't Good ❑ That's All
Appréciation Une nouvelle Sarah Vaughan en puissance,
vocaliste opératique s'essayant à plusieurs styles. Avec
Herbie Hancock et le maître du jazz-funk, George Duke.

Geri Allen
ETUDES

Date d'enregistrement 1987
Label Soul Note
Musiciens Geri Allen *piano*, Charlie Haden *bass*, Paul Motian *percussion*
Titres Lonely Woman ❏ Dolphy's Dance ❏ Sandino ❏ Fiasco ❏ Etude II ❏ Blues in Motion ❏ Silence ❏ Shuffle Montgomery ❏ Etude I
Appréciation *Lonely Woman* d'Ornette Coleman et *Dolphy's Dance* révèlent une étonnante pianiste de la lignée des Bill Evans et Paul Bley, mais avec un sens de la forme très musicien. Charlie Haden et Paul Motian guident ses pas.

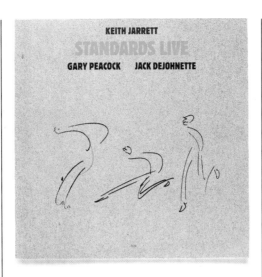

Keith Jarrett/Gary Peacock/
Jack DeJohnette
STANDARDS LIVE

Date d'enregistrement 2 juillet 1985
Label ECM
Musiciens Keith Jarrett *piano*, Gary Peacock *bass*, Jack DeJohnette *drums, cymbals*
Titres Stella by Starlight ❏ The Wrong Blues ❏ Falling in Love with Love ❏ Too Young to Go Steady ❏ The Way You Look Tonight ❏ The Old Country
Appréciation Le « jazz revival » des années 80 avait parfois quelque chose de compassé, mais la relecture des méthodes de Bill Evans par Jarrett est débordante de vie. Ses deux partenaires y ont une part essentielle.

29th Street Saxophone Quartet
LIVE

Date d'enregistrement juillet 1988
Label Red
Musiciens Ed Jackson, Bobby Watson *alto sax*, Rich Rothenberg *tenor sax*, Jim Hartog *baritone sax*
Titres The Originator ❏ Pannonica ❏ « B. » on the Break ❏ Claudia's Car ❏ Night Dreamer ❏ New Moon ❏ The Halcyon ❏ My Little Suede Shoes
Appréciation De tous les ensembles de saxos des années 70 et 80, le 29th Street est sans doute le plus inventif. Cet enregistrement *live* le montre au sommet de son art.

Cassandra Wilson
BLUE SKIES

Date d'enregistrement Février 1988
Label JMT
Musiciens Cassandra Wilson *vocal*, Mulgrew Miller *piano*, Lonnie Plaxico *bass*, Terri Lyne Carrington *drums*
Titres Shall We Dance ❏ Polka Dots and Moonbeams ❏ I've Grown Accustomed to His Face ❏ I Didn't Know What Time It Was ❏ I'm Old Fashioned ❏ Sweet Lorraine ❏ My One and Only Love ❏ Autumn Nocturne ❏ Blue Skies
Appréciation Un mélange de soul et de funk musclé, avec un ambitieux phrasé à la Betty Carter. Dans ce beau disque, Cassandra Wilson, de M-Base, rend hommage à la tradition du jazz. Le morceau titre est un classique.

Dave Holland Quintet
THE RAZOR'S EDGE

Date d'enregistrement Février 1987
Label ECM
Musiciens Dave Holland *bass*, Kenny Wheeler *flugelhorn, trumpet, cornet*, Steve Coleman *alto sax*, Robin Eubanks *trombone*, Marvin « Smitty » Smith *drums*
Titres Brother Ty ❏ Vedana ❏ The Razor's Edge ❏ Blues for C. M. ❏ Vortex ❏ 5 Four Six ❏ Wights Waits for Weights ❏ Figit Time
Appréciation Un néo-bop allègre et intelligent, une basse qui sonne comme une cloche d'église, une technique d'ensemble inspirée de Charles Mingus, un groupe de jeunes vedettes qui élargissent l'enveloppe du jazz. Excellente session mêlant musique écrite et improvisée, libre mais rigoureuse.

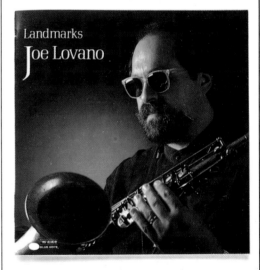

Joe Lovano
LANDMARKS

Date d'enregistrement 13-14 août 1990
Label Blue Note
Musiciens Joe Lovano *tenor sax*, Ken Werner *piano*, Joe Abercrombie *guitar*, Marc Johnson *bass*, Bill Stewart *drums*
Titres The Owl and the Fox ❏ Primal Dance ❏ Emperor Jones ❏ Landmarks along the Way ❏ Street Talk ❏ Here and Now ❏ I Love Music ❏ Where Hawks Fly ❏ Thanksgiving ❏ Dig This
Appréciation Le groupe du guitariste John Scofield remit à l'honneur Lovano, un improvisateur délaissé, alliant la subtilité de Young à la ferveur de Coltrane et à une imprévisibilité mélodique évoquant O. Coleman et Monk. Un must de la décennie.

Le club-jazz

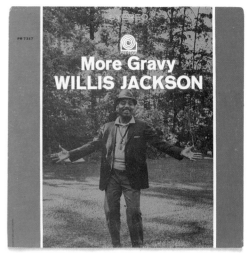

Le jazz a grandi aux côtés de la danse : dans les années 30, même Ellington aurait perdu la face s'il avait été incapable de faire bouger les lindy-hoppers dans les salles de bal de Harlem. Dans les années 80, le jazz retrouva le chemin des pistes de danse. La nouvelle musique noire, surtout le hip hop et le rap, remit des thèmes de jazz au goût du funk. Musiciens, DJ et producteurs firent front commun. Des DJ, comme Gilles Peterson qui compila cette sélection, commencèrent à mêler sans distinction soul, standards latins, funk et rap contemporain. Des producteurs et des musiciens s'intéressèrent au jazz classique et redécouvrirent d'obscurs joyaux : de jeunes artistes de funk et de rap sondèrent le passé du jazz et lancèrent le slogan : « Suffit d'écouter Blue Note pour enterrer Def Jam » ; des virtuoses du bop et des géants du jazz virent leurs disques trentenaires figurer dans les hit-parades. Si les improvisations les plus aventureuses n'étaient pas toujours au point, le club-jazz atteste l'énergie éternelle de la musique.

Willis Jackson
MORE GRAVY

Date d'enregistrement 1964
Label Prestige
Musiciens Willis Jackson *tenor sax*, Frank Robinson *trumpet*, Carl Wilson *organ*, Pat Azzar *guitar*, Sam Jones *bass*, Joe Hadrick *drums*
Titres Pool Shark ❑ Somewhere Along the Way ❑ Stuffin' ❑ Nuther'n like Thuther'n ❑ More Gravy ❑ Fiddlin'
Appréciation « Gator » Jackson : un ténoriste soul, limité mais plein de punch, accompagné à l'orgue. *Nuther'n like Thuther'n* déchaîne les danseurs.

Airto Moreira
SAMBA DE FLORA

Date d'enregistrement 1988
Label Montuno
Musiciens Notamment Airto Moreira *drums, percussion, vocal, flute*, Flora Purim *vocal*, Jeff Elliott *trumpet*, Raoul de Souza *trombone*, David Tolegian, Joe Farrell *reeds*, Jorge Dalto, Kei Akagi *keyboards*, Frank Colon *berimbau*, Alphonso Johnson, Michael Shapiro, Randy Tico, Keith Jones *bass*, Tony Moreno *drums*, Angel Maldonado, Giovanni Hidalgo, Don Alias, Laudir de Oliveira, Frank Colon, Luis Muñoz *percussion*
Titres Parana ❑ Samba de Flora ❑ La Puerta ❑ Dedos ❑ Yanay Amina ❑ El Fiasco ❑ Mulambo ❑ Latin Woman
Appréciation Peu de percussionnistes produisent autant de chaleur. L'orchestre est comme un chœur de percussions. Une vague de sensualité venue du Brésil.

Art Ensemble of Chicago
LES STANCES A SOPHIE

Date d'enregistrement 22 juillet 1970
Label Nessa
Musiciens Lester Bowie *trumpet, flugelhorn, percussion*, Roscoe Mitchell *soprano, alto et bass sax, clarinet, flute, percussion*, Joseph Jarman *tenor, alto et soprano sax, flute, percussion*, Malachi Favors *acoustic et electric bass, percussion*, Fontella Bass *vocal, piano*
Titres Thème de Yoyo ❑ Thème de Céline ❑ Variations sur un Thème de Monteverdi ❑ Proverbes (2 prises) ❑ Thème Amour Universel ❑ Thème Libre
Appréciation Les danseurs peuvent s'exprimer sur des cuivres free et un jeu d'ensemble approximatif. Des saxos querelleurs et des percussions fracassantes sur un battement funk pour un érotique *Thème de Yoyo* par la chanteuse soul Fontella Bass.

Public Enemy
FEAR OF A BLACK PLANET

Date d'enregistrement 1989
Label Def Jam
Musiciens Notamment Chuck D, Flavor Flav, Professor Griff, Terminator X, Ice Cube, Big Daddy Kane
Titres Brothers Gonna Work It Out ❑ 911 is a Joke ❑ Welcome to the Terrordome ❑ Meet the G that Killed Me ❑ Pollywanacraka ❑ Anti-Nigger Machine ❑ Burn Hollywood Burn ❑ Power to the People ❑ Who Stole the Soul ❑ Fear of a Black Planet ❑ Revolutionary Generation ❑ Can't do Nuttin' ❑ Reggie Jax ❑ B Side Wins Again ❑ War at 33 1/3 ❑ Fight the Power
Appréciation Infléchit le jazz d'aujourd'hui et de demain : un rap dur, sans concession. *Fight the Power* – déclamatoire et engagé – donne le ton.

Funk Incorporated
CHICKEN LICKIN'

Date d'enregistrement 1972
Label Prestige
Musiciens Eugene Barr *tenor sax*, Bobby Watley *organ, vocal*, Steve Weakley *guitar*, Jimmy Munford *drums, vocal*, Cecil Hunt *conga*
Titres Chicken Lickin' ❑ Running Away ❑ They Trying to Get Me ❑ The Better Half ❑ Let's Make Peace and Stop the War ❑ Jung Bung
Appréciation Un son hot, bluesy, à la Crusaders, un dynamique couple ténor/orgue et une guitare hurlante dans le torride *The Better Half.*

Gang Starr
JAZZ THING

Date d'enregistrement 1990
Label CBS
Musiciens Gang Starr : DJ Premier, Guru *vocal, samples* ; Kenny Kirkland *piano*, Robert Hurst *bass*, Branford Marsalis *producer, sax*
Titres Jazz Thing ❑ Instrumental
Appréciation Le fer de lance du jazz rap en 1990 : le rap de Gang Starr confronté à·des musiciens néo-bop. Le morceau titre est un hommage aux classiques de Blue Note et apparaît dans le film de Spike Lee, *Mo' Better Blues.*

Galliano
A JOYFUL NOISE UNTO THE CREATOR

Date d'enregistrement 1992
Label Talkin Loud
Musiciens Notamment Rob Gallagher, Constantine Weir *vocal*, Mick Talbot *keyboards*, Ernie McKone *bass*, Crispin Taylor *drums*, Crispin Robinson, Michael Snaith *percussion*, Valerie Etienne, Carleen Anderson, Omar *voca*
Titres Grounation (part. 1) ❑ Jus' Reach ❑ Skunk Funk ❑ Earth Boots ❑ Phantom ❑ Jazz ! ❑ New World Order ❑ So Much Confusion ❑ Totally Together ❑ Golden Flower ❑ Prince of Peace ❑ Grounation (part. 2)
Appréciation Du jazz dansant britannique par des poètes du rap puisant leur inspiration à New York, en Jamaïque, en Afrique et en Amérique latine. *Prince of Peace*, originellement par Pharoah Sanders et Leon Thomas, est devenu un classique, mêlant velours soul et volubilité rap.

Pharoah Sanders
JOURNEY TO THE ONE

Date d'enregistrement 1980
Label Theresa
Musiciens Pharoah Sanders *tenor sax, tambura, sleigh bells*, Eddie Henderson *flugelhorn*, John Hicks, Joe Bonner *piano, electric piano*, Mark Ishma *Oberheim synthesizer*, Carl Lockett, Chris Hayes *guitar*, Yoko Ito Gates *koto*, Paul Arslanian *harmonium, wind chimes*, Bedria Sanders *harmonium*, James Pomerantz *sitar*, Ray Drummond, John Julks *bass*, Idris Muhammad, Randy Merrit *drums*, Phil Ford *tabla*, Babatunde *shekere, congas*, Vicki Randle, Ngoh Spencer, Donna Dickerson, Bobby McFerrin, Claudette Allen *vocal*
Titres Greetings to Idris ❑ Doktor Pitt ❑ Kazuco (Peace Child) ❑ After the Rain ❑ Soledad ❑ You've Got to Have Freedom ❑ Yemenja ❑ Easy to Remember ❑ Think About the One ❑ Bedria
Appréciation Quand Pharoah Sanders rejoignit Coltrane dans les années 60, le cri passionné de son ténor ne semblait pas destiné aux pistes de danse. Mais, fin années 70, il adapta cette poignante sonorité à un rythme dansant et à des airs chantables. Le résultat fut irrésistible, comme le prouve l'hymne *You've Got to Have Freedom.* Le planant *Think About the One* dégage une magie plus méditative.

Freebop et funk

John Scofield
TIME ON MY HANDS

Date d'enregistrement 19-21 novembre 1989
Label Blue Note
Musiciens John Scofield *guitar*, Joe Lovano *sax*, Charlie Haden *bass*, Jack DeJohnette *drums*
Titres Wabash III ❏ Since You Asked ❏ So Sue Me ❏ Let's Say We Did ❏ Flower Power ❏ Stranger to the Light ❏ Nocturnal Mission ❏ Farmacology
Appréciation Le meilleur album de l'ex-guitariste bluesy de Miles Davis, influencé par l'écriture de Charles Mingus, l'histoire de la guitare jazz et le rock and roll.

L a fusion musicale des années 60 et 70 balaya le sectarisme. Les préjugés puristes sur l'aspect commercial de la pop music ne pouvaient pas survivre à la créativité de Jimi Hendrix, James Brown, Maceo Parker, Stevie Wonder et Sly Stone – des noms du rock et de la soul qui commençaient à être aussi fréquemment cités que ceux de Charlie Parker, Miles Davis, Sonny Rollins ou John Coltrane par les jeunes musiciens de jazz dans la liste de leurs influences. Au début, le fusion fut souvent un hybride maladroit. Il était spectaculaire et énergique, mais sacrifiait généralement la fluidité du battement jazz et ligotait les improvisateurs. Dans les années 80, une nouvelle génération d'artistes avait retenu la leçon. Au lieu de simplement greffer des techniques de rock sur un style jazz, ou vice versa, les jeunes musiciens qui montaient avaient appris ces idiomes ensemble. Certains étaient proches de l'avant-garde, mais pour chacun d'eux le jazz était la musique d'aujourd'hui et de demain.

Tuck and Patti
LOVE WARRIORS

Date d'enregistrement 1989
Label Windham Hill Jazz
Musiciens Tuck Andress *guitar*, Patti Cathcart *vocal*
Titres Love Warriors ❏ Honey Pie ❏ They Can't Take That Away from Me ❏ Hold Out, Hold Up and Hold On ❏ Cantador (Like a Lover) ❏ On a Clear Day ❏ Europa ❏ Castles Made of Sand/Little Wing ❏ Glory Glory ❏ If It's Magic
Appréciation Comme Tuck Andress est pratiquement un orchestre à lui tout seul et Patti Cathcart un chœur gospel, un duo conjuguant leurs talents n'a rien de minimaliste. Prouesses techniques déployées avec légèreté au service d'un alliage bien arrangé de standards du jazz, de ballades rock, de gospel et de blues.

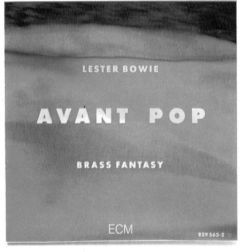

Lester Bowie's Brass Fantasy
AVANT POP

Date d'enregistrement mars 1986
Label ECM
Musiciens Lester Bowie, Stanton Davis, Malachi Thompson, Rasul Siddik *trumpet*, Steve Turre, Frank Lacy *trombone*, Vincent Chancey *French horn*, Bob Stewart *tuba*, Phillip Wilson *drums*
Titres The Emperor ❏ Saving All My Love for You ❏ B. Funk ❏ Blueberry Hill ❏ Crazy ❏ Macho ❏ No Shit ❏ Oh, What a Night
Appréciation Bowie, le trompettiste de l'Art Ensemble, avec un superbe groupe comprenant le volubile tromboniste Steve Turre et le batteur de blues et de jazz Phillip Wilson. Musique décapante et euphorisante, fondée sur un matériau rock très années 50.

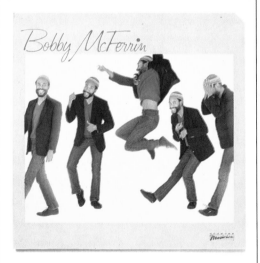

Bobby McFerrin
BOBBY McFERRIN

Date d'enregistrement 1982
Label Elektra
Musiciens Bobby McFerrin, Phoebe Snow *vocal*, Victor Feldman *keyboards*, Peter Maunu, Steve Erquiaga, Ken Karsh, Joe Caro *guitar*, Larry Klein, Stu Feldman, John Siegler, Randy Jackson *bass*, John Guerin, James Preston, Frank Vilardi, H. B. Bennett *drums*, Kenneth Nash *percussion*
Titres Dance with Me ❏ Feline ❏ You've Really Got a Hold on Me ❏ Moondance ❏ All Feets Can Dance ❏ Sightless Bird ❏ Peace ❏ Jubilee ❏ Hallucinations ❏ Chicken
Appréciation Une nouvelle race de vocaliste. McFerrin peut imiter presque tous les instruments et revisiter presque toutes les chansons. Un pont entre jazz et pop.

Michael Brecker
MICHAEL BRECKER

Date d'enregistrement 1987
Label Impulse
Musiciens Michael Brecker *sax*, Kenny Kirkland *piano*, Pat Metheny *guitar*, Charlie Haden *bass*, Jack DeJohnette *piano, drums*
Titres Sea Glass ❑ Syzygy ❑ Choices ❑ Nothing Personal ❑ The Cost of Living ❑ Original Rays
Appréciation L'un des saxophonistes contemporains les plus respectés. Brecker fit ses débuts de leader dans le jazz-fusion pur et dur à l'âge de 38 ans.

Tania Maria
COME WITH ME

Date d'enregistrement Août 1982
Label Concord Picante
Musiciens Tania Maria *piano, keyboards, vocal*, Eddie Duran, Jose Neto *guitar*, Lincoln Goines, John Peña *bass*, Portinho *drums, percussion*, Steve Thornton *percussion*
Titres Sangria ❑ Embraceable You ❑ Lost in Amazonia ❑ Come With Me ❑ Sementes, Graines and Seeds ❑ Nêga ❑ Euzinha ❑ It's All Over Now
Appréciation Chanteuse et pianiste de jazz latin exubérante, énergique, dont la carrière internationale a décollé dans les années 80. Également influencée par les lignes mélodiques bebop. A noter dans cet album best-seller : sa populaire *Sangria* scat et le morceau titre, très dansant.

Marisa Monte
MAIS

Date d'enregistrement Septembre-novembre 1990
Label World Pacific
Musiciens Marisa Monte *vocal*, John Zorn *alto sax*, Marty Ehrlich *tenor sax*, Bernie Worrell, Ryuichi Sakamoto *keyboards*, Arto Lindsay *guitar, vocal, producer*, Marc Ribot, Perinho Santana, Robertinho Do Recife *guitar, violin*, Melvin Gibbs, Richardo Feijao *bass*, Romero Lubambo *violin, assovio*, Carol Emmanuel *harp*, Dougie Bowne *drums*, Prince Vasconcelos De Bois, Gigante Brazil *drums, percussion, vocal*, Armando Marcal *cuica*, Nana Vasconcelos, Cyro Baptista, Armando Marcal *percussion*, **Pastoras Da Velha Guarda De Portela** (Dona Doca, Dona Surica, Dona Eunice), Criancada *vocal*
Titres Beija Eu ❑ Go Back to Your Home ❑ I Still Remember ❑ At Night in Bed ❑ Rosa ❑ Butterfly ❑ Soap It Up – The Washer Woman's Lament ❑ I Don't Live on Your Street ❑ Daily ❑ I Know ❑ Everything Halfway ❑ Mustapha
Appréciation Chanteuse de formation classique, batteuse de samba et vedette de la télé brésilienne dans un set éclectique assaisonné de samba-reggae – *Soap It Up* fait intervenir des femmes de l'école de samba de Portela –, coproduit par Arto Lindsay. Bouillonnantes percussions dominées par les brillants Nana Vasconcelos et Armando Marcal.

Gil Scott-Heron/Brian Jackson
FROM SOUTH AFRICA TO SOUTH CAROLINA

Date d'enregistrement 1975
Label Arista
Musiciens Gil Scott-Heron *vocal, electric piano*, Brian Jackson *keyboards, flute, synthesizer*, Bilal Sunni Ali *harmonica, flute, sax*, Danny Bowens *bass*, Bob Adams *drums*, Barnett Williams *percussion*, Adenola *congas*, Charlie Saunders *congas, Chinese drum*, Victor Brown *vocal, bells, tambourine*
Titres Johannesburg ❑ A Toast to the People ❑ The Summer of '42 ❑ Beginnings (First Minute of a New Day) ❑ South Carolina (Barnwell) ❑ Essex ❑ Fell Together ❑ A Lovely Day
Appréciation L'auteur-compositeur-interprète Gil Scott-Heron produisit une musique dansante combinant l'allègre fluidité du jazz et des paroles puissantes, poétiques, souvent vindicatives. Dans les années 70, Scott-Heron collabora souvent avec le pianiste Jackson et cette session comprend son emblématique chanson anti-apartheid *Johannesburg*, ainsi que le très évocateur *Beginnings*.

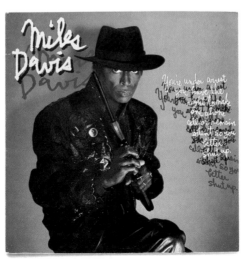

Miles Davis
YOU'RE UNDER ARREST

Date d'enregistrement 1985
Label CBS
Musiciens Miles Davis *trumpet, vocal, synthesizer*, Bob Berg *soprano et tenor sax*, Robert Irving III *synthesizers, clavinet, celeste*, John Scofield, John McLaughlin *guitar*, Darryl Jones *bass*, Al Foster, Vince Wilburn Jr. *drums*, Steve Thornton *percussion, vocal*, James Prindiville *hand-cuffs*, Sting, Marek Olko *vocal*
Titres One Phone Call/Street Scenes ❑ Human Nature ❑ M.D.1/Something's on Your Mind/M.D.2 ❑ Ms. Morrisine ❑ Katia Prelude ❑ Katia ❑ Time After Time ❑ You're Under Arrest ❑ Medley : Jean Pierre/You're Under Arrest/Then There Were None
Appréciation Le jeu de Davis dans les années 80 était ciblé sur la bande FM et utilisait un matériau plus pop – ce set comprend *Human Nature* de Jackson et *Time After Time* de Cyndi Lauper –, mais il était toujours plus capable d'en dire davantage avec une seule note que d'autres avec vingt.

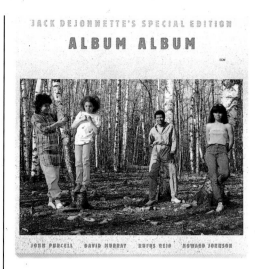

Jack DeJohnette's Special Edition
ALBUM ALBUM

Date d'enregistrement Juin 1984
Label ECM
Musiciens Jack DeJohnette *drums, keyboards*, Howard Johnson *tuba, baritone sax*, John Purcell *alto* et *soprano sax*, David Murray *tenor sax*, Rufus Reid *bass*
Titres Ahmad the Terrible ❑ Monk's Mood ❑ Festival ❑ New Orleans Strut ❑ Third World Anthem ❑ Zoot Suite
Appréciation Une grande session d'un groupe majeur de fusion. Jack DeJohnette n'était pas seulement un maître des percussions, c'était aussi l'un des leaders les plus créatifs des années 80. Un mélange pimenté de jazz, de funk et de bop.

The Bill Frisell Band
LOOKOUT FOR HOPE

Date d'enregistrement Mars 1987
Label ECM
Musiciens Bill Frisell *guitar, banjo*, Kermit Driscoll *bass*, Hank Roberts *cello, vocal*, Joey Baron *drums*
Titres Lookout for Hope ❑ Little Brother Bobby ❑ Hang Dog ❑ Remedios the Beauty ❑ Lonesome ❑ Melody for Jack ❑ Hackensack ❑ Little Bigger ❑ The Animal Race ❑ Alien Prints
Appréciation Bien qu'ayant étudié le bop, Frisell n'est comparable à aucun autre guitariste, car il mélange Hendrix, jazz traditionnel, musique de film, country et bien d'autres ingrédients. Ce disque est une véritable fusion de styles sans pastiche.

PAT METHENY

ORNETTE COLEMAN

SONG X

CHARLIE HADEN

JACK DEJOHNETTE

DENARDO COLEMAN

Pat Metheny
SONG X

Date d'enregistrement 12-14 décembre 1985
Label Geffen
Musiciens Pat Metheny *guitar, guitar synthesizer*, Ornette Coleman *alto sax, violin*, Charlie Haden *bass*, Jack DeJohnette *drums*, Denardo Coleman *drums, percussion*
Titres Song X ❑ Mob Job ❑ Endangered Species ❑ Video Games ❑ Kathelin Gray ❑ Trigonometry ❑ Song X Duo ❑ Long Time No See
Appréciation Cette collaboration avec Ornette Coleman, le saxophoniste du free-jazz, surprit les fans de Pat Metheny. Mais il démontre ici la richesse et la profondeur de ses affections, de son imagination et de son talent.

John Zorn
SPY VS SPY

Date d'enregistrement 18-19 août 1988
Label Elektra
Musiciens John Zorn, Tim Berne *alto sax*, Mark Dresser *bass*, Joey Baron, Michael Vatcher *drums*
Titres W.R.U. ❑ Chronology ❑ Word for Bird ❑ Good Old Days ❑ The Disguise ❑ Enfant ❑ Rejoicing ❑ Blues Connotation ❑ C. & D. ❑ Chippie ❑ Peace Warriors ❑ Ecars ❑ Feet Music ❑ Broadway Blues ❑ Space Church ❑ Zig Zag ❑ Mob Job
Appréciation Zorn peut jouer du saxo bop, mais l'improvisation free, les bandes-sons Disney et le surréalisme colorent tout son travail, y compris son époustouflant hommage à Ornette Coleman.

Tony Williams
ANGEL STREET

Date d'enregistrement 4-6 avril 1988
Label Blue Note
Musiciens Tony Williams *drum*, Wallace Roney *trumpet*, Billy Pierce *tenor* et *soprano sax*, Mulgrew Miller *piano*, Charnett Moffet *bass*
Titres Angel Street ❑ Touch Me ❑ Red Mask ❑ Kiss Me ❑ Dreamland ❑ Only with You ❑ Pee Wee ❑ Thrill Me ❑ Obsession
Appréciation L'un des plus créatifs batteurs de post-bop, revenu dans les années 80 au style du groupe de Miles Davis des années 60. Retour réussi. Ses thèmes complexes font ici merveille.

Tim Berne
MUTANT VARIATIONS

Date d'enregistrement 5, 6 mars 1983
Label Soul Note
Musiciens Tim Berne *alto sax*, Clarence Herb Robertson *pocket trumpet, trumpet, cornet, flugelhorn*, Ed Schuller *bass*, Paul Motian *percussion*
Titres Icicles ❑ Homage ❑ Clear ❑ The Tin Ear ❑ An Evening on Marvin Street
Appréciation Un saxophoniste expérimental à la frontière du post-bop avec des relents du free des années 60 et des structures nettement définies. Berne évite toujours l'évidence et développe ses idées dans une série de compositions radicales qui encourage ses solistes à l'éviter aussi.

Gary Thomas
THE KOLD KAGE

Date d'enregistrement Mars-juin 1991
Label JMT
Musiciens Gary Thomas *tenor sax, flute, synthesizers, rap*, Mulgrew Miller, Tim Murphy, Anthony Perkins, Michael Caine *piano, synthesizers*, Kevin Eubanks, Paul Bollenback *guitar*, Anthony Cox *bass*, Dennis Chambers *drums*, Steve Moss *percussion*, Joe Wesson *rap*
Titres Threshold ❑ Gate of Faces ❑ Intellect ❑ Infernal Machine ❑ The Divide ❑ Peace of the Korridor ❑ First Strike ❑ Beyond the Fall of Night ❑ The Kold Kage ❑ Kulture Bandits
Appréciation Une session funk/jazz-rap ample et musclée par un puissant ténoriste post-bop.

Greg Osby
SEASON OF RENEWAL

Date d'enregistrement Juillet 1989
Label JMT
Musiciens Greg Osby *alto et soprano sax*, Edward Simon, Renee Rosnes *keyboards*, Kevin Eubanks, Kevin McNeal *guitar synthesizer*, Lonnie Plaxico *bass*, Paul Samuels *drums*, Steve Thornton *percussion*, Cassandra Wilson, Amina Claudine Myers *vocal*
Titres Sapphire ❑ Enchantment ❑ For the Cause ❑ Life's Truth ❑ Dialogue X ❑ Season of Renewal ❑ Mischief Makers ❑ Word ❑ Constant Structure ❑ Eye Witness ❑ Spirit Hour
Appréciation On sent fortement l'héritage du bop sur le funk et le rap contemporains chez le rapide Osby.

Steve Coleman and Five Elements
ON THE EDGE OF TOMORROW

Date d'enregistrement Janvier 1986
Label JMT
Musiciens Steve Coleman *alto sax, vocal*, Graham Haynes *trumpet*, Geri Allen *synthesizer*, Kelvyn Bell *guitar, vocal*, Kevin Bruce Harris *bass*, Marvin « Smitty » Smith, Mark Johnson *drums, percussion*, Cassandra Wilson *vocal*
Titres Fire Revisited ❑ Fat Lay Back ❑ I'm Going Home ❑ It Is Time ❑ Metaphysical Phunktion ❑ (In Order to Form) A More Perfect Union ❑ Little One I'll Miss You ❑ T-T-Tim ❑ Nine to Five ❑ Stone Bone (Can't Go Wrong) ❑ Almost There ❑ Change the Guard
Appréciation En dépit des rythmes funk qui propulsent la musique sous sa direction, le saxo alto Steve Coleman affirme que sa musique est fondamentalement du jazz et il demeure l'un des meilleurs improvisateurs sur saxophone de la scène internationale. Coleman a encore quelques problèmes d'identité à résoudre, mais ce disque propose toute une galerie de nouvelles stars new-yorkaises.

Virtuose de l'alto, Steve Coleman est à l'aise dans les techniques orthodoxes du saxophone, mais il cherche à jeter des ponts entre le jazz et le pop. Il est un des phares du mouvement progressiste M-Base de New York.

Le worldbeat

La radio, l'industrie du disque et la puissante économie américaine firent connaître le jazz bien au-delà des États-Unis et, dès les années 30, on jouait la musique afro-américaine un peu partout dans le monde. Les premiers adeptes restèrent dans l'ombre des vedettes américaines mais, depuis deux décennies, on assiste à un véritable bouleversement. En Europe, les musiciens ont puisé dans leurs propres racines culturelles pour draper des chants celtiques ou nordiques dans les timbres et les phrasés du jazz. Dans l'ex-Union soviétique et en Europe de l'Est, le jazz est devenu une musique underground de protestation. En Afrique du Nord, des formes modales régionales commencèrent à s'infléchir de lignes mélodiques empruntées au jazz. En Afrique du Sud, Duke Ellington se fondit à la dance-music des townships, et des stars du saxo postbop émergèrent au Japon et en Australie. Le message essentiel du jazz – une musique permettant aux artistes de se découvrir eux-mêmes à travers leur histoire particulière – s'est étendu au globe.

John Surman
ROAD TO SAINT IVES

Date d'enregistrement Avril 1990
Label ECM
Musiciens John Surman *bass clarinet, soprano et baritone sax, keyboards, percussion*
Titres Polperro ❑ Tintagel ❑ Trethevy Quoit ❑ Rame Head ❑ Mevagissey ❑ Lostwithiel ❑ Perranporth ❑ Bodmin Moor ❑ Kelly Bray ❑ Piperspool ❑ Marazion ❑ Bedruthan Steps
Appréciation Jazzman européen de premier plan, Surman associe Coltrane, folklore anglais et musique d'église avec une personnalité propre. Dans cette session, il se souvient de ses origines (le sud-ouest de l'Angleterre).

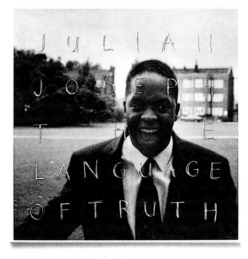

Bireli Lagrene Ensemble
ROUTES TO DJANGO

Date d'enregistrement 29-30 mai 1980
Label Jazzpoint
Musiciens Bireli Lagrene *guitar*, Bernd Marquart *trumpet*, Jörg Reiter *piano*, Wolfang Lackerschmid *vibes*, Gaiti Lagrene, Tschirglo Loeffler *guitar*, Schmido Kling *violin*, Jan Jankeje *bass*
Titres Bireli Swing 1979 ❑ All of Me ❑ My Melancholy Baby ❑ Boxer Boogie ❑ I've Found a New Baby ❑ Latches ❑ Night and Day
Appréciation Le jeune guitariste gitan Lagrene faisait figure de nouveau Django Reinhardt dans les années 80. Ses enregistrements furent inégaux, mais ce disque échappe aux clichés et offre quelques morceaux de virtuosité dans une manière Django réactualisée postbop.

Julian Joseph
THE LANGUAGE OF TRUTH

Date d'enregistrement 1991
Label Eastwest
Musiciens Julian Joseph *piano, keyboards*, Jean Toussaint *tenor et soprano sax*, Alec Dankworth *bass*, Mark Mondesit *drums*, Sharon Musgrave, Dee Lewis *vocal*
Titres Miss Simmons ❑ The Language of Truth ❑ Don't Chisel the Shisel ❑ Art of the Calm ❑ The Wash House ❑ The Other Side of Town ❑ The High Priestess ❑ The Magical One ❑ Brothers of the Bottom Row (version 3) ❑ Tyrannosaurus Rex ❑ Ode to the Time Our Memories Forgot
Appréciation Bon pianiste britannique dans la tradition acoustique de Herbie Hancock avec un quartette dynamique. Exécution souvent palpitante.

Willem Breuker Kollektief
DE KLAP OP DE VUURPIJL

Date d'enregistrement 31 décembre 1985
Label BVHAAST
Musiciens Willem Breuker *soprano et alto sax*, Boy Raaymakers, Andy Altenfelder *trumpet*, Chris Abelen, Bernard Hunnekink *trombone*, André Goudbeek *alto sax*, Peter Barkema *tenor sax*, Henk de Jonge *piano, synthesizer*, Arjen Gorter *bass*, Robby Verdurmen *drums*
Titres The Little Ramblers ❑ Duke Edward/Misère ❑ El Tren Blindado ❑ Casablanca Suite ❑ Anabelle
Appréciation Les prestations du compositeur/improvisateur hollandais Breuker sont inoubliables musicalement et scéniquement – oscillant entre des réminiscences d'Ellington et de Kurt Weill, parfois poignantes, parfois euphorisantes.

Barbara Dennerlein
HOT STUFF

Date d'enregistrement 6-8 juin 1990
Label Enja
Musiciens Barbara Dennerlein *Hammond organ, foot pedal bass, synthesizer*, Andy Sheppard *tenor sax*, Mitch Watkins *guitar*, Mark Mondesir *drums*
Titres Hot Stuff ❑ Wow ! ❑ Top Secret ❑ Birthday Blues ❑ Polar Lights ❑ Killer Joe ❑ My Invitation ❑ Seven Steps to Heaven ❑ Toscanian Sunset
Appréciation Dennerlein, la reine allemande de l'orgue, associée à de jeunes partenaires britanniques, revitalise la tradition Hammond funky.

Courtney Pine
TO THE EYES OF CREATION

Date d'enregistrement 1992
Label Island
Musiciens Courtney Pine *soprano* et *tenor sax, bass clarinet, alto flute, piano, Yamaha WX7, keyboard bass, JD 800, Hammond B3 organ, Korg ML, Prophet VS, wavestation, Kurzweil 250, tamboura, drum sample d-sine, percussion*, Dennis Rollins *trombone*, Keith Waite *wooden flute, shakeres*, Julian Joseph *piano, Hammond B3 organ, wavestation*, Bheki Mseleku *piano*, Tony Rémy, Cameron Pierre *guitar*, Wayne Batchelor, Gary Crosby *bass*, Mark Mondesir, Peter Lewinson, Brian Abrahams *drums*, Frank Tontoh *drums, tambourine*, Thomas Dyani *percussion*, Mamadi Kamara *tenor talking drum, bata, thebi lipere, congo drum, cowbells, woodblocks*, Cleveland Watkiss, Juliet Roberts, Linda Muriel, Lois Farakhan *vocal*
Titres The Healing Song ❑ Zaire ❑ Country Dance ❑ Psalm ❑ Eastern Standard Time ❑ X-Caliber ❑ The Meditation of Contemplation ❑ Life Goes Around ❑ The Ark of Mark ❑ Children Hold On ❑ Cleopatra's Needle ❑ Redemption Song ❑ The Holy Grail (part. 1 – 3)
Appréciation Le travail le plus abouti de Pine, fusionnant des musiques d'Afrique, des Antilles, d'Amérique, d'Europe, et réunissant rythmes reggae et chants soul sous les auspices de ses deux idoles, John Coltrane et Bob Marley.

Courtney Pine présida au renouveau du jazz britannique dans les années 80, encourageant la carrière de jeunes musiciens antillais et asiatiques.

Andy Sheppard
SOFT ON THE INSIDE

Date d'enregistrement 6-9 novembre 1989
Label Antilles
Musiciens Andy Sheppard *tenor sax*, Claude Deppa *trumpet*, Kevin Robinson *flugelhorn*, Gary Valente *trombone*, Chris Biscoe *alto sax*, Pete Hurt *bass clarinet*, Dave Buxton *piano*, Steve Lodder *synthesizer*, Orphy Robinson *vibes*, Pete Maxfield *bass*, Mano Ventura *guitar*, Ernst Reisjeger *cello*, Han Bennink, Simon Gore *drums*, Mamadi Kamara *percussion*
Titres Soft on the Inside ❑ Rebecca's Silk Stockings ❑ Carla Carla Carla Carla ❑ Adventures in the Rave Trade, Part One (Smoking), Part Two (Burning)
Appréciation Un mélange de Carla Bley et Gil Evans à la sauce européenne. Un big-band prometteur.

Mike Gibbs
THE ONLY CHROME
WATERFALL ORCHESTRA

Date d'enregistrement 1975
Label Bronze
Musiciens Mike Gibbs *keyboards*, Charlie Mariano *alto* et *soprano sax, flute, nadhaswaram*, Philip Catherine *guitar*, Steve Swallow *bass, electric piano*, Bob Moses *drums, percussion*, Jumma Santos *percussion*
Titres To Lady Mac : In Retrospect ❑ Nairam ❑ Blackgang ❑ Antique ❑ Undergrowth ❑ Tunnel of Love ❑ Unfinished Sympathy
Appréciation Un compositeur natif du Zimbabwe, influencé par Gil Evans, Olivier Messiaen et le rock. Jolie session avec la participation de l'ex-saxophoniste de Mingus, Charlie Mariano.

Jan Garbarek/Keith Jarrett
BELONGING

Date d'enregistrement 24-25 avril 1974
Label ECM
Musiciens Jan Garbarek *tenor et soprano sax*, Keith Jarrett *piano*, Palle Danielsson *bass*, Jon Christensen *drums*
Titres Spiral Dance ❑ Blossom ❑ 'Long as You Know You're Living Yours ❑ Belonging ❑ The Windup ❑ Solstice
Appréciation Le pianiste superstar Jarrett collaborait volontiers avec des musiciens européens dans les années 70, et cet ensemble, avec un Jan Garbarek plus jazzy et moins isolé, fut l'un de ses plus évocateurs et de ses plus originaux, à la fois pour le rôle du saxo et pour son jeu rigoureux et plein de sève.

Pinski Zoo
RARE BREEDS

Date d'enregistrement janvier-février 1988
Label JCR
Musiciens Jan Kopinski *tenor, soprano* et *alto sax*, Steve Iliffe *keyboards*, Karl Wesley Bingham *bass*, Tim Bullock, Frank Tonto, Steve Harris *drums*
Titres No Release ❑ Back Down the Mountain ❑ Nathan's Song ❑ Blueprint ❑ New Lunacy ❑ Body Moves ❑ Awkward Friends ❑ Duel in the Sun ❑ Deep Scratch ❑ Sweet Automatic (2 prises) ❑ Sun Duel
Appréciation Insolite groupe de fusion du nord de l'Angleterre consacré « Top British Group » par le magazine *Wire* en 1988. Sillons énergiques allant du disco à Miles Davis avec un ténor à la Albert Ayler.

Company
ONCE

Date d'enregistrement 12-17 mai 1987
Label Incus
Musiciens Lee Konitz *alto et soprano sax, drums*, Richard Teitelbaum *keyboards*, Derek Bailey *guitar*, Carlos Zingaro *violin*, Tristan Honsinger *cello*, Barre Phillips *bass*, Steve Noble *percussion, bugle, saw*
Titres Sextet ❑ Duo ❑ Trio I ❑ Trio II ❑ Quartet
Appréciation Cet ensemble free européen, toujours changeant, s'éloigne de la tonalité, de la mélodie et du tempo, mais une force austère en émane. Participation de Lee Konitz, altiste de l'école cool.

Keith Tippett
MUJICIAN

Date d'enregistrement 3-4 décembre 1981
Label FMP
Musiciens Keith Tippett *piano*
Titres All Time, All Time ❑ I've Got the Map, I'm Coming Home ❑ I Hear Your Voice Again
Appréciation Première d'une trilogie d'étonnantes improvisations en solo par un pianiste britannique très influencé par Cecil Taylor, mais avec une inventivité texturale faisant parfois croire qu'il utilise des instruments électroniques.

The Paul Bley Quartet
THE PAUL BLEY QUARTET

Date d'enregistrement Novembre 1987
Label ECM
Musiciens Paul Bley *piano*, John Surman *soprano sax, bass clarinet*, Bill Frisell *guitar*, Paul Motian *drums*
Titres Interplay ❑ Heat ❑ After Dark ❑ One in Four ❑ Triste
Appréciation Ex-partenaire de Mingus, Giuffre et O. Coleman, Bley est l'un des pianistes modernes les plus subtils et les plus harmoniquement inventifs. Belle interaction collective de quatre virtuoses amateurs de dissonances.

The Globe Unity Orchestra
INTERGALACTIC BLOW

Date d'enregistrement 4 juin 1982
Label JAPO/ECM
Musiciens Toshinori Kondo, Kenny Wheeler *trumpet*, Günter Christmann, Albert Mangelsdorff, George Lewis *trombone*, Bob Stewart *tuba*, Evan Parker *soprano* et *tenor sax*, Gerd Dudek *flute, soprano* et *tenor sax*, Ernst-Ludwig Petrowsky *flute, alto* et *baritone sax*, Alexander von Schlippenbach *piano*, Alan Silva *bass*, Paul Lovens *drums*
Titres Quasar ❑ Phase A ❑ Phase B ❑ Mond im Skorpion
Appréciation Un orchestre free européen débridé, frénétique, ambitieux et parfois drôle, à la pointe des avancées structurelles en jazz depuis 1966.

Stan Tracey
UNDER MILK WOOD

Date d'enregistrement 8 mai 1965
Label Steam
Musiciens Stan Tracey *piano*, Bobby Wellins *tenor sax*, Jeff Clyne *double bass*, Jackie Dougan *drums*
Titres Cockle Row ❑ Starless and Bible Black ❑ I Lost My Step in Nantucket ❑ No Good Boyo ❑ Penpals ❑ Llareggub ❑ Under Milk Wood ❑ A. M. Mayhem
Appréciation Datant d'une époque plus expérimentale du jazz européen, cette suite captivante est due à deux fortes individualités – un Tracey hargneux, percutant, et un romantique Wellins.

Toshiko Akiyoshi
INTERLUDE

Date d'enregistrement Février 1987
Label Concord
Musiciens Toshiko Akiyoshi *piano*, Dennis Irwin *bass*, Eddie Marshall *drums*
Titres Interlude ❑ I Know Who Loves You ❑ Blue and Sentimental ❑ I Ain't Gonna Ask No More ❑ Pagliacci ❑ Solitude ❑ So in Love ❑ You Stepped Out of a Dream
Appréciation Excellente pianiste – d'abord dans le style de Bud Powell, mais en plus éthéré et plus méditatif – et surtout remarquable compositrice, Toshiko Akiyoshi est, depuis quarante ans, l'une des artistes de jazz les plus créatives que nous ait données le Japon. Son travail reflète davantage les traditions afro-américaines qu'orientales, et c'est Oscar Peterson qui l'a fait venir aux États-Unis. En 1987, date de cet enregistrement, elle s'était déjà taillé une solide réputation à la fois dans le piano et dans le big-band. Le batteur Eddie Marshall, partenaire régulier d'Akiyoshi depuis les années 60, est ici dans son élément. Très attachante version de *You Stepped Out of a Dream*.

Mike Westbrook
CITADEL/ROOM 315

Date d'enregistrement Mars 1974
Label RCA
Musiciens Henry Lowther *trumpet, flugelhorn*, Kenny Wheeler *flugelhorn*, Malcolm Griffiths *trombone*, Geoff Perkins *bass trombone*, Alan Wakeman *tenor* et *soprano sax, clarinet*, John Surman *soprano* et *baritone sax, bass clarinet*, Mike Page *bass clarinet*, Dave MacRae *keyboards*, Brian Godding *guitar*, Chris Laurence *bass*, Alan Jackson *drums*
Titres Ouverture ❑ Construction ❑ Pistache ❑ View from the Drawbridge ❑ Love and Understanding ❑ Tender Love ❑ Bebop de Rigueur ❑ Pastorale ❑ Sleep-walker Awaking in Sunlight ❑ Outgoing Song ❑ Finale
Appréciation Westbrook et ses musiciens prirent l'Europe d'assaut dans les années 60, mêlant une richesse ellingtonienne à la rudesse du Coltrane d'*Ascension*. Si Ellington est mis en évidence dans ce disque, le rock l'est aussi. Le soliste vedette est ici le poignant saxophoniste John Surman.

Loose Tubes
OPEN LETTER

Date d'enregistrement Décembre 1987
Label EG
Musiciens Chris Batchelor *trumpet*, Lance Kelly *trumpet, flugelhorn*, Dave DeFries *trumpet, flugelhorn, percussion*, John Eacott *trumpet, flugelhorn, bugle, clay trumpet*, Richard Pywell *alto et tenor trombone*, John Harborne *tenor trombone, flugelbone*, Steve Day *tenor trombone, euphonium*, Ashley Slater *bass trombone, tuba*, Dave Powell *tuba*, Iain Ballamy *alto et soprano sax, flute*, Steve Buckley *soprano sax, penny whistle*, Mark Lockheart *tenor et soprano sax*, Tim Whitehead *tenor sax*, Julian Argüelles *baritone et soprano sax*, Dai Pritchard *clarinet, bass clarinet*, Eddie Parker *flute, bass flute*, Django Bates *keyboards, tenor horn*, John Parricelli *guitar*, Steve Berry *bass*, Steve Argüelles *drums, percussion*, Thebe Lipere *percussion*
Titres Sweet Williams ❑ Children's Game ❑ Sticklebacks ❑ Blue ❑ The Last Word ❑ Ⓐ ❑ Accepting Suites from Strangers ❑ Open Letter to Dudu Pukwana
Appréciation Habile et exubérant big-band britannique des années 80, avec son dernier album d'influence africaine. Une musique chaleureuse sur une thématique originale par un groupe très ouvert.

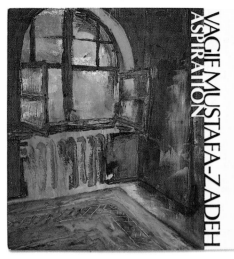

Vagif Mustafa-Zadeh
ASPIRATION

Date d'enregistrement 1978
Label East Wind Records
Musiciens Vagif Mustafa-Zadeh *piano*, Tamaz Kurashvili *bass*, Vladimir Boldyrev *drums*, Elza Mustafa-Zadeh *vocal*
Titres Persistence ❏ Aspiration ❏ In the Garden ❏ Dark Eyebrows ❏ The Hottest Day in Baku ❏ Concert No. 2 ❏ Autumn Leaves ❏ Bemsha Swing
Appréciation Un pianiste venu d'Azerbaïdjan, associant un style pianistique à la Bill Evans et une musique modale folk enracinée dans la culture islamique de sa région.

Zakir Hussain
MAKING MUSIC

Date d'enregistrement Décembre 1986
Label ECM
Musiciens Zakir Hussain *tabla, percussion, vocal*, Jan Garbarek *tenor* et *soprano sax*, Hariprasad Chaurasia *flute*, John McLaughlin *acoustic guitar*
Titres Making Music ❏ Zakir ❏ Water Girl ❏ Toni ❏ Anisa ❏ Sunjog ❏ You and Me ❏ Sabah
Appréciation Un joueur indien classique de tablâ qui entendit Charlie Parker dans son enfance et fut membre du groupe d'indo-jazz Shakti de John McLaughlin. Une des plus fructueuses collaborations de tout le « world jazz ».

Divers artistes russes
THE 80s DOCUMENT

Date d'enregistrement Années 80
Label Leo
Musiciens Notamment **Dearly Departed** : Vyacheslav Guyvoronsky *trumpet*, Vladimir Volkov *bass* ; Valentina Goncharova, *strings, vocal, drums, flute* ; Valentina Ponomareva *vocal* ; **Arkhangelsk** ; Datevik Hovhannessian *vocal* ; **Orkestrion** ; Petras Vysniauskas *alto* et *soprano sax*, Kestutis Lusas *keyboards* ; Anatoly Vapirov *reeds*, Sergey Kuryokhin *piano, percussion* ; **Tri-O** ; Vladimir Chekasin *clarinet, alto sax, vocal, percussion, guitar*, Sergey Kuryokhin *piano, vocal, percussion, flute*, Boris Grebenshchikov *guitar, vocal, percussion* ; **Homo Liber** ; **Sakurov/Dronov** ; **Sergey Kuryokhin Trio** ; **Moscow Improvising Trio** ; **Makarov New Improvised Music Trio** ; **Ganelin Trio**
Titres Composition of Russian Love Songs ❏ Skamba Gita, Jazz Raga, Five Netsuke ❏ Ocean ❏ Above the Sun, Below the Moon ❏ Concerto for Voice ❏ 1987, Tsaritson, Abyss ❏ In Memoriam ❏ Thracian Duos, Portraits ❏ Mirage, Transformation of Matters ❏ Exercise ❏ St. Petersburg, Homage to Velemir Khlebnikov, Old Ballade ❏ Big Explosion ❏ First Recordings ❏ Natural Selection, Conspiracy, Cogito ❏ Incomplete Tendencies of Meta-reality ❏ Solo and Duo in Blue, Something Is Happening in the Seascape, Simultamente, Old Bottles
Appréciation Une compilation massive, parfois répétitive et mal présentée, mais un fascinant survol du jazz russe marginal et de la nouvelle scène musicale de l'avant-glasnost.

Rabih Abou-Khalil
NAFAS

Date d'enregistrement Février 1988
Label ECM
Musiciens Rabih Abou-Khalil *oud*, Selim Kusur *nay, vocal*, Glen Velez *frame drums*, Setrak Sarkissian *darabukka*
Titres Awakening ❏ Window ❏ Gaval Dance ❏ The Return I ❏ The Return II ❏ Incantation ❏ Waiting ❏ Amal Hayati ❏ Nafas ❏ Nandi
Appréciation Un virtuose libanais du oud à 11 cordes qui a travaillé avec des musiciens de jazz tels que Charlie Mariano et Sonny Fortune. Abou-Khalil comprend le jazz et en colore sa musique puissante et éthérée. La flûte de bambou de Selim Kusur ajoute à l'atmosphère.

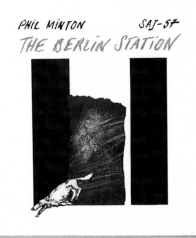

Phil Minton
THE BERLIN STATION

Date d'enregistrement 1984-1986
Label FMP
Musiciens Phil Minton *vocal*, Peter Brötzmann *sax*, Michel Waisvisz *synthesizer*, Tony Oxley, Hugh Davies *electronics*, Ernst Reiyseger *cello*, Sven-Åke Johansson *percussion, accordion, vocal*
Titres The Berlin Station ❑ Das Raspeln und Zischen der Nacht ❑ Lost Trainers ❑ On Metal ❑ The Slug ❑ Sweet Suite
Appréciation Minton est l'un des principaux vocalistes d'Europe, tant dans l'interprétation de chansons que dans les effets sonores abstraits de type free – comme dans ce set ardu.

Sadao Watanabe
CALIFORNIA SHOWER

Date d'enregistrement Mars 1978
Label Miracle
Musiciens Sadao Watanabe *alto et sopranino sax, flute*, Oscar Brashear *trumpet*, George Bohanon *trombone*, Ernie Watts *tenor sax*, Dave Grousin *piano, Fender Rhodes*, Lee Ritenour *guitar*, Chuck Rainey *bass*, Harvey Mason *drums*, Paulinho Da Costa *congas, percussion*
Titres California Shower ❑ Duo-Creatics ❑ Desert Ride ❑ Seventh High ❑ Turning Pages of Wind ❑ Ngoma Party ❑ My Country
Appréciation Un saxophoniste japonais de pointe dans un album de ses débuts avec divers « fusionnistes » américains illuminés par sa délicieuse sonorité.

Dollar Brand
AFRICAN SPACE PROGRAM

Date d'enregistrement 7 novembre 1973
Label Enja
Musiciens Cecil Bridgewater, Enrico Rava, Charles Sullivan *trumpet*, Kiani Zawadi *trombone*, John Stubblefield *tenor sax*, Hamiet Bluiett *baritone sax*, Sonny Fortune, Carlos Ward *flute, alto sax*, Roland Alexander *harmonica, tenor sax*, Cecil McBee *bass*, Roy Brooks *percussion*
Titres Tintiyana (part. 1 et 2) ❑ Jabulani – Easter Joy
Appréciation Dollar Brand, à présent Abdullah Ibrahim, est l'un des plus célèbres musiciens qui soient apparus sur la scène musicale sud-africaine depuis les années 60. Longtemps exilé, et significativement influencé par Thelonious Monk et Duke Ellington (qui le présenta aux États-Unis), Ibrahim perpétue néanmoins dans sa musique, d'une dignité lyrique inhabituelle en jazz, le souffle des tam-tams, des sons vocaux et de la musique religieuse africains. Voici une rare session de big-band, évoquant Ellington, contruite autour de la vibrante composition d'Ibrahim qu'est *Tintiyana* et où l'on peut entendre le poignant saxo de Carlos Ward.

Salif Keita
AMEN

Date d'enregistrement 1991
Label Mango
Musiciens Salif Keita *vocal*, Ron Mesa *trumpet*, Raymond Brown, Gary Bias, Reggie Young *horn*, Wayne Shorter *tenor et soprano sax*, Joe Zawinul *keyboards, arranger*, Cheik Tidiane Seck *keyboards*, Korg Pepe *accordion*, Kante Manfila, Jeff Baillard, Carlos Santana, Mamadou Doumbia *guitar*, Etienne M'Bappe *bass*, Keletigui Diabate *balafon*, Paco Sery *drums*, Souleymanne Doumbia, Bill Summers *percussion*, Djene Doumbouya, Djanka Diabate, Assitan Dembele, Nayanka Bell, Assitan Keita *vocal*
Titres Yele n Na ❑ Waraya ❑ Tono ❑ Kuma ❑ Nyanafin ❑ Karifa ❑ N B' I Fe ❑ Lony
Appréciation La voix éclatante de la superstar malienne Salif Keita fusionne avec le jazz. Radical mélange intercontinental : des musiciens d'Afrique occidentale et des Antilles enregistrent à Paris avec des vétérans du fusion, l'arrangeur et producteur Joe Zawinul, le saxophoniste Wayne Shorter, le percussionniste Bill Summers et le grand guitariste des années 70 Carlos Santana. Le travail de Keita confirme que le mouvement « world music » peut changer son vocabulaire mais non son esprit d'aventure.

Chris McGregor
BROTHERHOOD OF BREATH

Date d'enregistrement 1970-1971
Label RCA
Musiciens Chris McGregor *piano, xylophone*, Harry Beckett *trumpet*, Mongezi Feza *pocket trumpet, Indian flute*, Mark Charig *cornet*, Malcolm Griffiths, Nick Evans *trombone*, Dudu Pukwana *alto sax*, Mike Osborne *alto sax, clarinet*, Ronnie Beer *tenor sax, Indian flute*, Alan Skidmore *tenor et soprano sax*, John Surman *baritone et soprano sax*, Harry Miller *bass*, Louis Moholo *drums, percussion*
Titres Mra ❑ Davashe's Dream ❑ The Bride ❑ Andromeda ❑ Night Poem ❑ Union Special
Appréciation Un autre compositeur sud-africain influencé par Ellington. Les débuts d'un remarquable orchestre, toujours en activité, avec l'exaltant son d'alto enfiévré de Dudu Pukwana et la cinglante batterie de Louis Moholo.

LES COMPACT DISCS DISPONIBLES EN FRANCE

La quasi-totalité des enregistrements répertoriés dans la 4e partie de l'ouvrage sont des disques microsillons. Depuis l'apparition du compact disc, ces albums sont devenus introuvables, sinon comme objets de collection.

La plupart ont fait l'objet de reports en CD, du moins pour les 33 tours 30 cm gravés depuis l'avènement du microsillon. Mais la durée des CD permet parfois d'y loger l'équivalent de deux albums ou douze 78 tours. D'où de substantielles modifications de programme, amplifiées par le fait que les enregistrements vieux de plus de cinquante ans tombent dans le domaine public phonographique.

Il en est résulté plusieurs collections d'intégrales (Masters of Jazz chez Media 7, Classics chez Mélodie), pour la période antérieure à 1945, de nature à combler les amateurs de jazz classique. Elles offrent à prix moyen des « œuvres complètes » chronologiques sans avoir à se limiter au fonds d'archives d'un producteur particulier.

On s'est efforcé de composer ici un choix autant que possible équivalant à celui de John Fordham en l'enrichissant de quelques suggestions rendues possibles par l'augmentation des références disponibles.

BLUES ET RACINES

Leadbelly : Les enregistrements de 1953 se retrouvent sur 6 CD Rounder ("Go Down Old Hannah", "Let It Shine On Me" "The Titanic", etc.). Columbia/Sony et RCA/BMG proposent aussi des anthologies ("Leadbelly" et "Alabama Bound").

Ma Rainey : King Jazz/Night & Day a commencé une intégrale qui court jusqu'à 1928.

Clarence Williams : Classics/Mélodie a une intégrale en cours.

Folksongs : le Smithsonian Institute a mis au point une copieuse série d'anthologies.

Meade Lux Lewis : Classics/Mélodie pour les premiers enregistrements, Fantasy/Warner pour les derniers gravés en 1961. Entre les deux, il a réalisé avec Albert Ammons les premiers disques du fameux catalogue Blue Note (aujourd'hui chez EMI).

RAGTIME ET STRIDE

Bunk Johnson : C.R.C. fondation pour la présentation du jazz traditionnel a reporté sur une demi-douzaine de CD à la marque American Music l'essentiel des gravures de ce trompettiste.

Fats Waller : Les neuf premiers volumes d'une intégrale ont paru chez Classics/Mélodie. Une autre est en cours chez King Jazz. Des anthologies plus condensées chez Bluebird et RCA/BMG ("The Joint Is Jumpin", "The Middle Years", "The Last Years") ses producteurs d'origine.

Jelly Roll Morton : Outre l'intégrale de Classics/Mélodie, signalons un coffret de 5 CD chez Bluebird/BMG "The Jelly Roll Centennial". Une bonne anthologie chez Fremaux & associés (Night & Day).

Scott Joplin : Les disques Biograph sont en cours de report CD.

James P. Johnson : Outre l'intégrale Classics/Mélodie (3 volumes parus), l'anthologie Decca est disponible en compact chez MCA/BMG.

Art Tatum : Sa monumentale intégrale en solo est disponible sur Pablo/Fantasy (Dist. Warner). Il faut y ajouter les « Tatum Group Masterpieces » où le pianiste est confronté à des instrumentistes comme Ben Webster, Hampton, Benny Carter ou Roy Eldridje (Pablo-Fantasy). Et 2 CD en trio chez Capitol-EMI.

NEW ORLEANS

Original Dixieland Jazz Band : Le report CD des disques 1917-1921 est sur Bluebird/BMG.

King Oliver : Les faces de 1923 sont chez EPM/Jazz Archives ; celles de 1926-1927 chez Decca/BMG ; deux intégrales en cours chez Classics/Mélodie et King Jazz/Night and Day.

Freddie Keppard : King Jazz et EPM lui ont chacun consacré un report sur CD. **Clarence Williams** : EPM et Classics se sont partagé le travail.

New Orleans Rhythm Kings : King Jazz encore.

Louis Armstrong : Excellent choix des Hot Fives et Hot Sevens chez Columbia/Sony en 3 CD. Il existe, bien sûr, une intégrale en cours chez Classics/Mélodie et une autre sur Masters of Jazz/Media 7 qui débute en 1923 et s'étend sur 6 CD jusqu'en 1925. Il faut connaître aussi ses enregistrements ultérieurs, parfois à la limite des « variétés », mais toujours irrésistibles : en duo avec Ella Fitzgerald (Verve Polygram) ; accompagné par le grand orchestre de Jimmy Dorsey (Decca-BMG). Plus traditionnel : avec Duke Ellington (Roulette EMI) ; en concert, Pasadena et Los Angeles (Decca-BMG) ; à Town Hall (RCA-BMG), sans oublier son récital de « spirituals » "The Goodbook" (Decca).

Bennie Moten : Les faces Victor de 26-28 sont incluses dans l'intégrale que lui consacre Classics/Mélodie. Celles de 1929-1932 sont chez Bluebird/BMG et pour la plupart dans l'intégrale Count Basie de Masters of Jazz chez Media 7.

Luis Russell : Intégrale en cours chez Classics.

Fletcher Henderson : L'impressionnante intégrale de Classics en est à son 15e volume pour la période 1923-1938. Un monument.

Sidney Bechet : Les meilleures faces Bluebird 1932-1943 ont été reprises en un coffret de 4 CD distribué par BMG. Elles constituent le fleuron de sa carrière même si l'on connaît mieux ses disques réalisés après 1950 lors de son installation en France réunis en un gros coffret Vogue-BMG de 9 CD.

Johnny Dodds : Intégrale en cours chez Classics.

Kid Ory : American Music/C.R.C. et Good Time Jazz/Warner ont reporté une dizaine de ses disques.

CHICAGO ET NEW YORK

Lang-Venuti : Les gravures 1927-1934 de ce duo ont été reportées en CD sur Yazoo/Koch. Des enregistrements plus récents de Venuti en compagnie de Zoot Sims et Dave McKenna sont disponibles chez Chiaroscuro.

Eddie Condon : L'album Stash visé dans le corps du texte est déjà disponible en CD.

Earl Hines : Les faces de 1934-1935 citées sont reprises dans l'intégrale Classics en cours chez Mélodie. Mais il faut aussi connaître ses enregistrements en solo et trio : "The Bob Thiele Sessions" (RCA-BMG), "Fatha" (Columbia-Sony), "Tour de force" (Black Lion/Harmonia Mundi), "Plays Duke Ellington" (New World).

Bix Beiderbecke : Une très belle intégrale, bien annotée, est en cours chez Masters of Jazz/Media 7. On trouve un bon choix dans le double CD Jazz Tribune chez RCA-BMG. Un autre encore chez Columbia-Sony.

Henry Allen : Intégrale en cours chez Classics/Mélodie.

LES VOIX D'AVANT-GUERRE

Bessie Smith : Columbia/Sony en 4 coffrets de 2 CD a réédité l'ensemble de son « œuvre » : "The Complete Recordings 1923-1931".

Billy Eckstine : Les faces visées au texte n'ont pas été reportées sur CD. Mais on trouvera chez Verve, Emarcy et Mercury (Polygram) d'autres échantillons de son talent.

Ida Cox : Faute de report sur CD des faces de 1924-1928 on écoutera "Blues For Rampart Street" (Fantasy/Warner) où Coleman Hawkins et Roy Eldridge lui fournissent un accompagnement de choix.

Billie Holiday : L'intégrale des "Golden Years" a été reprise dans les 9 volumes de la série "Quintessential" chez Columbia/Sony. Les faces "Commodore" sur le label du même nom. Mais il faut écouter aussi tous ses disques Verve-Polygram. Et son intégrale Decca/BMG n'est pas à dédaigner non plus.

Ella Fitzgerald : Le disque cité est le premier volume de l'intégrale Classics-Mélodie qui court jusqu'en 1941 et couvre sa période la plus brillante. Mais pas la mieux connue : celle de ses concerts à Rome ou Berlin et des "Songbooks" (Gershwin, Cole Porter, Ellington surtout). Ses duos avec Armstrong chantent la joie de vivre (tous chez Verve Polygram).

Ethel Waters : L'intégrale Classics (1928-1940) reprend bien sur les faces citées au texte.

LE SWING

Fats Waller : Cf. ci-dessus « Ragtime et Stride ».

Artie Shaw : Bluebird et RCA ont réédité pour BMG l'essentiel de ses enregistrements.

Mc Kinney's Cotton Pickers : Classics, chez Mélodie, leur consacre une intégrale, et une aussi à leur mentor, l'arrangeur Don Redman.

Coleman Hawkins : L'intégrale Classics devrait permettre de retrouver un jour toutes les séances visées dans le texte. Mais il faut connaître aussi : les ballades qu'il interprète dans "At Ease" (Fantasy-Warner) on "The Hawk Relaxes" *(id°)* ; ses duos avec Ben Webster, autre saxo de légende – dont les albums "Soulville" et "King of the Tenors", chez Verve-Polygram encore, ne peuvent être ignorés – ; l'anthologie qui lui est consacrée par RCA-BMG "Body and Soul" ; et chez Decca "Body and Soul revisited".

Duke Ellington : Deux intégrales chez Classics et Masters of Jazz pour la période antérieure à 1945 sont en cours. Mais Columbia/Sony et RCA/BMG ses producteurs d'origine ont aussi bien fait les choses avec "The Okeh Duke Ellington" et 2 CD en petite formation pour Sony ; deux coffrets de 3 CD chacun – "The Blanton-Webster Band" et "Black Brown & Brige" – six doubles CD dans la série Jazz Tribune pour le second. A quoi il faut ajouter pour la période ultérieure : "Money Jungle" en trio avec Mingus et Roach (Blue Note-EMI) ; un duo avec Coltrane (Impulse-BMG) ; des séances en solo "Piano in the Foreground" (Columbia-Sony), "The Pianist" (Fantasy-Warner) ; des "suites" comme la "New Orleans Suite" (Atlantic), la "Far East Suite" (RCA-BMG), la "Liberian Suite" et la "Nutcracker Suite" (Columbia-Sony) ; des concerts comme ceux de Newport 1956 et 1958 (Columbia-Sony), Fargo 1940 (Milan-BMG), Carnegie Hall 1948 (VJC-IHL), Chicago 1946 avec Django Reinhardt (Music masters-Polygram).

Count Basie : Pour la période antérieure à 1945, deux intégrales sont en lice ; Classics et Masters of Jazz. Mais le coffret American Decca 1937-1939 est une réussite (chez BMG) et Columbia-Sony annonce, après 3 CD "The Essential", une intégrale 1946-1951. Pour la période ultérieure, outre l'*Atomic Mr Basie* on tachera de se procurer les 2 coffrets Mosaïc qui regroupent toutes les séances en studio et de concerts gravés pour la marque Roulette. A écouter aussi la série, plus tardive, de sessions enregistrées pour Pablo-Fantasy (Dist. Warner).

Woody Herman : La plupart des faces citées se retrouvent chez Columbia-Sony, mais en import U.S. Plus aisés à se procurer : "Keeper of the Flame" chez Capitol-EMI où brille Stan Getz, des concerts plus récents comme celui de 1976 à Carnegie Hall (Bluebird-BMG), celui de 1981 au Concord Jazz Festival (Concord Jazz-Harmonia Mundi).

Chick Webb : La majorité des faces citées ont fait l'objet d'un report sur CD dans une intégrale Classics/Mélodie qui exclut toutefois les faces ultérieures réalisées avec Ella Fitzgerald : elles sont incluses dans l'intégrale consacrée par le même éditeur à cette chanteuse.

Lester Young : Les faces citées sont incluses dans les diverses intégrales et compilations Basie de la période (cf plus haut à ce nom). Mais on doit connaître l'intégrale que lui consacre Masters of Jazz chez Media 7. Et pour la période ultérieure : "The President Plays with the Oscar Peterson Trio", "Pres and Sweets", "Pres and Teddy" (tous chez Verve-Polygram).

Django Reinhardt : L'intégrale Classics chez Mélodie permet de retrouver les faces citées au texte. EPM avec divers volumes de sa série Jazz Archives aussi. Pour la période ultérieure Vogue et RCA chez BMG offrent des compilations proches de l'exhaustivité : "Tiger Rag" et "The Indispensable" complètent utilement les disques des années 30.

Benny Goodman : Le concert du 16 janvier 1938 a été reporté sur CD par Columbia-Sony. Le même éditeur a également réédité les faces du sextet où jouait Charlie Christian. Mais la précieuse intégrale consacrée au guitariste par Masters of Jazz est encore plus complète et riche d'inédits. Le sextet de Goodman de 1950-1951 et d'autres faces en grand orchestre ont également été réédités en CD par Columbia-Sony. RCA a publié "Small Combinations" et "Big Band" (tous chez BMG).

Lionel Hampton : Le concert cité n'est disponible en CD qu'en importation américaine sous le titre "Flying Home" (Decca Jazz-MCA). En France RCA/BMG et Vogue offrent plusieurs compilations de bonne qualité. Il faut y ajouter les premiers volumes de l'intégrale Classics pour les années 1937 à 1941. Et pour la période ultérieure de fringants dialogues avec le pianiste Oscar Peterson (Verve-Polygram).

Jay Mc Shann : Les faces citées au texte ont été reportées en CD par Classics chez Mélodie. Ainsi que par leur éditeur d'origine Decca, sous le titre "Blues From Kansas City".

BEBOP

Al Haig : L'album "Jazz Will-o-the-wisp" a fait l'objet d'un report sur compact par Freshsound/Media 7. D'autres faces sont proposées par le même label.

Sonny Stitt : Ses enregistrements Prestige cités dans le texte ont été partiellement reportées chez OJC/Fantasy (Dist. Warner) sous d'autres références : "Prestige First Sessions", "Kaleidoscope". Ecouter aussi "Stitt plays Bird" (Atlantic-Warner) ; "Constellations", "Tune up" et "Last Stitt Sessions" (Muse-OMD).

J.J. Johnson : Toutes ses faces Blue Note, y compris celles citées, sont en CD chez EMI. Son duo avec Kai Winding chez Impulse-BMG mérite aussi le détour. Tout comme l'anthologie parue chez Columbia-Sony.

Charlie Parker : Les "Complete Dean Benedetti Recordings" sont exclusivement vendus par correspondance (Mosaïc, 35 Melrose Place, Stamford, Connecticut 06902 ; fax : 19 1 203 323-3526). Les "master takes" de Savoy sont pour l'instant éparpillés sur plusieurs CD de cette marque distribués par BMG. Les "Complete Dial Masters" existent en 2 coffrets, U.S. ou anglais au choix, de 4 CD chacun. Pour qui veut aller au-delà du strict nécessaire ses faces Verve sont disponibles chez Polygram en 1 coffret de 10 CD copieusement annoté.

Bud Powell : L'intégralité des faces Blue Note de 1949-1953 occupe 2 CD chez Blue Note-EMI parfaitement réédités par Michael Cuscuna. Y ajouter le récent "Complete Bud Powell ou Verve" qui en 5 CD donne l'intégralité (avec "alternates" et faux départs) de sa production pour le label de Norman Granz.

Également ses "Roost Sessions" de 1947 et 1953 chez Roulette-EMI les faces RCA de 1957 chez Bluebird-BMG "Swing in With Bud" et le concert à Essen en 1960 avec Hawkins, Pettiford et Kenny Clarke (Black Lion-Harmonia Mundi).

Thelonious Monk : Comme pour Bud Powell, Cuscuna a précédé au regroupement chronologique en 2 CD Blue Note-EMI des faces citées. Pour les années suivantes écouter ses faces en trio pour Prestige (Fantasy-Warner). Un peu plus tard (1955-1961), un copieux coffret de 15 CD chez Riverside-Fantasy (Dist. Warner) fait le tour de Monk. Le Monk tardif est présent sur Columbia-Sony avec notamment "Underground", "Solo Monk" et "Criss Cross".

Le dernier Monk est chez Black Lion (Harmonia Mundi) "The London Sessions".

Fats Navarro : La réédition des faces Blue Note citées au texte a été fugace. Les reverra-t-on un jour ? Ses faces Savoy en revanche sont disponibles chez BMG. Ainsi que de rares concerts chez Freshsound-Media 7.

Dizzy Gillespie : Les faces citées sont regroupées avec d'autres qui font la place belle aux rythmes afro-cubains dans la collection Jazz Tribune chez RCA-BMG. D'autres échos du grand orchestre de 1948 se retrouvent chez GNP et Vogue. Ceux du big band de 1956 chez Bandstand-DAM et chez Verve-Polygram pour le concert de Newport 1957. Un disque enregistré au Festival de Monterey en 1965 permet d'écouter Gillespie en big band : le son, exemplaire, permet d'imaginer ce que furent les phalanges antérieures (Pacific Jazz-EMI). En petite formation c'est l'embarras du choix : Savoy, Vogue, Verve, plus tard Pablo offrent de nombreux reports en CD.

James Moody : "Moody's Workshop" est disponible en CD (OJC-Fantasy). "Wail Moody Wail" de la même cuvée aussi.

Charlie Christian-Dizzy Gillespie : Les faces citées au texte sont disponibles en CD sur Jazz Anthology chez Musidisc.

The Bebop Era : Un report presque équivalent de cette anthologie se trouve chez Bluebird-BMG sous le titre "The Bebop Revolution".

The Quintet : Réédité chez Debut-Fantasy.

Miles Davis : Comme pour Powell et Monk, intégrale de ses faces Blue Note en 2 CD (EMI).

COOL JAZZ

Lee Konitz : Les faces Verve citées au texte n'ont pas été rééditées. Il faut connaître le disque réalisé avec le quartette Mulligan-Baker "Konitz Meets Mulligan" chez Pacific Jazz-Emi. Les duos avec Gil Evans : "Heroes" et "Antiheroes", sont admirables de bout en bout. Steeplechase et Black Lion (tous deux chez Harmonia Mundi) ont mieux fait les choses qui ont reporté en CD son album en solo "Lone Lee" ses duos avec Red Mitchell "I Concentrate On You" et Hal Galper. "Windows" pour le premier, les enregistrements au Storyville de Boston pour le second. Et Venus (une marque japonaise) chez OMD avec "Jazz Nocturne".

Jimmy Giuffre : Le disque cité au texte a été reporté sur CD. La carence de ses éditeurs Atlantic et Verve est flagrante. Il a fallu des Allemands (ECM chez Polygram) des Italiens (Soul Note chez DAM) et un Français (OWL chez EMI) pour que ce grand musicien ne disparaisse pas des bacs à disques.

Chet Baker : L'album "Baker & Crew" a été réédité – augmenté de six faces inédites – chez Pacific Jazz-EMI. Un coffret de 4 CD récapitule sa période californienne : "The Pacific Jazz Years". Philology (chez

DAM) a recueilli plusieurs enregistrements publics, Freshsound (Media 7) aussi. Parmi les gravures plus tardives "As Time Goes By" chez Timeless "Chet & the Boto Brasilian Quartet" chez Dreyfus-Sony. Chez Emarcy-Polygram les séances parisiennes de 1955 avec Richard Twardzick et un bel hommage à Billie Holiday "Baker's holiday".

Modern Jazz Quartet : Le disque cité est disponible en CD chez Atlantic (Dist. Warner) ainsi que "Blues on Bach", "Pyramid", "The Last Concert", "Lonely Woman". Les premières prestations de cette institution : "Django" et "Concorde" sont chez OJC-Fantasy. De John Lewis, hors quartet, il faut connaître "2 Degrees East-3 Degrees West" chez Pacific Jazz. De Milt Jackson, plus prolifique : "Invitation" (Riverside-Fantasy), "Very Tall" avec Oscar Peterson (Verve-Polygram), "The Harem" (Music masters-Polygram). Ecouter aussi ses séances Savoy-BMG "Opus de Jazz" "Jazz Skyline".

Miles Davis : Le disque "Birth of the Cool" pierre angulaire de la période a été reporté sur CD (Capitol-EMI).

Shorty Rogers : Atlantic met bien longtemps pour rééditer en CD l'un de ses premiers artistes. RCA-BMG lui est plus fidèle avec "The Big Shorty Rogers", "Short Stops" et "Swings" (Bluebird).

Gerry Mulligan : Du double album cité en référence, méli-mélo de faces d'origine et d'époques diverses, seule la séance de 1951 en tentet a été reportée en CD chez Prestige-Fantasy. On peut lui préférer les séances réalisées en quartet : d'abord avec Chet Baker puis le tromboniste Bob Brookmeyer (Pacific Jazz-EMI). Un concert parisien avec Brookmeyer est célèbre, à juste titre (Vogue-BMG). Pour certains, sa plus grande réussite restera son "Concert Jazz Band" de 1960 : outre une anthologie, trop courte, chez Verve-Polygram, on dispose, grâce aux archives d'Europe 1 d'un double CD (RTE-Sony). Également recommandables ses duos avec Ben Webster, Stan Getz et Paul Desmond (chez Verve-Polygram) et sa rencontre avec Thelonius Monk (Riverside-Fantasy).

Mulligan-Desmond et Chet Baker-Art Pepper : Les deux albums cités ont fait l'objet de reports en CD.

Jimmy Giuffre : Il n'en va pas de même pour "Thesis" et "Free Fall" qui méritent – plus que d'autres déjà réédités – une reparution en CD.

Warne Marsh : Grâce à de courageux indépendants le disque "Ne plus Ultra" est à nouveau disponible.

Don Ellis : Réédition à l'identique en CD pour "How Time Passes" chez Candid-Harmonia Mundi.

Jazz Abstractions : Attend toujours son report sur CD.

Dave Brubeck : "Time Out" est disponible en CD bien sûr (Columbia-Sony) tout comme "Gone with the Wind", "Interchanges 54" et "Jazz Goes to Collise". En rupture de ban, le sax alto du groupe, Paul Desmond a enregistré plusieurs disques avec le guitariste Jim Hall pour la plus gracieuse des musiques de couette : "Bossa Antigua", "Take Ten", "Easy Leaving" (RCA-BMG). Il eut l'occasion de se joindre au Modern Jazz Quartet (Red Baron-Sony).

Art Pepper : Le disque cité a été réédité. Mais c'est la quasi-totalité des disques de cet artiste inspiré qu'il faudrait mentionner. A commencer par "Art Pepper Plus Eleven". En continuant avec toutes les séances en quartet réalisées pour Contemporary : de "Meets the Rhythm Section" – celle de Miles Davis en 1957 – aux quatre "Nights at the Village Vanguard" de 1977 (avec Elvin Jones), en passant par "Gettin Together", "Living Legend", "Smack Up", "Intensity". Et pour finir, les derniers disques en quartet chez Galaxy-Fantasy ou bien "Tokyo Encores" (Dreyfus-Sony).

HARD BOP

Art Blakey : La "Night at Birdland" a été intégralement reportée sur CD on s'en doute. Il en va de même pour l'essentiel des séances réalisées par Art Blakey chez Blue Note. On citera pour mémoire "Mosaïc", "A Night in Tunisia", "Moanin" (tous chez Blue Note-EMI).

Sonny Rollins : "Saxophone Colossus" cité dans le texte est de retour en CD (Prestige-Dist. Warner). Seul ou dans le coffret de 7 CD qui réunit sa production de la période ("The Complete Prestige Recordings"). Les séances Riverside "Freedom Suite" et "The Sound of Sonny" retiennent moins l'attention que celles gravées pour RCA et toutes remises en circulation récemment par BMG "The Bridge", "What's New", "Our Man in Jazz" (avec Don Cherry), "Sonny Meets Hawk (avec Hawkins). Les séances ultérieures, pour Milestone, toujours revigorantes ("The Solo Album", "Sunny Days, Starry Nights", "Nucleus") ne feront pas oublier ses disques Blue Note ("Night at the Village Vanguard", "Newk's Time", "Misterioso" avec Monk et Silver) ou Contemporary ("Way Out West" en trio avec Ray Brown et Shelly Manne, "Contemporary Leaders" avec Hampton Haws et Barney Kessel).

Clifford Brown - Max Roach : "At Basin Street" est disponible, lui aussi isolément ou dans le coffret de 10 CD consacré par Emarcy-Polygram au trompettiste prématurément disparu. Sans son compagnon Max Roach, on le retrouve dans un sympathique "Combo" californien sous le titre "The Immortal Clifford Brown (Pacific Jazz EMI).

Miles Davis : "Workin with the Miles Davis" comme tout ce que le trompettiste a enregistré chez Prestige entre 1951 et 1956 figure dans un coffret de 8 CD "Chronicle" (Fantasy-Warner). "Something Else", album mythique s'il en fut, également cité, a été reporté sur CD et s'en est trouvé enrichi d'un inédit "Allison's Uncle". Le "Round Midnight" enregistré à la même époque pour CBS (Sony) est aussi en CD.

Thelonious Monk : Le double album Monk/Trane (cité p. 174) composé pour une part d'alternates et pour l'autre d'inédits ne se retrouve plus à l'identique en CD. Son contenu se retrouve dans le coffret de 15 CD "The Complete Riverside Recordings" de Monk. "Brilliant Corners", cité p. 175, est disponible isolément et dans le coffret précité.

Horace Silver : L'album Blue Note cité dans le texte est disponible en CD. Divers autres albums également réédités méritent l'écoute : "Trio", "Cape Verdean Blues" (Blue Note-EMI) et chez Toshiba-EMI (Japon) : "Tokyo Blues", "Silver's Serenade", "Song For My Father" (tous chez Blue Note).

Johnny Griffin : Le disque cité est une compilation dont les composants n'ont pas été repris en CD. De ses nombreux disques Riverside, deux seulement sont disponibles. Il a refait surface en studio avec "The Cat" chez Antilles-Polygram.

Booker Ervin : "That's It" est disponible en CD. Les autres disques de ce souffleur intrépide prématurément disparu ont attendu longtemps leur résurrection. Plusieurs d'entre eux "The Blue Book", "Setting the Pace" et "The Song Book", viennent de reparaître chez Prestige-Fantasy.

John Coltrane : "Giant Steps" a été l'un de ses premiers disques reportés en CD. Pour les années antérieures, outre sa participation au quintet de Miles Davis (cf le coffret "Chronicle") Prestige nous a gratifiés d'un coffret de 16 CD dont les composants principaux ("Mating Call", "Soultrane", "Catltn") sont disponibles séparément. Sa production majeure de l'époque "Blue Train" a été réalisée pour Blue Note-EMI. Avant d'aborder les années Impulse, écoutez les autres CD Atlantic "Olé", "My Favorite Things" (version de studio), "Coltrane Jazz", "Bags & Trane" avec Milt Jackson.

Elmo Hope : La séance citée au texte a été reprise en CD Contemporary-Fantasy. Ses autres disques, trop peu nombreux, méritent aussi une écoute "Homecoming", "Meditations" (O.J.C.-Fantasy).

Freddie Hubbard : "Hub-Tones" a été réédité par Toshiba-EMI au Japon. Ses autres séances Blue Note "Breaking Point", "Open Sesame" (avec Tina Brooks) aussi. Et tout récemment "The Night of the Cookers" où il partage l'affiche avec Lee Morgan.

Wes Montgomery : "Incredible Jazz Guitar of W.M." est en CD comme l'intégralité de sa production Riverside réunie – en un coffret de 12 CD (chez Fantasy, Dist. Warner). Ici encore les meilleurs moments ("Grooveyard", "Full House" en public avec Johnny Griffin, "Movin-Along") sont disponibles isolément.

Harold Land : "The Fox" a été racheté à Hi-Fi Jazz et réédité par Contemporary d'abord en microsillon puis en CD. D'autres disques de ce saxo-ténor qui a joué avec Brown & Roach ("Live" chez GNP-Vogue) ont reparu chez Contemporary "In the Land of Jazz" et Jazzland "West Coast Blues" où Wes Montgomery lui donne la réplique.

Dexter Gordon : "Our Man in Paris" a été reporté en CD chez Blue Note-EMI. On rangera à son côté les deux séances "Go" et "A Swingin'Affair" où Gordon est accompagné d'une rythmique hors pair. Ses enregistrements plus tardifs, chez C.B.S., sont réédités par Sony. Son disque avec le pianiste Carl Perkins, en 1955, aujourd'hui moins rare "Dexter Blows Hot and Cool" est orné d'une légendaire photo d'Herman Leonard (Media 7).

Tina Brooks : Le disque cité "True Blue" était devenu introuvable. Toshiba-EMI l'avait reporté en CD (avec l'autre disque de Brooks resté inédit), Blue Note USA vient de le faire à son tour dans la nouvelle série "Connaisseur". Ce "lestérien" moderne et infusé d'esprit "soul" aurait pu devenir, si la drogue et la misère ne l'avaient emporté, un grand du jazz.

EARLY FUNK

Jimmy Smith : Disque exemplaire "The Sermon" fait l'objet très tôt d'un report sur CD chez Blue Note-EMI dans une version complétée d'inédits. Outre les sessions gravées en compagnie de Stanley Turrentine chez le même éditeur, on cherchera à se procurer un coffret Mosaic (qui présente une session "live" de 1957 dans son intégralité). De sa période ultérieure, écouter, chez Verve-Polygram, "Organ Grinder Swing" et ses duos avec Wes Montgomery.

Donald Byrd : L'album "The Cat Walk" nous a été rendu en CD par Toshiba-EMI. "Fuego" enregistré un peu plus tôt fut un énorme succès populaire. "Free Form", en compagnie de Wayne Shorter, aurait pu en être un autre. "A New Perspective" où son quintet assisté d'une chorale est bien meilleur qu'on ne l'a dit, où brillent Hancock et Hauk Mobley, un saxo ténor qui resta dans l'ombre des Jazz Messengers et celle d'Horace Silver mais dont aucun disque ("No Room for Squares", "Soul Station", "Workout") ne peut laisser indifférent (tous les CD cités sont aux catalogues Blue Note américains ou japonais).

Johnny Griffin : Le disque cité a été réédité en CD chez Fantasy aux États-Unis.

Camonball Adderley : L'album cité n'est plus disponible. Sa période Riverside en revanche est bien représentée : "In San Francisco" , "Nippon Soul" et "Know What I Mean" (avec le pianiste Bill Evans) chez OJC-Fantasy ; "Takes Charge", "Bossa Nova", "And the Poll Winners", "Them Dirty Blues" chez Landmark-O.M.D. Signalons aussi son dialogue avec Coltrane "Limehouse Blues" chez Emarcy-Polygram et rappelons que dans les catalogues l'album "Somethin'Else" (Blue Note EMI) est répertorié sous son nom et non sous celui de Miles Davis (cf p. 175).

Lee Morgan : Plus encore que le "Fuego" de son confrère Byrd, "The Sidewinder" fut un extraordinaire succès populaire. Aussi bien nous fut-il très tôt rendu en CD, ainsi qu'un nombre substantiel des autres albums de ce trompettiste aussi ardent que prodige (tous chez Blue Note).

Bobby Timmons : L'album cité a fait sa réapparition dans la série O.J.C. de Fantasy. "Easy Does It" et "In Person" également enregistrés en trio l'y ont rejoint récemment.

The Jazz Crusaders : L'album cité a été réédité en CD. Il existe une anthologie de leurs premiers disques Pacific-Jazz. Raccourcissant leur nom en "Crusaders" ils ont accompli après 1970 un parcours triomphal mais à la limite de la variété.

Ray Charles : Sur l'album cité, reporté sur CD, on l'entend surtout à l'orgue. L'un de ses plus beaux disques reste "The Genius of Ray Charles". Sa période "rhythm and blues" est pour l'essentiel regroupée dans un coffret de 3 CD "The Birth of Soul" (tous chez Atlantic). Sa veine populaire ultérieure est dispersée ici et là : Fremeaux et Associés propose un double coffret distribué par Night and Day qui n'est pas le moins bien fait.

MAINSTREAM

Benny Carter : Réédité aux États-Unis, on attend l'importation régulière en France du CD "Further Definitions". Cette merveille ne doit pas faire oublier les disques de sa maturité chez Verve avec Oscar Peterson, chez Contemporary avec Earl Hines ("Swingin'the Twenties") ou Ben Webster ("Jazz Giant"). Ni ceux de ses débuts : intégrale chez Classics-Media 7 ; anthologie 1928-1952 chez RCA-BMG.

Ruby Braff : "Hear Me Talkin to Ya" est disponible chez Black Lion-Harmonia Mundi.

Coleman Hawkins : "The Hawflies High" connaît le même sort, mais chez OJC-Fantasy.

Erroll Garner : "Concert on the Sea" réédité chez CBS-Sony dès l'aube du compact, est son disque le plus célèbre. Sa période CBS tout entière est recommandable ("Far Away and Long Ago", "Body and Soul"). Ses disques Mercury chez Polygram recèlent aussi quelques joyaux ("Mambo Moves Garner", "The Original Misty").

Duke Ellington : L'on a déjà indiqué plus haut que le concert de 1956 à Newport figure dans sa discographie sur CD aujourd'hui abondante.

Zoot Sims : "One to Blow On" est chez Freshsound. Datant de la même époque "The Modern Art" (Fresh sound-Media 7) permet de juger de son entente avec le tromboniste Bob Brookmeyer. Outre ses duos avec son compère Al Cohn (RCA-BMG), c'est sa période Pablo qui est la mieux représentée dans les bacs à CD : il y dialogue avec Count Basie, Jimmy Rowles, Joe Pass, Sweets Edison, rend hommage à Billie Holiday et aux frères Gershwin.

Oscar Peterson : "Night Train" a depuis belle lurette reparu en CD. On ne peut y résumer la carrière du pianiste. Si les reports de son premier trio (avec le guitariste Barney Kessel) sont encore rares, ceux du second (où le texan Herb Ellis remplace Kessel le Californien) nous ont été rendus avec "At the Stratford Shakespearan Festival" et "At the Concert Gebouw" ; ce sont des monuments de swing. Ses séances MPS ("Exclusively for my Friends") ont été regroupées en un coffret de 4 CD : très bien enregistrées, elles le font entendre au sein de divers trios et en solo. Les dernières gravures, enregistrées en public sont sur Telarc : il y retrouve Ray Brown et Herb Ellis. Parmi ses nombreuses gravures pour son vieil ami Norman Granz chez Pablo, écouter "Nigerian Marketplace".

POSTBOP BIG BANDS

Carla Bley : "Escalator Over the Hill" n'est pas disponible mais huit autres sont chez ECM Polygram. Comme ses duos avec le bassiste Steve Swallow.

Charlie Haden : "Liberation Music Orchestra" est en C.D. Comme ses disques avec Don Cherry et, tout récemment, un cycle/hommage de concerts au Canada (Polygram).

Gil Evans : "Out of the Cool" a été numérisé par MCA. Et dix des autres albums de cet arrangeur de génie : "Individualism", "Collaboration" (avec la chanteuse Helen Merrill, "Priestess" (tous chez Polygram).

Don Ellis : "Electric Bath" dort encore chez Sony.

Charles Mingus : Tel n'est pas le cas de l'album cité au texte (Impulse-MCA chez BMG). Ni de trente autres : "New Tiguana Moods" (RCA), "Ah Um", "Dynasty" (Sony), "Blues and Roots", "Changes" (Atlantic), les sessions Candid (Harmonia Mundi), ses concerts européens de 1964 (OMD).

Miles Davis : "Porgy and Bess" est là mais a changé de pochette.

Stan Kenton : "New Concepts" est indisponible, mais "In Hi Fi" est disponible (chez Capitol-Emi).

MORAL JAZZ

Mc Coy Tyner : Disponible pour l'album cité. Comme pour la majorité de sa production, abondante chez MCA-Impulse et Milestone-Fantasy.

Herbil Hancock : Disponible pour "Maiden Voyage" et presque toute sa période Blue Note, la meilleure.

John Coltrane : C'est disponible pour la totalité de ce qu'il a enregistré : près de cent CD (y compris plus d'un concert "pirate"). "Ballads", "Africa Brass", "Live at the Village Vanguard" (chez MCA-Impulse) sont incontournables.

Miles Davis : Incontournables aussi "Milestones" et "Kind of Blue" (Sony). Comme la majorité des albums gravés entre 1959 et 1969 pour Columbia (Sony) : "E.S.P." "In Person", "Filles de Kilimandjaro", "In Europe", etc. Et le concert historique de Paris en 1960 (RTE-Sony).

Bill Evans : Incontournable encore le trio du disque cité dans le texte enregistré en studio ou "live" : "Sunday at the Village Vanguard", "Waltz For Debby". Tout comme la majorité de ses disques regroupés en 3 coffrets essentiels "Riverside Recordings", "Fantasy Recordings" et "Consecration" (chez O.M.D.).

Pharoah Sanders : "Jewels" cité dans le texte n'est pas réédité mais "Karma" et "Thembi" (MCA-Impulse) le sont. Comme la plupart de ses faces Evidence.

LATIN JAZZ

Poncho Sanchez : "Sonaudo" attend son report. Mais la majorité de ses autres disques pour le label Concord-Picante sont en CD.

Wayne Sharter : "Native Dancer" est en CD. Comme l'essentiel de son œuvre, surtout dans sa période Blue Note, la meilleure, avec "Night Dreamer" "Speak No Evil", "Adam's Apple".

Tito Puente : "In Puerto Rico" est indisponible, mais on trouve : "On Broadway" (Fresh Sound) et chez Concord Picante "Out of this World" (Harmonia Mundi).

Hermeto Pascoal : "Slaves Mass" attend son heure. Mais "Brazilian Adventure" (Muse-OMD) est arrivé.

Chick Corea : "Return to Forever" est chez ECM-Polygram. Comme ses meilleures faces en solo. Son plus beau disque "Now He Sings, Now He Sobs" a reparu, au complet, chez Blue Note-EMI.

Machito : L'album cité est inclus dans le CD "At the Crescendo" (GNP).

Mongo Santamaria : L'album cité dans le texte manque en CD. Mais l'essentiel des années 60 a été numérisé chez Fantasy. Ses disques récents sont en CD Concord-Picante.

Stan Getz : "Jazz Samba" disponible en CD est son disque le plus fameux. Mais il faut surtout connaître "Stan Getz plays", "At the Shrine", "Sweet Rain", "Serenity" (chez Verve-Polygram) "The Dolphin" et "Pure Getz" (Concord Harmonia Mundi). En attendant une intégrale Verve de ses années 50.

Fusion, In the Tradition, Free bop et funk, World Beat : Pour l'ensemble de ces sections, la majorité des albums cités ayant, dès l'origine, été mise sur le marché sous forme de CD, il faut considérer qu'ils sont – ou ont été : car certains CD sont un jour retirés à leur tour des catalogues disponibles. L'amateur sera bien fondé, dès lors, à interroger directement son disquaire favori.

Jean-Claude Zylberstein
octobre-novembre 1994

Index

A

A Love Supreme, 40, 120, 136
Abou-Khalil, Rabih, 210
Abrams, Muhal Richard, 43
accords, 132-3
Acid Jazz, 47
Adams, George, 49, 197
Adderley, Julian "Cannonball", 39, 41, 175, 178
Afrique, 11, 12, 29, 31, 126, 127, 142
Akiyoshi, Toshiko, 209
Allen, Geri, 49, 81, 199
Allen, Henri "Red", 19, 57, 159
alto (saxophone), 65
American Federation of Musicians, 28, 141
amplification, 55, 89
anches
    basson, 69
    hautbois, 69
    saxophone, 65
Armstrong, Louis, 14, 15, 17, 23, 24-25, 26, 29, 30, 34, 40, 46
    avec King Oliver, 20, 21
    biographie, 96-7
    enregistrements, 35, 155
    improvisation, 132, 135
    scat, 19, 54
    style, 18-19, 27, 57
arrangement, 137-9
Art Ensemble of Chicago, 41, 43, 186, 200
Asie, 127
Association for the Advancement of Creative Musicians (A.A.C.M.), 41, 43
Atkins, Charles "Cholly", 142, 143
"Austin High School Gang", 21, 26
Ayers, Roy, 44, 49
Ayler, Albert, 40, 41, 136, 137

B

Baker, Chet, 34, 37, 70, 171, 172
Baker, Josephine, 143
Baldwin, James, 42
ballet, 144, 145
Bang, Billy, 84
baryton (saxophone), 65
Basie, William "Count", 23, 30, 31, 34
    arragement, 137-9
    biographie, 108
    enregistrements, 163, 164, 169, 181, 197
    style, 26, 27, 35, 81
basse, 88-90
basse (clarinette), 62
basse (guitare), 88
basson, 68-9
Bates, Django, 50
batterie, 70-3
    caisse claire, 71, 130, 131
    cuica, 74
    histoire, 131
    notation, 130
    tablâ, 74
    tam-tam, 74, 76
Beatles, 40
bebop
    batterie, 73, 131
    enregistrements, 166-9
    harmonie, 132
    histoire, 28, 29, 30-3, 38, 49
    improvisation, 135
    piano, 82
Bechet, Sidney, 17, 18, 19, 26
    biographie, 99
    enregistrements, 20, 25, 156
    improvisation, 18, 135
    style, 62, 64, 65
Beiderbecke, Bix, 18, 19, 21, 22, 25, 57, 98
    enregistrements, 159
Benson, George, 45, 46
Berigan, Bunny, 27
Berne, Tim, 204
Berry Brothers, 143
big-bands, 22
    enregistrements, 188-9

Bigard, Barney, 19, 22, 62
Birth of the Cool, 29, 36, 37, 45, 171
Bitches Brew, 41, 45, 195
Black and Tan Fantasy, 19
black bottom, 142, 143, 146
Black Jazz, 46, 49
Black Panther Party, 41
Black Swan, 23
Blackbyrds, 45
Blackwell, Ed, 43
Blake, Eubie, 18, 41
Blake, John, 84
Blakey, Art, 7, 47, 48
    biographie, 117
    enregistrements, 174, 175, 197
    style, 38, 49, 70
Blanton, Jimmy, 28, 88
Bley, Carla, 40, 43, 47, 188
Bley, Paul, 208
Blood, Sweat and Tears, 44
Blue Note, 29, 38, 141
Blues, 10, 126
    accords, 133
    enregistrements, 150-1
    histoire, 12-13, 29
    piano, 82
blues à 12 mesures, 133
Blues for Pablo, 138-9
Bluiett, Hamiet, 65
bois, 68-9
Bojangles, 22, 143
Bolden, Charles "Buddy", 14, 16, 17, 38, 57, 140
Bond, Graham, 44
Boogie, 82
bop *voir* bebop
Bossa nova, 44
Bowie, Lester, 202
Brackeen, Joanne, 49
Braff, Ruby, 34, 50, 180
Braxton, Anthony, 43, 46, 137, 187
Brecker, Mike, 44, 47, 49, 64, 65, 203
Brecker, Randy, 44
Brésil, 126, 131, 142, 144
Bridgewater, Dee Dee, 54
Brooks, Tina, 177
Brotzmann, Peter, 43
Brown, Clifford, 33, 35, 38, 57, 174
Brown, James, 40, 44
Brown, Lawrence, 138-9
Brown, Ray, 88
Brubeck, Dave, 37, 173
Bruce, Jack, 44, 45
Brunies, George, 18, 60
bugle, 56-7, 138
Burton, Gary, 44, 78, 79
Byrd, Charlie, 193
Byrd, Donald, 44-5, 178, 195

C

caisse claire, 71, 130, 131
cakewalk, 13, 142
Calloway, Cab, 22, 23, 25
Camilo, Michel, 81
candomblé, 75, 142
Carn, Jean, 57
Carnegie Hall, New York, 23, 165
Carney, Harry, 19, 62, 138-9
Carter, Benny, 180
Carter, Betty, 46, 51, 54, 183
Carter, Ron, 43, 45
Casa Loma Orchestra, 26
Chambers, Paul, 39
chant, 54-5
Charles, Ray, 39, 44, 179
Charles, Teddy, 78
Charleston, 143
Cherry, Don, 43, 47, 58, 186
Chicago (jazz), 19, 20-1
    enregistrements, 158-9
Christian, Charlie, 27, 28, 86, 169
circulaire (respiration), 66
clairon, 16
clarinette, 62-3
Clarke, Kenny, 28, 31, 32, 36, 49, 70
Clarke, Stanley, 88, 90
claviers, 80-3, 128
Clayton, Buck, 27

Clef, 141
clefs, 128
club dance, 146-7
club jazz, enregistrements, 200-1
Cole, Cozy, 70
Cole, Nat King, 45
Coleman, Ornette
    biographie, 122
    enregistrements, 43, 47, 173, 184, 185, 186, 191, 204
    style, 35, 40, 41, 42, 44, 64, 65
Coleman, Steve, 47, 51, 64, 205
Coles, Charles "Honi", 142, 143
Coltrane, John, 31, 35, 43, 44,
    biographie, 120-1
    improvisation, 39, 133, 135
    modes, 40, 42
    enregistrements, 174, 175, 176, 187, 190
    style, 41, 64, 65, 66, 133
Columbia Records, 25, 44
Commodore, 141
compact discs, 47
Company, 208
composition, 137-9
Condon, Eddie, 21, 158
conga, 74
contrebasse, 88-90
Cooke, Doc, 154
Cool (jazz),
    histoire, 33, 36-7, 38
    enregistrements, 170-3
Cooper, Lindsay, 68-9
Corea, Armando "Chick", 45, 46, 51, 80, 81, 193, 198
cornet, 56, 97, 98
Coryell, Larry, 44
Cotton Club, New York, 19, 22, 25, 143
Cox, Ida, 160
Creole Band, 21
Creoles, 14, 16, 17, 127
Cuba, 14, 29, 40, 126, 131, 142, 144
Cubop, 29, 33
cuica, 74
cymbales, 71, 130, 131

D

Dameron, Tadd, 185
danse, 142-7
Dankworth, Alec, 88-91
Darrell, Robert Donaldson, 19
Davis, Miles, 29, 32-3, 35, 38, 39, 46, 50, 51
    biographie, 114-15
    modes, 42, 128, 129, 133
    enregistrements, 35, 41, 47, 91, 133, 137, 169, 171, 175, 189, 191, 195, 203
    solos, 7, 40, 138-9
    style, 29, 36-7, 43, 44, 45, 57, 59
Decca Records, 40
DeJohnette, Jack, 47, 70, 72, 199, 204
Dennerlein, Barbara, 207
Deppa, Claude, 56-9
Depression, 19, 22, 25, 27, 141
Desmond, Paul, 36, 64, 65, 172
deux temps, 130
Dial, 141
Dickerson, Walt, 78
Dirty Dozen Brass Band, 50, 197
disc jockeys (DJ), 23, 39, 49, 91, 144
discos, 46, 144
Dixieland revival, 40
Dodds, Johnny, 62, 157
Dodds, Warren "baby", 70
Dolphy, Eric, 40, 62, 68, 186
Dorsey, Jimmy, 22, 23, 26, 27, 62
Dorsey, Tommy, 22, 26, 27, 30, 60
Dreams, 194

E

Eastwood, Clint, 47, 49
échantillonneur, 91
Eckstine, Billy, 29, 33, 54, 160
Edison, Thomas Alva, 140
Eldridge, Roy, 30, 32, 57
Ellington, Duke, 18, 31, 36, 41
    biographie, 100-1
    composition, 34, 132, 137-9
    Cotton-Club, 19, 22, 25
    Newport, 35
    enregistrements, 163, 181

style, 22, 26, 27, 81
Ellis, Don, 172, 188
embouchure
    clarinette, 63
    saxophone, 66
    trombone, 61
    trompette, 57
Ervin, Booker, 176
Europe, 127
Evans, Bill, 35, 42, 46, 49, 81, 191
Evans, Gil, 29, 36, 40, 42, 45, 137-9, 188
Evans, Herschel, 27

F

Farlow, Tal, 86
Farrell, Joe, 39
Fender, Leo, 88
Fender Rhodes, 80
Fisk Jubilee Singers, 12, 14
Fitzgerald, Ella, 34, 51, 54, 161, 182
Fitzgerald, F. Scott, 10, 18, 19, 48
flamenco, 127
flûte, 68-9
Flying Dutchman label, 49
Foster, Pops, 88
Franklin, Aretha, 41
free jazz
    histoire, 41, 42-3, 51
    improvisation, 136
    enregistrements, 184-7
freebop, enregistrements, 202-5
Frisell, Bill, 86, 204
funk, 39, 44, 178
    enregistrements, 178-9, 202-5
Funk Incorporated, 201
fusion
    danse, 147
    batterie, 73, 131
    histoire, 44-5, 50
    enregistrements, 194-5

G

Galliano, 201
gammes, 128, 129, 132
Gang Starr, 91, 201
Garbarek, Jan, 43, 47, 49, 64, 208
Garland, Red, 39
Garner, Erroll, 81, 180
Garrison, Jimmy, 43
Gennett label, 141, 154
Gershwin, George, 24
Getz, Stan, 29, 36, 40, 44, 193
"Ghosts", 136
Giant Steps, 35, 176
Gibbs, Mike, 208
Gibbs, Terry, 78
Gillespie, Dizzy, 23, 35
    biographie, 112-13
    Cuban influence, 29, 33, 144
    enregistrements, 33, 168, 169
    style, 28, 31, 32, 34, 57
Giuffre, Jimmy, 62, 63, 170, 172
Globe Unity Orchestra, 209
Goldkette, Jean, 19, 26
gongs, 75, 77
Goodman, Benny, 21, 22, 23, 32
    enregistrements, 165
    style, 62
    swing, 26-7, 34, 143
Gordon, Dexter, 33, 37, 38, 46, 48, 49, 64
    enregistrements, 177, 196
gospel music, 12
Grapelli, Stephane, 22, 84
Gray, Wardell, 38
Green, Freddie, 86
Greer, Sonny, 18
Griffin, Johnny, 48, 176, 178
Grofé, Ferde, 24, 26
guitars, 86-7
    basse, 88
    table de frette, 128
Gurtu, Trilok, 74

H

Haden, Charlie, 41, 43, 88, 188
Haig, Al, 166
Haïti, 126, 142
Haley, Bill, 34
Hall, Jim, 44, 86
Hamilton, Scott, 46, 50
Hammond, John, 22, 26, 27

Hammond organs, 35, 39, 80
Hampton, Lionel, 27, 28, 78, 79, 165
Hancok, Herbie, 39, 40, 43, 45, 47
    enregistrements, 39, 46, 190
    style, 44, 80, 81, 82
Handy, W.C., 13, 14, 129
hard bop, 38-9
    enregistrements, 174-7
Hargrove, Roy, 50
Harlem Hamfats, 158
Harlem Renaissance, 25, 143
Harmoniques
    basse, 90
    guitare, 87
    saxophone, 67
harmonie, 132-3
Harper Brothers, 50, 196
Harriott, Joe, 43, 186
Harris, Bill, 60
Harrison, Jimmy, 60
Hart, Clyde, 30
hautbois, 68-9
Hawes, Hampton, 37, 38
Hawkins, Coleman, 19, 26, 27, 31, 38
    biographie, 102-3
    improvisation, 135
    rapports avec le bebop, 28, 30, 33
    enregistrements, 23, 28, 43, 163, 169, 180
    style, 15, 64
Haynes, Roy, 49
Henderson, Fletcher, 19, 22, 27, 156
    chef d'orchestre, 18, 24, 26
Henderson, Joe, 48, 49, 196
Hendrix, Jimi, 41, 44, 45, 86
Herman, Woody, 29, 33, 36, 164
Hill, Teddy, 31
Hines, Earl, 19, 26, 28, 33, 81, 155, 158
hip hop, 51, 144
history, 10-51
Hodges, Johnny, 64, 138-9
Holiday, Billie, 22, 27, 35, 51, 54
    biographie, 104-5
    enregistrements, 23, 160, 161
Holland, Dave, 46, 49, 199
Holmes, Richard "Groove", 39
Hope, Elmo, 177
Hot Fives, 19
"hot music", 14
Hot Sevens, 19
How Come You Do Me Like You Do, 135
Hubbard, Freddie, 38, 46, 49, 177
Hughes, Langston, 42
Hughes, Spike, 19
Hussain, Zakir, 210
Hutcherson, Bobby, 78

I

Ibrahim, Abdullah (Dollar Brand), 211
I'm a Ding Dong Daddy, 135
improvisation, 21, 134-6
independent (labels), 23
instruments à cordes, 84-5
intervalles, 132
Islam, 29, 32

J

Ja Da, 134
Jackson, Brian, 203
Jackson, Milt, 34, 37, 38, 78
Jackson, Willis, 200
Jamaica, 126
Jarreau, Al, 54
Jarrett, Keith, 46, 123
    style, 49, 81
    enregistrements, 49, 199, 208
Jazz at the Philharmonic (J.A.T.P.), 29, 103
Jazz Composers Guild, 40
Jazz Composers Orchestra Association (J.C.O.A.), 40, 41, 43
Jazz Crusaders, 179
Jazz Exchange, 144
Jazz Messengers, 34, 35, 38, 49, 197
jazz samba, 40, 131, 193
Jegede, Tunde, 85
Jenkins, Leroy, 84
Johnson, Bunk, 17, 28, 33, 152
Johnson, J.J., 60, 166
Johnson, James P., 19, 25, 81
    enregistrements, 143, 153

Johnson, Walter, 70
Jones, Elvin, 40, 43, 70, 130
Jones, Jo, 27, 30, 31, 70
Jones, LeRoi (Amiri Baraka), 41
Jones, Philly Joe, 39
Jones, Ricky Lee, 54
Joplin, Scott, 15, 46, 94
  enregistrements, 153
Jordan, Louis, 29
Jordan, Sheila, 183
Jordan, Stanley, 87
Joseph, Julian, 50, 80, 81, 82-3, 206
juke boxes, 23

K

Kansas City, 18, 22, 23, 27
Keita, Salif, 211
Kenton, Stan, 29, 34, 36, 37, 189
Keppard, Freddie, 15, 17, 154
Kerouac, Jack, 35
Kessell, Barney, 86
Kind of Blue, 7, 35, 42, 133, 191
King, Dr. Martin Luther, 40, 41
Kirby, John, 88
Kirk, Andy, 27
Kirk, Rahsaan Roland, 41, 66, 68, 69
Konitz, Lee, 34, 36, 64, 170
Kool Jazz Festival, 47, 197
kora, 85
Krupa, Gene, 21, 27, 70
Kuhn, Steve, 49

L

Lacy, Steve, 65
Ladnier, Tommy, 26, 134
LaFaro, Scott, 88
Lagrene, Bireli, 206
Laine, "Papa" Jack, 15
Lambert, Hendricks & Ross, 54, 182
Land, Harold, 37, 177
Lane, William Henry "Master Juba", 142
Lang, Eddie, 158
Lateef, Yusef, 40, 44, 68
Latin (jazz), 131, 144
  enregistrements, 192-3
Lauper, Cyndi, 50
Leadbetter, Huddie "Leadbelly", 25, 150
Lewis, John, 34, 37, 42, 137
Lewis, Ramsey, 39
Lifetime, 45, 46
Lincoln Gardens, Chicago, 21
lindy hop, 143, 144
Lion, Alfred, 29, 38
Lockwood, Didier, 84
Loose Tubes, 50, 209
Lovano, Joe, 199
Lunceford, Jimmie, 22, 27
Lydian Chromatic Concept of Tonal Organization, 34, 39, 133, 190

M

M-Base, 47, 51
McCandless, Paul, 68
McCann, Les, 39
McFerrin, Bobby, 47, 51, 54, 202
McGregor, Chris, 211
McGriff, Jimmy, 44
McKinney, William, 26
McKinney's Cotton Pickers, 162
McLaughlin, John, 44, 45, 46, 86
McLean, Jackie, 35
McPartland, Jimmy, 21
McRae, Carmen, 54, 183
McShann, Jay, 30, 165
Machito, 33, 74, 193
Mahavishnu Orchestra, 46, 194
mainstream, enregistrements, 180-1
Malcolm X, 41, 42
mambo, 29, 144, 146
Mangelsdorff, Albert, 60
Manhattan Transfer, 54
Mann, Herbie, 68, 194
Manne, Shelly, 70
Mantler, Mike, 40, 41, 43
maracas, 77
Mares, Paul, 18
Maria, Tania, 203
Mariano, Charlie, 68
marimba, 79
Marsalis, Branford, 49
Marsalis, Wynton, 47, 48, 49-50, 57
  enregistrements, 198
Marsh, Warne, 34, 36, 172

melody, 128-9
Metheny, Pat, 44, 45, 46, 49, 86
  enregistrements, 47, 91, 204
microphones, 23, 55, 141
Middle East, 127
Miley, "Bubber", 19, 25, 59, 137
Miller, Glenn, 27, 32
Mingus, Charles, 34, 40, 50
  biographie, 109
  composer, 35, 42, 137
  enregistrements, 184, 189
  style, 88
  workshops, 35, 38, 39
minor scales, 129, 132
minstrelisme, 13, 15, 142
Minton, Phil, 211
Minton's Playhouse, New York, 28, 31
Mississippi riverboats, 15, 21
Mitchell, Joni, 109
Mizell, Fonce, Larry, 44
Modern Jazz Quartet, 34, 37, 170
modes
  harmonie, 133
  histoire, 40
  improvisation, 136
  enregistrements, 190-1
  gammes, 129
Moncur, Grachan, 60
Mondesir, Mark, 70-3
Monk, Thelonious, 29, 30, 35, 38, 129,
  biographie, 116
  composer, 28, 137
  enregistrements, 166, 167, 174, 175
  style, 31, 81
Monte, Marisa, 203
Montgomery, Monk, 88
Montgomery, Wes, 44, 86, 177
Moody, James, 169
Moog synthesizers, 44, 81, 83
Moore, Brew, 36
Moreira, Airto, 47, 74, 75, 200
Morello, Joe, 37, 70
Morgan, Frank, 37
Morgan, Lee, 35, 38, 39, 41, 179
Morton, Jelly Roll, 13, 19, 21, 27, 74
  biographie, 95
  composer, 137
  New Orleans, 16-17
  enregistrements, 18, 152, 155, 157
  style, 14, 20, 81
Moten, Bennie, 18, 23, 27, 156
Motian, Paul, 70
Motown style, drumming, 73
Mulligan, Gerry, 34, 36, 37, 171, 172
Murphy, Mark, 49
Murphy, Paul, 39
Mustafa-Zadeh, Vagif, 210

N

nagaswaram, 68
Nanton, Tricky Sam, 60, 61, 137
National Broadcasting Company, 19
Navarro, Fats, 33, 168
New Orleans
  drumming, 131
  histoire, 10, 14-15, 16-17, 21, 24, 126
  improvisation, 134
  enregistrements, 154-5
New Orleans Rhythm Kings (N.O.R.K.), 18, 19, 21
New York, 24-5, 30
  enregistrements, 158-9
Newport Jazz Festival, 35, 181
Nicholas Brothers, 143
Nichols, Red, 26
Noone, Jimmy, 62
North America, 12, 126
Norvo, Red, 78
notation, 137
  drum, 130

O

O'Day, Anita, 54, 183
Okeh, 18, 140, 141
Oliver, Joe "King", 15, 17, 25, 57, 59
  Creole Band, 18, 20-1
  enregistrements, 154
  style, 57, 59
Onyx, New York, 28, 30
Original Dixieland Jazz Band (O.D.J.B.), 15, 20, 21, 24,
  enregistrements, 10, 17, 140, 154
Ory, Kid, 15, 18, 21, 60, 157
Osby, Greg, 47, 51, 64, 205

P

Pacific, 141
Page, Walter, 88, 90
Panassié, Hugues, 19
"Panassié Stomp", 138-9
Paramount, 141
Paris Jazz Festival, 29, 32-3
Parker, Charlie, 22, 23, 34, 36, 42, 49
  bebop, 29, 30-1
  biographie, 110-11
  improviser, 31-2, 38, 132, 135
  enregistrements, 33, 141, 165, 166, 167, 169
  style, 28, 64, 65
Parker, Eddie, 69
Parker, Evan, 43, 64
Pascoal, Hermeto, 192
Pastorius, Jaco, 88
Peacock, Gary, 199
Pepper, Art, 36, 37, 46, 64, 65
  enregistrements, 172, 173
percussion, 74-7
Peterson, Gilles, 39, 200
Peterson, Oscar, 181
Petrucianni, Michel, 81
Pettiford, Oscar, 88
phonographs, 140
piano, 80-3
  bebop, 82
  boogie, 82
  claviers, 128
  pedals, 83
  stride, 13, 19, 82
Pine, Courtney, 47, 50, 207
Pinski Zoo, 208
Pistons, trompette, 58
Ponty, Jean-Luc, 41, 84
Powell, Bud, 28, 81, 167
Pozo, Chano, 29, 74, 144
Presley, Elvis, 35, 38, 46, 143
Prestige label, 141
Prohibition, 18, 21, 22, 25
Public Enemy, 200
Puente, Tito, 74, 192
Pullen, Don, 19, 197
Purim, Flora, 47, 91

R

Ra, Sun, 41, 42, 185, 186
"race" (labels), 13, 25, 140-1, 160
radio, 18, 21, 22, 23, 27
ragtime, 126
  histoire, 13, 15
  enregistrements, 152-3
Rainey, Ma, 13, 54, 151
rap, 91, 200, 201
Rebello, Jason, 83
recordings, 15, 22, 91, 140-1
  bebop, 32-3
  classic, 149-211
  compact discs, 47
  electrical, 19
  independent labels, 23, 46
  microsillon longue durée, 34
  rééditions, 47, 149
  78 tours discs, 23
  "vinyl" discs, 34
Red Hot Peppers, 19, 95
Redman, Dewey, 43
Redman, Don, 24, 26, 132
Reeves, Dianne, 198
Reinhardt, Django, 22, 86, 164
religious music, 126, 127
Rémy, Tony, 86-7
Return to Forever, 45
rhythm, 130-1
Rice, Tom, 13
Rich, Buddy, 70, 72
Richardson, Jerome, 68
Richmond, Dannie, 49
ride (cymbale), 71
rim shots, 72
Riverside label, 141
Roach, Max, 34, 35, 36, 38, 174,
  enregistrements, 28, 33, 40, 43
  style, 32, 70
Roberts, Luckyeth, 19, 25, 81
Robinson, Bill "Bojangles", 22, 143
Robinson, Orphy, 78
rock and roll, 34, 38, 144
Rogers, Shorty, 37, 171
Rollini, Adrian, 78
Rollins, Sonny, 33, 38, 39, 49,
  biographie, 118-19

enregistrements, 35, 43, 167, 174
  style, 6, 64, 65, 66, 67
Roney, Wallace, 50
Round Midnight, 129
Royal Roost, New York, 29
Rudd, Roswell, 60
Rushen, Patrice, 45
Russell, George, 34, 39, 136, 184
  composer, 42, 133, 137
Russell, Luis, 19, 26, 156
Russell, Pee Wee, 62

S

St. Cyr, Johnny, 19
Sanborn, David, 51
Sanchez, Poncho, 192
Sanders, Pharoah, 41, 47, 66, 191, 201
Santamaria, Mongo, 74, 193
Savoy Ballroom, New York, 22, 26, 142
Savoy, 141
Sax, Adolphe, 64
saxophone, 18, 64-7, 134
Scat, 19, 54, 55, 96
Schuur, Diane, 198
Scofield, John, 44, 47, 50, 86, 202
Scott-Heron, Gil, 46, 203
Seifert, Zbigniew, 84
Shank, Bud, 68
Shankar, L. 84
Sharrock, Sonny, 86
Shaw, Artie, 23, 32, 62, 162
Shaw, Marlena, 54
Shaw, Woody, 49, 196
Shepp, Archie, 41, 42, 43
Sheppard, Andy, 50, 64, 66-7, 207
Shihab, Sahib, 68, 69
Shorter, Wayne, 43, 45, 51, 64, 65
  enregistrements, 46, 192
The Sidewinder, 39, 41, 179
Silver, Horace, 34, 38, 44, 48, 175
  enregistrements, 39, 178
Simeon, Omer, 62
Sims, Zoot, 181
Sinatra, Frank, 34
Singleton, Zutty, 70
slap-tonguing, 67
slapping, 67, 90
Smith, Bessie, 18, 19, 54
  enregistrements, 25, 140, 160
Smith, Jimmy, 35, 39, 44, 178
Smith, Mamie, 15, 18, 140
Smith, Stuff, 84, 85
Smith, Willie "The Lion", 81
So What, 7, 129, 133
Sonning Award, 47
Sony Walkman, 47
soprano clarinette, 62
soprano saxophone, 18, 65
soul, 39
sourdines
  trombone, 61
  trompette, 35, 59
  violon, 84-5
South America, 126
Stearns, Marshall, 31
stereo recordings, 35
Stitt, Sonny, 33, 166
Stockhausen, Karlheinz, 43, 44
Stone, Sly, 41, 44, 45
Storyville, New Orleans, 16-17, 21, 142
Strata East label, 46, 49
Strayhorn, Billy, 23
stride (piano), 82
  histoire, 13, 19
  enregistrements, 152-3
Surman, John, 43, 63, 65, 66-7, 206
Swallow, Steve, 88
swing-
  dance, 147
  drumming, 131
  harmonie, 132
  histoire, 22, 23, 26-7, 28, 29, 32
  enregistrements, 162-5
  rhythm, 130
synthesizers
  Moog, 44, 81, 83
  Roland D-50, 81
  échantillonneur, 91
  wind, 65
Sweet Georgia Brown, 129

T

tablâ, 74
tam-tam, 74, 76
tambourin, 75

Tate, Buddy, 21
Tatum, Art, 23, 30, 80, 81, 135
  enregistrements, 153
Tavernier, Bertrand, 49, 106
Taylor, Cecil, 43, 51, 81,
  enregistrements, 35, 41, 184
Teagarden, Jack, 60
tenor (saxophone), 64
"territory bands", 22, 26
Thomas, Gary, 51, 205
Thomas, Leon, 54, 55, 182
Thornhill, Claude, 36, 137
Threadgill, Henry, 65
Three Deuces, Chicago, 23
Three Deuces, New York, 30, 33
temps, 130
Timmons, Bobby, 38, 39, 179
Tin Pan Alley, 24
Tio, Lorenzo, 17, 62
Tippett, Keith, 208
Tjader, Cal, 78
Tormé, Mel, 182
Tough, Dave, 70
Toussaint, Jean, 67
Tracey, Stan, 209
A Tribe Called Quest, 91
Trinidad, 126
trois temps, 130
Tristano, Lennie, 34, 36, 37, 81, 185
trombone, 60-1
Trumbauer, Frankie, 19, 25
trompette, 56-9
trompette de poche, 58
Tuck and Patti, 202
Tucker, Earl "Snakehips", 143
Turpin, Tom, 13
29th Street Saxophone Quartet, 199
Tyner, McCoy, 40, 43, 49, 81
  enregistrements, 190

UV

Urban Species, 91
Van Halen, Eddie, 87
Van Derrick, Johnny, 84-5
Vasconcelos, Nana, 74-7
Vaughan, Sarah, 51, 54, 183
Venuti, Joe, 84, 85, 158
vibraphone, 78-9
violon, 84, 85
violoncelle, 84, 85
Virgi, Fayyaz, 60-1
voix, 54-5

W

Wall Street Crash, 19, 22, 25
Waller, Fats, 22, 25, 31, 80, 81
  enregistrements, 141, 152, 162
Watanabe, Sadao, 211
Waters, Ethel, 18, 54, 161
Watkiss, Cleveland, 54-5
Watts, Jeff "Tain", 70
Weather Report, 39, 45, 46, 50-1, 195
Webb, Chick, 22, 26, 164
Weber, Eberhard, 85, 88
Webster, Ben, 27, 28
Wess, Frank, 68
West Coast jazz, 34
Westbrook, Mike, 41, 209
What a Wonderful World, 135
Whiteman, Paul, 18, 19, 24, 25, 26, 48, 137
Willem Breuker Kollektief, 206
Williams, Clarence, 13, 18, 38, 155
Williams, Mary Lou, 29
Williams, Tony, 40, 43, 45, 46, 70, 195, 204
Williamson, Steve, 49
Wilson, Cassandra, 47, 51, 199
Wilson, Teddy, 22, 23, 27, 81
Wolverines, 18
Wonder, Stevie, 55
woodblocks, 74, 77
worldbeat, enregistrements, 206-11
Wray, Sheron, 145

YZ

Young, Lester, 22, 27, 30, 31, 35, 38
  biographie, 106-7
  enregistrements, 164
  style, 23, 36, 64
Zawinul, Joe, 39, 41, 45, 46, 80
Zorn, John, 47, 51, 204

Remerciements

John Fordham remercie particulièrement Fred et Leo Fordham et Ros Asquith pour lui avoir tendrement rappelé qu'il n'y avait pas que le jazz dans la vie. Je remercie également Val Wilmer, qui m'a mis le pied à l'étrier, et Daphne Razazan, qui m'a passé les éperons, ainsi que Susannah Marriott, responsable d'édition, pour sa patience et son enthousiasme infaillibles.

Dorling Kindersley tient à remercier Eddie Brannan pour ses recherches ; Helen Gatward, Tanya Hines, Diana Craig et Alexa Stace pour leur assistance éditoriale ; Rowena Feeny, Karen Mackley et Noel Barnes pour la typographie ; Sarah Ashun, Nick Goodall, Gary Ombler, Jonathan Buckley pour l'assistance photographique ; Jo Leevers pour la relecture et les recherches, Jo Edwards et Helga Evans pour la recherche, Hilary Bird pour l'index.

Remerciements particuliers à Sonny et Lucille Rollins, Gilles Peterson, Val Winner, Max et Nick Jones, Ronald Atkins, James Joseph et Graham Lock pour leurs conseils et leur savoir, et Carroll Pinkham de Serious Speakout pour son aide infatigable dans l'organisation des musiciens.

Merci à tous les musiciens et danseurs : Cleveland Watkiss, Claude Deppa, Fayyaz Virgi, Jimmy Giuffre, John Surman, Jean Toussaint, Andy Sheppard, Eddie Parker, Lindsay Cooper, Mark Mondesir, Nana Vasconcelos, Orphy Robinson, Julian Joseph, Jason Rebello, Tunde Jegede, Johnny Van Derrick, Tony Rémy, Alec Dankworth, Urban Species et Paul Borg ; Sheron Wray, Melanie Joseph, Lorraine Le Blanc, Nikki Woollaston, Irven Lewis from Brothers in Jazz and Legs.

Neil Ardley et Brian Priestley pour leurs conseils dans la partie « Techniques » et pour la sélection et la transcription des exemples ; John Marshall pour ses conseils sur le rythme et les exemples de notation de batterie ; Julian Joseph pour la transcription de l'exemple bebop page 82. John Harle, George Haslam, Robyn Archer et Chris Hodgkins pour leurs conseils dans la partie « Instruments ».

Paul Wilson au National Sound Archive pour ses conseils et renseignements ; le Dr Bruce Boyd Raeburn du William Ransom Hogan Jazz Archive de l'Université Tulane et Don Marquis, conservateur du jazz au musée d'État de Louisiane, à La Nouvelle-Orléans, pour leurs conseils, leur aide et leur accueil.